실전! 스프링 부트 3 & 리액트로 시작하는
모던 웹 애플리케이션 개발

스프링 부트 3와 리액트를 활용한 실습 중심의
풀스택 웹 애플리케이션 개발

주하 힌쿨라 지음 / 변영인 옮김

위키북스

실전! 스프링 부트 3 & 리액트로 시작하는
모던 웹 애플리케이션 개발

지은이 주하 힌쿨라
옮긴이 변영인

펴낸이 박찬규   엮은이 전이주   디자인 북누리   표지디자인 Arowa & Arowana

펴낸곳 위키북스   전화 031-955-3658, 3659   팩스 031-955-3660
주소 경기도 파주시 문발로 115, 311호 (파주출판도시, 세종출판벤처타운)

가격 30,000   페이지 404   책규격 188 x 240mm

초판 발행 2024년 12월 12일
ISBN 979-11-5839-531-5 (93000)

등록번호 제406-2006-000036호   등록일자 2006년 05월 19일
홈페이지 wikibook.co.kr   전자우편 wikibook@wikibook.co.kr

Copyright ©Packt Publishing 2023.
First published in the English language under the title
'Full Stack Development with Spring Boot and React – Fourth Edition – (9781805122463)'

이 책의 한국어판 저작권은 저작권자와의 독점 계약으로 위키북스가 소유합니다.
신저작권법에 의해 한국 내에서 보호를 받는 저작물이므로 무단 전재와 복제를 금합니다.
이 책의 내용에 대한 추가 지원과 문의는 위키북스 출판사 홈페이지 wikibook.co.kr이나
이메일 wikibook@wikibook.co.kr을 이용해 주세요.

저자 소개

주하 힌쿨라^{Juha Hinkula}는 핀란드 하가-헬리아 대학교 응용과학부의 소프트웨어 개발 강사로서, 헬싱키 대학교에서 컴퓨터 공학 석사 학위를 받고 17년 이상의 업계 경력을 지닌 소프트웨어 개발자다. 최근 몇 년 동안에는 최신 풀스택 개발에 집중했다. 안드로이드 네이티브 기술을 기반으로 하는 열정적인 모바일 개발자이며, 리액트 네이티브 또한 이용한다.

저는 뛰어난 작업을 해낸 Packt 편집팀이 정말 자랑스럽습니다. 여러분의 발전적인 피드백과 헌신이 이 여정을 정말 특별하게 만들었습니다.

편집자 루시 완^{Lucy Wan}에게 특별히 감사를 전하고 싶습니다. 발전적인 피드백을 제시하고 개선을 위한 제안을 해준 그녀의 능력은 매우 중요했습니다.

제가 작가이자 저술가로서 성장할 수 있도록 도와주신 기술 검토자 더크^{Dirk}와 호세^{Jose}에게도 감사의 말씀을 전하고 싶습니다. 두 분의 깊은 지식과 사려 깊은 디테일, 탁월함을 향한 헌신 덕분에 제 작업의 수준이 기대 이상으로 높아졌습니다.

마지막으로 글을 쓸 수 있도록 시간과 공간을 내어준 아내와 딸에게 감사의 말을 전하고 싶습니다.

처음 웹 개발을 시작하면 개발자 직무의 대표적인 포지션인 프런트엔드와 백엔드를 나눠서 개발하게 됩니다. 하지만 어느 정도 수준에 올라가게 되면 결국 애플리케이션 개발 전체를 조망하게 되면서 풀스택 개발자의 길로 나아가는데, 이는 어찌 보면 자연스러운 일입니다.

문제는 풀스택을 구현하는 방법이 하나가 아니고, 각 방법마다 합리적이고 타당한 이유가 있다는 것입니다.

그중에서 가장 보편적이고 활용도가 높은 기술 스택을 하나만 고른다면, 스프링 부트와 리액트라는 각각 서버와 클라이언트 쪽에서 유명하며 인기 많은 프레임워크를 접목하는 방법입니다.

이 책에서는 각각의 프레임워크에 도전하고자 했다면 1년이 넘어도 접근하기 힘들었을 풀스택 웹 애플리케이션 개발에 대한 내용을 간결하면서도 유기적으로 풀어냈습니다. 또한, 스프링 부트 3와 타입스크립트, 리액트 18 버전 등 가장 최신 버전의 문법을 소개하면서 장기간 유용하게 쓰일 내용을 담고 있어 최신 개발 버전으로 업그레이드하려는 기존 개발자들에게도 유익한 내용을 포함하고 있습니다.

이 책을 통해 풀스택 웹 애플리케이션 개발을 위한 튼튼한 뼈대를 세울 수 있기를 바랍니다.

역자 약력

2021년부터 프로그래밍을 가르치고 있다. 데이터 분석, 웹 애플리케이션 풀스택 개발, 크로스플랫폼 개발 등에 관심이 많다. 단순히 최신 기술을 따라가기보다는 상황과 환경에 적정한 기술이 무엇인지 고민하는 법을 나누려고 노력 중이다.

더크 비히만$^{\text{Dirk Wichmann}}$은 20년 이상의 IT 경력이 있으며, 보안 및 아키텍처 분야가 전문인 소프트웨어 아키텍트다. 에너지 공급, 수도, 물류, 의료, 보안 등 다양한 분야의 회사에서 근무했다. 수석 IT 전문가로서 자연스럽게 최신 기술 스택(예: 도커, 키클록, 젠킨스)을 익히고 있다. 애자일 접근 방식과 클린 코드, 도메인 주도 설계를 선호한다.

그는 처음부터 소프트웨어 개발 및 설계에 자바와 스프링을 이용해 왔지만, 백엔드, 프런트엔드, 테스트, 운영 등 개발 프로세스의 모든 영역에 관심이 있다. 최근 몇 년 동안 백엔드에서 스프링/스프링 부트를, 프런트엔드에서 리액트를 이용하는 마이크로 서비스에 점점 더 집중하고 있다.

호세 갈다메즈$^{\text{Jose Galdamez}}$는 2000년부터 공공 부문, 민간 부문, 학계의 다양한 조직에서 풀스택 웹 앱 프로젝트를 수행해 왔다. 대부분 자바스크립트, PHP, 펄 같은 유연한 타입의 언어로 작업해 왔지만, 최근에는 타입스크립트와 자바와 같은 엄격한 타입 시스템을 지닌 언어를 활용하는 데 더 집중하고 있다. 그는 레거시 시스템을 보다 안정적이고, 유지 관리가 용이하며, 확장 가능하고, 사용자 친화적으로 개선하는 것에 전문성이 있다. 현재 Clarity Innovations에서 소프트웨어 엔지니어로 일하고 있다.

이 책은 그가 공동 작업을 진행한 첫 책인 동시에, 이전에 독자로서 도움을 받은 책이기도 하다.

> 이 책의 모든 디테일이 완벽할 수 있도록 저녁과 주말을 보내며 애정을 갖고 기다려 준 아내와 두 자녀에게 감사의 말을 전하고 싶습니다. 또한 업계 최고의 인재들에게 둘러싸여 응원을 받으면서 엔지니어로서 가능하다고 생각했던 한계를 뛰어넘을 수 있도록 아낌없이 지원해준 제 직장 Clarity Innovations에게도 감사합니다.

이 책은 풀스택으로 넘어가려 하거나 다른 프런트엔드 프레임워크 작업을 시작하려는 기존 자바 개발자를 위한 간결한 리액트 입문서다. 총 3부로 구성되었으며, 스프링 부트 기반의 강력한 백엔드와 리액트 프런트엔드를 만든 다음 둘을 함께 배포한다.

이 개정판은 스프링 부트 3에 맞춰 최신화되었으며 보호 및 테스트에 대한 내용이 확장되었다. 또한 수요가 급증하고 있는 타입스크립트를 이용한 리액트 개발에 관해서도 처음으로 다룬다.

아울러 REST API를 만들고 애플리케이션을 테스트하고 보호 및 배포하는 데 필요한 요소를 살펴본다. 사용자 정의 훅, 서드파티 컴포넌트, MUI에 대해서도 배운다.

이 책을 다 읽고 나면 최신 도구와 최신 모범 사례를 통해 풀스택 애플리케이션을 구축할 수 있을 것이다.

이 책의 대상 독자

이 책은 스프링 부트에는 기본적으로 익숙하지만 풀스택 애플리케이션을 만들 때 어디서부터 시작해야 할지 모르겠는 자바 개발자를 위해 쓰였다. 자바스크립트와 HTML에 대한 기본 지식이 있다면 좀 더 수월히 따라갈 수 있다.

또한 자바스크립트 언어를 아는 프런트엔드 개발자가 풀스택 개발을 배우려고 할 때나 다른 기술 스택을 배운 상태에서 새로운 기술 스택을 배우려는 풀스택 개발자에게도 도움이 될 것이다.

이 책에서 다루는 내용

1부 스프링 부트를 이용한 백엔드 프로그래밍

1장 환경과 툴 설정 – 백엔드에서는 백엔드 개발에 필요한 소프트웨어를 설치하는 방법을 알아보고 첫 번째 스프링 부트 애플리케이션을 작성한다.

2장 의존성 주입 이해하기에서는 의존성 주입의 기초와 스프링 부트에서 의존성을 주입하는 방법을 알아본다.

3장 JPA를 이용한 데이터베이스 생성 및 접근에서는 JPA를 소개하고 스프링 부트로 데이터베이스를 생성하고 접근하는 방법을 설명한다.

4장 스프링 부트로 RESTful 웹 서비스 만들기에서는 스프링 데이터 REST로 RESTful 웹 서비스를 만드는 방법을 알아본다.

5장 백엔드 보호에서는 스프링 시큐리티와 JWT 백엔드를 보호하는 방법을 설명한다.

6장 백엔드 테스트하기에서는 스프링 부트에서 테스트하는 방법을 다룬다. 백엔드에 대한 여러 단위 테스트와 통합 테스트를 만들어 보며 테스트 주도 개발에 대해 알아본다.

2부 리액트를 이용한 프런트엔드 프로그래밍

7장 환경과 툴 설정 – 프런트엔드에서는 프런트엔드 개발에 필요한 소프트웨어를 설치하는 방법을 설명한다.

8장 리액트 시작하기에서는 리액트 라이브러리에 관한 기초를 소개한다.

9장 타입스크립트 입문에서는 타입스크립트의 기초와 타입스크립트로 리액트 앱을 만드는 방법을 다룬다.

10장 리액트로 REST API 이용하기에서는 리액트에서 Fetch API로 REST API를 이용하는 방법을 알아본다.

11장 유용한 리액트용 서드파티 컴포넌트에서는 프런트엔드 개발에 이용할 몇 가지 유용한 컴포넌트를 소개한다.

3부 풀스택 개발

12장 스프링 부트 RESTful 웹 서비스를 위한 프런트엔드 설정에서는 프런트엔드 개발을 위해 리액트 앱과 스프링 부트 백엔드를 설정하는 방법을 설명한다.

13장 CRUD 기능 추가하기에서는 리액트 프런트엔드에 CRUD 기능을 구현하는 방법을 배운다.

14장 리액트 MUI로 프런트엔드 꾸미기에서는 리액트 MUI 컴포넌트 라이브러리로 사용자 인터페이스를 꾸미는 방법을 알아본다.

15장 리액트 앱 테스트하기에서는 리액트 프런트엔드 테스트의 기초를 알아본다.

16장 애플리케이션 보호하기에서는 JWT로 프런트엔드를 보호하는 방법을 배운다.

17장 애플리케이션 배포하기에서는 AWS와 Netlify에 애플리케이션을 배포하는 방법과 도커 컨테이너를 이용하는 방법을 알아본다.

준비 사항

이 책을 진행하려면 스프링 부트 버전 3.x가 필요하다. 모든 코드 예제는 윈도우에서 스프링 부트 3.1과 리액트 18로 테스트했다. 리액트 라이브러리를 설치할 때는 해당 공식 문서에서 최신 설치 명령을 확인하고 이 책에서 이용된 버전과 관련된 주요 변경 사항이 있는지 확인해야 한다.

각 장의 기술 요구사항은 각 장의 시작 부분에 명시되어 있다.

> 이 책의 디지털 버전을 이용하는 경우 코드를 직접 입력할 수도 있지만, 코드 복사 및 붙여넣기와 관련된 잠재적인 오류를 방지하기 위해 이 책의 깃허브 리포지터리(https://github.com/PacktPublishing/Full-Stack-Development-with-Spring-Boot-3-and-React-Fourth-Edition)의 코드를 활용하기를 권한다.

예제 코드 파일 다운로드

이 책의 예제 코드 파일은 아래 사이트에서 내려받을 수 있다.

- **예제 코드**: https://github.com/wikibook/springboot3-react

컬러 이미지 다운로드

이 책에 이용된 스크린 숏과 다이어그램의 컬러 이미지가 포함된 PDF 파일도 제공한다. 아래 사이트에서 내려받을 수 있다.

- https://packt.link/gbp/9781805122463

도서 홈페이지

이 책의 오탈자나 관련 자료는 아래 홈페이지 사이트에서 확인할 수 있다.

- https://wikibook.co.kr/springboot3-react/

조판 규칙

이 책에는 몇 가지 편집 관례를 따른다.

- **본문코드**: 텍스트 내의 코드, 데이터베이스 테이블 이름, 폴더명, 파일명, 파일 확장자, 경로명, 더미 URL, 사용자 입력, 트위터(X) 아이디의 코드 단어를 나타낸다.

    Button을 AddCar.js 파일로 임포트한다.

- **코드 블록**: 코드 블록은 다음과 같이 표기한다.

```xml
<dependency>
    <groupId>org.springframework.boot</groupId>
    <artifactId>spring-boot-starter-web</artifactId>
</dependency>
```

코드 블록의 특정 부분을 강조해야 하는 경우 다음과 같이 관련 행이나 항목을 굵게 표시한다.

```java
public class Car {
    @Id
    @GeneratedValue(strategy=GenerationType.AUTO)
    private long id;
```

```
    private String brand, model, color, registerNumber;
    private int year, price;
}
```

- 모든 명령줄 입력 또는 출력은 다음과 같이 작성한다.

```
npm install component_name
```

- **볼드체**: 새로운 용어, 중요한 단어 또는 화면에 표시되는 단어를 나타낸다. 예를 들어 메뉴나 대화 상자의 단어는 굵게 표시된다.

Run 메뉴를 선택하고 **Run as | Java Application**을 누른다.

- **팁**이나 **참고**는 다음과 같이 표시된다.

> 📄 **참고**
>
> 스프링 이니셜라이저에서 알맞은 자바 버전을 선택해야 한다. 이 책에서는 자바 버전 17을 이용한다. 스프링 부트 3에서 자바 베이스라인은 자바 17이다.

> 📋 **TIP**
>
> GitHub API에는 API 요청 횟수 제한(인증 절차 없이 하루 동안 요청할 수 있는 횟수)이 적용되기에 해당 코드가 정상 작동하지 않는다면 이 제한이 그 원인일 가능성이 있다. 지금 이용하고 있는 검색 엔드포인트는 1분당 10회의 요청 제한 정책을 갖고 있다. 만일 이 한도를 넘기게 되면 1분을 기다린 후에 다시 시도해야 한다.

01

스프링 부트를 이용한 백엔드 프로그래밍

01 환경과 툴 설정 – 백엔드   2
- 기술 요구 사항   3
- 이클립스 설치   3
- 그레이들의 이해   5
- 스프링 이니셜라이저 활용   6
- MariaDB 설치   16
- 요약   18
- 문제   18
- 추가 자료   19

02 의존성 주입 이해하기   20
- 기술 요구 사항   20
- 의존성 주입 소개   21
- 스프링 부트에서 의존성 주입 이용   23
- 요약   25
- 문제   25
- 추가 자료   25

03 JPA를 이용한 데이터베이스 생성 및 접근   26
- 기술 요구 사항   26
- ORM, JPA, 하이버네이트 기초   27
- 엔티티 클래스 만들기   27
- CRUD 리포지터리 만들기   36
- 테이블 간의 관계 추가   44
- MariaDB 데이터베이스 설정   52
- 요약   55
- 문제   55
- 추가 자료   56

04 스프링 부트로 RESTful 웹 서비스 만들기 — 57

- 기술 요구 사항 — 58
- REST 기초 — 58
- 스프링 부트로 RESTful 웹 서비스 만들기 — 59
- 스프링 데이터 REST 이용하기 — 64
- RESTful API 문서화 — 74
- 요약 — 76
- 문제 — 76
- 추가 자료 — 77

05 백엔드 보호 — 78

- 기술 요구 사항 — 78
- 스프링 시큐리티 이해 — 79
- JWT으로 백엔드 보호하기 — 93
- 로그인 보호하기 — 95
- 다른 요청 보호하기 — 102
- 예외 처리하기 — 106
- CORS 필터 추가하기 — 108
- 역할 기반 보안 — 110
- 스프링 부트를 통한 OAuth 2 이용하기 — 112
- 요약 — 114
- 질문 — 115
- 추가 자료 — 115

06 백엔드 테스트하기 — 116

- 기술 요구 사항 — 116
- 스프링 부트에서의 테스트 — 117
- 테스트 케이스 만들기 — 118
- 그레이들로 테스트하기 — 124
- 테스트 주도 개발 — 126
- 요약 — 127
- 문제 — 128
- 참고자료 — 128

02

리액트를 이용한
프런트엔드 프로그래밍

07 환경과 툴 설정 – 프런트엔드   130
    기술 요구 사항   130
    Node.js 설치   130
    Visual Studio Code 설치   132
    VS Code 확장   133
    리액트 앱 만들기 및 실행   135
    리액트 앱 수정하기   138
    리액트 앱 디버깅하기   140
    요약   141
    문제   141
    참고자료   141

08 리액트 시작하기   142
    기술 요구 사항   142
    리액트 컴포넌트를 만드는 법   143
    첫 번째 리액트 앱 살펴보기   147
    유용한 ES6 기능   150
    JSX와 스타일링   155
    조건부 렌더링   161
    리액트 훅   162
    컨텍스트 API   172
    리액트로 목록 처리   174
    리액트로 이벤트 처리   177
    리액트로 폼 처리   179
    요약   185
    문제   185
    참고자료   185

09 타입스크립트 입문 — 186
- 기술 요구 사항 — 186
- 타입스크립트 이해하기 — 187
- 리액트에서 타입스크립트 기능 이용 — 194
- 타입스크립트로 리액트 앱 만들기 — 201
- 비트와 타입스크립트 — 204
- 요약 — 205
- 문제 — 205
- 참고자료 — 205

10 리액트로 REST API 이용하기 — 206
- 기술 요구 사항 — 206
- 프로미스 — 207
- fetch API 이용 — 209
- Axios 라이브러리 이용 — 211
- 경쟁 조건 처리 — 226
- 리액트 쿼리 라이브러리 이용 — 228
- 요약 — 235
- 문제 — 236
- 참고자료 — 236

11 유용한 리액트용 서드파티 컴포넌트 — 237
- 기술 요구 사항 — 237
- 서드파티 리액트 컴포넌트 설치 — 238
- AG Grid 이용 — 242
- 머티리얼 UI 컴포넌트 이용 라이브러리 — 248
- 리액트 라우터로 라우팅 관리 — 259
- 요약 — 264
- 문제 — 264
- 참고자료 — 264

03

풀스택 개발

12 스프링 부트 RESTful 웹 서비스를 위한 프런트엔드 설정 266
    기술 요구 사항 266
    UI 모형 제작 267
    스프링 부트 백엔드 준비 268
    프런트엔드용 리액트 프로젝트 생성하기 270
    요약 273
    문제 274
    참고자료 274

13 CRUD 기능 추가하기 275
    기술 요구 사항 275
    목록 페이지 만들기 276
    백엔드에서 데이터 가져오기 277
    환경 변수 이용 283
    페이징, 필터링, 정렬 추가하기 286
    삭제 기능 추가하기 288
    토스트 메시지 표시 293
    확인 대화 상자 창 추가하기 295
    생성 기능 추가하기 296
    수정 기능 추가하기 305
    CSV로 데이터 내보내기 313
    요약 315
    문제 315
    참고자료 315

14 리액트 MUI로 프런트엔드 꾸미기 316
    기술 요구 사항 316
    MUI Button 컴포넌트 이용하기 317
    MUI 아이콘과 IconButton 컴포넌트 이용하기 319
    MUI TextField 컴포넌트 이용 323
    요약 325

문제		325
참고자료		325

15 리액트 앱 테스트하기   326

기술 요구 사항	326
Jest 이용하기	327
리액트 테스팅 라이브러리 이용하기	328
Vitest 이용하기	330
엔드투엔드 테스트	341
요약	341
문제	342
참고자료	342

16 애플리케이션 보호하기   343

기술 요구 사항	343
백엔드 보호하기	344
프런트엔드 보호하기	345
요약	360
문제	360
참고자료	360

17 애플리케이션 배포하기   361

기술 요구 사항	361
AWS로 백엔드 배포하기	362
Netlify로 프런트엔드 배포하기	375
도커 컨테이너 이용	379
요약	384
문제	384
참고자료	384

01부

스프링 부트를 이용한 백엔드 프로그래밍

01 _ 환경과 툴 설정 – 백엔드
02 _ 의존성 주입 이해하기
03 _ JPA를 이용한 데이터베이스 생성 및 접근
04 _ 스프링 부트로 RESTful 웹 서비스 만들기
05 _ 백엔드 보호
06 _ 백엔드 테스트하기

01
환경과 툴 설정 – 백엔드

이 책에서는 스프링 부트로 백엔드를 만들고 리액트로 프런트엔드를 만드는 풀스택 개발을 다룬다. 이 책의 1부는 백엔드 개발에 초점을 맞춘다. 2부는 리액트를 이용한 프런트엔드 프로그래밍에 집중하고, 3부에서는 프런트엔드를 구현한다.

1장에서는 스프링 부트를 이용한 백엔드 프로그래밍에 필요한 환경과 도구를 설정한다. 스프링 부트는 기존 자바 기반 프레임워크보다 개발 속도를 높일 수 있는 최신 자바 기반 백엔드 프레임워크다. 스프링 부트를 이용하면 애플리케이션 서버가 내장된 독립형 웹 애플리케이션을 만들 수 있다.

스프링 부트 애플리케이션을 개발하는 데는 다양한 IDE$^{Integrated\ Development\ Environment}$(**통합 개발 환경**) 도구를 이용할 수 있다. 1장에서는 여러 프로그래밍 언어를 위한 오픈 소스 IDE인 **이클립스**를 설치한다. 첫 번째 스프링 부트 프로젝트는 스프링 이니셜라이저 프로젝트 스타터 페이지를 이용해 만든다. 스프링부트 애플리케이션을 개발할 때 필수적인 기술인 Console 로그를 읽는 방법도 알아본다.

이번 장에서 다룰 주제는 다음과 같다.

- 이클립스 설치
- 그레이들의 이해
- 스프링 이니셜라이저 이용
- MariaDB 설치

기술 요구 사항

이클립스와 스프링 부트 3를 이용하려면 **자바 SDK**^{Software Development Kit}(JDK) 버전 17 이상이 필요하다. 이 책에서는 모든 툴을 윈도우 운영 체제 기반으로 이용하지만 리눅스와 macOS에서도 이용할 수 있다. JDK 설치 패키지는 오라클(https://www.oracle.com/java/technologies/downloads/)에서 구할 수 있으며, OpenJDK 버전도 이용할 수 있다. 터미널에서 `java -version` 명령을 입력하여 설치된 JavaSDK의 버전을 확인할 수 있다.

이번 장에 나오는 모든 예제 코드는 깃허브(https://github.com/PacktPublishing/Full-Stack-Development-with-Spring-Boot-3-and-React-Fourth-Edition/tree/main/Chapter01)에서 내려받을 수 있다.

이클립스 설치

이클립스는 이클립스 재단에서 개발한 오픈소스 프로그래밍 IDE다. https://www.eclipse.org/downloads에서 설치 패키지나 설치 관리자를 다운로드할 수 있다. 이클립스는 윈도우, 리눅스, macOS에서 이용할 수 있다. 인텔리제이 또는 VS Code와 같은 다른 IDE에 익숙한 경우 이를 써도 된다.

이클립스의 ZIP 패키지를 다운로드하거나 설치 관리자 패키지를 다운로드하고 설치 마법사를 실행할 수 있다. 설치 관리자를 실행하고 다음 그림에 나오는것처럼 Eclipse IDE for Enterprise Java and Web Developers를 선택해야 한다.

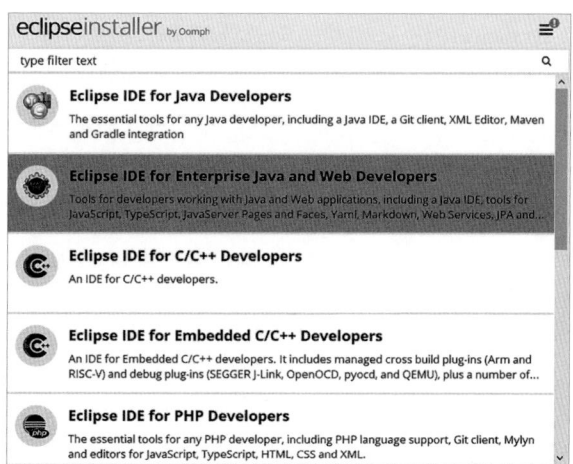

그림 1.1 이클립스 설치 관리자

ZIP 패키지를 이용한다면 패키지를 로컬 디스크에 압축 해제하고, 압축 해제된 패키지에서 eclipse.exe 파일을 찾아 두 번 클릭하여 실행하면 된다. 이 경우 Eclipse IDE for Enterprise Java and Web Developers 패키지를 다운로드해야 한다.

이클립스는 자바, C++, 파이썬 등의 여러 프로그래밍 언어를 지원하는 IDE다. 이클립스는 이클립스 워크벤치의 뷰 및 에디터의 집합을 사용자의 필요에 따라 조정한 다양한 **퍼스펙티브**perspective를 제공한다. 그림 1.2는 자바 개발에 일반적으로 이용되는 퍼스펙티브다.

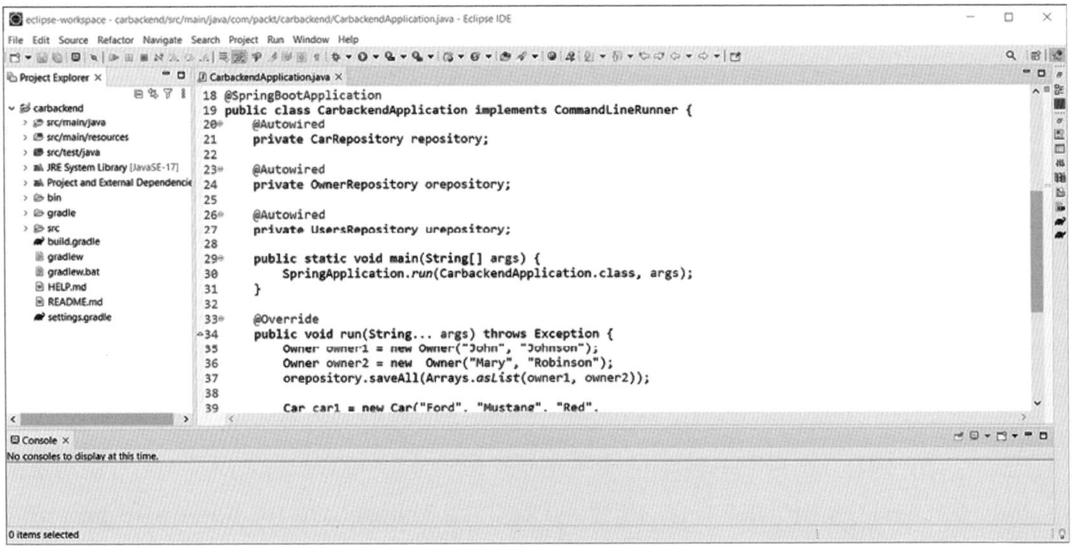

그림 1.2 이클립스 워크벤치

워크벤치 왼쪽의 Project Explorer에는 프로젝트 구조와 리소스가 표시된다. Project Explorer에서 파일을 더블클릭하면 열 수 있다. 파일은 워크벤치 중앙에 있는 편집기에 표시된다. 워크벤치 아래 쪽에는 Console 뷰가 있다. Console 뷰는 애플리케이션 로깅 메시지를 보여주므로 아주 중요하다.

> 참고
>
> 원한다면 이클립스용 STS^{Spring Tool Suite}를 이용할 수 있지만 이 책에서는 일반 이클립스 설치만으로도 충분하다. STS는 스프링 애플리케이션 개발을 돕는 플러그인 모음이다. 자세한 내용은 https://spring.io/tools에서 확인할 수 있다.

이제 이클립스를 설치했으니 그레이들이 무엇이고 어떤 역할을 하는지 간단히 살펴보자.

그레이들의 이해

그레이들은 소프트웨어 개발 프로세스를 간소화 및 통합하는 빌드 자동화 툴이며, 프로젝트 의존성을 관리하고 빌드 프로세스를 처리한다.

> **참고**
>
> 스프링 부트와 함께 메이븐^{Maven}이라는 다른 프로젝트 관리 도구를 쓸 수도 있지만 이 책에서는 메이븐보다 더 빠르고 유연한 그레이들을 이용할 것이다.

스프링 부트 프로젝트 내에서 이미 그레이들 래퍼를 이용하고 있기 때문에 그레이들 이용을 위해 별도의 설치는 필요 없다.

그레이들 구성은 프로젝트의 `build.gradle` 파일에서 수행된다. 이 파일은 프로젝트의 특정 요구 사항에 맞게 사용자 지정할 수 있으며 소프트웨어 빌드, 테스트 및 배포와 같은 작업을 자동화하는 데 이용할 수 있다. `build.gradle` 파일은 그레이들 빌드 시스템의 중요한 부분이며 소프트웨어 프로젝트의 빌드 프로세스를 구성하고 관리하는 데 이용된다. `build.gradle` 파일은 일반적으로 프로젝트 컴파일에 필요한 외부 라이브러리 및 프레임워크 등 프로젝트의 의존성에 대한 정보를 포함한다. `build.gradle` 파일을 작성할 때 코틀린^{Kotlin} 또는 그루비^{Groovy} 프로그래밍 언어를 이용할 수 있다. 이 책에서는 그루비를 이용한다. 다음은 스프링 부트 프로젝트의 `build.gradle` 파일의 예시다.

```groovy
plugins {
    id 'java'
    id 'org.springframework.boot' version '3.1.0'
    id 'io.spring.dependency-management' version '1.1.0'
}

group = 'com.packt'
version = '0.0.1-SNAPSHOT'
sourceCompatibility = '17'

repositories {
    mavenCentral()
}

dependencies {
    implementation 'org.springframework.boot:spring-boot-starter-web'
```

```
    developmentOnly 'org.springframework.boot:spring-boot-devtools'
    testImplementation 'org.springframework.boot:spring-boot-starter-test'
}

tasks.named('test') {
    useJUnitPlatform()
}
```

`build.gradle` 파일에는 일반적으로 다음과 같은 항목이 포함된다.

- **플러그인**plugins: 플러그인 블록은 프로젝트에서 쓰이는 그레이들 플러그인을 정의하는 곳이며 스프링 부트 버전을 정의할 수 있다.
- **리포지터리**repositories: 리포지터리 블록은 의존성을 해결하는 데 쓰이는 의존성 리포지터리를 정의한다. 여기서는 그레이들이 의존성을 가져오기 위해 Maven Central 리포지터리를 이용하고 있다.
- **의존성**dependencies: 의존성 블록은 프로젝트에서 이용되는 의존성을 지정한다.
- **태스크**tasks: 태스크 블록은 테스트 등의 빌드 프로세스의 일부인 태스크를 정의한다.

그레이들은 명령줄에서도 이용할 수 있지만, 이 책에서는 필요한 모든 그레이들 작업을 처리하는 그레이들 래퍼와 이클립스를 이용한다. 래퍼는 선언된 그레이들 버전을 호출하는 스크립트로, 프로젝트를 지정된 그레이들 버전으로 표준화한다. 따라서 그레이들 명령줄 사용법을 따로 다루지는 않겠다. 가장 중요한 것은 `build.gradle` 파일의 구조와 여기에 새 의존성을 추가하는 방법을 이해하는 것이다. 다음 절에서는 스프링 이니셜라이저에서 의존성을 추가하는 방법을 배운다. 이 책의 뒷부분에서는 `build.gradle` 파일에 수동으로 새 의존성을 추가해볼 예정이다.

다음 절에서는 첫 번째 스프링 부트 프로젝트를 만들고 이클립스 IDE를 이용하여 실행하는 방법을 알아본다.

스프링 이니셜라이저 활용

스프링 부트 프로젝트를 생성하는 데 이용되는 웹 기반 도구인 **스프링 이니셜라이저**를 이용해 백엔드 프로젝트를 만들어보자. 그다음에는 이클립스 IDE로 스프링 부트 프로젝트를 실행하는 방법을 배운다. 이번 절의 마지막 부분에서는 스프링 부트 로깅을 활용하는 방법도 소개한다.

프로젝트 만들기

스프링 이니셜라이저를 이용하여 프로젝트를 생성하려면 다음 단계를 따른다.

01. 웹 브라우저에서 https://start.spring.io로 이동해 스프링 이니셜라이저를 연다. 그러면 다음 페이지를 볼 수 있다.

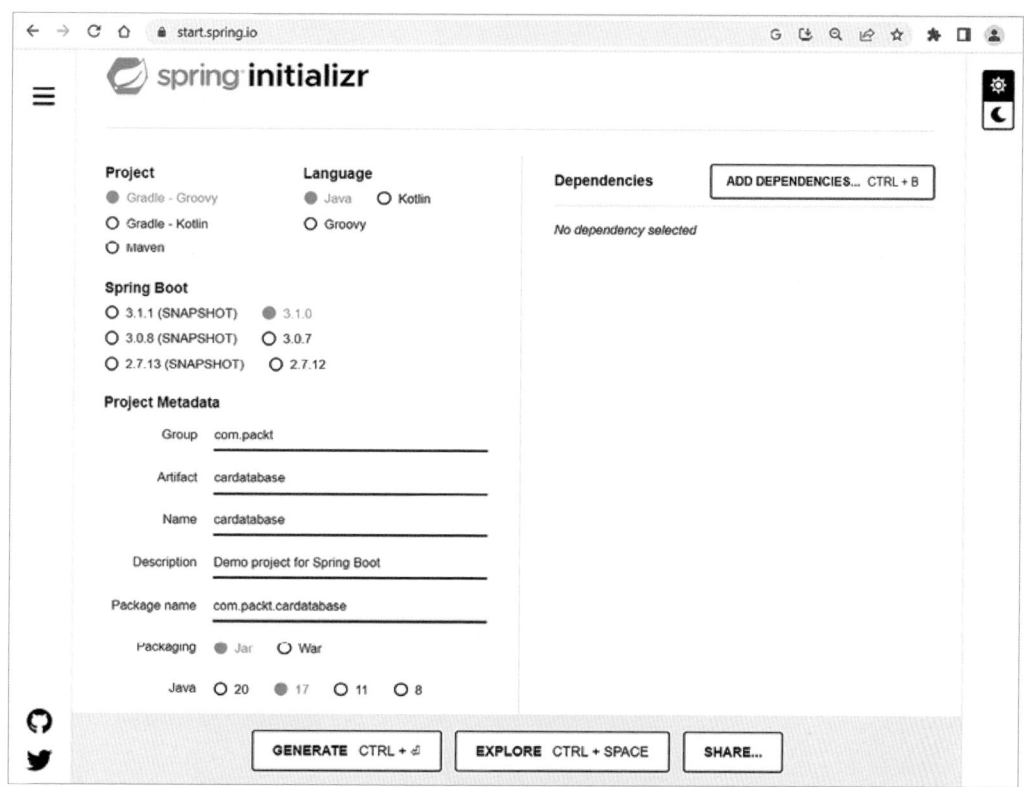

그림 1.3 스프링 이니셜라이저

02. Gradle – Groovy 프로젝트와 Java를 선택하고 최신 안정화 Spring Boot 3.1.x 버전을 선택하여 프로젝트를 만들 것이다. 최신 메이저 또는 마이너 버전을 이용하는 경우 변경된 사항에 대한 릴리스 정보를 확인해야 한다. Group 필드에는 자바 프로젝트의 기본 패키지가 될 그룹 ID(com.packt)를, Artifact 필드에는 이클립스에서 프로젝트의 이름이 될 아티팩트 ID(카드 데이터베이스)를 정의한다.

> 📄 참고
>
> 스프링 이니셜라이저에서 알맞은 자바 버전을 선택해야 한다. 이 책에서는 자바 버전 17을 이용한다. 스프링 부트 3에서 자바 베이스라인은 자바 17이다.

03. ADD DEPENDENCIES… 버튼을 클릭하여 프로젝트에 필요한 스타터와 의존성을 선택할 수 있다. 스프링 부트는 그레이들 구성을 간소화하는 스타터 패키지를 제공한다. 스프링 부트 스타터는 프로젝트에 실질적으로 포함할 수 있는 의존성 모음이다. 이 프로젝트에서는 Spring Web과 Spring Boot DevTools라는 두 의존성을 선택하고 시작한다. 다음 그림에 나오는 것처럼 검색 필드에 의존성과 관련된 검색어를 입력하거나 표시되는 목록에서 선택할 수 있다.

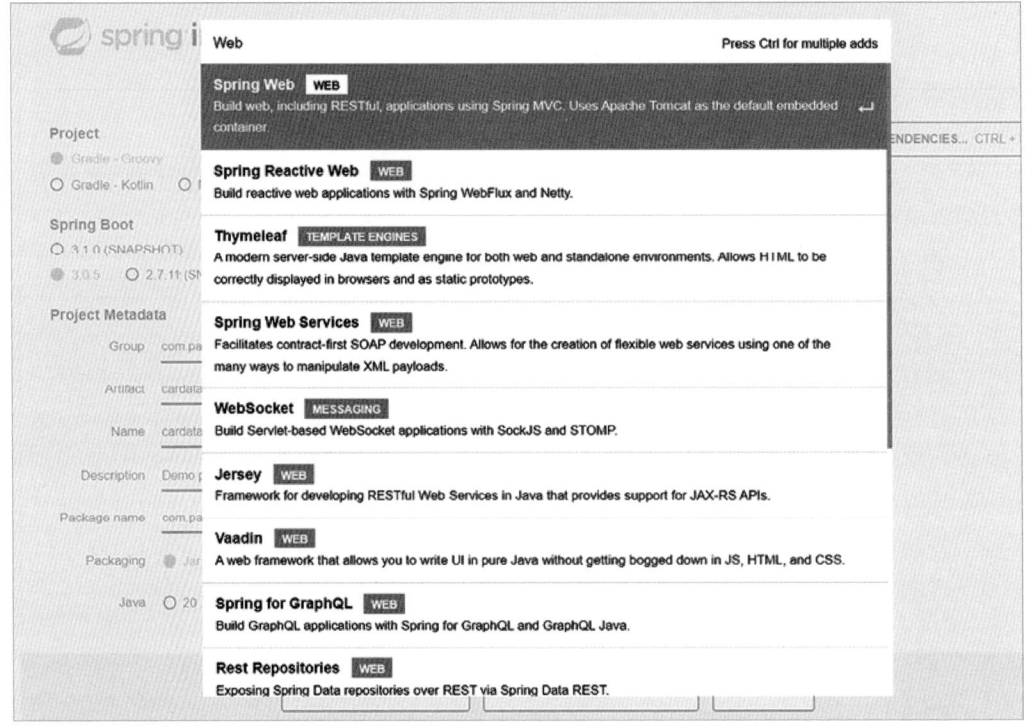

그림 1.4 의존성 추가

Spring Boot DevTools 의존성에는 자동 재시작 기능을 제공하는 스프링 부트 개발자 도구가 들어 있다. 변경 내용을 저장할 때마다 애플리케이션이 자동으로 다시 시작되므로 개발 속도가 훨씬 더 빨라진다.

스프링 웹 스타터 팩은 풀스택 개발을 위한 옵션이며 내장 톰캣 서버를 제공한다. 의존성을 추가한 후 스프링 이니셜라이저의 Dependencies 섹션은 오른쪽 그림과 같다.

그림 1.5 스프링 이니셜라이저 의존성

04. 마지막으로 GENERATE 버튼을 클릭하면 프로젝트 스타터 ZIP 패키지가 생성된다.

다음으로 이클립스 IDE를 이용하여 프로젝트를 실행하는 방법을 알아보자.

프로젝트 실행

이클립스 IDE에서 그레이들 프로젝트를 실행하려면 다음 단계를 따른다.

01. 앞에서 만든 프로젝트 ZIP 패키지의 압축을 풀고 이클립스를 실행한다.

02. 프로젝트를 이클립스 IDE로 가져와야 한다. File | Import 메뉴를 선택하면 가져오기 마법사를 열어 가져오기 과정을 시작할 수 있다. 오른쪽 그림은 가져오기 마법사의 첫 번째 단계 화면이다.

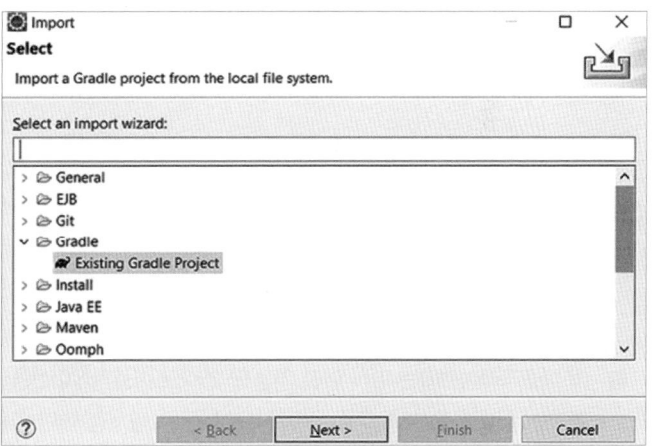

그림 1.6 가져오기 마법사(1단계)

03. 1단계에서는 Gradle 폴더 아래의 목록에서 Existing Gradle Project를 선택한 후 Next > 버튼을 클릭한다. 오른쪽 그림은 가져오기 마법사의 2단계 화면이다.

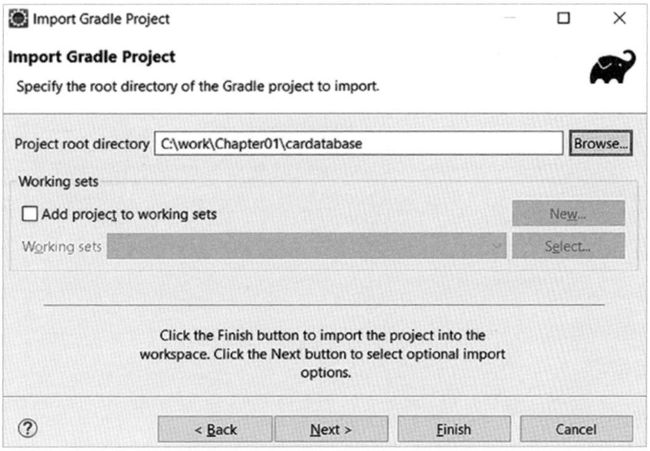

그림 1.7 가져오기 마법사(2단계)

04. 2단계에서는 Browse... 버튼을 클릭하고 압축을 풀어놓은 프로젝트 폴더를 선택한다.

05. Finish 버튼을 눌러 가져오기를 마무리한다. 지금까지 잘 진행했다면 이클립스 IDE의 Project Explorer에 cardatabase 프로젝트가 표시된다. 그레이들이 필요한 모든 의존성을 다운로드해야 하므로 프로젝트가 준비되기까지 시간이 걸린다. 이클립스 오른쪽 아래 모서리에서 의존성 다운로드 진행 상황을 확인할 수 있다. 오른쪽 그림은 가져오기가 성공적으로 끝난 후 이클립스 IDE의 Project Explorer 화면이다.

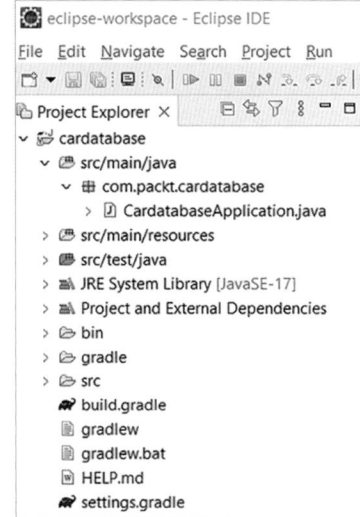

그림 1.8 Project Explorer

06. Project Explorer에는 프로젝트의 패키지 구조도 표시된다. 처음에는 com.packt.cardatabase라는 패키지만 있다. 이 패키지 아래에는 CardatabaseApplication.java라는 기본 애플리케이션 클래스가 있다.

07. 이 애플리케이션에는 아직 어떤 기능도 없지만 애플리케이션을 실행하여 모든 것이 정상적으로 시작되었는지 확인할 수 있다. 프로젝트를 실행하려면 다음 그림처럼 메인 클래스를 더블 클릭해서 열고 이클립스 툴바에서 Run 버튼(재생 아이콘)을 누른다. 혹은 Run 메뉴를 선택하고 Run as | Java Application을 선택해도 된다.

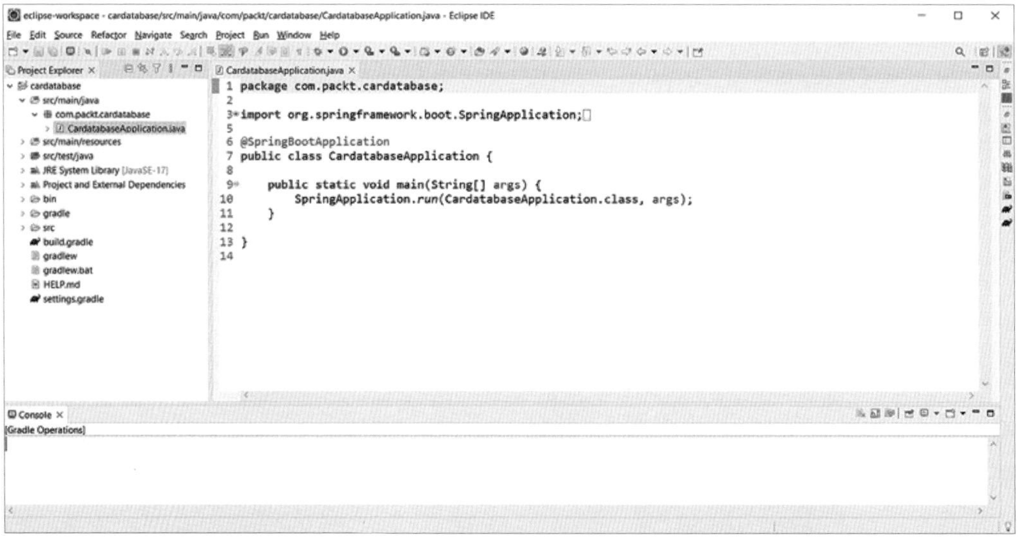

그림 1.9 Cardatabase 프로젝트

Console 뷰가 이클립스에 열리고 여기서 프로젝트 실행에 대한 중요한 정보를 볼 수 있다. 앞서 설명했듯이 모든 로그 텍스트와 오류 메시지가 표시되므로 문제가 있을 때 이 뷰의 내용을 확인하는 것이 매우 중요하다.

프로젝트가 정상적으로 실행되었다면 Console 끝에 있는 텍스트에서 `CardatabaseApplication` 클래스가 시작된 것이 표시된다. 스프링 프로젝트가 시작된 후 이클립스 Console의 내용은 다음 그림과 같다.

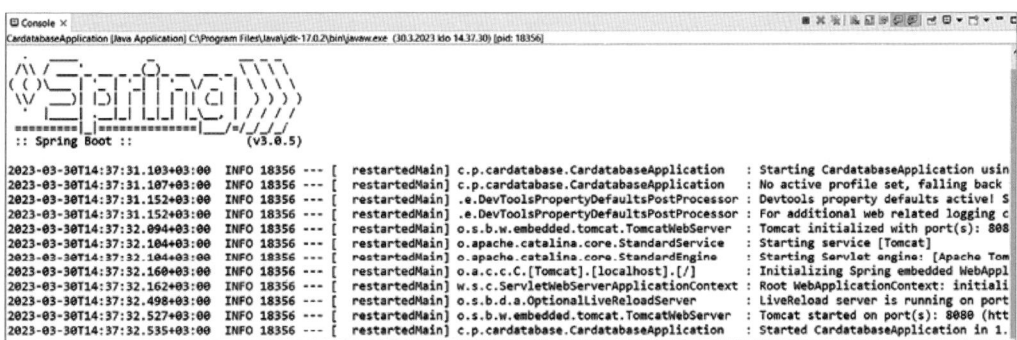

그림 1.10 이클립스 Console

프로젝트 폴더에서 다음 명령어를 이용하여 **스프링 부트 그레이들** 프로젝트를 명령 프롬프트나 터미널에서 실행할 수도 있다.

```
gradlew bootRun
```

프로젝트의 루트에는 프로젝트의 그레이들 구성 파일인 `build.gradle` 파일이 있다. 파일에 포함된 의존성을 살펴보면 스프링 이니셜라이저 페이지에서 선택한 의존성이 있는 것을 볼 수 있다. 또한 다음 코드에서 보는 것처럼 테스트 의존성이 자동으로 포함된다.

```
dependencies {
    implementation 'org.springframework.boot:spring-boot-starter-web'
    developmentOnly 'org.springframework.boot:spring-boot-devtools'
    testImplementation 'org.springframework.boot:spring-boot-starter-test'
}
```

다음 장에서는 애플리케이션에 기능을 추가하고 `build.gradle` 파일에도 수동으로 의존성을 추가할 예정이다.

스프링 부트의 메인 클래스를 좀 더 자세히 살펴보자.

```
package com.packt.cardatabase;

import org.springframework.boot.SpringApplication;
import org.springframework.boot.autoconfigure.SpringBootApplication;

@SpringBootApplication
public class CardatabaseApplication {
    public static void main(String[] args) {
        SpringApplication.run(CardatabaseApplication.class, args);
    }
}
```

클래스의 시작 부분에 @SpringBootApplication 애너테이션이 있는데, 사실 이는 여러 애너테이션의 조합이다.

표 1.1 @SpringBootApplication 애너테이션

애너테이션	설명
@EnableAutoConfiguration	스프링 부트의 자동 구성을 활성화한다. 프로젝트가 의존성에 따라 자동으로 구성된다. 예를 들어, spring-boot-starter-web 의존성이 있는 경우 스프링 부트는 사용자가 웹 애플리케이션을 개발 중이라고 가정하고 그에 따라 애플리케이션을 구성한다.
@ComponentScan	스프링 부트 컴포넌트 검색으로 애플리케이션의 모든 컴포넌트를 찾을 수 있도록 한다.
@Configuration	빈(Bean) 정의를 제공하는 소스로 쓸 수 있는 클래스를 지정한다.

애플리케이션의 실행은 표준 자바 애플리케이션과 마찬가지로 main() 메서드로 시작된다.

> **참고**
>
> 메인 애플리케이션 클래스는 루트 패키지에 넣어 다른 클래스보다 위에 위치하게 하는 것이 좋다. 애플리케이션 클래스가 포함된 패키지 아래의 모든 패키지는 스프링 부트의 구성 요소 검사에 포함된다. 애플리케이션이 올바르게 작동하지 않는 흔한 이유는 스프링 부트가 중요한 클래스를 찾지 못하기 때문이다.

스프링 부트 개발 툴

스프링 부트 개발 툴은 애플리케이션 개발 프로세스를 더 간단하게 만들어 준다. 개발 툴의 가장 중요한 기능은 클래스 경로의 파일이 수정될 때마다 스프링부트 애플리케이션을 자동으로 다시 시작한다는 것이다. 다음 의존성이 그레이들 build.gradle 파일에 추가되면 프로젝트에 개발 툴이 포함된다.

```
developmentOnly 'org.springframework.boot:spring-boot-devtools'
```

개발 툴은 애플리케이션의 운영 버전을 생성하면 비활성화된다. 다음과 같이 메인 클래스에 주석 한 줄을 추가하여 자동 재시작을 테스트할 수 있다.

```
package com.packt.cardatabase;
import org.springframework.boot.SpringApplication;
import org.springframework.boot.autoconfigure.SpringBootApplication;
@SpringBootApplication
public class CardatabaseApplication {
    public static void main(String[] args) {
        // 이 주석을 추가하면 애플리케이션이 재시작됨
        SpringApplication.run(CardatabaseApplication.class, args);
    }
}
```

파일을 저장하면 애플리케이션이 재시작되는 것을 Console에서 확인할 수 있다.

로그 및 문제 해결

로깅은 애플리케이션의 흐름을 모니터링하는 데 이용할 수 있고 프로그램 코드의 예기치 않은 오류를 포착하는 좋은 방법이다. 스프링 부트 스타터 패키지에는 별도의 구성 없이 로깅에 이용할 수 있는 **로그백**Logback이 있다. 다음 예제 코드로 로깅을 이용하는 방법을 알아보자. 로그백은 **SLF4J**Simple Logging Facade for Java를 기본 인터페이스로 이용한다.

```
package com.packt.cardatabase;

import org.slf4j.Logger;
import org.slf4j.LoggerFactory;
import org.springframework.boot.SpringApplication;
```

```
import org.springframework.boot.autoconfigure.SpringBootApplication;

@SpringBootApplication
public class CardatabaseApplication {
    private static final Logger logger = LoggerFactory.getLogger(
        CardatabaseApplication.class
    );

    public static void main(String[] args) {
        SpringApplication.run(CardatabaseApplication.class, args);
        logger.info("Application started");
    }
}
```

logger.info 메서드는 로그 메시지를 Console에 출력한다. 다음 그림과 같이 프로젝트를 실행한 후 Console에서 로그 메시지를 볼 수 있다.

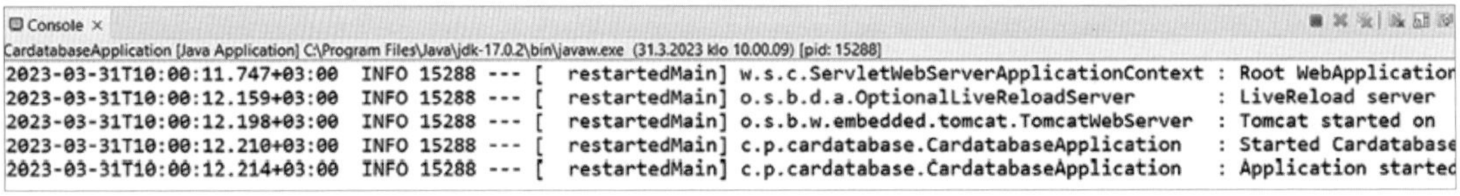

그림 1.11 로그 메시지

로깅 수준에는 TRACE, DEGUE, INFO, WARN, ERROR, FATAL, OFF의 7가지가 있다. 로깅 수준은 스프링 부트 application.properties 파일에서 설정할 수 있다. 이 파일은 다음 그림처럼 프로젝트 내부의 resources 폴더에 있다.

그림 1.12 application.properties 파일

로깅 수준을 DEBUG로 설정하면 로그 수준이 DEBUG와 그 이상(즉, DEBUG, INFO, WARN, ERROR)에 해당하는 로그 메시지를 볼 수 있다. 다음 예제에서는 로그 수준을 루트에 대해 설정하지만 패키지 수준에서도 설정할 수 있다.

```
logging.level.root=DEBUG
```

이제 프로젝트를 실행하면 TRACE 메시지가 더는 표시되지 않는다. TRACE 수준에는 모든 애플리케이션 작동의 세부 정보가 포함되어 있으므로 애플리케이션에서 일어나는 일을 완전히 파악해야 하는 경우가 아니라면 필요하지 않다. 이는 애플리케이션의 개발 버전에 적합한 설정일 수 있다. 별도로 지정하지 않은 상태의 기본 로깅 수준은 INFO다.

스프링 부트 애플리케이션을 실행할 때 발생할 수 있는 한 가지 일반적인 오류가 있다. 스프링 부트는 포트 8080에서 기본적으로 실행되는 아파치 톰캣(http://tomcat.apache.org/)을 기본 애플리케이션 서버로 이용한다. 실행 포트는 application.properties 파일에서 변경할 수 있다. 다음과 같이 설정하면 톰캣이 8081 포트에서 시작한다.

```
server.port=8081
```

포트가 이용 중이면 애플리케이션이 시작되지 않고 Console에 다음과 같은 **APPLICATION FAILED TO START**가 표시된다.

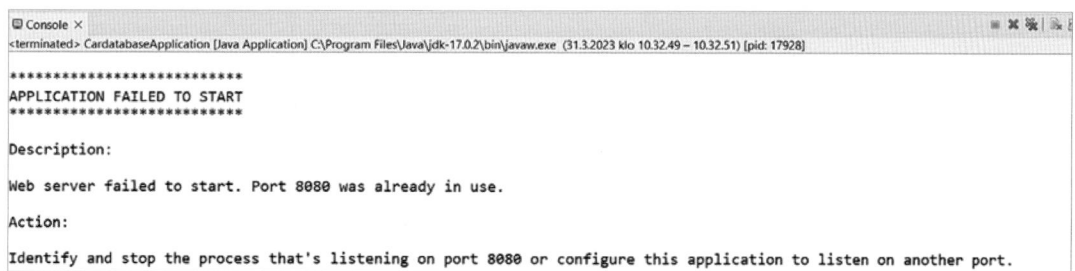

그림 1.13 포트가 이미 이용 중인 경우

이 경우 8080번 포트를 이용 중인 프로세스를 중지하거나 스프링 부트 애플리케이션에서 다른 포트를 이용해야 한다. 애플리케이션을 실행하기 전에 이클립스 Console에서 **Terminate** 버튼(빨간색 사각형)을 클릭하면 이러한 문제를 방지할 수 있다.

다음 절에서는 백엔드에서 데이터베이스로 이용할 MariaDB 데이터베이스를 설치해 보자.

MariaDB 설치

이 책의 3장 'JPA를 이용한 데이터베이스 생성 및 접근'에서는 MariaDB를 이용할 예정이므로 컴퓨터에 로컬로 설치해야 한다. MariaDB는 인기 있는 오픈소스 관계형 데이터베이스다. MariaDB는 윈도우, 리눅스, macOS 버전이 있으며 https://mariadb.com/downloads/community/에서 GNU[GNU's Not Unix!] GPLv2[General Public License, version 2] 라이선스로 개발되는 최신 안정화 커뮤니티 서버 버전을 다운로드할 수 있다.

다음 단계에 따라 MariaDB를 설치하자.

01. 윈도우일 경우, MSI[Microsoft Installer]를 이용할 수 있다. 설치 프로그램을 다운로드하고 실행한다. 다음 그림에 나오는 것처럼 설치 마법사에서 모든 기능을 설치한다.

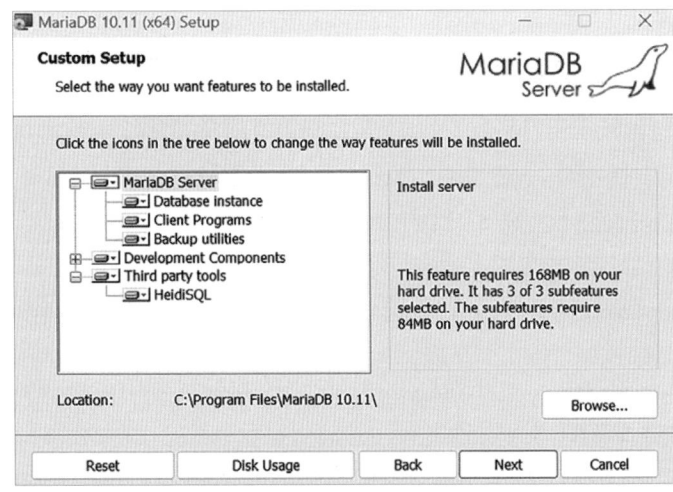

그림 1.14 MariaDB 설치(1단계)

02. 다음 단계에서는 루트 사용자의 암호를 지정해야 한다. 이 암호는 다음 단원에서 애플리케이션을 데이터베이스에 연결할 때 필요하다. 다음 그림처럼 하면 된다.

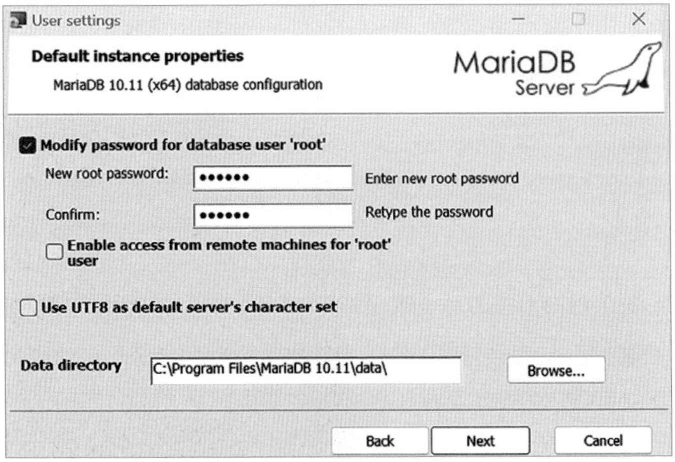

그림 1.15 MariaDB 설치(2단계)

03. 다음 단계에서는 다음 그림과 같이 기본 설정을 그대로 이용한다.

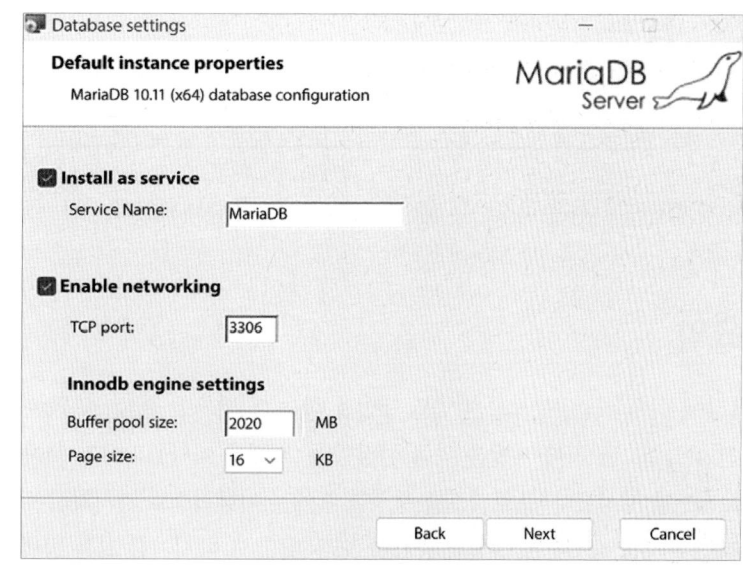

그림 1.16 MariaDB 설치(3단계)

04. 이제 MariaDB가 로컬 컴퓨터에 설치된다. 설치 마법사가 HeidiSQL 또한 설치해준다. HeidiSQL은 그래픽으로 된 이용하기 편리한 데이터베이스 클라이언트다. 이 클라이언트를 이용하여 새 데이터베이스를 추가하고 데이터베이스에 대한 쿼리를 수행할 수 있다. 설치 패키지에 포함된 명령 프롬프트를 이용해도 된다.

05. HeidiSQL을 열고 설치 단계에서 지정한 암호를 이용하여 로그인해 보자. 그러면 다음 화면이 표시된다.

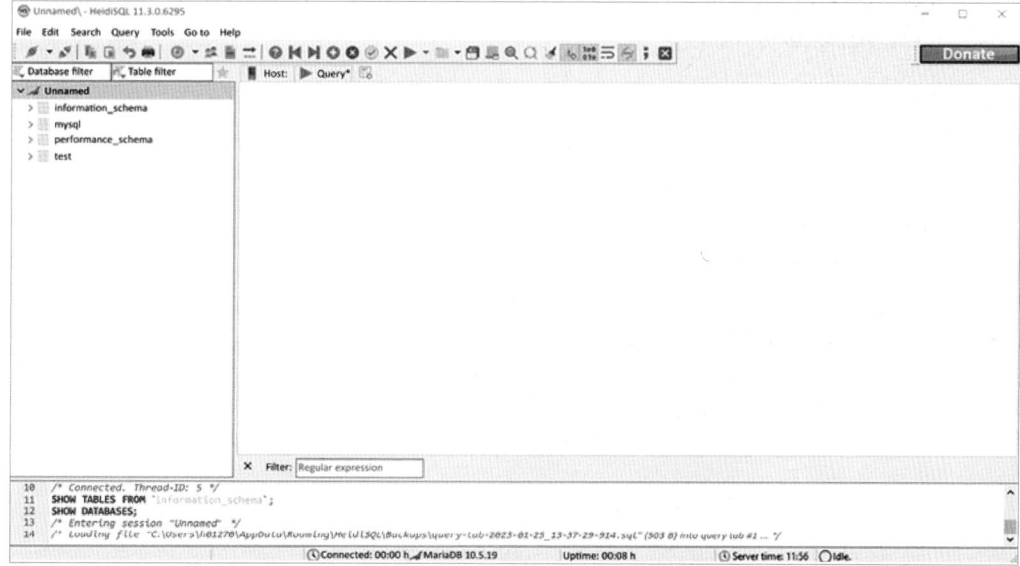

그림 1.17 HeidiSQL

> **참고**
>
> HeidiSQL은 윈도우에서만 쓸 수 있다. 리눅스 또는 macOS를 이용하는 경우에는 DBeaver(https://dbeaver.io/)를 대신 쓸 수 있다.

이제 백엔드 구현을 시작하는 데 필요한 모든 것이 준비되었다.

요약

1장에서는 스프링 부트로 백엔드 개발을 하는 데 필요한 툴을 설치했다. 널리 이용되는 프로그래밍 IDE인 이클립스를 자바 개발을 위해 설정했다. 스프링 이니셜라이저 페이지를 이용하여 새 스프링 부트 프로젝트를 생성했다. 프로젝트를 생성한 후에는 이클립스로 가져와서 실행했다. 또한 스프링 부트의 일반적인 문제를 해결하는 방법과 중요한 오류 및 로그 메시지를 보는 방법도 다루었다. 마지막으로 다음 단원에서 이용할 MariaDB 데이터베이스를 설치했다.

다음 장에서는 **의존성 주입**Dependency Injection(DI)이란 무엇이고 스프링 부트 프레임워크에서 어떻게 이용할 수 있는지 알아본다.

문제

1. 스프링 부트란 무엇인가?
2. 이클립스 IDE란 무엇인가?
3. 그레이들이란 무엇인가?
4. 스프링 부트 프로젝트는 어떻게 만들 수 있는가?
5. 스프링 부트 프로젝트는 어떻게 실행할까?
6. 스프링 부트에서 로깅은 어떻게 이용할까?
7. 이클립스에서 오류 및 로그 메시지를 찾으려면 어떻게 해야 하는가?

추가 자료

다음 도서를 통해 스프링 부트에 대해 추가로 학습할 수 있다.

- 『Learning Spring Boot 3.0』 3판(Packt, 2022) 그렉 턴키스트 (https://www.packtpub.com/product/learning-spring-boot-30-third-edition/9781803233307)
- 『스프링으로 하는 마이크로서비스 구축』(에이콘출판사, 2020) 매그너스 라슨 (http://www.acornpub.co.kr/book/microservices-spring)

02

의존성 주입 이해하기

2장에서는 **의존성 주입**^{Dependency Injection}(**DI**)이란 무엇이고 스프링 부트 프레임워크에서 어떻게 이용할 수 있는지 알아보자. 스프링 부트 프레임워크는 의존성 주입을 제공하므로 기초적인 내용을 알아두는 것이 좋다. 의존성 주입은 구성 요소 간의 느슨한 결합을 허용하여 코드를 보다 유연하고 유지 관리 및 테스트하기 쉽게 만들어준다.

이번 장에서 다룰 주제는 다음과 같다.

- 의존성 주입 소개
- 스프링 부트에서 의존성 주입 이용

기술 요구 사항

이번 장에 나오는 모든 코드는 다음 GitHub 링크에서 찾을 수 있다.

- https://github.com/PacktPub lishing/Full-Stack-Development-with-Spring-Boot-3-and-React-Fourth-Edition/tree/main/Chapter02

의존성 주입 소개

의존성 주입은 다른 객체에 의존하는 객체를 만들 수 있는 소프트웨어 개발 기법이다. 의존성 주입은 클래스 간의 상호작용을 도우면서 동시에 클래스를 독립적으로 유지한다.

의존성 주입에는 세 가지 클래스 유형이 있다.

- **서비스**Service는 클라이언트가 이용할 수 있는 클래스(의존성)다.
- **클라이언트**Client는 의존성을 이용하는 클래스다.
- **주입기**Injector는 의존성(서비스)을 의존 클래스(클라이언트)에 전달한다.

다음 다이어그램은 의존성 주입의 3가지 클래스 유형을 보여준다.

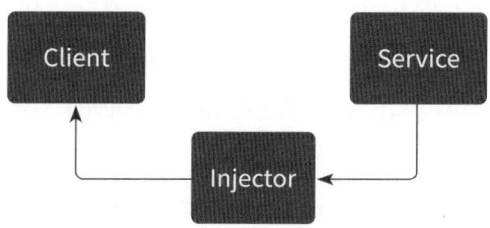

그림 2.1 의존성 주입 클래스

의존성 주입을 통해 클래스를 느슨하게 연결할 수 있다. 즉, 클라이언트 의존성의 생성이 클라이언트의 작동과 분리되어 단위 테스트가 더 쉬워진다.

자바 코드를 이용한 의존성 주입의 간단한 예를 살펴보자. 다음 코드에서는 클라이언트 클래스인 Car가 서비스 클래스의 객체를 생성하기 때문에 의존성 주입이 없다.

```java
public class Car {
    private Owner owner;
    public Car() {
        owner = new Owner();
    }
}
```

반면 다음 코드에서는 서비스 객체가 클라이언트 클래스에서 직접 생성되지 않는다. 대신 클래스 생성자에서 매개변수로 전달된다.

```
public class Car {
    private Owner owner;
    public Car(Owner owner) {
        this.owner = owner;
    }
}
```

서비스 클래스는 추상 클래스일 수도 있다. 이 경우 클라이언트 클래스에서 해당 클래스의 어떤 구현이든 이용할 수 있고 테스트 중에는 모형^{mock}을 이용할 수 있다.

의존성 주입에는 몇 가지 유형이 있다. 여기서는 그중 두 가지를 살펴보자.

- **생성자**^{Constructor} **주입**: 의존성이 클라이언트 클래스 생성자에게 전달되는 방식이다. 생성자 주입의 예시는 앞의 Car 코드에서 확인할 수 있다. 생성자 주입은 필수 의존성에 이용하는 것이 좋다. 모든 의존성은 클래스 생성자를 이용하여 제공되며 필수 의존성 없이는 객체를 생성할 수 없다.
- **세터 주입**: 의존성이 세터를 통해 제공되는 방식이다. 다음 예제 코드는 세터 주입의 예다.

```
public class Car {
    private Owner owner;

    public void setOwner(Owner owner) {
        this.owner = owner;
    }
}
```

세터 주입은 아무런 의존성이 없더라도 객체를 생성할 수 있기 때문에 더 유연하다. 이 접근 방식은 선택적 의존성을 허용한다.

의존성 주입은 코드의 의존성은 줄이고 코드를 재사용하기 쉽게 만들어준다. 또한 코드를 쉽게 테스트할 수 있게 해준다. 지금까지 의존성 주입의 기초를 알아보았다. 다음에는 스프링 부트에서 의존성 주입을 어떻게 이용하는지 알아보자.

스프링 부트에서 의존성 주입 이용

스프링 프레임워크에서 의존성 주입은 스프링 ApplicationContext를 통해 이루어진다. ApplicationContext는 객체(빈^{bean})와 객체의 의존성을 생성하고 관리하는 역할을 한다.

스프링 부트는 애플리케이션 클래스를 검색하여 특정 애너테이션(@Service, @Repository, @Controller 등)이 있는 클래스를 스프링 빈으로 등록한다. 의존성 주입을 이용하면 이러한 빈을 주입할 수 있다.

스프링 부트는 여러 의존성 주입 방법을 지원하며, 가장 일반적인 방법은 다음과 같다.

- **생성자 주입**: 생성자를 통해 의존성을 주입한다. 이 방법은 객체가 생성될 때 필요한 모든 의존성을 반드시 이용하게 하므로 가장 권장되는 방법이다. 가장 보편적인 상황은 특정 작업을 위해 데이터베이스에 대한 접근이 필요한 경우다. 스프링 부트에서는 이를 위해 리포지터리 클래스를 이용한다. 이 경우 다음 코드 예시와 같이 생성자 주입을 이용하여 리포지터리 클래스를 주입하고 그 메서드를 이용할 수 있다.

```java
// 생성자 주입
public class Car {
    private final CarRepository carRepository;

    public Car(CarRepository carRepository) {
        this.carRepository = carRepository;
    }

    // 데이터베이스에서 모든 자동차를 가져옴
    carRepository.findAll();
}
```

클래스에 생성자가 여러 개 있는 경우 @Autowired 애너테이션을 이용하여 의존성 주입에 이용되는 생성자를 정의해야 한다.

```java
// 의존성 주입에 이용할 생성자
@Autowired
public Car(CarRepository carRepository) {
    this.carRepository = carRepository;
}
```

- **세터 주입**: 의존성은 세터 메서드를 통해 주입된다. 세터 주입은 선택적 의존성이 있거나 런타임(프로그램 실행 중)에 의존성을 수정하려는 경우에 유용하다. 다음은 세터 주입의 예시 코드다.

```java
// 세터 주입
@Service
public class AppUserService {
    private AppUserRepository userRepository;

  @Autowired
  public void setAppUserRepository(
        AppUserRepository userRepository) {
            this.userRepository = userRepository;
        }

    // userRepository를 이용하는 다른 메서드들
}
```

- **필드 주입**: 의존성을 필드에 직접 주입한다. 필드 주입의 장점은 단순성이지만, 몇 가지 단점이 있다. 의존성을 이용할 수 없는 경우 런타임 오류가 발생할 수 있다. 또한 테스트를 위해 의존성을 모의 객체로 만들 수 없기 때문에 클래스를 테스트하기가 더 어렵다. 다음은 필드 주입의 예시 코드다.

```java
// 필드 주입
@Service
public class CarDatabaseService implements CarService {
// Car 데이터베이스 서비스
}

public class CarController {
    @Autowired
    private CarDatabaseService carDatabaseService;
//...
}
```

> 📄 **참고**
> 스프링 부트 주입에 관한 자세한 내용은 스프링 문서(https://spring.io/guides)에서 확인할 수 있다.

요약

이번 장에서는 의존성 주입이 무엇인지 배웠다. 또한, 백엔드 역할을 할 스프링 부트 프레임워크에서 의존성 주입을 이용하는 방법도 살펴봤다.

다음 장에서는 스프링 부트에서 JPA$^{\text{Java Persistent API}}$를 이용하는 방법과 MariaDB 데이터베이스를 설정하는 방법을 배운다. 또한 CRUD 리포지터리를 만들고 데이터베이스 테이블 간의 일대다 연결을 설정하는 방법도 배운다.

문제

1. 의존성 주입이란 무엇인가?
2. 스프링 부트에서 @Autowired 애너테이션은 어떻게 작동하는가?
3. 스프링 부트에서 리소스를 주입하려면 어떻게 해야 하는가?

추가 자료

다음 영상 자료를 통해 스프링 부트에 대해 추가로 학습할 수 있다.

- 스프링 핵심 프레임워크 쉽게 배우기, 카르티케야 T. (https://www.packtpub.com/product/learn-spring-core-framework-the-easy-way-video/9781801071680)
- 스프링 프레임워크 기초 마스터하기, 매튜 스피크 (https://www.packtpub.com/product/mastering-spring-framework-fundamentals-video/9781801079525)

03

JPA를 이용한
데이터베이스 생성 및 접근

이 장에서는 스프링 부트와 함께 JPA(Jakarta Persistence API, Java Persistent API)를 이용하는 방법과 엔티티 클래스로 데이터베이스를 정의하는 방법을 배운다. 첫 번째 단계에서는 H2 데이터베이스를 이용한다. H2는 빠른 개발과 시연 목적에 적합한 인메모리 SQL 데이터베이스다. 두 번째 단계에서는 H2에서 MariaDB로 데이터베이스를 전환한다. 또한 이번 장에서는 CRUD 리포지터리 생성과 데이터베이스 테이블 간에 일대다 연결을 설정하는 방법에 대해서도 알아본다.

이번 장에서 다룰 주제는 다음과 같다.

- ORM, JPA, 하이버네이트 기초
- 엔티티 클래스 만들기
- CRUD 리포지터리 만들기
- 테이블 간의 관계 추가
- MariaDB 데이터베이스 설정

기술 요구 사항

1장에서 작성한 스프링 부트 애플리케이션이 필요하다.

데이터베이스 애플리케이션을 만들려면 MariaDB를 설치해야 한다(https://downloads.mariadb.org/). 1장에서 MariaDB 설치를 진행했다.

이번 장에 나오는 모든 예제 코드는 깃허브 저장소인 https://github.com/PacktPublishing/Full-Stack-Development-with-Spring-Boot-3-and-React-Fourth-Edition/tree/main/Chapter03에서 내려받을 수 있다.

ORM, JPA, 하이버네이트 기초

ORM과 JPA는 관계형 데이터베이스를 처리하기 위해 소프트웨어 개발에서 널리 이용되는 기술이다. 복잡한 SQL 쿼리를 작성할 필요 없이 자바 개발자에게 친숙한 객체로 작업할 수 있다. 이렇게 ORM과 JPA는 SLQ 코드 작성 및 디버깅에 소요되는 시간을 줄여 개발 속도를 높여준다. 또한 대부분의 JPA 구현체들은 자바 엔티티 클래스를 바탕으로 데이터 베이스 스키마를 자동으로 생성할 수 있다.

- ORM^{Object Relational Mapping}은 객체지향 프로그래밍 패러다임을 이용하여 데이터베이스를 가져오고 매핑할 수 있는 기술이다. ORM은 데이터베이스 구조보다는 객체지향 개념을 바탕에 두고 있어 프로그래머에게 매우 유용하며 개발 속도는 높이고 소스코드의 양은 줄여준다. ORM은 대부분의 데이터베이스와 독립적이기 때문에 개발자는 이용하는 DBMS에 따라 조금씩 달라지는 SQL 문에 대해 걱정할 필요가 없다.

- JPA^{Jakarta Persistence API}(이전의 Java Persistence API)는 자바 개발자를 위한 객체-관계형 매핑을 제공한다. JPA 엔티티는 데이터베이스 테이블의 구조를 나타내는 자바 클래스다. 엔티티 클래스의 필드는 데이터베이스 테이블의 열(Column)을 나타낸다.

- **하이버네이트**는 가장 인기 있는 JPA 구현체이고 스프링 부트에서 기본 구현체로 이용된다. 하이버네이트는 검증된 기술로, 대규모 애플리케이션에 널리 이용되고 있다.

다음으로 H2 데이터베이스로 첫 번째 엔티티 클래스를 구현해 보자.

엔티티 클래스 만들기

엔티티 클래스는 JPA의 @Entity 애너테이션을 이용하는 자바 클래스다. 엔티티 클래스는 표준 자바 빈의 명명 규칙을 따르며 적절한 게터 및 세터 메서드를 가진다. 클래스 필드의 가시성은 private으로 설정된다.

JPA는 애플리케이션이 초기화될 때 클래스 이름으로 데이터베이스 테이블을 만든다. 데이터베이스 테이블에 다른 이름을 지정하려면 엔티티 클래스에서 @Table 애너테이션을 이용하면 된다.

이번 장에서는 먼저 인메모리 데이터베이스인 H2 데이터베이스(https://www.h2database.com/)를 이용한다. JPA와 H2 데이터베이스를 이용하려면 build.gradle 파일에 다음 의존성을 추가해야 한다.

```
dependencies {
    implementation 'org.springframework.boot:spring-boot-starter-web'
    implementation 'org.springframework.boot:spring-boot-starter-data-jpa'
    developmentOnly 'org.springframework.boot:spring-boot-devtools'
    runtimeOnly 'com.h2database:h2'
    testImplementation 'org.springframework.boot:spring-boot-starter-test'
}
```

build.gradle 파일을 업데이트하고 나면 의존성을 업데이트해야 한다. 이를 위해 이클립스의 Project Explorer에서 프로젝트를 선택하고 마우스 오른쪽 버튼을 클릭한 후 다음 그림과 같이 Gradle | Refresh Gradle Project를 선택한다.

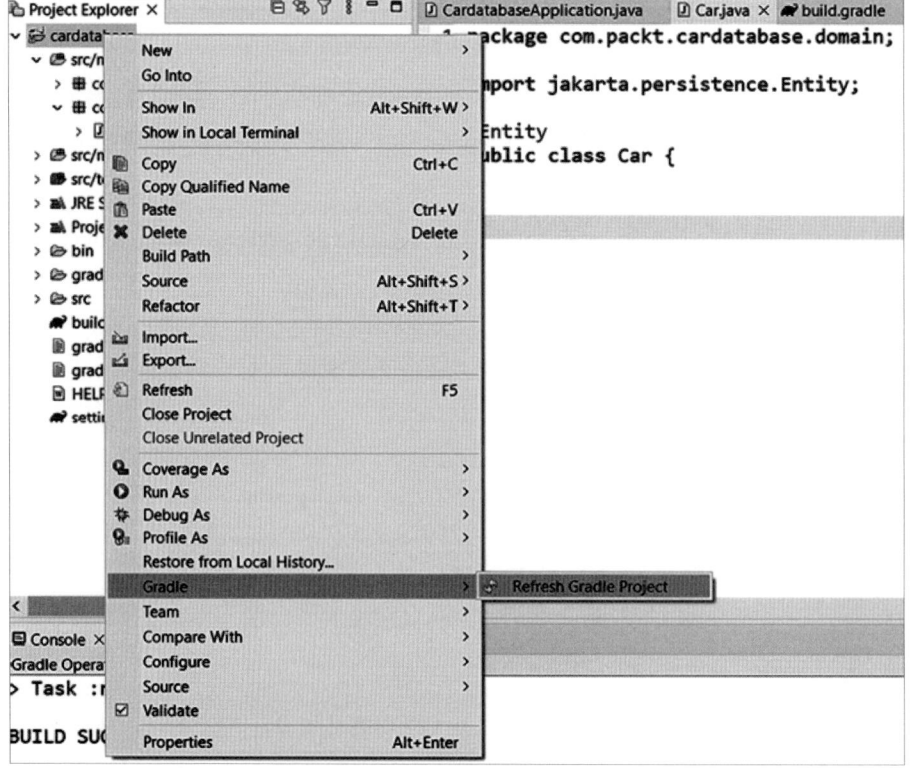

그림 3.1 그레이들 프로젝트 갱신

Window | Preferences 메뉴를 열어 자동으로 프로젝트의 새로고침 설정을 활성화할 수도 있다. Gradle 설정으로 이동하면 Automatic Project Synchronization 체크박스를 선택할 수 있다. 해당 설정을 활성화하면 빌드 스크립트 변경 시 프로젝트가 자동으로 동기화된다. 빌드 스크립트를 업데이트할 때 프로젝트를 수동으로 새로고침할 필요가 없으므로 권장되는 사항이다.

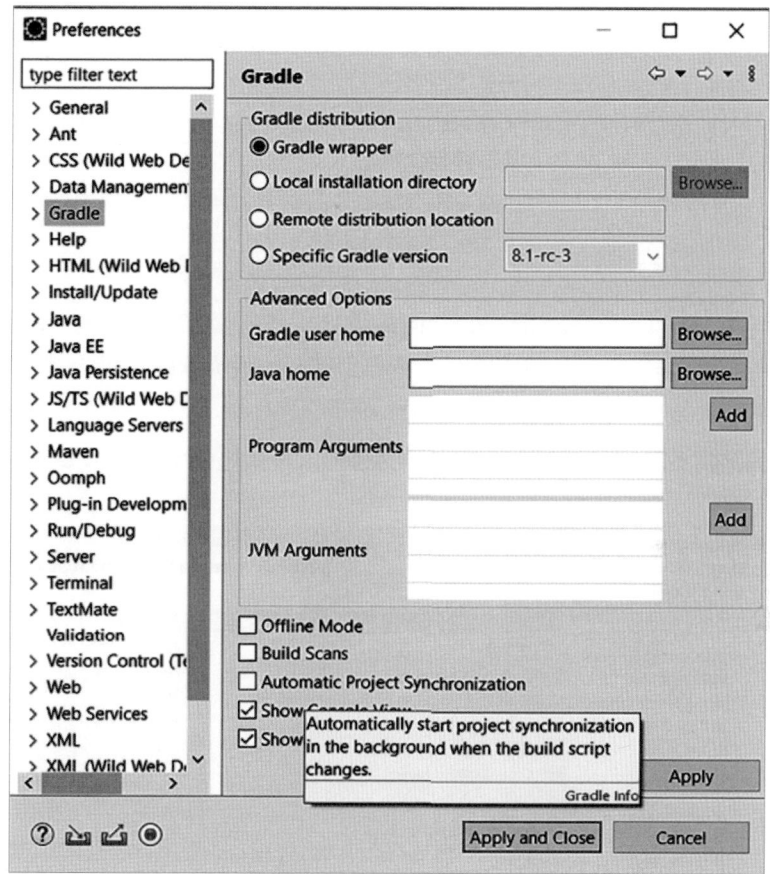

그림 3.2 Gradle wrapper 설정

프로젝트 의존성은 이클립스 Project Explorer의 Project and Dependencies 폴더에서 찾을 수 있다. 폴더 내에 spring-boot-starter-data-jpa와 h2 의존성이 생긴 것을 확인할 수 있다.

이제 다음 단계를 수행해 엔티티 클래스를 만들어보자.

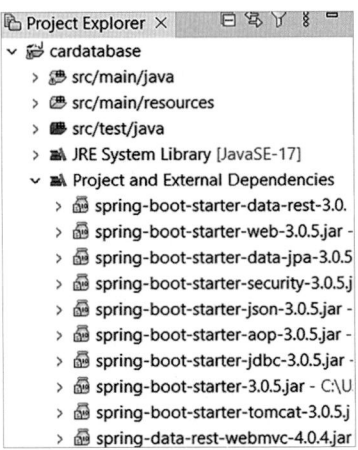

그림 3.3 프로젝트 의존성

01. 스프링 부트에서 엔티티 클래스를 만들려면 엔티티를 둘 패키지를 만들어야 한다. 패키지는 루트 패키지에 만든다. 이클립스의 Project Explorer에서 루트 패키지를 선택하고 마우스 오른쪽 버튼을 클릭해 컨텍스트 메뉴를 연다.

02. 이 메뉴에서 New | Package를 선택한다. 다음 그림은 엔티티 클래스의 패키지를 만드는 방법을 보여준다.

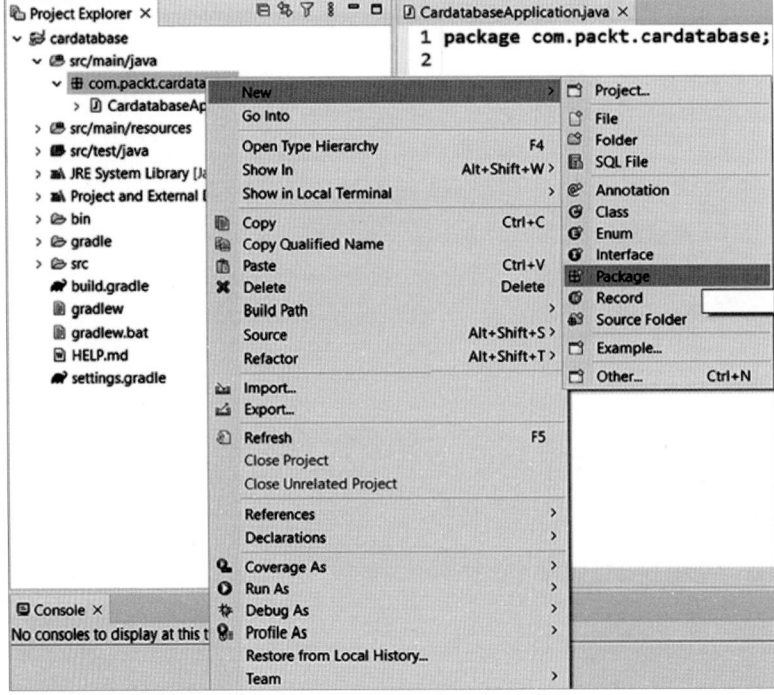

그림 3.4 새 패키지 만들기

03. 패키지 이름은 com.packt.cardata base.domain으로 지정한다.

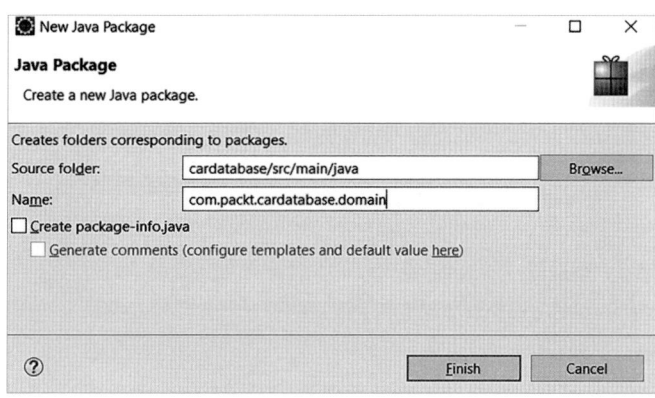

그림 3.5 새 자바 패키지 만들기

04. 다음으로 엔티티 클래스를 만든다. 앞에서 만든 com.packt.cardatabase.domain 패키지를 선택하고 마우스 오른쪽 버튼을 클릭한 다음, 메뉴에서 New | Class를 선택한다.

05. 여기서는 자동차 데이터베이스를 만들 것이므로 엔티티 클래스의 이름은 Car가 된다. 다음과 같이 Name 필드에 Car를 입력하고 Finish 버튼을 누른다.

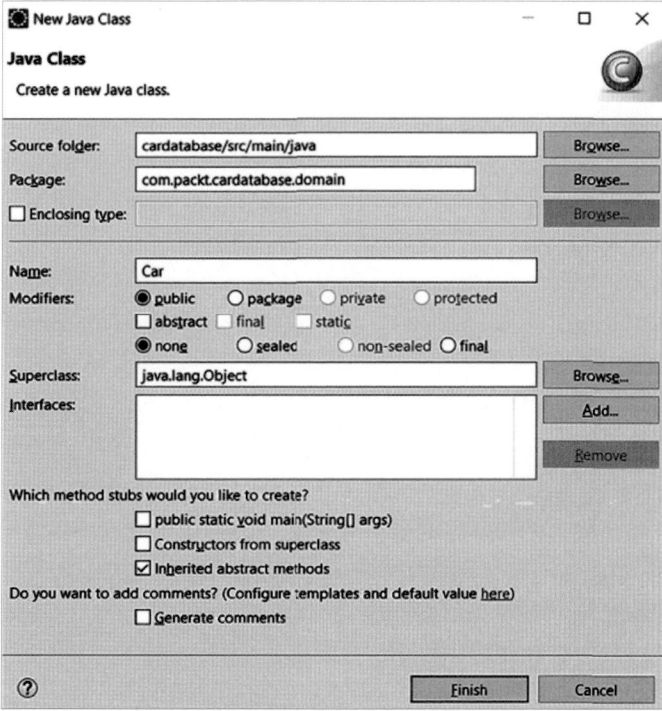

그림 3.6 새 자바 클래스 만들기

06. Project Explorer에서 Car 클래스 파일을 더블클릭해 에디터에서 연다. 먼저 클래스에 @Entity 애너테이션을 지정해야 한다. @Entity 애너테이션은 jakarta.persistence 패키지에서 가져온다.

```java
package com.packt.cardatabase.domain;

import jakarta.persistence.Entity;

@Entity
public class Car {
}
```

> **TIP**
>
> 이클립스 IDE에서 Ctrl + Shift + O 단축키를 누르면 누락된 패키지를 자동으로 가져올 수 있다. 동일한 식별자를 포함하는 패키지가 여러 개 있는 경우가 있으므로 올바른 식별자를 임포트하도록 주의해야 한다. 예를 들어, Id는 여러 패키지에서 발견될 수 있지만 다음 단계에서는 jakarta.persistence.Id를 선택해야 한다.

07. 다음으로 클래스에 몇 가지 필드를 추가해야 한다. 엔티티 클래스 필드는 데이터베이스 테이블 열에 매핑된다. 엔티티 클래스는 데이터베이스에서 기본 키로 이용되는 고유한 ID를 포함해야 한다.

```java
package com.packt.cardatabase.domain;

import jakarta.persistence.Entity;
import jakarta.persistence.GeneratedValue;
import jakarta.persistence.GenerationType;
import jakarta.persistence.Id;

@Entity
public class Car {
    @Id
    @GeneratedValue(strategy=GenerationType.AUTO)
    private Long id;

    private String brand, model, color, registrationNumber;

    private int modelYear, price;
}
```

기본 키는 @Id 애너테이션을 이용하여 정의한다. @GeneratedValue 애너테이션은 데이터베이스가 자동으로 ID를 생성하도록 지정한다. 다른 키 생성 전략을 지정할 수도 있다. AUTO 유형은 JPA 공급자가 특정 데이터베이스에 가장 적합한 전략을 선택한다는 의미이며 기본 생성 유형이다. @Id 애너테이션을 여러 속성에 추가하여 복합 기본 키를 만들 수도 있다.

데이터베이스 칼럼의 이름은 기본적으로 클래스 필드 명명 규칙에 따라 지정된다. 다른 명명 규칙을 적용하려면 @Column 애너테이션을 이용하면 된다. @Column 애너테이션으로 칼럼의 길이와 칼럼의 nullable 여부를 지정할 수 있다. 다음은 @Column 애너테이션을 이용하는 코드의 예다. 다음과 같이 정의하면 데이터베이스 칼럼의 이름은 explanation이고, 칼럼의 길이는 512이며, null을 허용하지 않게 된다.

```java
@Column(name="explanation", nullable=false, length=512)
private String description
```

08. 마지막으로 게터, 세터, 그리고 기본 생성자 및 직접 속성을 인수로 입력해줄 수 있는 생성자를 엔티티 클래스에 추가해야 한다. 자동으로 ID를 생성하도록 설정해 두었기 때문에 생성자에 ID 필드는 필요 없다. Car 엔티티 클래스의 소스코드는 다음과 같다.

> **TIP**
>
> 이클립스는 게터, 세터, 생성자를 자동으로 추가하는 기능을 제공한다. 클래스 안에 코드를 추가할 위치에 커서를 두고 마우스 오른쪽 버튼을 클릭한다. 메뉴에서 Source | Generate Getters and Setters… 또는 Source | Generate Constructor using Fields…를 선택한다.

```java
// Car.java 생성자
public Car() {
}

public Car(String brand, String model, String color,
    String registrationNumber, int modelYear, int price) {
        super();
        this.brand = brand;
        this.model = model;
        this.color = color;
        this.registrationNumber = registrationNumber;
        this.modelYear = modelYear;
        this.price = price;
}
```

다음은 Car 엔티티 클래스 게터와 세터의 코드다.

```java
public Long getId() {
    return id;
}
public String getBrand() {
        return brand;
}

public void setBrand(String brand) {
        this.brand = brand;
}

public String getModel() {
        return model;
}

public void setModel(String model) {
        this.model = model;
}
// 게터와 세터의 나머지 코드 및 전체 소스코드는 깃허브 리포지터리 참조
```

09. 또한 application.properties 파일에 새 프로퍼티를 추가해야 한다. 그러면 SQL 문을 Console에 로깅할 수 있다. 또한 데이터 소스 URL도 정의해야 한다. application.properties 파일을 열고 파일에 다음 두 줄을 추가한다.

```
spring.datasource.url=jdbc:h2:mem:testdb
spring.jpa.show-sql=true
```

> **TIP**
>
> application.properties 파일을 편집할 때는 행 끝에 공백이 추가되지 않게 주의한다. 행 끝에 공백이 있으면 설정이 적용되지 않는다. 설정을 복사하거나 붙여 넣어야 할 때 특히 조심하자.

10. 이제 애플리케이션을 실행할 때 데이터베이스에 car 테이블이 생성된다. 지금부터는 Console에서 테이블 생성문을 볼 수 있다.

03 _ JPA를 이용한 데이터베이스 생성 및 접근

```
Console
CardatabaseApplication [Java Application] C:\Program Files\Java\jdk-17.0.2\bin\javaw.exe (31.3.2023 klo 14.30.53) [pid: 9964]
2023-03-31T14:30:56.873+03:00  INFO 9964 --- [  restartedMain] SQL dialect                              : HHH000400: Using dia
Hibernate: drop table if exists car cascade
Hibernate: drop sequence if exists car_seq
Hibernate: create sequence car_seq start with 1 increment by 50
Hibernate: create table car (id bigint not null, brand varchar(255), color varchar(255), model varchar(255), model_year intege
2023-03-31T14:30:57.493+03:00  INFO 9964 --- [  restartedMain] o.h.e.t.j.p.i.JtaPlatformInitiator       : HHH000490: Using Jta
2023-03-31T14:30:57.502+03:00  INFO 9964 --- [  restartedMain] j.LocalContainerEntityManagerFactoryBean : Initialized JPA Enti
2023-03-31T14:30:57.545+03:00  WARN 9964 --- [  restartedMain] JpaBaseConfiguration$JpaWebConfiguration : spring.jpa.open-in-v
2023-03-31T14:30:57.844+03:00  INFO 9964 --- [  restartedMain] o.s.b.d.a.OptionalLiveReloadServer       : LiveReload server is
2023-03-31T14:30:57.870+03:00  INFO 9964 --- [  restartedMain] o.s.b.w.embedded.tomcat.TomcatWebServer  : Tomcat started on po
```

그림 3.7 car 테이블 SQL 문

> **TIP**
>
> application.properties 파일에 spring.datasource.url을 정의하지 않으면 애플리케이션을 실행할 때 스프링 부트가 임의의 데이터 소스 URL을 생성하여 이를 Console에서 볼 수 있다. 예를 들어 다음과 같다.
>
> H2 console available at '/h2-console'. Database available at 'jdbc:h2:mem:b92ad05e-8af4-4c33-b22d-ccbf9ffe491e'.

11. H2 데이터베이스에는 데이터베이스를 살펴보고 SQL 문을 실행할 수 있는 웹 기반 콘솔이 있다. 이 콘솔을 이용하려면 application.properties 파일에 다음 행을 추가해야 한다. 첫 번째 설정은 H2 Console을 활성화하며, 두 번째 설정은 H2 Console의 경로를 정의한다.

```
spring.h2.console.enabled=true
spring.h2.console.path=/h2-console
```

12. H2 Console에 접속하려면 애플리케이션을 시작한 뒤 웹 브라우저에서 localhost:8080/h2-console로 이동한다. Login 창에서 JDBC URL에 jdbc:h2:mem:testdb를 입력하고 Password 필드는 비워 둔다. 다음 그림과 같이 Connect 버튼을 눌러 Console에 로그인한다.

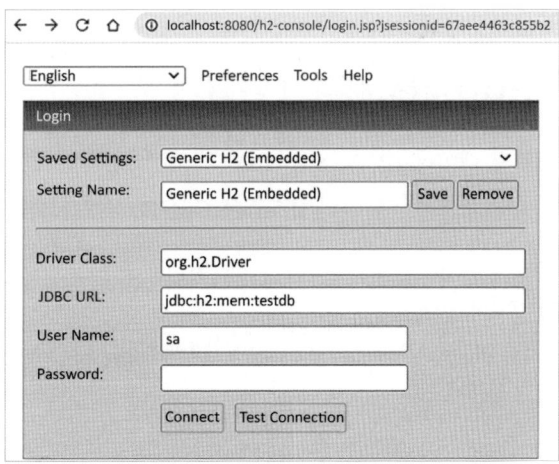

그림 3.8 H2 Console 로그인

> **TIP**
>
> application.properties 파일에서 spring.database.username 및 spring.datasource.password 설정을 수정하면 H2 데이터베이스 사용자 이름 및 비밀 번호를 변경할 수 있다.

이제 데이터베이스에서 CAR 테이블을 볼 수 있다. 등록 번호(REGISTER_NUMBER)의 단어 사이에 밑줄이 있는 이유는 속성을 카멜 표기법(registerNumber)으로 지정했기 때문이다.

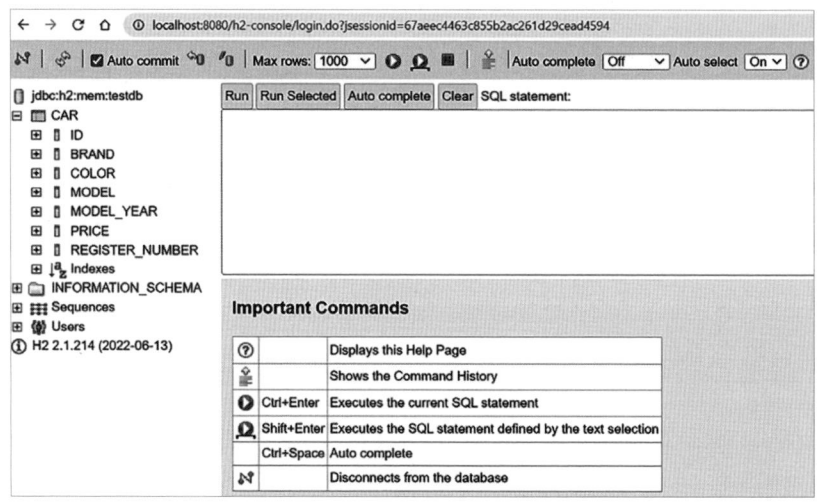

그림 3.9 H2 Console

지금까지 처음으로 엔티티 클래스를 만들고 JPA가 엔티티 클래스를 참조해 데이터베이스 테이블을 생성하는 방법을 알아봤다. 다음으로 CRUD 작업을 수행하는 리포지터리 클래스를 만들어보자.

CRUD 리포지터리 만들기

스프링 데이터 JPA에는 CRUD$^{Create, Read, Update, Delete}$ 작업을 위한 CrudRepository 인터페이스가 있다. 이 인터페이스는 엔티티 클래스에 CRUD 기능을 제공한다.

다음과 같이 domain 패키지에 리포지터리를 만들어보자.

01. com.packt.cardatabase.domain 패키지에 CarRepository라는 새 클래스를 만들고 다음과 같이 파일 내용을 수정한다.

```
package com.packt.cardatabase.domain;

import org.springframework.data.repository.CrudRepository;

public interface CarRepository extends CrudRepository<Car,Long> {
}
```

이제 CarRepository는 스프링 부트 JPA의 CrudRepository 인터페이스를 바탕으로 확장된 클래스다. <Car, Long> 타입의 인수는 이것이 Car 엔티티 클래스의 리포지터리이고 ID 필드의 타입이 Long임을 정의한다.

CrudRepository 인터페이스는 우리가 이용할 수 있는 여러 CRUD 메서드를 제공한다. 다음 표에는 가장 일반적으로 이용되는 메서드들이 정리되어 있다.

표 3.1 CRUD 메서드

메서드	설명
long count()	엔티티의 수를 반환
IIterable<T> findAll()	지정한 타입의 모든 항목을 반환
Optional<T> findById(ID Id)	지정한 ID의 한 항목을 반환
void delete(T entity)	엔티티 삭제
void deleteAll()	리포지터리의 모든 엔티티를 삭제
<S extends T> save(S entity)	엔티티를 저장
List<S> saveAll(Iterable<S> entities)	여러 엔티티를 저장

메서드가 한 항목만 반환할 때는 T 대신 Optional<T>를 반환한다. Optional 클래스는 자바 8 SE에 도입된 타입으로, 값을 포함하거나 포함하지 않는 단일 값 컨테이너다. 값이 있으면 isPresent() 메서드가 true를 반환하고, 없으면 false를 반환한다. 값이 있으면 get() 메서드로 값을 얻을 수 있다. Optional을 이용하면 null **포인터 예외**를 방지할 수 있다. 널 포인터는 자바 프로그램에서 예기치 않은 부적절한 작동을 발생시킬 수 있다.

CarRepository 클래스를 추가한 후 프로젝트 구조는 오른쪽 그림과 같다.

그림 3.10 프로젝트 구조

02. 다음은 H2 데이터베이스에 약간의 예제 데이터를 추가할 차례다. 이를 위해 스프링 부트 CommandLineRunner 인터페이스를 이용할 수 있다. CommandLineRunner 인터페이스를 이용하면 애플리케이션이 완전히 시작되기 전에 추가 코드를 실행할 수 있어 예제 데이터를 준비하기에 적합하다. 스프링 부트 애플리케이션의 main 클래스는 CommandLineRunner 인터페이스를 구현한다. 따라서 다음 CardatabaseApplication.java 코드에 나오는 것처럼 run 메서드를 구현해야 한다.

```java
package com.packt.cardatabase;

import org.springframework.boot.CommandLineRunner;
import org.springframework.boot.SpringApplication;
import org.springframework.boot.autoconfigure.SpringBootApplication;

@SpringBootApplication
public class CardatabaseApplication implements CommandLineRunner {
    public static void main(String[] args) {
        SpringApplication.run
            (CardatabaseApplication.class, args);
    }

    @Override
    public void run(String... args) throws Exception {
        // 이곳에 코드를 추가
    }
}
```

03. 다음은 새로운 자동차 객체를 데이터베이스에 저장할 수 있도록 자동차 리포지터리를 main 클래스에 주입할 차례다. 생성자 주입을 이용해 CarRepository를 주입한다. 또한 main 클래스에 로거를 추가한다(이 코드는 1장에서 다루었다).

```java
package com.packt.cardatabase;

import org.slf4j.Logger;
import org.slf4j.LoggerFactory;
import org.springframework.boot.CommandLineRunner;
import org.springframework.boot.SpringApplication;
import org.springframework.boot.autoconfigure.SpringBootApplication;
import com.packt.cardatabase.domain.Car;
import com.packt.cardatabase.domain.CarRepository;
```

```
@SpringBootApplication
public class CardatabaseApplication implements CommandLineRunner {
    private static final Logger logger =
        LoggerFactory.getLogger(
            CardatabaseApplication.class
        );

    private final CarRepository repository;

    public CardatabaseApplication(CarRepository repository) {
        this.repository = repository;
    }

    public static void main(String[] args) {
        SpringApplication.run
            (CardatabaseApplication.class, args);
    }

    @Override
    public void run(String... args) throws Exception {
        // 이곳에 코드를 추가
    }
}
```

04. 리포지토리 클래스를 주입하고 나면 run 메서드에서 CRUD 메서드를 이용할 수 있게 된다. 다음 예제 코드에서는 save 메서드를 이용하여 데이터베이스에 여러 자동차 데이터를 추가한다. 또한 리포지토리의 findAll() 메서드로 데이터베이스에서 모든 자동차 데이터를 검색하고 로거를 통해 Console에 출력한다.

```
// CardataseApplication.java run 메서드
@Override
public void run(String... args) throws Exception {
    repository.save(new Car("Ford", "Mustang", "Red",
            "ADF-1121", 2023, 59000));
    repository.save(new Car("Nissan", "Leaf", "White",
            "SSJ-3002", 2020, 29000));
    repository.save(new Car("Toyota", "Prius", "Silver",
            "KKO-0212", 2022, 39000));
```

```
// 모든 자동차를 가져와 Console에 로깅
for (Car car : repository.findAll()) {
    logger.info("brand: {}, model: {}",
        car.getBrand(), car.getModel());
}
```

애플리케이션이 실행되면 이클립스 Console에서 실행된 insert 문과 저장된 자동차 데이터를 확인할 수 있다.

```
Console
CardatabaseApplication [Java Application] C:\Program Files\Java\jdk-17.0.2\bin\javaw.exe  (3.4.2023 klo 14.49.51) [pid: 16476]
Hibernate: insert into car (brand, color, model, model_year, price, register_number, id) values (?, ?, ?, ?, ?, ?, ?)
Hibernate: select next value for car_seq
Hibernate: insert into car (brand, color, model, model_year, price, register_number, id) values (?, ?, ?, ?, ?, ?, ?)
Hibernate: insert into car (brand, color, model, model_year, price, register_number, id) values (?, ?, ?, ?, ?, ?, ?)
Hibernate: select c1_0.id,c1_0.brand,c1_0.color,c1_0.model,c1_0.model_year,c1_0.price,c1_0.register_number from car c1_0
2023-04-03T14:49:56.199+03:00  INFO 16476 --- [  restartedMain] c.p.cardatabase.CardatabaseApplication   : Ford Mustang
2023-04-03T14:49:56.199+03:00  INFO 16476 --- [  restartedMain] c.p.cardatabase.CardatabaseApplication   : Nissan Leaf
2023-04-03T14:49:56.199+03:00  INFO 16476 --- [  restartedMain] c.p.cardatabase.CardatabaseApplication   : Toyota Prius
```

그림 3.11 Insert 문

이제 다음 그림에 나오는 것처럼 H2 Console로 데이터베이스에서 자동차 데이터를 검색할 수 있다.

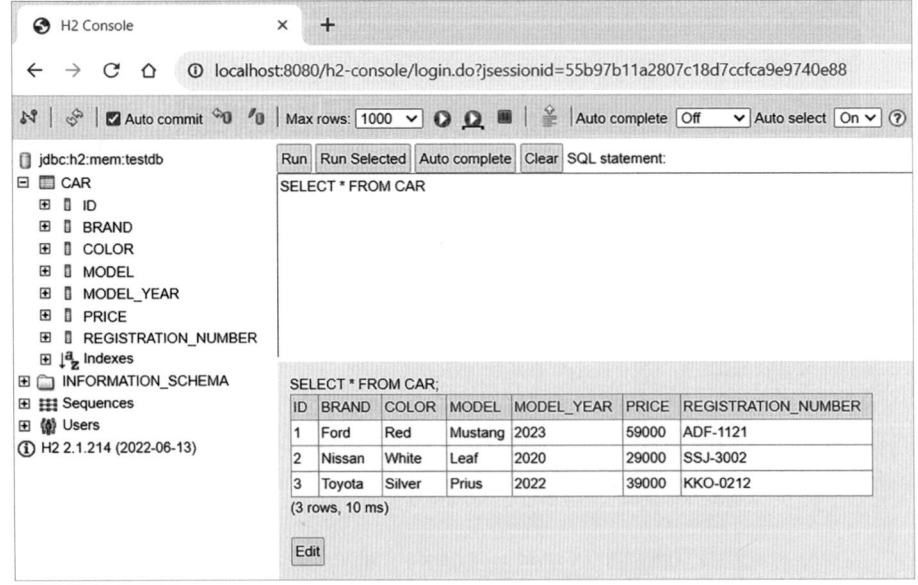

그림 3.12 H2 Console – 자동차 데이터 검색

스프링 데이터 리포지터리에 쿼리를 정의할 수 있다. 쿼리는 접두사(예: findBy)로 시작해야 하고, 그다음에는 쿼리에 이용할 엔티티 클래스 필드를 정의해야 한다. 다음 예제 코드에는 세 가지 간단한 쿼리가 나온다.

```java
package com.packt.cardatabase.domain;

import java.util.List;
import org.springframework.data.repository.CrudRepository;

public interface CarRepository extends CrudRepository <Car, Long> {
    // 브랜드로 자동차를 검색
    List<Car> findByBrand(String brand);

    // 색상으로 자동차 검색
    List<Car> findByColor(String color);

    // 연도로 자동차 검색
    List<Car> findByModelYear(int modelYear);
}
```

By 키워드 다음에 And 및 Or 키워드를 붙여 여러 필드를 지정할 수 있다.

```java
package com.packt.cardatabase.domain;

import java.util.List;
import org.springframework.data.repository.CrudRepository;

public interface CarRepository extends CrudRepository <Car, Long> {
    // 브랜드와 모델로 자동차를 검색
    List<Car> findByBrandAndModel(String brand, String model);

    // 브랜드 또는 색상별로 자동차 가져오기
    List<Car> findByBrandOrColor(String brand, String color);
}
```

쿼리를 정렬하려면 쿼리 메서드에서 `OrderBy` 키워드를 이용한다.

```
package com.packt.cardatabase.domain;

import java.util.List;

import org.springframework.data.repository.CrudRepository;

public interface CarRepository extends CrudRepository <Car, Long> {
    // 브랜드로 자동차를 검색하고 연도로 정렬
    List<Car> findByBrandOrderByModelYearAsc(String brand);
}
```

`@Query` 애너테이션을 이용하면 SQL 문으로 쿼리를 만들 수도 있다. 다음 예제는 CrudRepository에서 SQL 쿼리를 이용하는 예를 보여준다.

```
package com.packt.cardatabase.domain;

import java.util.List;
import org.springframework.data.jpa.repository.Query;
import org.springframework.data.repository.CrudRepository;

public interface CarRepository extends CrudRepository <Car, Long> {
    // SQL 문을 이용해 브랜드로 자동차를 검색
    @Query("select c from Car c where c.brand = ?1")
    List<Car> findByBrand(String brand);
}
```

`@Query` 애너테이션를 이용하면 like 같은 고급 표현식을 지정할 수 있다. 다음 예제는 CrudRepository에서 like 쿼리를 이용하는 예를 보여준다.

```
package com.packt.cardatabase.domain;

import java.util.List;
import org.springframework.data.jpa.repository.Query;
import org.springframework.data.repository.CrudRepository;
```

```java
public interface CarRepository extends CrudRepository <Car, Long> {
    // SQL 문을 이용해 브랜드로 자동차를 검색
    @Query("select c from Car c where c.brand like %?1")
    List<Car> findByBrandEndsWith(String brand);
}
```

> **TIP**
>
> @Query 애너테이션을 이용해 코드에 직접 SQL 쿼리를 작성하면 다른 데이터베이스 시스템에 대한 이식성이 떨어질 수 있다.

스프링 데이터 JPA에서는 CrudRepository로부터 확장된 PagingAndSortingRepository도 제공한다. 이 클래스는 페이징 및 정렬을 통해 엔티티를 검색하는 메서드를 제공한다. 이 경우 대규모 결과 집합에서 모든 데이터를 반환할 필요가 없기 때문에 대규모 데이터를 처리하기에 적합하다. CrudRepository를 만들 때와 비슷한 방법으로 PagingAndSortingRepository를 만들 수 있다.

```java
package com.packt.cardatabase.domain;

import org.springframework.data.repository.PagingAndSortingRepository;

public interface CarRepository extends
    PagingAndSortingRepository <Car, Long> {
    }
```

이 경우 리포지터리가 제공하는 두 개의 추가 메서드를 이용할 수 있다.

표 3.2 PagingAndSortingRepository의 메서드

메서드	설명
Iterable<T> findAll(Sort sort)	지정된 옵션으로 정렬된 모든 엔티티를 반환
Page<T> findAll(Pageable pageable)	지정한 페이징 옵션으로 모든 엔티티를 반환

이제 첫 번째 데이터베이스 테이블을 완성했고 다음으로 데이터베이스 테이블 간의 관계를 추가할 차례다.

테이블 간의 관계 추가

다음으로 car 테이블과 일대다 관계에 있는 owner라는 새 테이블을 추가해 보자. 여기서 일대다 관계는 소유자^{owner} 한 명이 자동차^{car} 여러 대를 가질 수 있지만, 한 자동차의 소유자는 한 명이라는 뜻이다.

다음 UML$^{Unified\ Modeling\ Language}$ 다이어그램은 테이블 간의 관계를 보여준다.

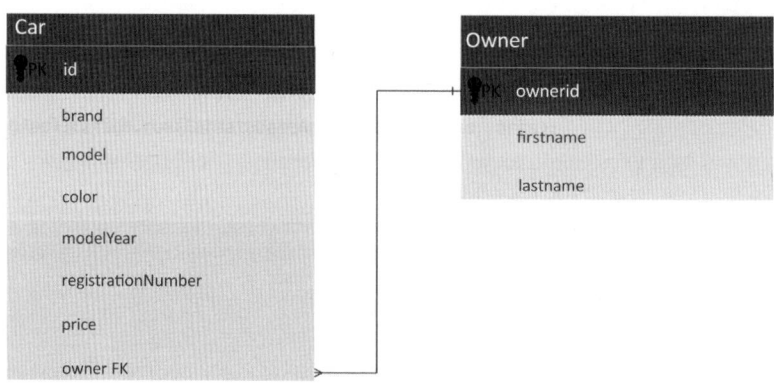

그림 3.13 일대다 관계

다음은 새 테이블을 만드는 과정이다.

01. 먼저 com.packt.cardatabase.domain 패키지에 Owner 엔티티와 리포지터리를 만들어야 한다. Owner 엔티티와 리포지터리를 만드는 방법은 Car 클래스를 만드는 방법과 비슷하다.

    다음은 Owner 엔티티 클래스의 코드다.

    ```java
    // Owner.java
    package com.packt.cardatabase.domain;

    import jakarta.persistence.Entity;
    import jakarta.persistence.GeneratedValue;
    import jakarta.persistence.GenerationType;
    import jakarta.persistence.Id;

    @Entity
    public class Owner {
        @Id
        @GeneratedValue(strategy = GenerationType.AUTO)
    ```

```java
    private Long ownerid;
    private String firstname, lastname;

    public Owner() {
    }

    public Owner(String firstname, String lastname) {
        super();
        this.firstname = firstname;
        this.lastname = lastname;
    }

    public Long getOwnerid() {
        return ownerid;
    }

    public String getFirstname() {
        return firstname;
    }

    public void setFirstname(String firstname) {
        this.firstname = firstname;
    }

    public String getLastname() {
        return lastname;
    }

    public void setLastname(String lastname) {
        this.lastname = lastname;
    }
}
```

다음은 OwnerRepository 리포지터리의 소스코드다.

```
// OwnerRepository.java
package com.packt.cardatabase.domain;
import org.springframework.data.repository.CrudRepository;
```

```
public interface OwnerRepository extends
    CrudRepository<Owner, Long> {
    }
```

02. 이제 모든 사항이 작동하는지 확인할 차례다. 프로젝트를 실행한 후 두 데이터베이스 테이블이 생성되고 Console에 오류가 없는지 확인한다. 다음 그림은 테이블이 생성될 때의 Console 메시지다.

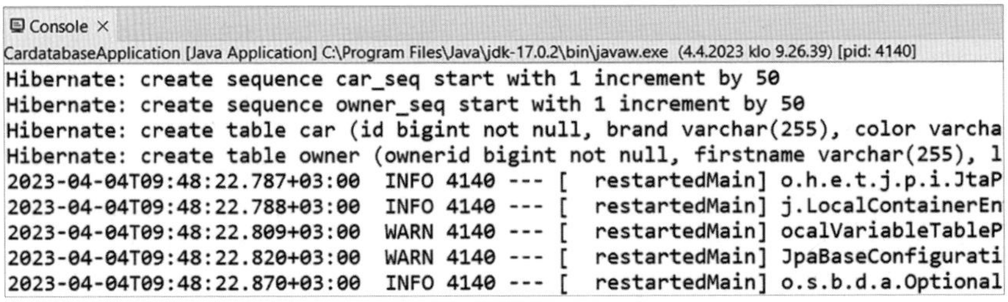

그림 3.14 car 및 owner 테이블

이제 도메인 패키지에는 각각 두 개의 엔티티 클래스와 리포지터리가 있다.

그림 3.15 Project Explorer

03. 일대다 관계를 추가하려면 @ManyToOne 및 @OneToMany 애너테이션(jakarta.persistence)을 이용한다. 외래 키를 포함한 Car 엔티티 클래스에서는 @ManyToOne 애너테이션으로 관계를 정의해야 한다. 또한 소유자(owner) 필드에 대한 게터와 세터도 추가해야 한다. 모든 연관관계에는 FetchType.LAZY를 이용하는 것이 좋다. 대다(toMany) 관계의 경우 FetchType.LAZY가 기본값이므로 정의할 필요가 없지만, 대일(toOne) 관계에는 정의해야 한다. FetchType은 데이터베이스에서 데이터를 검색하는 전략을 정의한다. 지정 가능한 값은 즉시 검색을 의미하는 EAGER 또는 지연 검색을 의미하는 LAZY일 수 있다. 예제에서 지연 검색(LAZY)은 데이터베이스에서 소유자를 검색하면 필요할 때 해당 소유자와 연관된 모든 자동차를 검색한다는 뜻이다. 반면 즉시 검색(EAGER)은 해당 소유자의 모든 자동차를 즉시 검색한다. 다음 소스코드는 Car 클래스에서 일대다 관계를 정의하는 방법을 보여준다.

```java
// Car.java
@ManyToOne(fetch=FetchType.LAZY)
@JoinColumn(name="owner")
private Owner owner;

// 게터 및 세터
public Owner getOwner() {
    return owner;
}

public void setOwner(Owner owner) {
    this.owner = owner;
}
```

04. Owner 엔티티 클래스에서는 @OneToMany 애너테이션으로 관계를 정의한다. 소유자는 자동차 여러 대를 가질 수 있으므로 필드의 타입은 List<Car>이다. 이제 다음과 같이 게터 및 세터를 추가할 수 있다.

```java
// Owner.java
@OneToMany(cascade=CascadeType.ALL, mappedBy="owner")
private List<Car> cars;

public List<Car> getCars() {
    return cars;
}

public void setCars(List<Car> cars) {
    this.cars = cars;
}
```

@OneToMany 애너테이션에는 두 개의 특성이 있다. cascade 속성은 삭제 또는 업데이트 시 연속 효과가 적용되는 방법을 지정한다. 이 속성을 ALL로 설정하면 모든 작업이 연속으로 적용된다. 예를 들어, 소유자를 삭제하면 그 소유자와 연결된 자동차와 함께 삭제된다. mappedBy="owner" 속성 설정은 Car 클래스 사이에 이 관계의 외래 키인 owner 필드가 존재함을 알려준다.

프로젝트를 실행하고 Console을 보면 Car와 Owner 클래스 간의 관계가 생성된 것을 알 수 있다.

```
Console ×
CardatabaseApplication [Java Application] C:\Program Files\Java\jdk-17.0.2\bin\javaw.exe (4.4.2023 klo 9.26.39) [pid: 4140]
Hibernate: create sequence car_seq start with 1 increment by 50
Hibernate: create sequence owner_seq start with 1 increment by 50
Hibernate: create table car (model_year integer not null, price integer not null, i
Hibernate: create table owner (ownerid bigint not null, firstname varchar(255), las
Hibernate: alter table if exists car add constraint FK2mqqwvxtowv4vddvtsmvtiqa2 for
2024-10-20T15:35:06.568+09:00  INFO 70344 --- [    restartedMain] j.LocalContainerEnt
2024-10-20T15:35:06.735+09:00  WARN 70344 --- [    restartedMain] JpaBaseConfiguratio
2024-10-20T15:35:06.923+09:00  INFO 70344 --- [    restartedMain] o.s.b.d.a.OptionalL
2024-10-20T15:35:06.940+09:00  INFO 70344 --- [    restartedMain] o.s.b.w.embedded.to
2024-10-20T15:35:06.948+09:00  INFO 70344 --- [    restartedMain] c.p.cardatabase.Car
```

그림 3.16 Console

05. 이제 CommandLineRunner로 데이터베이스에 여러 소유자를 추가할 수 있다. Car 엔티티 클래스 생성자를 수정하고 여기에 owner 객체를 추가해 보자.

```java
// Car.java constructor
public Car(String brand, String model, String color,
        String registrationNumber, int modelYear, int price,
        Owner owner)
{
    super();
    this.brand = brand;
    this.model = model;
    this.color = color;
    this.registrationNumber = registrationNumber;
    this.modelYear = modelYear;
    this.price = price;
    this.owner = owner;
}
```

06. 먼저 소유자 객체를 2개 만들고 여러 엔티티를 저장하는 리포지터리의 saveAll 메서드로 생성한 객체를 데이터베이스에 저장한다. 소유자를 저장하려면 메인 클래스에 OwnerRepository를 주입해야 한다. 그런 다음 Car 생성자로 소유자를 자동차에 연결해야 한다. 먼저 CardatabaseApplication 클래스를 수정해서 다음과 같은 임포트 문을 추가한다.

```
// CardatabaseApplication.java
import com.packt.cardatabase.domain.Owner;
import com.packt.cardatabase.domain.OwnerRepository;
```

07. 이제 생성자 주입을 이용하여 OwnerRepository를 CardatabaseApplication 클래스에 주입해야 한다.

```
private final CarRepository repository;
private final OwnerRepository orepository;

public CardatabaseApplication(CarRepository repository,
                              OwnerRepository orepository)
{
    this.repository = repository;
    this.orepository = orepository;
}
```

08. 이제 소유자를 저장하고 소유자와 자동차를 연결하도록 run 메서드를 수정해야 한다.

```
@Override
public void run(String... args) throws Exception {
    // 소유자 객체를 추가하고 데이터베이스에 저장
    Owner owner1 = new Owner("John" , "Johnson");
    Owner owner2 = new Owner("Mary" , "Robinson");
    orepository.saveAll(Arrays.asList(owner1, owner2));

    repository.save(new Car("Ford", "Mustang", "Red",
                            "ADF-1121", 2023, 59000, owner1));
    repository.save(new Car("Nissan", "Leaf", "White",
                            "SSJ-3002", 2020, 29000, owner2));
    repository.save(new Car("Toyota", "Prius", "Silver",
                            "KKO-0212", 2022, 39000, owner2));
    // 모든 자동차를 검색하여 Console에 로그를 출력
    for (Car car : repository.findAll())
    {
        logger.info("brand: {}, model: {}", car.getBrand(),
          car.getModel());
    }
}
```

09. 이제 애플리케이션을 실행하고 데이터베이스에서 자동차를 검색하면 자동차와 소유자가 연결된 것을 볼 수 있다.

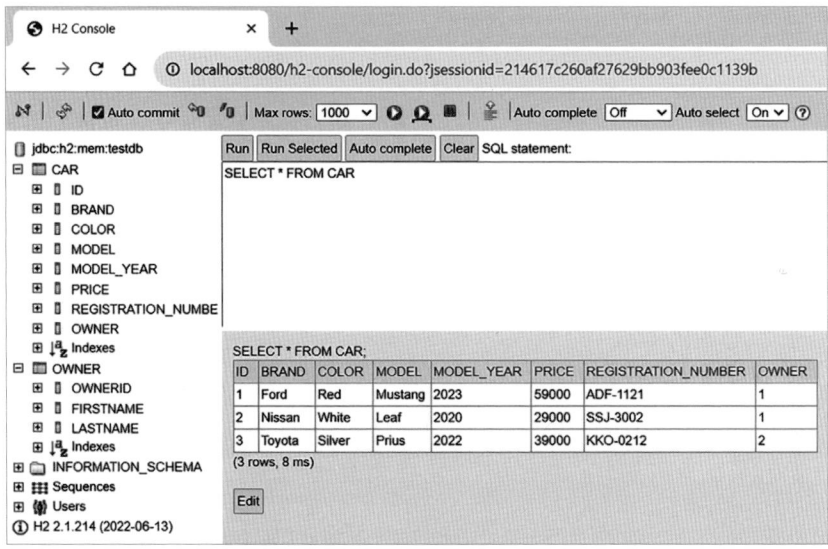

그림 3.17 일대다 관계

이 사례를 다대다 관계로 바꾸면 한 소유자가 자동차를 여러 대 가질 수 있고, 한 자동차의 소유자가 여러 명일 수 있다. 이를 위해서는 @ManyToMany 애너테이션을 이용해야 한다. 이 예제 애플리케이션에서는 일대다 관계를 이용한다. 이번 장에서 작성한 코드는 다음 장을 진행하는 데 필요하다.

다음으로 다대다 관계로 바꾸는 방법을 알아보자. 다대다 관계에서는 하이버네이트로 List 대신 Set을 이용하는 것이 좋다.

01. Car 엔티티 클래스의 다대다 관계에서는 다음과 같이 게터 및 세터를 정의한다.

```java
// Car.java
@ManyToMany(mappedBy="cars")
private Set<Owner> owners = new HashSet<Owner>();

public Set<Owner> getOwners() {
    return owners;
}

public void setOwners(Set<Owner> owners) {
    this.owners = owners;
}
```

02. Owner 엔티티 클래스의 다대다 관계는 다음과 같이 정의한다.

```java
// Owner.java
@ManyToMany(cascade=CascadeType.PERSIST)
@JoinTable(name="car_owner",joinColumns =
        {
        @JoinColumn(name="ownerid") },
        inverseJoinColumns =
        {
        @JoinColumn(name="id") }
)
private Set<Car> cars = new HashSet<Car>();

public Set<Car> getCars() {
    return cars;
}

public void setCars(Set<Car> cars) {
    this.cars = cars;
}
```

03. 이제 애플리케이션을 실행하면 car 테이블과 owner 테이블 사이에 car_owner라는 새 **조인 테이블**join table이 생성된다. 조인 테이블은 두 테이블 간의 다대다 관계를 관리하기 위한 특별한 종류의 테이블이다.

조인 테이블은 @JoinTable 애너테이션으로 정의한다. 이 애너테이션으로 조인 테이블과 조인 열의 이름을 설정할 수 있다. 다음 그림은 다대다 관계를 이용할 때의 데이터베이스 구조를 보여준다.

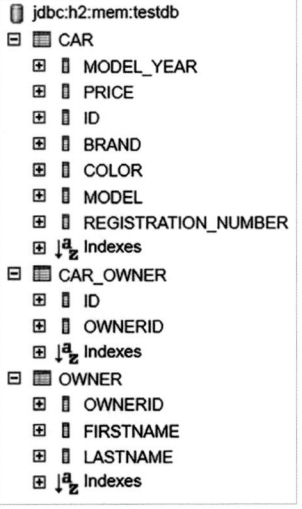

그림 3.18 다대다 관계의 데이터베이스 구조

데이터베이스 UML 다이어그램은 다음과 같다.

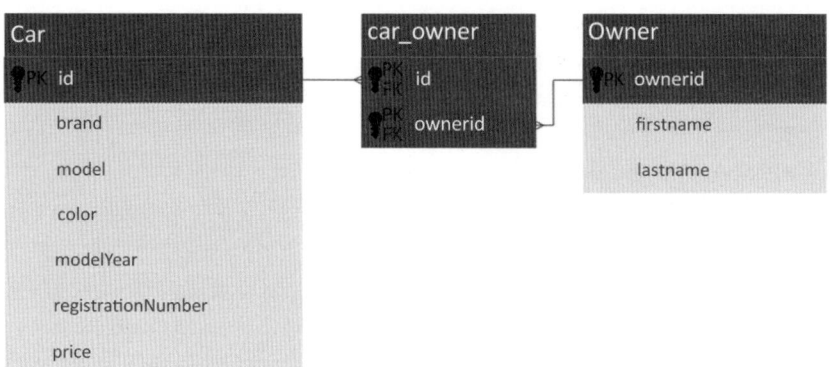

그림 3.19 다대다 관계의 데이터베이스 UML 다이어그램

지금까지는 인메모리 H2 데이터베이스를 이용했다. 다음 절에서는 일대다 관계를 이용할 것이므로 이전 다대다 예제 코드를 적용했다면 그 이전 코드로 다시 변경해야 한다.

다음으로, H2 데이터베이스 대신 MariaDB 데이터베이스를 이용하는 방법을 알아보자.

MariaDB 데이터베이스 설정

이제 H2에서 MariaDB로 데이터베이스를 전환해 보자. H2는 테스트와 시연 목적으로는 좋은 데이터베이스지만, 성능과 안정성, 확장성이 필요한 애플리케이션의 경우 적절한 운영 데이터베이스로는 MariaDB가 더 나은 옵션이다.

이 책에서는 MariaDB 버전 10을 이용한다. 이번에도 데이터베이스 테이블은 JPA가 자동으로 생성하지만 데이터베이스는 애플리케이션을 실행하기 전에 먼저 만들어야 한다.

> 참고
>
> 이 절에서는 이전 절의 일대다 관계를 이용한다.

데이터베이스는 HeidiSQL(Linux 또는 macOS를 이용하는 경우 DBeaver)을 이용하여 만들 수 있다. HeidiSQL을 열고 다음 단계를 수행한다.

01. 맨 위에 있는 데이터베이스 연결 이름(Unnamed)을 활성화하고 마우스 오른쪽 버튼을 클릭한다.

02. 새로 생성 | 데이터베이스를 선택한다.

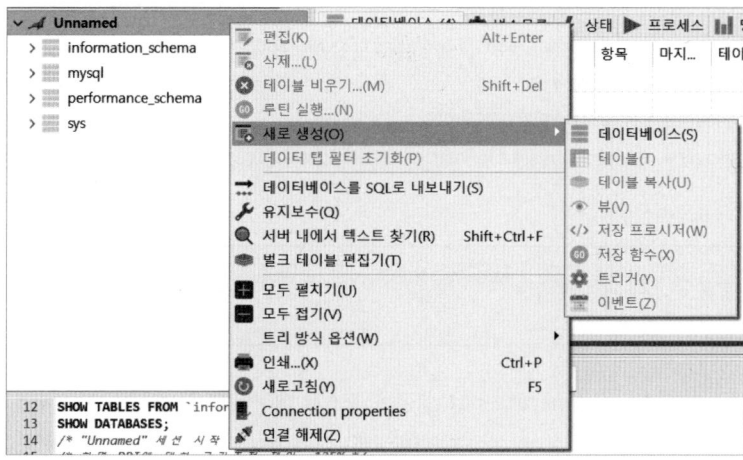

그림 3.20 새 데이터베이스 생성

03. 데이터베이스 이름은 cardb로 지정한다. 확인을 클릭하면 데이터베이스 목록에서 새 cardb 데이터베이스를 볼 수 있다.

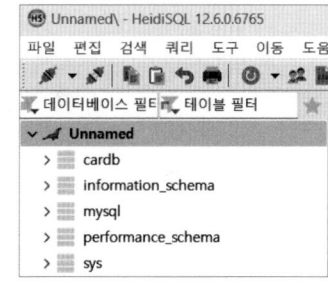

그림 3.21 cardb 데이터베이스

04. 스프링 부트에서 build.gradle 파일에 MariaDB 자바 클라이언트 의존성을 추가하고 더는 이용되지 않는 H2 의존성은 제거한다. build.gradle 파일을 수정한 후에는 그레이들 프로젝트를 새로고침해야 한다는 것을 명심하라.

```
dependencies {
    implementation 'org.springframework.boot:spring-boot-starter-web'
    implementation 'org.springframework.boot:spring-boot-starter-data-jpa'
    developmentOnly 'org.springframework.boot:spring-boot-devtools'
    runtimeOnly 'org.mariadb.jdbc:mariadb-java-client'
    testImplementation 'org.springframework.boot:spring-boot-starter-test'
}
```

05. application.properties 파일에 데이터베이스 연결을 정의해야 한다. 이에 앞서 이전 H2 데이터베이스 설정을 제거해야 한다. MariaDB 설정을 위해서는 먼저 데이터베이스 URL, 사용자 이름, 암호(1장 '환경과 툴 설정 – 백엔드'에서 정의), 그리고 데이터베이스 드라이버 클래스를 정의해야 한다.

```
spring.datasource.url=jdbc:mariadb://localhost:3306/cardb
spring.datasource.username=root
spring.datasource.password=YOUR_PASSWORD
spring.datasource.driver-class-name=org.mariadb.jdbc.Driver
```

> **TIP**
>
> 이 예제에서는 데이터베이스 루트^{root} 사용자를 이용하지만, 운영 환경에서는 루트 권한이 없는 유저를 만들어야 한다.

06. 다음에 나오는 `spring.jpa.generate-ddl` 설정은 JPA가 데이터베이스를 초기화해야 하는지(true/false)를 정의한다. `spring.jpa.ddl-auto` 설정은 데이터베이스 초기화의 작동을 정의한다. 이용 가능한 값은 none, validate, update, create, create-drop이다. 기본값은 데이터베이스마다 다르다. H2 같은 임베디드 데이터베이스를 이용하는 경우 기본값은 create-drop이고, 그렇지 않으면 기본값은 none이다. create-drop은 애플리케이션이 시작될 때 데이터베이스가 생성되고 중지될 때 삭제된다는 뜻이다. create는 애플리케이션이 시작할 때 데이터베이스를 생성하기만 한다. update는 데이터베이스를 생성하고 스키마가 변경되면 업데이트한다.

```
spring.datasource.url=jdbc:mariadb://localhost:3306/cardb
spring.datasource.username=root
spring.datasource.password=YOUR_PASSWORD
spring.datasource.driver-class-name=org.mariadb.jdbc.Driver
spring.jpa.generate-ddl=true
spring.jpa.hibernate.ddl-auto=create-drop
```

07. MariaDB 데이터베이스 서버가 실행 중인지 확인하고 스프링 부트 애플리케이션을 다시 시작한다. 애플리케이션을 실행하면 MariaDB에서 해당 테이블을 볼 수 있을 것이다. 변화가 없다면, 먼저 HeidiSQL의 데이터베이스 트리를 F5를 눌러 새로고침해야 할 수도 있다. 다음 그림은 데이터베이스를 생성한 후의 HeidiSQL 사용자 인터페이스를 보여준다. 다음 그림에 나오는 것처럼 HeidiSQL에서 SQL 쿼리를 실행할 수도 있다.

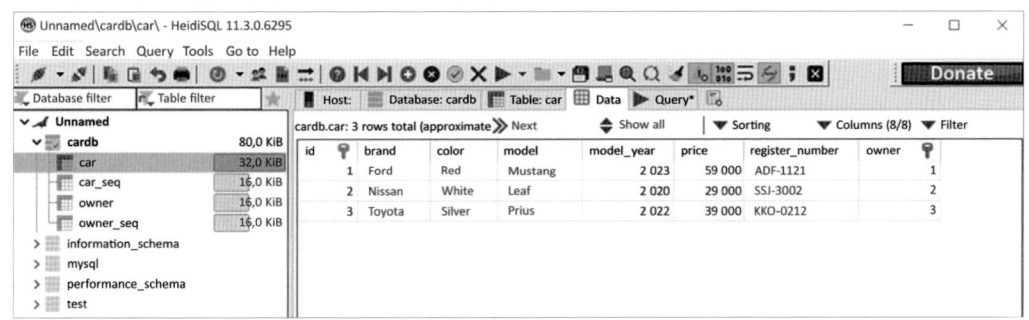

그림 3.22 MariaDB cardb

이제 애플리케이션에서 MariaDB를 이용할 준비가 끝났다.

요약

이번 장에서는 JPA를 이용해 스프링 부트 애플리케이션 데이터베이스를 만들었다. 우선 데이터베이스 테이블에 매핑되는 엔티티 클래스를 작성했다.

그런 다음 엔티티 클래스에 대한 CRUD 기능을 제공하는 `CrudRepository`를 작성했다. 그리고 `CommandLineRunner`를 이용하여 데이터베이스에 약간의 예제 데이터를 추가했다. 또한 두 엔티티 간에 일대다 관계를 설정했다. 이번 장 앞부분에서는 H2 인메모리 데이터베이스를 이용했지만 나중에 MariaDB로 전환했다.

다음 장에서는 백엔드를 위한 RESTful 웹 서비스를 만든다. RESTful 웹 서비스를 테스트하기 위해 curl 명령줄 툴을 이용하는 방법과 포스트맨^{Postman} GUI를 이용하는 방법을 알아본다.

문제

1. ORM, JPA, 하이버네이트란 무엇인가?
2. 엔티티 클래스는 어떻게 만들어야 하는가?
3. CrudRepository는 어떻게 만들어야 하는가?
4. CrudRepository는 애플리케이션에 무엇을 제공하는가?
5. 테이블 간에 일대다 관계를 만들려면 어떻게 해야 하는가?

6. 스프링 부트로 데이터베이스에 예제 데이터를 추가하려면 어떻게 해야 하는가?

7. H2 Console은 어떻게 이용할 수 있는가?

8. 스프링 부트 애플리케이션을 MariaDB에 연결하려면 어떻게 해야 하는가?

추가 자료

Packt는 MariaDB, 하이버네이트, JPA에 대해 자세히 알아볼 수 있는 추가적인 자료를 제공한다.

- 『마리아DB 시작하기 2/e』(에이콘출판사, 2017) 다니엘 바솔로뮤 (http://acornpub.co.kr/book/mariadb-start-2)
- 100단계로 스프링 부트에서 하이버네이트와 JPA 마스터하기(비디오), In28Minutes Official (https://www.packtpub.com/product/master-hibernate-and-jpa-with-spring-boot-in-100-steps-video/9781788995320)

04

스프링 부트로 RESTful 웹 서비스 만들기

웹 서비스는 HTTP 프로토콜을 이용하여 인터넷을 통해 통신하는 애플리케이션이다. 웹 서비스 아키텍처에는 여러 다른 유형이 있지만, 모든 웹 서비스 설계의 주요 개념은 비슷하다. 이 책에서는 최근 가장 인기 있는 설계인 RESTful 웹 서비스를 만드는 법을 다룬다.

이번 장에서는 우선 컨트롤러 클래스를 이용해 **RESTful 웹 서비스**를 만든다. 그런 다음 **스프링 데이터 REST**를 이용해 모든 CRUD 기능을 자동으로 제공하는 RESTful 웹 서비스를 만들고 그것을 **OpenAPI 3**로 문서화한다. 애플리케이션을 위한 RESTful API를 만든 다음에는 리액트 같은 자바스크립트 라이브러리를 이용하여 프런트엔드를 구현할 수 있다. 이전 장에서 작성한 데이터베이스 애플리케이션부터 개발을 시작하겠다.

이번 장에서 다룰 주제는 다음과 같다.

- RESTful 웹 서비스 기초
- 스프링 부트로 RESTful 웹 서비스 만들기
- 스프링 데이터 REST 이용하기
- RESTful API 문서화

기술 요구 사항

이전 장에서 작성한 스프링 부트 애플리케이션이 필요하다.

또한 다양한 HTTP 메서드로 데이터를 전송하려면 포스트맨이나 cURL, 또는 기타 적절한 툴이 필요하다.

이번 장의 깃허브 저장소는 https://github.com/PacktPublishing/Full-Stack-Development-with-Spring-Boot-3-and-React-Fourth-Edition/tree/main/Chapter04다.

REST 기초

REST[Representational State Transfer]는 웹 서비스를 제작하기 위한 아키텍처 스타일이다. REST는 특정 언어나 플랫폼에 의존적이지 않으며 모바일 앱, 기타 서비스와 같은 다양한 클라이언트들이 서로 통신할 수 있도록 한다. RESTful 서비스는 늘어나는 수요에 맞춰 쉽게 확장할 수 있다.

REST는 구체적으로 정해진 표준이 아니라, 로이 필딩[Roy Fielding]이 제시한 제약 조건의 집합이다. 제약 조건은 다음과 같다.

- **상태 비저장**: 서버는 클라이언트 상태에 관한 어떤 정보도 저장하지 않아야 한다.
- **클라이언트-서버 간의 독립성**: 클라이언트와 서버는 독립적으로 작동해야 한다. 서버는 클라이언트의 요청 없이 어떠한 정보도 전송해서는 안 된다.
- **캐시 가능**: 여러 클라이언트가 동일한 리소스를 요청하는 경우가 많으므로 성능 향상을 위해 리소스에 캐싱을 적용해야 한다.
- **일관된 인터페이스**: 서로 다른 클라이언트에 의한 요청이더라도 응답은 동일하게 보여야 한다. 클라이언트의 예로는 브라우저, 자바 애플리케이션, 모바일 애플리케이션 등이 있다.
- **계층형 시스템**: 전체 서비스에 영향을 주지 않고 구성 요소를 추가하거나 수정할 수 있어야 한다. 이 제약 조건은 확장성과 관련 있다.
- **주문형 코드**: 이는 선택적인 제약 조건이다. 대부분 서버는 정적 콘텐츠를 JSON 또는 XML 형식으로 전송한다. 이 제약 조건은 필요한 경우 서버가 정적 콘텐츠만이 아니라 실행 코드를 전송할 수 있도록 한다.

일관된 인터페이스는 중요한 제약 조건이며 모든 REST 아키텍처에 다음 요소가 포함되어야 함을 의미한다.

- **리소스 식별**: 리소스는 고유 식별자(예: 웹 기반 REST 서비스의 URI)로 식별해야 한다. REST 리소스는 이해하기 쉬운 디렉터리 구조의 URI를 노출해야 한다. 따라서 적절한 리소스 명명 전략이 아주 중요하다.
- **표현을 통한 리소스 조작**: 리소스를 요청할 때 서버는 리소스의 표현으로 응답해야 한다. 일반적인 표현 형식으로 JSON과 XML이 있다.
- **자체 설명적인 메시지**: 메시지는 서버가 처리 방법을 알 수 있는 충분한 정보가 포함되어야 한다.
- **HATEOAS**^{Hypermedia as the Engine of Application State}: 응답에는 서비스의 다른 영역으로 연결되는 링크가 포함되어야 한다.

다음 절에서 개발할 RESTful 웹 서비스는 위의 REST 아키텍처 원칙을 따른다.

스프링 부트로 RESTful 웹 서비스 만들기

스프링 부트에서 모든 HTTP 요청은 **컨트롤러 클래스**로 처리된다. RESTful 웹 서비스를 만들려면 먼저 컨트롤러 클래스를 만들어야 한다. 먼저 컨트롤러를 위한 자바 패키지를 만들어보자.

01. 이클립스 Project Explorer에서 루트 패키지를 선택하고 마우스 오른쪽 버튼으로 클릭한다. 메뉴에서 New | Package를 선택한다. 새 패키지의 이름을 com.packt.cardatabase.web으로 지정한다.

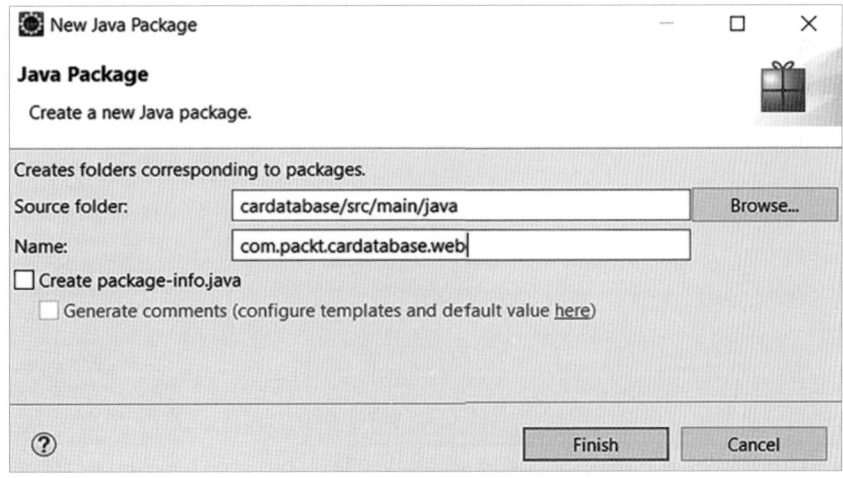

그림 4.1 새 자바 패키지 만들기

02. 다음으로 새 web 패키지에 컨트롤러 클래스를 만든다. 이클립스 Project Explorer에서 com.packt.cardatabase.web 패키지를 선택한 후 마우스 오른쪽 버튼으로 클릭하고 메뉴에서 New | Class를 선택하고 클래스 이름을 CarController로 지정한다.

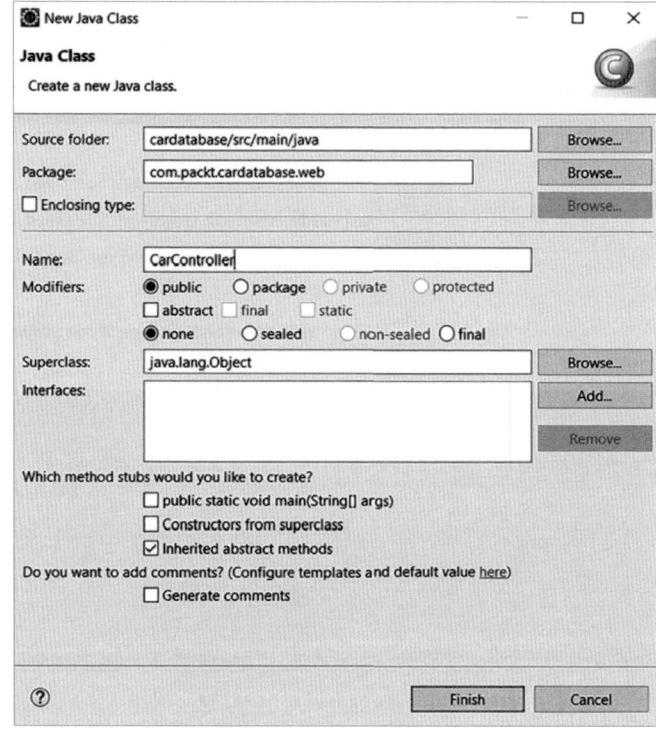

그림 4.2 새 자바 클래스 만들기

03. 이제 프로젝트 구조가 다음 그림과 같을 것이다.

그림 4.3 프로젝트 구조

> **참고**
>
> 실수로 다른 패키지에 클래스를 만들었다면 Project Explorer에서 파일을 다른 패키지로 드래그 앤 드롭할 수 있다. Project Explorer가 변경 사항을 제대로 표시하지 않는 경우도 많다. 그럴 경우 Project Explorer를 새로고침하면 된다(Project Explorer를 선택하고 F5를 누름).

04. 편집기 창에서 컨트롤러 클래스를 열고 클래스 정의 앞에 @RestController 애너테이션을 지정한다. 다음 소스코드를 참고하자. @RestController 애너테이션은 이 클래스가 RESTful 웹 서비스의 컨트롤러가 되도록 지정한다.

```
package com.packt.cardatabase.web;

import org.springframework.web.bind.annotation.RestController;

@RestController
public class CarController {
}
```

05. 다음으로 컨트롤러 클래스에 새 메서드를 추가한다. 메서드에는 메서드가 매핑되는 엔드포인트를 정의하는 @RequestMapping 애너테이션을 지정한다. 다음 코드는 이러한 메서드의 예다. 이 예제에서는 사용자가 /cars 엔드포인트로 GET 요청을 하면 getCars() 메서드가 실행된다.

```
package com.packt.cardatabase.web;

import org.springframework.web.bind.annotation.GetMapping;
import org.springframework.web.bind.annotation.RestController;
import com.packt.cardatabase.domain.Car;

@RestController
public class CarController {
    @GetMapping("/cars")
    public Iterable<Car> getCars() {
        // 자동차를 검색하고 반환
    }
}
```

이 예제에서 getCars() 메서드는 모든 자동차 객체를 반환한 다음 Jackson 라이브러리(https://github.com/FasterXML/jackson)에 의해 자동으로 JSON 객체로 마샬링[1]된다.

이제 getCars() 메서드는 @GetMapping 애너테이션을 이용하기 때문에 /cars 엔드포인트의 GET 요청만 처리한다. 다양한 HTTP 메서드에 대한 애너테이션(@GetMapping, @PostMapping, @DeleteMapping 등)이 있다.

---

1 마샬링Marshalling: 객체를 일련의 바이트로 변환하는 과정으로, 이를 통해 객체를 저장하거나 전송할 수 있다. 다시 말해, Java 객체를 JSON 형식의 문자열로 변환하는 것이다.

06. 데이터베이스에서 자동차를 반환할 수 있게 하려면 컨트롤러에 CarRepository를 주입해야 한다. 그런 다음 리포지터리에서 제공하는 `findAll()` 메서드로 모든 자동차를 검색할 수 있다. 이제 `@RestController` 애너테이션 덕분에 데이터가 응답에서 JSON 형식으로 직렬화된다. 다음 소스코드는 컨트롤러 클래스를 보여준다.

```java
package com.packt.cardatabase.web;

import org.springframework.web.bind.annotation.GetMapping;
import org.springframework.web.bind.annotation.RestController;
import com.packt.cardatabase.domain.Car;
import com.packt.cardatabase.domain.CarRepository;

@RestController
public class CarController {
    private final CarRepository repository;

    public CarController(CarRepository repository) {
        this.repository = repository;
    }

    @GetMapping("/cars")
    public Iterable<Car> getCars() {
        return repository.findAll();
    }
}
```

07. 이제 애플리케이션을 실행하고 localhost:8080/cars로 이동해볼 수 있다. 하지만 무엇인가 문제가 발생하여 애플리케이션이 무한 루프에 빠진 것처럼 보일 것이다. 이는 car 테이블과 owner 테이블 간의 일대다 관계 때문이다. 실제로 어떤 일이 일어나고 있는 것일까? 먼저 자동차가 직렬화되면 연결된 소유자가 직렬화되고, 이어서 그가 소유한 자동차가 다시 직렬화되는 식이다. 이를 해결하기 위한 다양한 방법이 있다. 한 가지 방법은 Owner 클래스의 자동차 필드에 `@JsonIgnore` 애너테이션을 이용하여 직렬화 프로세스 중에 자동차 필드를 무시하는 것이다. 필요하지 않은 경우 양방향 매핑을 이용하지 않음으로써 이 문제를 해결할 수도 있다. 또한 `@JsonIgnoreProperties` 애너테이션을 함께 이용하여 하이버네이트가 생성된 필드를 무시하도록 할 것이다.

```java
// Owner.java
import com.fasterxml.jackson.annotation.JsonIgnore;
import com.fasterxml.jackson.annotation.JsonIgnoreProperties;

@Entity
@JsonIgnoreProperties({"hibernateLazyInitializer","handler"})
```

```java
public class Owner {
    @Id
    @GeneratedValue(strategy=GenerationType.AUTO)
    private long ownerid;
    private String firstname, lastname;

    public Owner() {}

    public Owner(String firstname, String lastname) {
        super();
        this.firstname = firstname;
        this.lastname = lastname;
    }

    @JsonIgnore
    @OneToMany(cascade=CascadeType.ALL, mappedBy="owner")
    private List<Car> cars;
```

08. 이제 애플리케이션을 실행하고 localhost:8080/cars로 이동해보면 모든 것이 예상대로 작동하고, 다음 그림과 같이 데이터베이스에서 검색된 자동차가 JSON 형식으로 표시되는 것을 볼 수 있다.

그림 4.4 http://localhost:8080/cars에 대한 GET 요청

> **TIP**
>
> 브라우저에 따라 그림과 다른 결과가 표시될 수 있다. 이 책에서는 크롬 브라우저에서 JSON 출력 결과를 보기 쉽게 만들어주는 JSON Viewer 확장을 이용했다. JSON Viewer는 크롬 웹 스토어에서 무료로 다운로드할 수 있다.

이것으로 첫 번째 RESTful 웹 서비스를 작성했다. 스프링 부트의 기능을 활용하여 데이터베이스에 있는 모든 자동차의 데이터를 반환하는 서비스를 빠르게 구현할 수 있었다. 하지만 이것은 견고하고 효율적인 RESTful 웹 서비스를 생성하기 위해 스프링 부트가 제공하는 기능 중 일부에 불과하며 다음 절에서 계속해서 그 기능을 살펴볼 것이다.

스프링 데이터 REST 이용하기

스프링 데이터 REST$^{Spring\ Data\ REST}$(https://spring.io/projects/spring-data-rest)는 스프링 데이터 프로젝트의 일부이며, 스프링으로 RESTful 웹 서비스를 쉽고 빠르게 구현할 수 있게 해준다. 스프링 데이터 REST는 클라이언트가 하이퍼미디어 링크를 이용하여 REST API를 동적으로 탐색할 수 있게 하는 아키텍처 원칙인 **HATEOAS**를 지원한다. 또한, 스프링 데이터 REST는 REST API 엔드포인트의 비즈니스 로직을 사용자 정의하는 데 이용할 수 있는 이벤트를 제공한다.

> **TIP**
>
> 이벤트에 대한 자세한 내용은 스프링 데이터 REST 문서(https://docs.spring.io/spring-data/rest/docs/current/reference/html/#events)에서 확인할 수 있다.

스프링 데이터 REST를 이용하려면 build.gradle 파일에 다음 의존성을 추가해야 한다.

```
dependencies {
    implementation 'org.springframework.boot:spring-boot-starter-web'
    implementation 'org.springframework.boot:spring-boot-starter-data-jpa'
    implementation 'org.springframework.boot:spring-boot-starter-data-rest'
    developmentOnly 'org.springframework.boot:spring-boot-devtools'
    runtimeOnly 'org.mariadb.jdbc:mariadb-java-client'
    testImplementation 'org.springframework.boot:spring-boot-starter-test'
}
```

> **참고**
>
> build.gradle 파일을 수정한 후 이클립스에서 그레이들 프로젝트를 새로고침한다. 이클립스의 Project Explorer에서 프로젝트를 선택하고 마우스 오른쪽 버튼으로 클릭하여 컨텍스트 메뉴를 연다. 그 후, Gradle | Refresh Gradle Project를 선택한다.

스프링 데이터 REST는 기본적으로 애플리케이션에서 모든 공용 리포지터리를 찾고 엔티티를 위한 RESTful 웹 서비스를 자동으로 생성한다. 이 책의 예제에는 `CarRepository`와 `OwnerRepository`의 두 리포지터리가 있으며 스프링 데이터 REST는 각각 리포지터리에 대해 RESTful 웹 서비스를 자동으로 생성한다.

`application.properties` 파일에서 다음과 같이 서비스의 엔드포인트를 정의할 수 있다. 변경사항을 적용하려면 애플리케이션을 다시 시작해야 할 수도 있다.

```
spring.data.rest.basePath=/api
```

이제 `localhost:8080/api` 엔드포인트에서 RESTful 웹 서비스에 접근할 수 있다. 서비스의 루트 엔드포인트를 호출하면 이용 가능한 리소스를 반환한다. 스프링 데이터 REST는 JSON 데이터를 HAL^{Hypertext Application Language} 형식으로 반환한다. HAL 형식은 하이퍼링크를 JSON으로 표현하는 일련의 규칙을 정의해서 프런트엔드 개발자가 RESTful 웹 서비스를 더 쉽게 이용할 수 있게 해준다.

```
// 20240530143322
// http://localhost:8080/api

{
  "_links": {
    "owners": {
      "href": "http://localhost:8080/api/owners"
    },
    "cars": {
      "href": "http://localhost:8080/api/cars"
    },
    "profile": {
      "href": "http://localhost:8080/api/profile"
    }
  }
}
```

그림 4.5 스프링 데이터 REST 리소스

그림과 같이 자동차와 소유자 엔티티 서비스에 대한 링크가 생긴다. 스프링 데이터 REST 서비스 경로 이름은 엔티티 클래스 이름에서 파생되어 복수형으로 바뀐 후 소문자로 변경된다. 예를 들어, `Car` 엔티티의 서비스 경로 이름은 `cars`가 된다. `profile` 링크는 스프링 데이터 REST가 생성한 것이며, 애플리케이션별 메타데이터를 포함한다. 다른 경로 이름을 이용하려면 다음 예시와 같이 리포지터리 클래스에서 `@RepositoryRestResource` 애너테이션을 지정한다.

```
package com.packt.cardatabase.domain;
import org.springframework.data.repository.CrudRepository;
import org.springframework.data.rest.core.annotation.RepositoryRestResource;

@RepositoryRestResource(path="vehicles")
public interface CarRepository extends CrudRepository<Car, Long> {
}
```

이제 localhost:8080/api 엔드포인트를 호출해보면 엔드포인트 경로가 /cars에서 /vehicles로 바뀐 것을 알 수 있다.

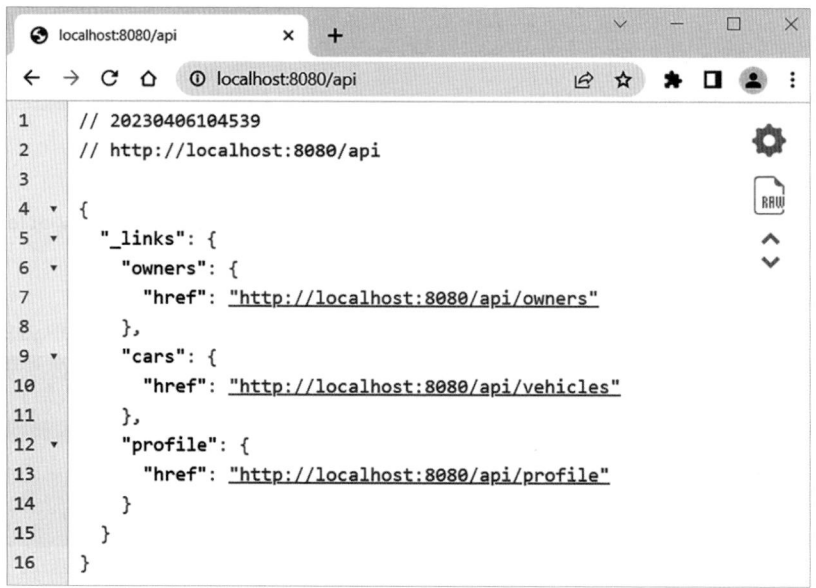

그림 4.6 경로 교체 후 스프링 데이터 REST 리소스

이때 다른 이름은 제거해도 괜찮으며, 여기서는 기본 엔드포인트 이름인 /cars를 계속 이용할 것이다.

이제부터 다른 서비스를 더 자세히 살펴보자. RESTful 웹 서비스를 테스트하고 활용할 수 있는 여러 가지 툴이 있다. 이 책에서는 **포스트맨**(https://www.postman.com/downloads/)이라는 데스크톱 앱을 이용하지만 cURL 등의 다른 익숙한 툴이 있으면 다른 툴을 이용해도 된다. 포스트맨은 데스크톱 앱이나 브라우저 플러그인으로 다운로드할 수 있으며, 윈도우 우분투 Bash(**WSL**^{Windows Subsystem for Linux})를 이용하면 윈도우에서도 cURL을 이용할 수 있다.

/cars 엔드포인트(http://localhost:8080/api/cars)를 GET 메서드(GET 요청의 경우 웹 브라우저를 이용할 수 있음)로 요청하면 다음 그림과 같이 모든 자동차의 목록이 반환된다.

localhost:8080/api/cars


```
// 20230830132818
// http://localhost:8080/api/cars

{
  "_embedded": {
    "cars": [
      {
        "brand": "Ford",
        "model": "Mustang",
        "color": "Red",
        "registrationNumber": "ADF-1121",
        "modelYear": 2023,
        "price": 59000,
        "_links": {
          "self": {
            "href": "http://localhost:8080/api/cars/1"
          },
          "car": {
            "href": "http://localhost:8080/api/cars/1"
          },
          "owner": {
            "href": "http://localhost:8080/api/cars/1/owner"
          }
        }
      },
      {
        "brand": "Nissan",
        "model": "Leaf",
        "color": "White",
        "registrationNumber": "SSJ-3002",
        "modelYear": 2020,
        "price": 29000,
```


그림 4.7 자동차 검색

JSON 응답을 보면 자동차의 배열이 있고 각 자동차에는 자동차별 데이터가 포함된 것을 볼 수 있다. 모든 자동차에는 링크 모음인 _links 속성이 있고 이 링크로 자동차 자체에 접근하거나 자동차 소유자를 받을 수 있다. 특정 자동차에 접근하는 엔드포인트는 http://localhost:8080/api/cars/{id}다.

http://localhost:8080/api/cars/3/owner에 GET 요청을 보내면 id가 3인 자동차의 소유자가 반환된다. 이 경우 응답에는 소유자 데이터, 소유자에 대한 링크, 소유자의 다른 자동차에 대한 링크가 포함된다.

스프링 데이터 REST 서비스는 모든 CRUD 작업을 제공한다. 다음 표에 CRUD 작업에 어떤 HTTP 방식을 이용할 수 있는지 정리되어 있다.

표 4.1 스프링 데이터 REST에서 지원하는 메서드

HTTP 메서드	CRUD
GET	읽기(Read)
POST	생성(Create)
PUT/PATCH	업데이트(Update)
DELETE	삭제(Delete)

다음으로 RESTful 웹 서비스를 이용하여 데이터베이스에서 자동차를 삭제하는 방법을 알아보자. 자동차를 삭제하려면 DELETE 메서드를 이용해 삭제될 자동차의 링크(http://localhost:8080/api/cars/{id})를 지정한다.

다음 그림은 포스트맨 데스크톱 앱으로 id가 3인 자동차 하나를 삭제하는 방법을 보여준다. 포스트맨의 드롭다운 목록에서 적절한 HTTP 메서드를 선택하고 요청 URL을 입력한 다음 Send 버튼을 클릭하면 된다.

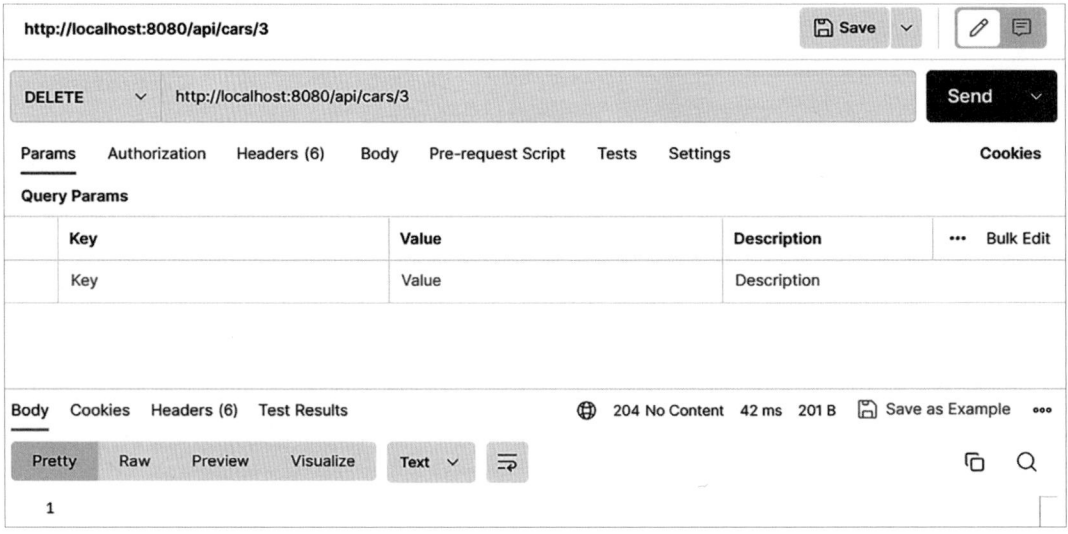

그림 4.8 DELETE 요청으로 자동차 삭제

작업이 정상적으로 수행되었다면 포스트맨에 200 OK 응답이 표시된다. DELETE 요청을 수행한 후 http://localhost:8080/api/cars/ 엔드포인트에 GET 요청을 수행해보면 이제 데이터베이스에 자동차가 2개 남은 것을 볼 수 있다. 응답에 404 Not Found 상태가 반환된다면 데이터베이스에 존재하는 자동차 ID를 지정했는지 확인해야 한다.

데이터베이스에 새 자동차를 추가하려면 POST 메서드를 이용해야 하며 요청 URL로 http://localhost:8080/api/cars를 이용해야 한다. 헤더에는 값이 application/json인 Content-Type 필드가 있어야 하며, 새 자동차 객체를 JSON 형식의 요청 본문에 포함한다. 예를 들어 다음과 같다.

```
{
  "brand":"Toyota",
  "model":"Corolla",
  "color":"silver",
  "registrationNumber":"BBA-3122",
  "modelYear":2023,
  "price":38000
}
```

포스트맨에서 **Body** 탭을 클릭하고 **raw**를 선택하면 다음 그림과 같이 Body 탭에 새 자동차 JSON 문자열을 입력할 수 있다. 또한 다음 그림과 같이 드롭다운 목록에서 JSON을 선택해야 한다.

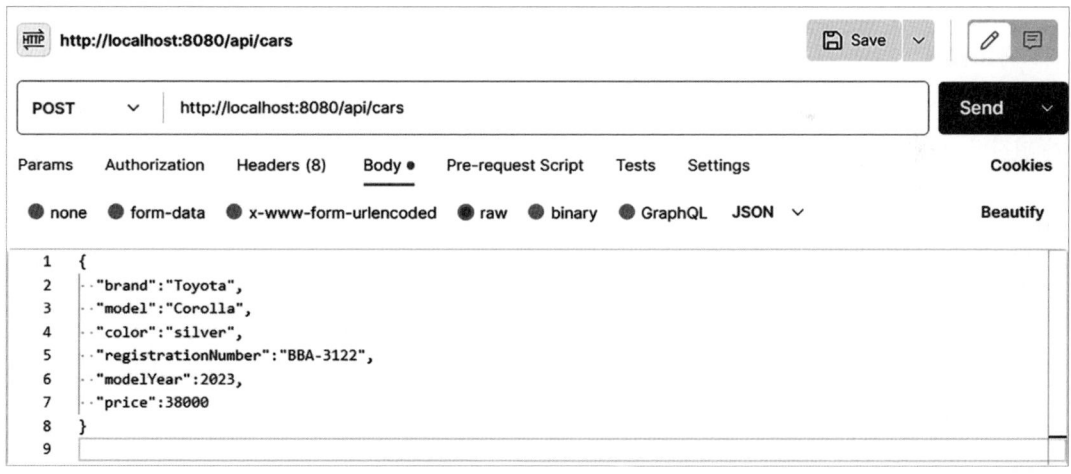

그림 4.9 POST 요청으로 새 자동차 추가

또한 다음 그림과 같이 포스트맨에서 **Headers** 탭을 클릭하여 헤더를 설정해야 한다. 포스트맨은 어떤 요청을 선택했는지에 따라 일부 헤더를 자동으로 추가한다. Content-Type 헤더가 목록 값에 있고 값이 올바른지(application/json) 확인해야 한다. 값이 없는 경우 수동으로 추가해야 한다. 자동으로 추가된 헤더는 기본적으로 숨겨져 있을 수 있지만, hidden 버튼을 클릭하면 볼 수 있다. 마지막으로 **Send** 버튼을 누르면 된다.

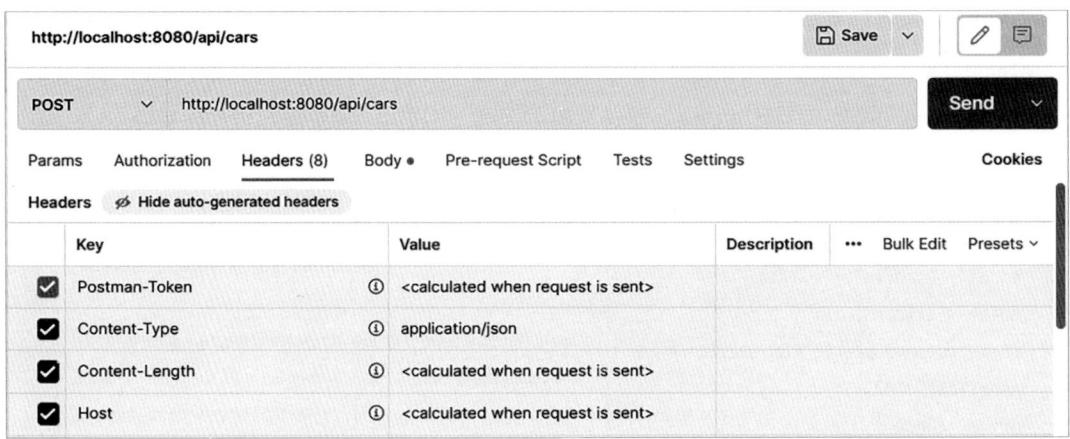

그림 4.10 POST 요청 헤더

POST 요청의 응답은 새로 생성된 car 객체를 다시 보내며, 정상적으로 수행되면 응답 상태가 201 Created로 표시된다. 이제 http://localhost:8080/api/cars에 GET 요청을 보내면 데이터베이스에 새 자동차가 있는 것을 확인할 수 있다.

엔티티를 업데이트하려면 PATCH 방식과 업데이트하려는 자동차의 링크(http://localhost:8080/api/cars/{id})를 이용한다. 헤더에는 값이 application/json인 Content-Type 필드가 있어야 하며, 데이터가 편집된 car 객체를 요청 본문에 지정한다.

> **참고**
>
> PATCH를 이용하는 경우 업데이트할 필드만 보내야 한다. PUT을 이용하는 경우 요청 본문에 모든 필드를 포함해야 한다.

앞의 예에서 만든 자동차를 편집해서 색상을 흰색으로 변경해 보자. 여기서는 PATCH를 이용하므로 페이로드에는 color 속성만 포함된다.

```
{
  "color": "white"
}
```

다음 그림에 포스트맨 요청이 나온다. POST 요청과 같은 방식으로 헤더를 설정하고 URL에 자동차 id를 지정했다.

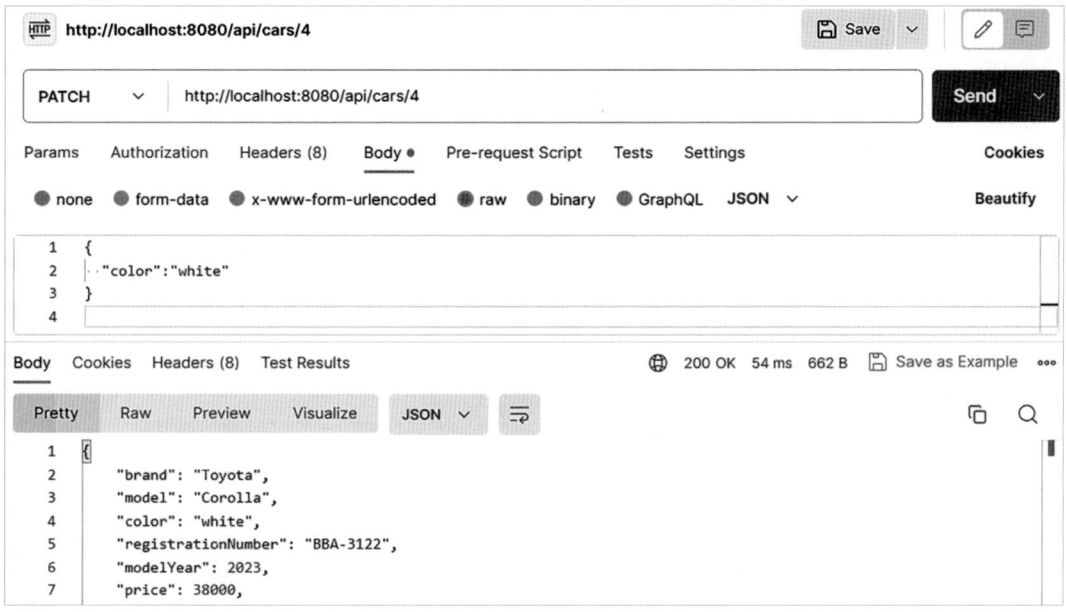

그림 4.11 PATCH 요청으로 기존 자동차 업데이트

업데이트가 성공하면 응답 상태는 200 OK가 된다. 이제 업데이트된 자동차를 GET 요청으로 검색해보면 색상이 업데이트된 것을 확인할 수 있다.

방금 생성한 새 자동차에 소유자를 추가해 보자. 이 작업에는 PUT 메서드와 `http://localhost:8080/api/cars/{id}/owner` 경로를 이용한다. 이 예에서 새 자동차의 ID는 4이므로 링크는 `http://localhost:8080/api/cars/4/owner`가 된다. 이제 본문의 내용이 자동차 소유자와 연결된다(예: `http://localhost:8080/api/owners/1`).

그림 4.12 PUT 요청으로 자동차 소유자 업데이트

이 경우 헤더의 Content-Type 값은 text/uri-list이어야 한다. 자동으로 추가된 헤더를 수정할 수 없는 경우 해당 헤더를 선택 취소하여 비활성화할 수 있다. 그 후 다음 그림과 같이 새 헤더를 추가하고 **Send** 버튼을 누른다.

그림 4.13 PUT 요청 헤더

마지막으로 자동차 소유자에 대한 GET 요청을 하면 소유자가 차량에 연결된 것을 확인할 수 있다.

이전 장에서는 리포지터리에 대한 쿼리를 작성했는데, 서비스에 이러한 쿼리를 포함할 수도 있다. 쿼리를 포함하려면 리포지터리 클래스에 @RepositoryRestResource 애너테이션을 추가해야 한다. 쿼리 매개변수에는 @Param 애너테이션을 지정한다. 다음 소스코드는 이러한 애너테이션을 지정한 CarRepository를 보여준다.

```java
package com.packt.cardatabase.domain;
import java.util.List;
import org.springframework.data.repository.CrudRepository;
import org.springframework.data.repository.query.Param;
import org.springframework.data.rest.core.annotation.RepositoryRestResource;

@RepositoryRestResource
public interface CarRepository extends CrudRepository<Car, Long> {
    // 브랜드로 자동차를 검색
    List<Car> findByBrand(@Param("brand") String brand);
    // 색상으로 자동차를 검색
    List<Car> findByColor(@Param("color") String color);
}
```

이제 http://localhost:8080/api/cars 경로에 GET 요청을 하면 /search라는 새 엔드포인트를 볼 수 있다. http://localhost:8080/api/cars/search 경로를 호출하면 다음과 같은 응답이 반환된다.

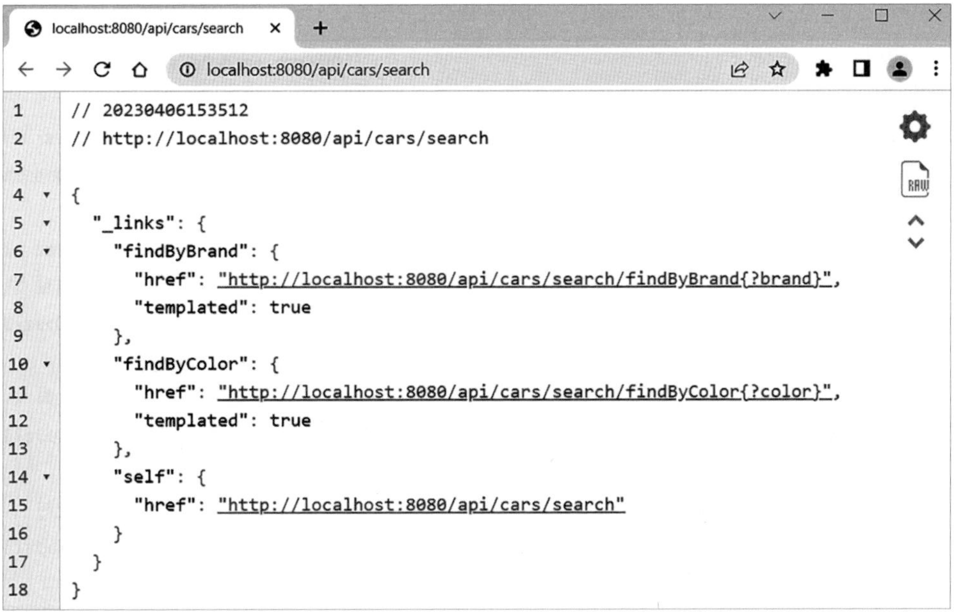

```
// 20230406153512
// http://localhost:8080/api/cars/search

{
  "_links": {
    "findByBrand": {
      "href": "http://localhost:8080/api/cars/search/findByBrand{?brand}",
      "templated": true
    },
    "findByColor": {
      "href": "http://localhost:8080/api/cars/search/findByColor{?color}",
      "templated": true
    },
    "self": {
      "href": "http://localhost:8080/api/cars/search"
    }
  }
}
```

그림 4.14 REST 쿼리

응답을 보면 이제 서비스에서 두 쿼리 모두 제공하는 것을 알 수 있다. 예를 들어, 브랜드별로 자동차를 검색하려면 http://localhost:8080/api/cars/search/findByBrand?brand=Ford 같이 URL을 이용한다. 출력에는 브랜드가 Ford인 자동차만 포함된다.

이번 장의 시작 부분에서 REST 원칙을 소개했으며, 우리가 만든 RESTful API가 상태 비저장형이며 서로 다른 클라이언트의 요청이 동일하게 보이는(일관된 인터페이스) 등 REST 명세의 여러 측면을 충족한다는 것을 알 수 있다. 응답에는 관련 리소스 사이를 탐색하는 데 이용할 수 있는 링크가 포함되어 있다. 우리가 만든 RESTful API는 데이터 모델과 리소스 간의 관계를 반영하는 URI 구조를 제공한다.

지금까지 백엔드용 RESTful API를 만들어봤다. 나중에 리액트 프런트엔드로 이를 이용할 것이다.

RESTful API 문서화

RESTful API는 이를 이용하는 개발자가 그 기능과 작동을 이해할 수 있도록 적절하게 문서화되어야 한다. 이 문서에는 이용할 수 있는 엔드포인트, 허용되는 데이터 형식, API와 상호작용하는 방법 등이 포함되어야 한다.

이 책에서는 스프링 부트용 **OpenAPI 3** 라이브러리(https://springdoc.org)를 이용하여 문서를 자동으로 생성한다. **OpenAPI 명세**(이전의 Swagger 명세)는 RESTful API를 위한 API 설명 형식이다. RAML(https://raml.org/)과 같은 다른 대안도 이용할 수 있다. 유연성을 제공하지만 더 많은 수작업이 필요한 다른 문서화 도구를 이용하여 REST API를 문서화할 수도 있다. OpenAPI 라이브러리를 이용하면 이 작업이 자동화되므로 개발에만 집중할 수 있다.

이제 RESTful API에 대한 문서를 생성하는 방법을 알아보자.

01. 먼저 스프링 부트 애플리케이션에 OpenAPI 라이브러리를 추가해야 한다. `build.gradle` 파일에 다음 의존성을 추가한다.

```
implementation group: 'org.springdoc', name: 'springdoc-openapi-starter-webmvc-ui', version: '2.0.2'
```

02. 다음으로 문서에 이용할 구성 클래스를 생성한다. 애플리케이션의 `com.packt.cardatabase` 패키지에 새 `OpenApiConfig` 클래스를 만든다. 다음 코드는 REST API의 제목, 설명, 버전 등을 구성할 수 있는 구성 클래스의 코드다. `info()` 메서드를 이용하여 이러한 값을 정의할 수 있다.

```
package com.packt.cardatabase;

import org.springframework.context.annotation.Bean;
import org.springframework.context.annotation.Configuration;
import io.swagger.v3.oas.models.OpenAPI;
import io.swagger.v3.oas.models.info.Info;

@Configuration
public class OpenApiConfig {

    @Bean
    public OpenAPI carDatabaseOpenAPI() {
        return new OpenAPI()
```

```
            .info(new Info()
            .title("Car REST API")
            .description("My car stock")
            .version("1.0"));
    }
}
```

03. application.properties 파일에서 문서 경로를 정의할 수 있다. 또한 OpenAPI 명세(https://swagger.io/tools/swagger-ui/)를 이용하여 문서화된 RESTful API를 시각화하기 위한 사용자 친화적인 툴인 Swagger UI를 활성화할 수도 있다. application.properties 파일에 다음 설정을 추가한다.

```
springdoc.api-docs.path=/api-docs
springdoc.swagger-ui.path=/swagger-ui.html
springdoc.swagger-ui.enabled=true
```

04. 이제 프로젝트를 실행할 준비가 되었다. 애플리케이션이 실행 중일 때 http://localhost:8080/swagger-ui.html로 이동하면 다음 스크린 숏과 같이 Swagger UI를 바탕으로 문서가 표시된다.

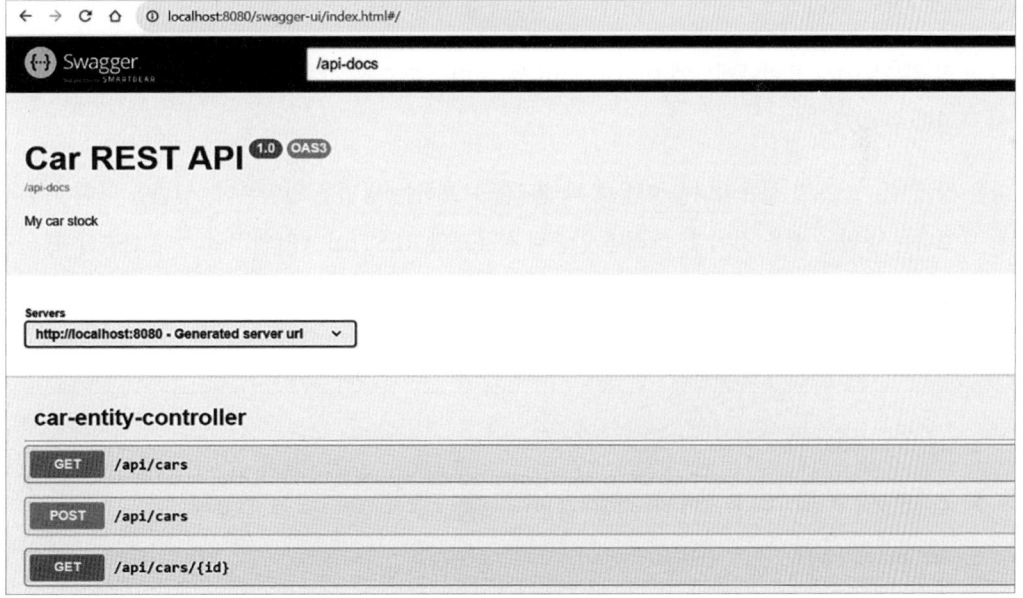

그림 4.15 자동차 RESTful API 문서

보다시피 RESTful API에서 이용할 수 있는 모든 엔드포인트를 확인할 수 있다. 엔드포인트를 열면 **Try it out** 버튼을 눌러 직접 이용해 볼 수도 있다. 문서는 http://localhost:8080/api-docs에서 JSON 형식으로도 제공된다.

RESTful API에 대한 설명서를 작성함에 따라 이제 개발자가 RESTful API를 훨씬 더 쉽게 이용할 수 있을 것이다.

> **TIP**
>
> 다음 장에서는 Swagger UI에 대한 접속을 차단하여 RESTful API의 보안을 강화할 예정이다. 보안 구성을 수정하여 접속을 다시 허용할 수도 있다("/api-docs/**" 와 "/swagger-ui/**" 경로 허용). 스프링 프로필을 이용할 수도 있지만 이 책에서는 다루지 않는다.

요약

이번 장에서는 스프링부트로 RESTful 웹 서비스를 만들었다. 먼저 컨트롤러를 만들었고 JSON 형식으로 모든 자동차를 반환하는 메서드 하나를 작성했다. 다음으로 스프링 데이터 REST를 이용해 모든 CRUD 기능을 포함하는 완전히 작동하는 웹 서비스를 만들었다. 그리고 작성한 서비스의 CRUD 기능을 이용하는 데 필요한 다양한 요청 유형을 알아봤다. 또한 RESTful 웹 서비스에 쿼리를 포함시켰다. 마지막으로 OpenAPI 3를 이용하여 API를 올바르게 문서화하는 방법을 배웠다.

이 책의 뒷부분에서 프런트엔드에 이 RESTful 웹 서비스를 이용하겠지만, 필요하다면 REST API를 쉽게 구현할 수 있다.

다음 장에서는 스프링 시큐리티를 이용해 백엔드를 보호하는 방법을 알아본다. 인증을 구현하여 데이터를 보호하는 방법을 배울 것이다. 그러면 인증된 사용자만 RESTful API의 리소스에 접속할 수 있다.

문제

1. REST란 무엇인가?
2. 스프링 부트로 RESTful 웹 서비스를 만들려면 어떻게 해야 하는가?
3. RESTful 웹 서비스로 항목을 검색하려면 어떻게 해야 하는가?
4. RESTful 웹 서비스로 항목을 삭제하려면 어떻게 해야 하는가?
5. RESTful 웹 서비스로 항목을 추가하려면 어떻게 해야 하는가?
6. RESTful 웹 서비스로 항목을 업데이트하려면 어떻게 해야 하는가?

7. RESTful 웹 서비스에서 쿼리를 이용하려면 어떻게 해야 하는가?
8. OpenAPI 명세란 무엇인가?
9. Swagger UI란 무엇인가?

추가 자료

다음 링크를 통해 스프링부트 RESTful 웹 서비스에 대해 자세히 알아볼 수 있다.

- Postman Tutorial: Getting Started with API Testing [Video], 프라빈쿠마 부나 (https://www.packtpub.com/product/postman-tutorial-getting-started-with-api-testing-video/9781803243351)
- 『Hands-On RESTful API Design Patterns and Best Practices』 (Packt, 2019), 하리하라 서브라마니안 J, 페투루 라즈 (https://www.packtpub.com/product/hands-on-restful-api-design-patterns-and-best-practices/9781788992664)

05

백엔드 보호

이번 장에서는 스프링 부트 백엔드를 보호하는 방법을 설명한다. 백엔드를 보호하는 일은 코드 개발에서 아주 중요한 부분이다. 중요한 데이터를 보호하고, 규정을 준수하며, 무단 접속을 방지하는 데 필수적이다. 백엔드는 흔히 사용자 인증 및 권한 부여 프로세스를 처리한다. 이러한 측면을 적절히 보호하면 권한이 부여된 사용자만 애플리케이션에 접속하고 특정 작업을 수행할 수 있다. 이전 장에서 작성한 데이터베이스 애플리케이션을 시작점으로 이용하겠다.

이번 장에서 다룰 주제는 다음과 같다.

- 스프링 시큐리티 이해
- JWT$^{\text{JSON Web Token}}$으로 백엔드 보호하기
- 역할 기반 보안
- 스프링 부트와 함께 OAuth2 이용

기술 요구 사항

이전 장에서 작성한 스프링 부트 애플리케이션이 필요하다.

이번 장의 깃허브 저장소는 https://github.com/PacktPublishing/Full-Stack-Development-with-Spring-Boot-3-and-React-Fourth-Edition/tree/main/Chapter05다.

스프링 시큐리티 이해

스프링 시큐리티(https://spring.io/projects/spring-security)는 자바 기반 웹 애플리케이션을 위한 보안 서비스를 제공한다. 스프링 시큐리티 프로젝트는 2003년에 시작되었으며, 이전에는 Acegi Security System for Spring이라고 불렸다.

스프링 시큐리티는 기본적으로 다음과 같은 기능을 활성화한다.

- 인메모리 사용자 하나를 포함하는 AuthenticationManager 빈. 사용자 이름은 user이고 암호는 Console 출력에 표시된다.
- /css 및 /images 같은 일반적인 정적 리소스 위치의 경로를 무시. 다른 모든 엔드포인트에 대한 HTTP[HyperText Transfer Protocol] 기본 인증
- 스프링의 ApplicationEventPublisher 인터페이스로 게시되는 보호 이벤트
- HSTS[HTTP Strict Transport Security], XSS[Cross-Site Scripting], CSRF[Cross-Site Request Forgery]를 비롯한 일반적인 저수준 기능을 기본적으로 활성화
- 자동 생성되는 기본 로그인 페이지

강조 표시된 다음과 같은 의존성을 build.gradle 파일에 추가하여 애플리케이션에 스프링 시큐리티를 포함할 수 있다. 첫 번째 의존성은 애플리케이션용이고 두 번째 의존성은 테스트용이다.

```
dependencies {
    implementation 'org.springframework.boot:spring-boot-starter-web'
    implementation 'org.springframework.boot:spring-boot-starter-data-jpa'
    implementation 'org.springframework.boot:spring-boot-starter-data-rest'
    implementation 'org.springframework.boot:spring-boot-starter-security'
    developmentOnly 'org.springframework.boot:spring-boot-devtools'
    runtimeOnly 'org.mariadb.jdbc:mariadb-java-client'
    testImplementation 'org.springframework.boot:spring-boot-starter-test'
    testImplementation 'org.springframework.security:spring-security-test'
}
```

> **참고**
> 자동 새로고침을 활성화하지 않았다면 build.gradle 파일을 수정한 후 이클립스에서 그레이들 프로젝트를 새로고침해야 한다.

애플리케이션을 시작하고 Console을 보면 스프링 시큐리티가 사용자 이름이 user인 인메모리 사용자를 생성한 것을 확인할 수 있다. 이 사용자의 암호는 다음 그림과 같이 Console 출력에 표시된다.

그림 5.1 스프링 시큐리티 활성화

Console에 암호가 표시되지 않으면 Console에서 빨간색 **Terminate** 버튼을 클릭하고 프로젝트를 다시 실행해 본다.

> **TIP**
>
> 이클립스 Console은 기본 버퍼 크기 80,000자로 출력이 제한되어 있기 때문에 암호가 표시되기 전에 출력이 잘릴 수 있다. 이 설정은 Window | Preferences | Run/Debug | Console 메뉴에서 변경할 수 있다.

REST API 루트(/) 엔드포인트에 GET 요청을 하면 보호가 설정된 것을 확인할 수 있다. 웹 브라우저를 열고 http://localhost:8080/api로 이동한다. 그러면 다음 그림과 같이 스프링 시큐리티 기본 로그인 페이지로 리디렉션된다.

그림 5.2 보안이 적용된 REST API

GET 요청을 성공적으로 수행하려면 RESTful API에 인증해야 한다. **Username** 필드에 user를 입력하고 Console에서 생성된 암호를 **Password** 필드에 복사한다. 인증이 완료되면 다음 그림과 같이 응답에 API 리소스가 포함되어 있는 것을 확인할 수 있다.

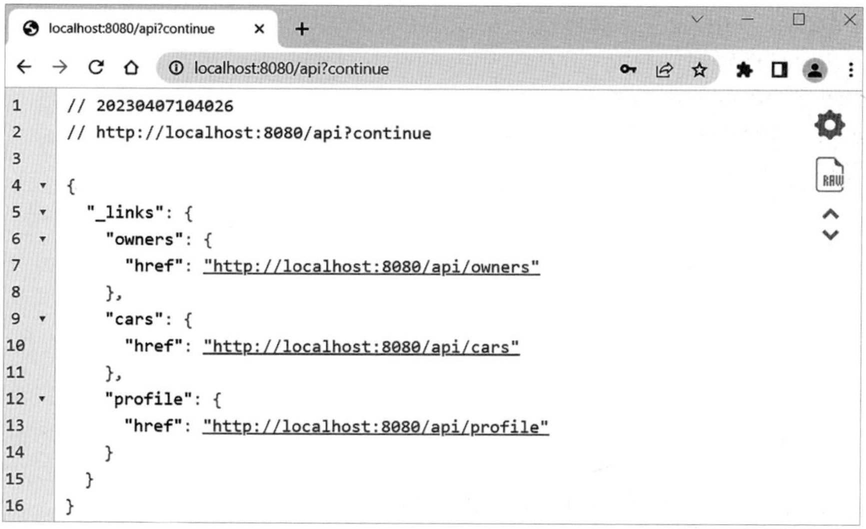
localhost:8080/api?continue
localhost:8080/api?continue
// 20230407104026
// http://localhost:8080/api?continue
{
"_links": {
"owners": {
"href": "http://localhost:8080/api/owners"
},
"cars": {
"href": "http://localhost:8080/api/cars"
},
"profile": {
"href": "http://localhost:8080/api/profile"
}
}
}
RAW

그림 5.3 기본 인증

스프링 시큐리티의 작동 방식을 구성하려면 스프링 시큐리티에 대한 새로운 구성 클래스를 추가해야 한다. 보안 구성 파일을 이용하여 특정 역할이나 사용자가 접근할 수 있는 URL 또는 URL 패턴을 정의할 수 있다. 또한 인증 메커니즘, 로그인 프로세스, 세션 관리 등을 정의할 수도 있다.

애플리케이션 루트 패키지(`com.packt.cardatabase`)에 `SecurityConfig`라는 새 클래스를 만든다. 다음 코드는 보호 구성 클래스의 구조다.

```
package com.packt.cardatabase;
import org.springframework.context.annotation.Configuration;
import org.springframework.security.config.annotation.web.configuration.
  EnableWebSecurity;

@Configuration
@EnableWebSecurity
public class SecurityConfig {
}
```

@Configuration과 @EnableWebSecurity 애너테이션은 기본 웹 보호 구성을 해제하며, 이 클래스에서 자체 구성을 정의할 수 있게 한다. 나중에 살펴볼 filterChain(HttpSecurity http) 메서드 내에서 애플리케이션의 어떤 엔드포인트가 보호되고 있는지, 어떤 엔드포인트가 보호되고 있지 않은지 정의할 수 있다. 모든 엔드포인트가 보호되도록 설정된 기본 설정을 이용할 수 있으므로 이 메서드는 아직 필요하지 않다.

또한 UserDetailsService를 구현하는 스프링 시큐리티의 InMemoryUserDetailsManager를 이용하여 애플리케이션에 인메모리 사용자를 추가할 수 있다. 그런 다음 메모리에 저장된 사용자/암호 인증을 구현할 수 있다. PasswordEncoder를 이용하면 bcrypt 알고리즘으로 암호를 인코딩할 수 있다.

다음의 강조 표시된 코드는 사용자 이름 user, 암호 password, 역할 USER를 가진 인메모리 사용자를 생성한다.

```java
// SecurityConfig.java
package com.packt.cardatabase;

import org.springframework.context.annotation.Bean;
import org.springframework.context.annotation.Configuration;
import org.springframework.security.config.annotation.web.configuration.
    EnableWebSecurity;
import org.springframework.security.core.userdetails.User;
import org.springframework.security.core.userdetails.UserDetails;
import org.springframework.security.crypto.bcrypt.BCryptPasswordEncoder;
import org.springframework.security.crypto.password.PasswordEncoder;
import org.springframework.security.provisioning.
    InMemoryUserDetailsManager;

@Configuration
@EnableWebSecurity
public class SecurityConfig {
    @Bean
    public InMemoryUserDetailsManager userDetailsService() {
        UserDetails user = User.builder().username("user").
            password(passwordEncoder().encode("password"))
            .roles("USER").build();
```

```
        return new InMemoryUserDetailsManager(user);
    }

    @Bean
    public PasswordEncoder passwordEncoder() {
        return new BCryptPasswordEncoder();
    }
}
```

애플리케이션을 다시 시작하면 인메모리 사용자를 이용하여 인증을 테스트할 수 있다. 인메모리 사용자를 이용하는 것은 개발 단계에서는 괜찮지만 일반적인 애플리케이션에서는 사용자를 데이터베이스에 저장한다.

사용자를 데이터베이스에 저장하려면 사용자 엔티티 클래스 및 리포지토리를 만들어야 한다. 암호는 일반 텍스트 형식으로 데이터베이스에 저장해서는 안 된다. 사용자 비밀번호가 포함된 데이터베이스가 해킹되면 공격자는 암호를 일반 텍스트로 직접 획득할 수 있다. 스프링 시큐리티는 암호 해싱에 이용할 수 있는 bcrypt 같은 여러 해싱 알고리즘을 제공한다. 다음 단계는 이를 구현하는 방법을 보여준다.

01. com.packt.cardatabase.domain 패키지에서 AppUser라는 새 클래스를 만든다. 도메인 패키지를 마우스 오른쪽 버튼으로 클릭한다. 메뉴에서 New | Class를 선택하고 새 클래스 이름을 User로 지정한다. 그러면 다음 그림과 같은 프로젝트 구조를 확인할 수 있다.

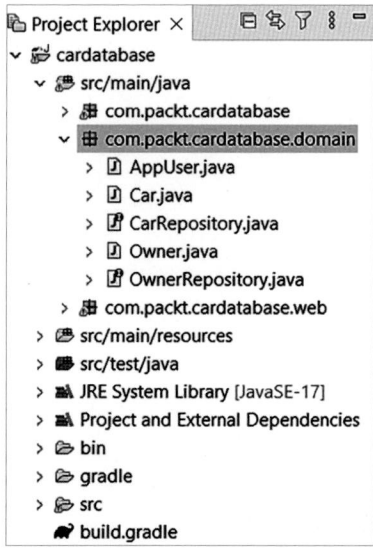

그림 5.4 프로젝트 구조

02. AppUser 클래스에 @Entity 애너테이션을 추가한다. ID, 사용자 이름, 암호 및 역할 클래스 필드를 추가한다. 마지막으로 생성자, 게터, 세터를 추가한다. 모든 필드에 nullable을 false로 설정한다. 즉, 데이터베이스 칼럼에 null 값을 포함할 수 없다. 또한 사용자 이름의 @Column 애너테이션에 unique=true를 이용하여 사용자 이름이 고유하도록 지정한다. 필드는 다음 AppUser.java 코드를 참조하라.

```java
package com.packt.cardatabase.domain;

import jakarta.persistence.Column;
import jakarta.persistence.Entity;
import jakarta.persistence.GeneratedValue;
import jakarta.persistence.GenerationType;
import jakarta.persistence.Id;

@Entity
public class AppUser {
    @Id
    @GeneratedValue(strategy=GenerationType.AUTO)
    @Column(nullable=false, updatable=false)
    private Long id;

    @Column(nullable=false, unique=true)
    private String username;

    @Column(nullable=false)
    private String password;

    @Column(nullable=false)
    private String role;

    // 생성자, 게터, 세터
}
```

다음은 AppUser.java 생성자 소스코드다.

```java
    public AppUser() {}
    public AppUser(String username, String password, String role)
        { super();
        this.username = username;
```

```
        this.password = password;
        this.role = role;
    }
```

다음은 게터와 세터가 포함된 AppUser.java 코드다.

```
public Long getId() {
    return id;
}

public void setId(Long id) {
    this.id = id;
}

public String getUsername() {
    return username;
}

public void setUsername(String username) {
    this.username = username;
}

public String getPassword() {
    return password;
}

public void setPassword(String password) {
    this.password = password;
}

public String getRole() {
    return role;
}

public void setRole(String role) {
    this.role = role;
}
```

03. 도메인 패키지에서 `AppUserRepository`라는 새 인터페이스를 만든다. 도메인 패키지를 선택하고 마우스 오른쪽 버튼을 클릭한 뒤 메뉴에서 New | Interface를 선택하고 이름을 `AppUserRepository`로 지정한다.

리포지터리 클래스의 코드는 4장에서 본 것과 비슷하지만, 다음 단계에 필요한 쿼리 메서드인 `findByUsername`이 추가되어 있다. 이 메서드는 인증 프로세스 중 데이터베이스에서 사용자를 찾는 데 이용된다. 이 메서드는 `null` 예외를 방지하기 위해 `Optional`을 반환한다. 다음 `AppUserRepository` 코드를 참조하라.

```
package com.packt.cardatabase.domain;

import java.util.Optional;
import org.springframework.data.repository.CrudRepository;

public interface AppUserRepository extends CrudRepository
  <AppUser, Long> {
    Optional<AppUser> findByUsername(String username);
  }
```

04. 이제 스프링 시큐리티에서 제공하는 `UserDetailsService` 인터페이스를 구현하는 클래스를 만들어 보자. 스프링 시큐리티는 이 인터페이스를 사용자 인증 및 인가에 이용한다. 루트 패키지에서 새 service 패키지를 생성하자. 루트 패키지를 활성화하고 마우스 오른쪽 버튼으로 클릭한 뒤 메뉴에서 New | Package를 선택하고 다음 그림과 같이 새 패키지 서비스 이름을 지정한다.

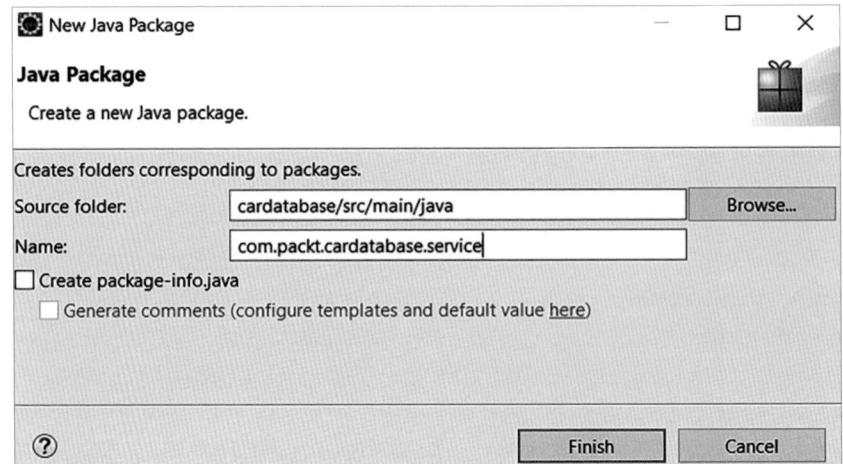

그림 5.5 서비스 패키지

05. 방금 만든 서비스 패키지에 UserDetailsServiceImpl이라는 새 클래스를 생성한다. 프로젝트 구조가 다음 그림과 같이 된다(이클립스에서는 F5 키를 눌러 Project Explorer를 새로 고칠 수 있다).

그림 5.6 프로젝트 구조

06. 스프링 시큐리티 인증 처리 시 데이터베이스에서 사용자를 가져오기 위해 UserDetailsServiceImpl 클래스에 AppUserRepository 클래스를 삽입해야 한다. 앞서 구현한 findByUsername 메서드는 Optional을 반환하므로 isPresent() 메서드를 이용하여 사용자가 존재하는지 확인할 수 있다. 사용자가 존재하지 않는다면 UsernameNotFoundException 예외를 발생시킨다. loadUserByUsername 메서드는 인증에 필요한 UserDetails 객체를 반환한다. 인증에 필요한 사용자를 만들기 위해 스프링 시큐리티 UserBuilder 클래스를 이용하고 있다. 다음은 UserDetailsServiceImpl.java의 코드다.

```
package com.packt.cardatabase.service;

import java.util.Optional;
import org.springframework.security.core.userdetails.User.
  UserBuilder;
import org.springframework.security.core.userdetails.UserDetails;
import org.springframework.security.core.userdetails.
  UserDetailsService;
import org.springframework.security.core.userdetails.
  UsernameNotFoundException;
import org.springframework.stereotype.Service;
import com.packt.cardatabase.domain.AppUser;
```

```java
import com.packt.cardatabase.domain.AppUserRepository;

@Service
public class UserDetailsServiceImpl implements UserDetailsService {
  private final AppUserRepository repository;

public UserDetailsServiceImpl(AppUserRepository repository) {
    this.repository = repository;
}

    @Override
    public UserDetails loadUserByUsername(String username) throws
    UsernameNotFoundException {
        Optional<AppUser> user = repository.findByUsername(username);

        UserBuilder builder = null;
        if (user.isPresent()) {
            AppUser currentUser = user.get();
            builder = org.springframework.security.core.userdetails.
                    User.withUsername(username);
            builder.password(currentUser.getPassword());
            builder.roles(currentUser.getRole());
        } else {
            throw new UsernameNotFoundException("User not found.");
        }

        return builder.build();
    }
}
```

보안 구성 클래스에서 스프링 시큐리티가 인메모리 사용자 대신 데이터베이스의 사용자를 이용하도록 지정해야 한다. SecurityConfig 클래스에서 userDetailsService() 메서드를 삭제하여 인메모리 사용자를 비활성화한다. 데이터베이스의 사용자를 이용하도록 설정하려면 새로운 configureGlobal 메서드를 추가한다.

암호를 데이터베이스에 일반 텍스트로 저장해서는 안 되기 때문에 configureGlobal 메서드에서 암호 해싱 알고리즘을 정의한다. 여기서는 bcrypt 알고리즘을 이용한다. 스프링 시큐리티의 BCryptPasswordEncoder 클래스를 이용하면 인증 프로세스 중에 해싱된 암호를 bcrypt로 쉽게 인코딩할 수 있다. 다음은 SecurityConfig.java 코드다.

```java
package com.packt.cardatabase;

import org.springframework.context.annotation.Configuration;
import org.springframework.context.annotation.Bean;
import org.springframework.security.config.annotation.
   authentication.builders.AuthenticationManagerBuilder;
import org.springframework.security.config.annotation.
   web.configuration.EnableWebSecurity;
import org.springframework.security.crypto.bcrypt.
   BCryptPasswordEncoder;
import com.packt.cardatabase.service.UserDetailsServiceImpl;
import org.springframework.security.crypto.password.PasswordEncoder;

@Configuration
@EnableWebSecurity
public class SecurityConfig {
    private final UserDetailsServiceImpl userDetailsService;

    public SecurityConfig(UserDetailsServiceImpl userDetailsService) {
        this.userDetailsService = userDetailsService;
    }

    public void configureGlobal (AuthenticationManagerBuilder auth)
      throws Exception {
        auth.userDetailsService(userDetailsService)
        .passwordEncoder(new BCryptPasswordEncoder());
    }

    @Bean
    public PasswordEncoder passwordEncoder() {
        return new BCryptPasswordEncoder();
    }
}
```

암호를 데이터베이스에 저장하기 전에 bcrypt를 이용하여 해싱할 것이다.

07. 끝으로 CommandLineRunner 인터페이스를 이용하여 몇 명의 테스트 사용자를 데이터베이스에 저장할 수 있다. CardatabaseApplication.java 파일을 열고 AppUserRepository를 메인 클래스에 삽입한다.

```
private final CarRepository repository;
private final OwnerRepository orepository;
private final AppUserRepository urepository;

public CardatabaseApplication(CarRepository repository,
OwnerRepository orepository, AppUserRepository urepository) {
    this.repository = repository;
    this.orepository = orepository;
    this.urepository = urepository;
}
```

08. 두 명의 사용자를 bcrypt 해시 암호를 적용하여 데이터베이스에 저장해 보자. 인터넷에서 bcrypt 계산기나 생성기를 찾을 수 있다. 이러한 생성기에 일반 텍스트 비밀번호를 입력하면 해당 텍스트에 대응하는 bcrypt 해시를 생성할 수 있다.

```
    @Override
    public void run(String... args) throws Exception {
        // Owner 객체를 추가하고 db에 저장한다.
        Owner owner1 = new Owner("John", "Johnson");
        Owner owner2 = new Owner("Mary", "Robinson");
        orepository.saveAll(Arrays.asList(owner1, owner2));
        repository.save(new Car(
                        "Ford", "Mustang", "Red", "ADF-1121",
                        2023, 59000, owner1));
        repository.save(new Car(
                        "Nissan", "Leaf", "White", "SSJ-3002",
                        2020, 29000, owner2));
        repository.save(new Car(
                        "Toyota", "Prius", "Silver", "KKO-0212",
                        2022, 39000, owner2));
        // 모든 자동차를 가져와 Console에 로그를 출력
        for (Car car : repository.findAll()) {
            logger.info(car.getBrand() + " " + car.getModel());
        }
        // 사용자명 : user, 비밀번호 : user
        urepository.save(new AppUser("user",
            "$2a$10$NVM0n8ElaRgg7zWO1CxUdei7vWoPg91Lz2aYavh9.
            f9q0e4bRadue","USER"));
```

```
        // 사용자명 : admin, 비밀번호 : admin
        urepository.save(new AppUser("admin",
            "$2a$10$8cjz47bjbR4Mn8GMg9IZx.vyjhLXR/SKKMSZ9.
            mP9vpMu0ssKi8GW", "ADMIN"));
    }
```

> **TIP**
>
> bcrypt는 닐스 프로보스[Niels Provos]와 데이비드 마지에르[David Mazières]가 설계한 강력한 해싱 함수다. 다음 예는 admin 문자열에서 생성되는 bcrypt 해시다.
>
> $2a$10$8cjz47bjbR4Mn8GMg9IZx.vyjhLXR/SKKMSZ9.mP9vpMu0ssKi8GW
>
> $2a는 알고리즘 버전을 나타내고 10은 알고리즘의 강도를 나타낸다. 스프링 시큐리티의 BcryptPasswordEncoder 클래스의 기본 강도는 10이다. bcrypt는 해싱에서 임의의 솔트[salt]를 생성하므로 해싱된 결과는 항상 다르다.

09. 애플리케이션을 실행하면 다음 그림과 같이 데이터베이스에 app_user 테이블이 있고 두 개의 사용자 데이터가 해시된 암호로 저장되어 있는 것을 확인할 수 있다.

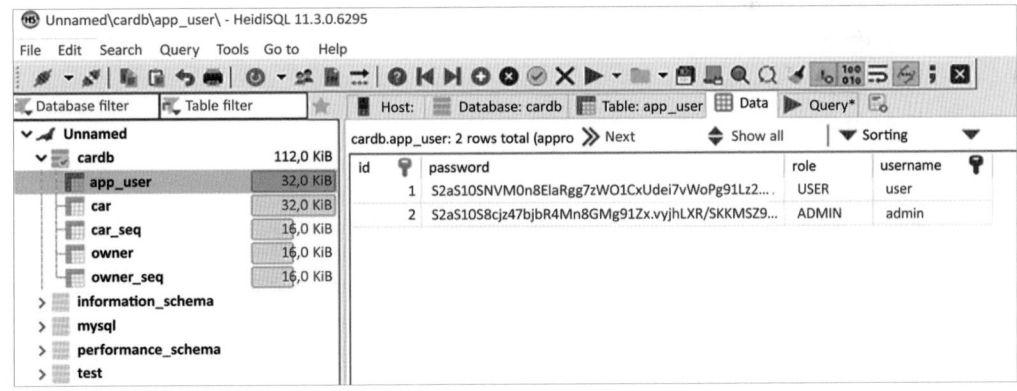

그림 5.7 사용자 데이터

10. 애플리케이션을 다시 시작한 다음 인증 없이 http://localhost:8080/api 경로로 GET 요청을 보내려고 하면 401 Unauthorized 오류가 발생한다. 성공적인 요청을 보내려면 인증을 해야 한다. 이전과 비교할 때 차이점은 데이터베이스의 사용자를 인증에 이용한다는 점이다.

이제 다음 그림과 같이 브라우저를 이용하여 /api 엔드포인트에 GET 요청을 보내 로그인하거나 Postman의 기본 인증을 이용할 수 있다.

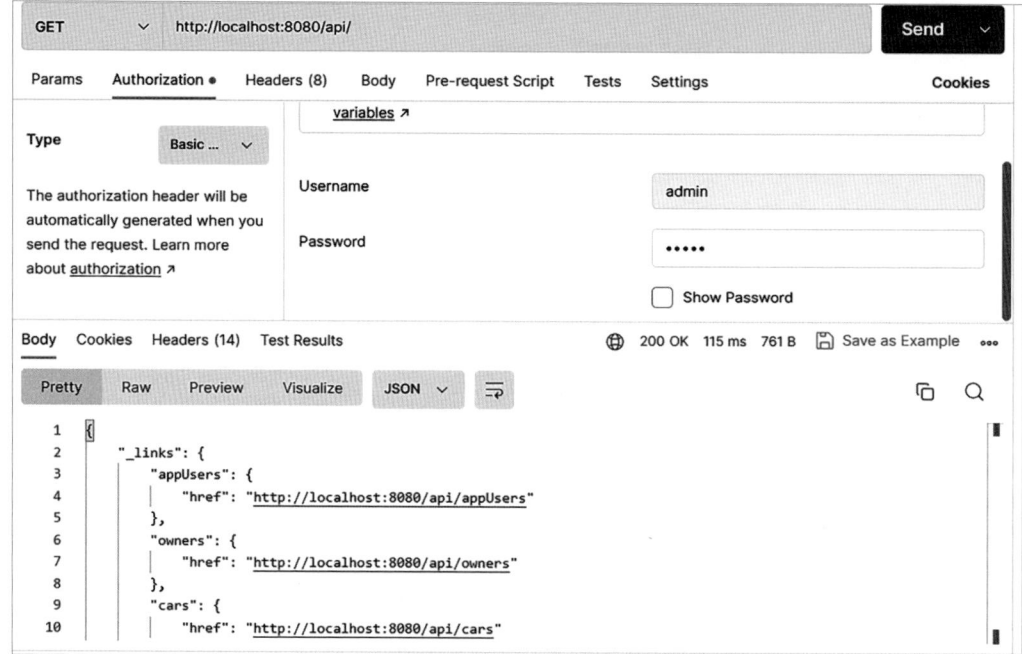

그림 5.8 GET 요청 인증

11. 현재 RESTful 웹 서비스에서 api/appUsers 엔드포인트를 호출하여 사용자를 불러올 수 있는데, 이것은 바람직하지 않다. 4장에서 언급했듯이 스프링 데이터 REST는 기본적으로 모든 공용 리포지터리에서 RESTful 웹 서비스를 생성한다. @RepositoryRestResource 애너테이션의 exported 플래그를 false로 설정하여 해당 리포지터리가 REST 리소스로 노출되지 않게 할 수 있다.

```
package com.packt.cardatabase.domain;

import java.util.Optional;
import org.springframework.data.repository.CrudRepository;
import org.springframework.data.rest.core.annotation.
  RepositoryRestResource;

@RepositoryRestResource(exported = false)
public interface AppUserRepository extends CrudRepository
  <AppUser, Long> {
    Optional<AppUser> findByUsername(String username);
}
```

12. 애플리케이션을 다시 시작하고 /api 엔드포인트로 GET 요청을 보내면 /appUsers 엔드포인트가 더이상 표시되지 않는다.

다음으로 JWT을 이용하여 인증을 구현해 보자.

JWT으로 백엔드 보호하기

이전 절에서 RESTful 웹 서비스에서 기본 인증을 이용하는 방법에 대해 배웠다. 기본 인증은 토큰을 처리하거나 세션을 관리하는 방법을 제공하지 않는다. 사용자가 로그인할 때 각 요청과 함께 자격 증명이 전송되므로 세션 관리 문제와 잠재적인 보안 위험이 발생할 수 있다. 이 방식은 리액트로 자체 프런트엔드를 개발할 때 이용할 수 없으므로 대신 JWT 인증을 쓸 것이다(https://jwt.io/). 이를 통해 스프링 시큐리티를 더 상세히 구성하는 방법에 대해서도 배울 수 있다.

> **TIP**
>
> RESTful 웹 서비스를 보호하기 위한 또 다른 옵션 중에는 OAuth 2가 있다. OAuth 2(https://oauth.net/2/)는 인증에 대한 업계 표준이며 스프링 부트 애플리케이션에서 매우 쉽게 이용할 수 있다. 이 장의 뒷부분에서 애플리케이션에서 OAuth 2를 이용하는 기본적인 방법에 대해 배운다.

JWT는 최신 웹 애플리케이션에서 인증을 구현하는 간결한 방법으로, 인증 및 권한 부여 목적으로 RESTful API에서 흔히 이용된다. JWT는 크기가 매우 작기 때문에 URL, POST 매개변수 또는 헤더 내부에 담아 전송할 수 있다. 또한 사용자 이름과 역할 등 사용자에 대한 모든 필수 정보가 포함되어 있다.

JWT는 점으로 구분된 세 부분으로 구성된다(xxxxx.yyyy.zzzzz). 이러한 부분은 다음과 같이 나뉜다.

- 첫 번째 부분(xxxxx)은 토큰의 유형과 해싱 알고리즘을 정의하는 **헤더**다.
- 두 번째 부분(yyyy)은 **페이로드**로, 인증에서 일반적으로 사용자 정보를 포함한다.
- 세 번째 부분(zzzzz)은 **서명**으로, 토큰이 도중에 변경되지 않았는지 확인하는 데 이용된다.

다음은 JWT의 예다.

```
eyJhbGciOiJIUzI1NiIsInR5cCI6IkpXVCJ9.
eyJzdWIiOiIxMjM0NTY3ODkZSI6IkpvaG4gRG9lIiwiaWF0IjoxNTE2MjM5MDIyfQ.
SflKxwRJSMeKKF2QT4fwpMeJf36POk6yJV_adQssw5c
```

다음 다이어그램은 JWT를 이용한 인증 프로세스를 단순하게 표현한 것이다.

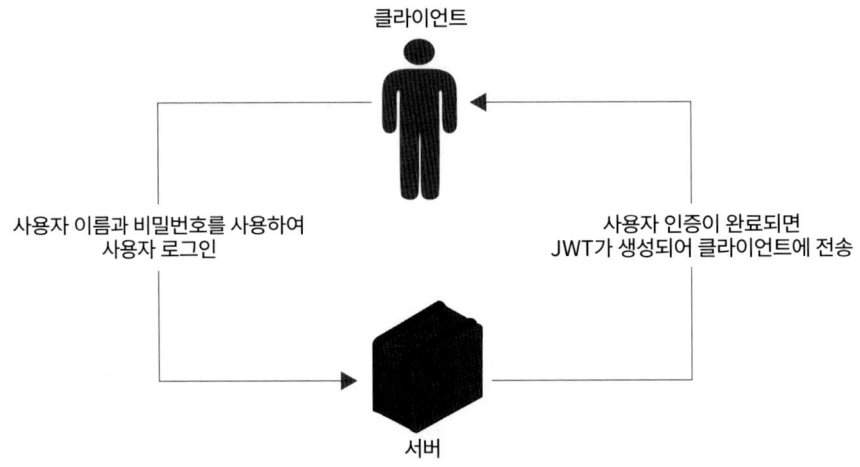

그림 5.9 JWT 인증 프로세스

인증에 성공한 후 클라이언트가 전송하는 요청에는 항상 인증 시 받은 JWT가 포함되어야 한다.

여기서는 JWT를 생성하고 해석하기 위해 자바 및 안드로이드용 JWT 라이브러리인 jjwt(https://github.com/jwtk/jjwt)를 이용할 것이다. 이를 위해서 build.gradle 파일에 다음 의존성을 추가해야 한다.

```
dependencies {
    implementation 'org.springframework.boot:spring-boot-starter-web'
    implementation 'org.springframework.boot:spring-boot-starter-data-jpa'
    implementation 'org.springframework.boot:spring-boot-starter-data-rest'
    implementation 'org.springframework.boot:spring-boot-starter-security'
    implementation 'io.jsonwebtoken:jjwt-api:0.11.5'
    runtimeOnly 'io.jsonwebtoken:jjwt-impl:0.11.5', 'io.jsonwebtoken:jjwt-
        jackson:0.11.5'
    developmentOnly 'org.springframework.boot:spring-boot-devtools'
    runtimeOnly 'org.mariadb.jdbc:mariadb-java-client'
    testImplementation 'org.springframework.boot:spring-boot-starter-test'
    testImplementation 'org.springframework.security:spring-security-test'
}
```

> **참고**
>
> 의존성을 업데이트한 후에는 이클립스에서 그레이들 프로젝트를 새로고침해야 한다.

이제 백엔드에서 JWT 인증을 이용하도록 설정하는 방법을 배울 것이다.

로그인 보호하기

로그인 기능부터 시작해 보자.

01. 먼저 서명된 JWT를 생성하고 검증하는 클래스를 생성한다. `com.packt.cardatabase.service` 패키지에서 JwtService라는 새 클래스를 만든다. 클래스의 시작 부분에서 몇 가지 상수를 정의한다. EXPIRATIONTIME은 토큰의 만료 시간(밀리초)을 정의하고, PREFIX는 토큰의 접두사를 정의하며, 일반적으로 "Bearer" 스키마가 이용된다. JWT는 Authorization 헤더로 전송되며 Bearer 스키마를 이용하는 경우 헤더의 내용은 다음과 같다.

    ```
    Authorization: Bearer <token>
    ```

    JwtService 코드는 다음과 같다.

    ```
    package com.packt.cardatabase.service;

    import org.springframework.stereotype.Component;

    @Component
    public class JwtService {
       // 1일(밀리초). 실제 운영 시에는 더 짧아야 함
       static final long EXPIRATIONTIME = 86400000;
       static final String PREFIX = "Bearer";
    }
    ```

02. jjwt 라이브러리의 `secretKeyFor` 메서드를 이용하여 비밀 키를 생성할 것이다. 이것은 시연용으로만 이용된다. 운영 환경에서는 애플리케이션 구성에서 비밀 키를 읽어야 한다. 이후 getToken 메서드가 토큰을 생성하고 반환한다. getAuthUser 메서드는 응답의 Authorization 헤더에서 토큰을 가져온다. 그런 다음 jjwt 라이브러리에서 제공하는 `parserBuilder` 메서드를 이용하여 JwtParserBuilder 인스턴스를 생성한다. setSigningKey 메서드는 토큰 확인을 위한 비밀 키를 지정하는 데 이용된다. parseClaimsJws 메서드는 Authorization 헤더에서 Bearer 접두사를 제거한다. 마지막으로 getSubject 메서드를 이용하여 사용자 이름을 가져온다. 전체 JwtService 코드는 다음과 같다.

```java
package com.packt.cardatabase.service;

import io.jsonwebtoken.Jwts;
import io.jsonwebtoken.SignatureAlgorithm;
import io.jsonwebtoken.security.Keys;
import java.security.Key;
import org.springframework.http.HttpHeaders;
import org.springframework.stereotype.Component;
import jakarta.servlet.http.HttpServletRequest;
import java.util.Date;

@Component
public class JwtService {
  // 1일(밀리초). 실제 운영 시에는 더 짧아야 함
  static final long EXPIRATIONTIME = 86400000;
  static final String PREFIX = "Bearer";

  // 비밀키 생성. 시연 목적으로만 이용
  // 운영 환경에서는 애플리케이션 구성에서 읽어들여와야 함
  static final Key key = Keys.secretKeyFor(SignatureAlgorithm.
    HS256);

  // 서명된 JWT 토큰을 생성
  public String getToken(String username) {
    String token = Jwts.builder()
    .setSubject(username)
    .setExpiration(new Date(System.currentTimeMillis() +
                    EXPIRATIONTIME))
    .signWith(key)
    .compact();
    return token;
  }

  // 요청의 Authorization 헤더에서 토큰을 가져온 뒤
  // 토큰을 확인하고 사용자 이름을 가져옴
  public String getAuthUser(HttpServletRequest request) {
    String token = request.getHeader
        (HttpHeaders.AUTHORIZATION);
```

```
    if (token != null) {
      String user = Jwts.parserBuilder()
      .setSigningKey(key)
      .build()
      .parseClaimsJws(token.replace(PREFIX, ""))
      .getBody()
      .getSubject();

      if (user != null)
        return user;
    }
    return null;
  }
}
```

03. 다음으로 인증을 위한 자격 증명을 저장하는 새 클래스를 추가한다. 여기서는 자바 14에 도입된 자바 **레코드** record를 이용할 수 있다. 레코드는 데이터만 보관하는 클래스가 필요할 때 많은 상용구 코드를 피할 수 있는 좋은 선택이다. com.packt.cardatabase.domain 패키지에서 AccountCredentials라는 이름으로 새 레코드를 만든다(New ¦ Record).

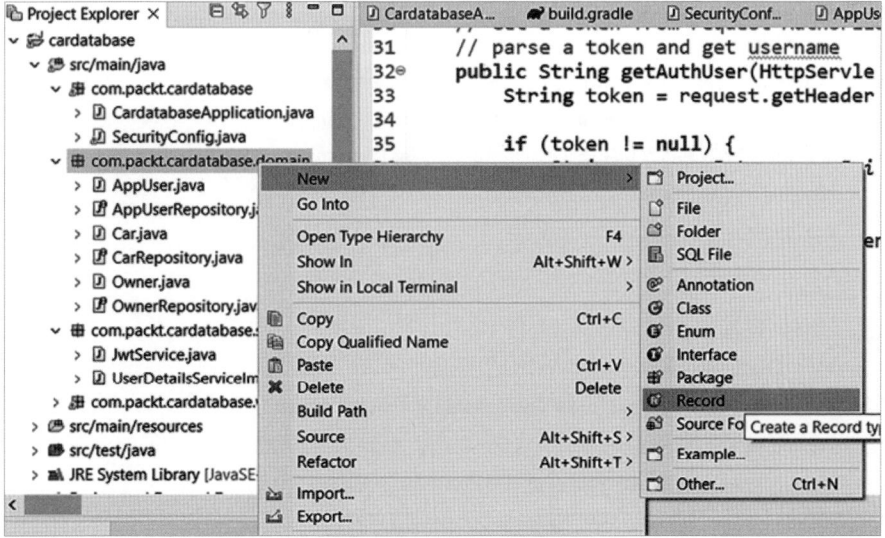

그림 5.10 새 레코드 만들기

레코드에는 username과 password, 두 개의 필드가 있다. 다음은 레코드의 코드다. 이 레코드를 이용하면 게터와 세터를 작성하지 않아도 된다.

```java
package com.packt.cardatabase.domain;

public record AccountCredentials(String username, String password)
{}
```

04. 로그인을 위한 controller 클래스를 구현해 보자. /login 엔드포인트를 post 메서드로 호출하고 사용자 이름과 암호를 요청 본문과 함께 전송하여 로그인한다. com.packt.cardatabase.web 패키지 내에 LoginController라는 클래스를 만든다. 로그인 성공 시 서명된 JWT를 생성하는 데 이용될 JwtService 인스턴스를 컨트롤러 클래스에 삽입해야 한다. 다음 코드를 통해 해당 과정을 확인할 수 있다.

```java
package com.packt.cardatabase.web;

import org.springframework.http.HttpHeaders;
import org.springframework.http.ResponseEntity;
import org.springframework.security.authentication.
    AuthenticationManager;
import org.springframework.security.authentication.
    UsernamePasswordAuthenticationToken;
import org.springframework.security.core.Authentication;
import org.springframework.web.bind.annotation.RequestBody;
import org.springframework.web.bind.annotation.PostMapping;
import org.springframework.web.bind.annotation.RestController;
import com.packt.cardatabase.domain.AccountCredentials;
import com.packt.cardatabase.service.JwtService;

@RestController
public class LoginController {
    private final JwtService jwtService;
    private final AuthenticationManager authenticationManager;

    public LoginController(JwtService jwtService,
      AuthenticationManager authenticationManager) {
        this.jwtService = jwtService;
        this.authenticationManager = authenticationManager;
    }
```

```
    @PostMapping("/login")
    public ResponseEntity<?> getToken(@RequestBody
      AccountCredentials credentials) {
    // 토큰을 생성하고 응답의 Authorization 헤더로 전송
    }
}
```

05. 로그인 기능을 처리하는 getToken 메서드를 구현할 차례다. 요청 본문에서 사용자 이름과 암호가 포함된 JSON 객체를 가져온다. AuthenticationManager는 요청에서 가져온 자격 증명을 바탕으로 인증을 수행한다. 그다음 JwtService 클래스의 getToken 메서드를 이용하여 JWT를 생성한다. 마지막으로 생성된 JWT가 Authorization 헤더에 포함된 HTTP 응답을 작성한다.

```
// LoginController.java
@PostMapping("/login")
public ResponseEntity<?> getToken(@RequestBody AccountCredentials
credentials) {
  UsernamePasswordAuthenticationToken creds = new
    UsernamePasswordAuthenticationToken(credentials.username(),
                                        credentials.password());
  Authentication auth = authenticationManager.authenticate(creds);

  // 토큰을 생성
  String jwts = jwtService.getToken(auth.getName());

  // 생성된 토큰으로 응답을 빌드
  return ResponseEntity.ok().header(HttpHeaders.AUTHORIZATION,
            "Bearer " + jwts).header(HttpHeaders.
            ACCESS_CONTROL_EXPOSE_HEADERS,
            "Authorization").build();
}
```

06. LoginController 클래스에 AuthenticationManager를 삽입했으므로 SecurityConfig 클래스에 다음과 같이 강조 표시된 코드를 추가해야 한다.

```
package com.packt.cardatabase;

import org.springframework.context.annotation.Bean;
import org.springframework.context.annotation.Configuration;
```

```java
import org.springframework.security.authentication.
  AuthenticationManager;
import org.springframework.security.config.annotation.
  authentication.configuration.AuthenticationConfiguration;
import org.springframework.security.config.annotation.
  authentication.builders.AuthenticationManagerBuilder;
import org.springframework.security.config.annotation.
  authentication.configuration.AuthenticationConfiguration;
import org.springframework.security.config.annotation.web.
  configuration.EnableWebSecurity;
import org.springframework.security.crypto.bcrypt.
  BCryptPasswordEncoder;
import com.packt.cardatabase.service.UserDetailsServiceImpl;

@Configuration
@EnableWebSecurity
public class SecurityConfig {
    private final UserDetailsServiceImpl userDetailsService;

    public SecurityConfig(UserDetailsServiceImpl userDetailsService){
        this.userDetailsService = userDetailsService;
    }

    public void configureGlobal(AuthenticationManagerBuilder auth)
      throws Exception {
        auth.userDetailsService(userDetailsService)
          .passwordEncoder(new BCryptPasswordEncoder());
    }

    @Bean
    public PasswordEncoder passwordEncoder() {
        return new BCryptPasswordEncoder();
    }

    @Bean
    public AuthenticationManager authenticationManager(
      AuthenticationConfiguration authConfig) throws Exception {
        return authConfig.getAuthenticationManager();
    }
}
```

07. 이제 스프링 시큐리티 기능을 구성해 보자. 스프링 시큐리티의 SecurityFilterChain 빈은 어떤 경로가 보호되고 어떤 경로가 보호되지 않는지 정의한다. SecurityConfig 클래스에 다음 filterChain 메서드를 추가한다. 이 메서드에서는 /login 엔드포인트에 대한 POST 메서드 요청은 인증 없이 허용되고 다른 모든 엔드포인트에 대한 요청은 인증이 필요하도록 정의한다. 또한 스프링 시큐리티가 세션을 생성하지 않으므로 사이트 간 요청 위조(csrf)를 비활성화할 수 있도록 정의할 것이다. JWT는 상태 비저장형으로 설계되어 세션 관련 취약성의 위험을 줄인다. HTTP 보안 구성에서 람다^{Lambda}를 이용할 것이다.

> **참고**
>
> 다른 프로그래밍 언어에서는 람다를 **익명 함수**$^{anonymous\ functions}$라고 부른다. 람다를 이용하면 코드 가독성이 향상되고 상용구 코드가 줄어든다.

```java
// SecurityConfig.java
// 다음 import 문을 추가
import org.springframework.security.web.SecurityFilterChain;

// filterChain 메서드를 추가
@Bean
public SecurityFilterChain filterChain(HttpSecurity http) throws
  Exception {
    http.csrf((csrf) -> csrf.disable())
        .sessionManagement((sessionManagement) -> sessionManagement.
            sessionCreationPolicy(SessionCreationPolicy.STATELESS))
        .authorizeHttpRequests((authorizeHttpRequests) ->
            authorizeHttpRequests.requestMatchers(HttpMethod.POST,
                "/login").permitAll().anyRequest().authenticated());

    return http.build();
}
```

08. 마지막으로 로그인 기능을 테스트할 준비가 되었다. 포스트맨을 열고 http://localhost:8080/login URL로 POST 요청을 한다. 요청 본문 내에 유효한 사용자를 정의한다(예: {"username":"user", "password":"user"}). 그리고 드롭다운 목록에서 **JSON**을 선택한다. 그러면 포스트맨이 Content-Type 헤더를 application/json으로 자동 설정한다. **Headers** 탭에서 Content-Type 헤더가 올바르게 설정되었는지 확인해야 한다. 이제 다음 그림처럼 서명된 JWT가 포함된 Authorization 헤더가 응답에 표시된다.

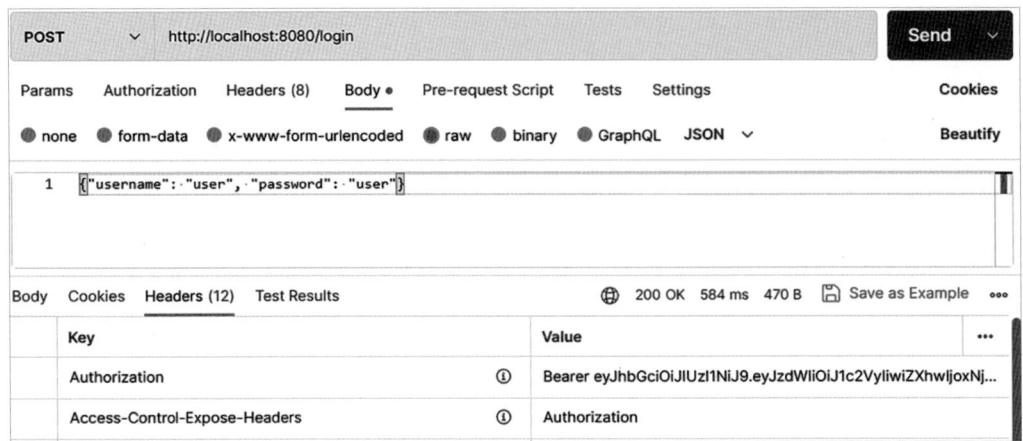

그림 5.11 로그인 요청

잘못된 암호를 이용하여 로그인을 시도한 뒤 응답에 Authorization 헤더가 포함되어 있지 않은지 확인하여 로그인을 테스트할 수도 있다.

다른 요청 보호하기

로그인 단계를 마무리하고 나머지 수신 요청에 대한 인증 처리로 넘어간다. 인증 프로세스에서는 요청이 컨트롤러에 전달되기 전이나 클라이언트에 응답이 전송되기 전에 일부 작업을 수행할 수 있는 **필터**를 이용한다.

이제 인증 절차를 배워보자.

01. 필터 클래스를 이용하여 모든 다른 수신 요청을 인증해 보자. 루트 패키지에 AuthenticationFilter라는 클래스를 새로 생성한다. AuthenticationFilter 클래스는 스프링 시큐리티의 OncePerRequestFilter 인터페이스를 확장하여 인증을 구현하는 doFilterInternal 메서드를 제공한다. 요청에서 토큰을 확인하기 위해 필터 클래스에 JwtService 인스턴스를 주입해야 한다. SecurityContextHolder는 스프링 시큐리티가 인증된 사용자의 세부 정보를 저장하는 곳이다. 다음 코드를 통해 해당 과정을 확인할 수 있다.

```
package com.packt.cardatabase;

import org.springframework.http.HttpHeaders;
import org.springframework.security.authentication.UsernamePasswordAuthenticationToken;
import org.springframework.security.core.Authentication;
```

```java
import org.springframework.security.core.context.SecurityContextHolder;
import org.springframework.stereotype.Component;
import org.springframework.web.filter.OncePerRequestFilter;

import com.packt.cardatabase.service.JwtService;

import jakarta.servlet.FilterChain;
import jakarta.servlet.ServletException;
import jakarta.servlet.http.HttpServletRequest;
import jakarta.servlet.http.HttpServletResponse;

@Component
public class AuthenticationFilter extends OncePerRequestFilter {
    private final JwtService jwtService;
    public AuthenticationFilter(JwtService jwtService) {
        this.jwtService = jwtService;
    }

    @Override
    protected void doFilterInternal(HttpServletRequest request,
            HttpServletResponse response, FilterChain filterChain)
        throws ServletException, java.io.IOException {
        // 토큰 검증 및 사용자 가져오기
        String jws = request.getHeader(HttpHeaders.AUTHORIZATION);
        if (jws != null) {
            // 토큰 검증 및 사용자 가져오기
            String user = jwtService.getAuthUser(request);
            // 인증하기
            Authentication authentication =
            new UsernamePasswordAuthenticationToken(user, null,
                java.util.Collections.emptyList());

            SecurityContextHolder.getContext()
                .setAuthentication(authentication);
        }

        filterChain.doFilter(request, response);
    }
}
```

02. 다음으로 스프링 시큐리티 구성에 필터 클래스를 추가해야 한다. 코드 내 강조 표시된 부분처럼 Security Config 클래스를 열고 방금 구현한 AuthenticationFilter 클래스를 삽입한다.

```java
private final UserDetailsServiceImpl userDetailsService;
private final AuthenticationFilter authenticationFilter;

public SecurityConfig(UserDetailsServiceImpl userDetailsService,
  AuthenticationFilter authenticationFilter) {
    this.userDetailsService = userDetailsService;
    this.authenticationFilter = authenticationFilter;
}
```

03. 이후 SecurityConfig 클래스에서 filterChain 메서드를 수정하고 다음과 같이 코드를 추가한다.

```java
// 다음 import문을 추가
import org.springframework.security.web.authentication.
    UsernamePasswordAuthenticationFilter;

// filterChain 메서드 수정
@Bean
public SecurityFilterChain filterChain(HttpSecurity http) throws
  Exception {
    http.csrf((csrf) -> csrf.disable())
        .sessionManagement((sessionManagement) -> sessionManagement.
            sessionCreationPolicy(SessionCreationPolicy.STATELESS))
        .authorizeHttpRequests((authorizeHttpRequests) ->
            authorizeHttpRequests.requestMatchers(HttpMethod.POST,
            "/login").permitAll().anyRequest().authenticated())
        .addFilterBefore(authenticationFilter,
            UsernamePasswordAuthenticationFilter.class);

    return http.build();
}
```

04. 이제 전체 워크플로를 테스트할 준비가 되었다. 애플리케이션을 실행한 후 먼저 POST 메서드로 /login 엔드포인트를 호출하여 로그인할 수 있으며, 로그인에 성공하면 Authorization 헤더에 JWT를 받게 된다. 본문 내에 유효한 사용자를 추가해야 하며, 포스트맨을 통해 자동으로 지정되지 않는 경우 Content-Type 헤더를 application/json으로 설정해야 한다. 다음 그림을 통해 이 과정을 확인할 수 있다.

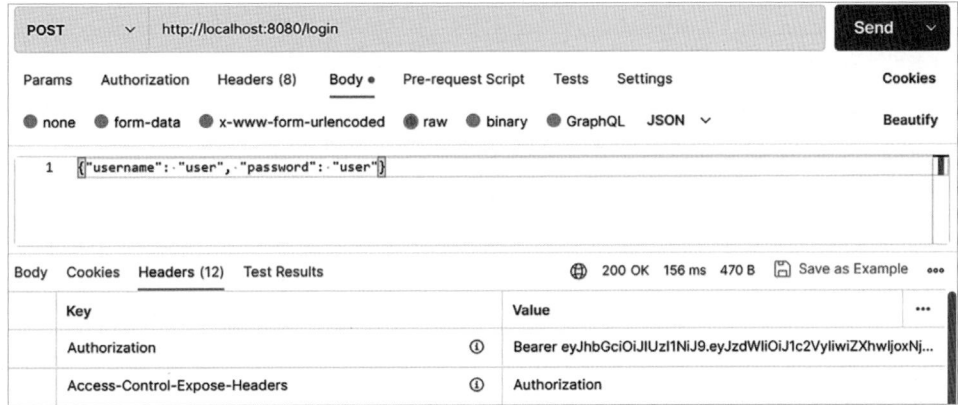

그림 5.12 로그인 요청

05. 로그인이 성공하면 로그인을 통해 받은 JWT를 Authorization 헤더를 통해 전송하여 다른 RESTful 서비스의 엔드포인트를 호출할 수 있다. 로그인 응답에서 토큰을 복사하고(Bearer 접두사 없이) VALUE 칼럼에 토큰이 포함된 Authorization 헤더를 추가한다. 다음 그림에서 /cars 엔드포인트에 대한 GET 요청 완료 시 결과를 확인할 수 있다.

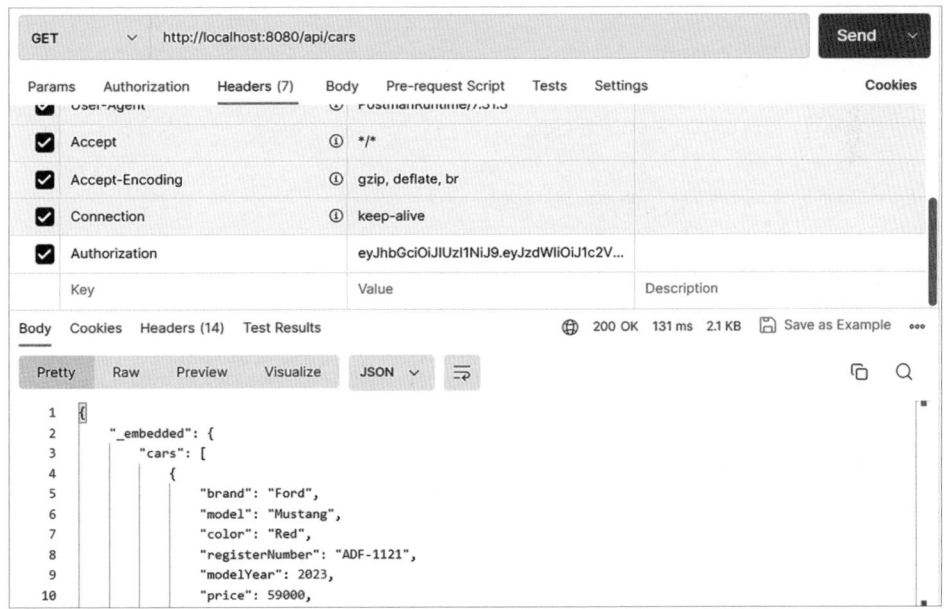

그림 5.13 인증된 GET 요청

> **TIP**
>
> 애플리케이션을 다시 시작할 때마다 새 JWT가 생성되므로 다시 인증해야 한다.
>
> JWT는 만료일이 설정되어 있기 때문에 유효기간이 영원하지 않다. 이번 경우 시연 목적으로 만료 시간을 길게 설정했다. 운영 환경에 따라 만료 시간을 몇 분 이내로 설정하는 것이 바람직하다.

예외 처리하기

인증에서 예외 발생 시 처리하는 것도 중요하다. 현재 잘못된 암호를 이용하여 로그인을 시도하면 추가 설명 없이 403 Forbidden 상태가 표시된다. 스프링 시큐리티는 예외 처리 시 이용할 수 있는 AuthenticationEntryPoint 인터페이스를 제공한다. 작동 방식을 살펴보자.

01. 루트 패키지에 AuthenticationEntryPoint를 구현하는 AuthEntryPoint 클래스를 만든다. 예외를 매개변수로 받는 commence 메서드를 구현할 것이다. 예외가 발생하면 응답 상태를 401 Unauthorized으로 설정하고 응답 본문에 예외 메시지를 작성한다. 코드는 다음과 같다.

```java
package com.packt.cardatabase;

import java.io.IOException;
import java.io.PrintWriter;
import jakarta.servlet.ServletException;
import jakarta.servlet.http.HttpServletRequest;
import jakarta.servlet.http.HttpServletResponse;
import org.springframework.http.MediaType;
import org.springframework.security.core.AuthenticationException;
import org.springframework.security.web.AuthenticationEntryPoint;
import org.springframework.stereotype.Component;

@Component
public class AuthEntryPoint implements AuthenticationEntryPoint {
  @Override
  public void commence(
    HttpServletRequest request, HttpServletResponse response,
    AuthenticationException authException) throws IOException,
    ServletException {
      response.setStatus(HttpServletResponse.SC_UNAUTHORIZED);
      response.setContentType(MediaType.APPLICATION_JSON_VALUE);
      PrintWriter writer = response.getWriter();
```

```
        writer.println("Error: " + authException.getMessage());
    }
}
```

02. 이제 예외 처리를 위해 스프링 시큐리티를 구성해야 한다. 다음 코드의 강조 표시된 부분 같이 AuthEntryPoint 클래스를 SecurityConfig 클래스에 삽입한다.

```
// SecurityConfig.java
private final UserDetailsServiceImpl userDetailsService;
private final AuthenticationFilter authenticationFilter;
private final AuthEntryPoint exceptionHandler;

public SecurityConfig(UserDetailsServiceImpl userDetailsService,
  AuthenticationFilter authenticationFilter, AuthEntryPoint
  exceptionHandler) {
    this.userDetailsService = userDetailsService;
    this.authenticationFilter = authenticationFilter;
    this.exceptionHandler = exceptionHandler;
}
```

03. 그러고 나서 filterChain 메서드를 다음과 같이 수정한다.

```
// SecurityConfig.java
@Bean
public SecurityFilterChain filterChain(HttpSecurity http) throws
  Exception {
    http.csrf((csrf) -> csrf.disable())
        .sessionManagement((sessionManagement) ->
            sessionManagement.sessionCreationPolicy(
            SessionCreationPolicy.STATELESS))
        .authorizeHttpRequests((authorizeHttpRequests) ->
            authorizeHttpRequests.requestMatchers(HttpMethod.POST,
            "/login").permitAll().anyRequest().authenticated())
        .addFilterBefore(authenticationFilter,
            UsernamePasswordAuthenticationFilter.class)
        .exceptionHandling((exceptionHandling) -> exceptionHandling.
            authenticationEntryPoint(exceptionHandler));
    return http.build();
}
```

04. 이제 잘못된 자격 증명을 이용하여 로그인 POST 요청을 보내면 다음 그림과 같이 응답에 401 Unauthorized 상태가 표시되고 본문에 오류 메시지가 표시된다.

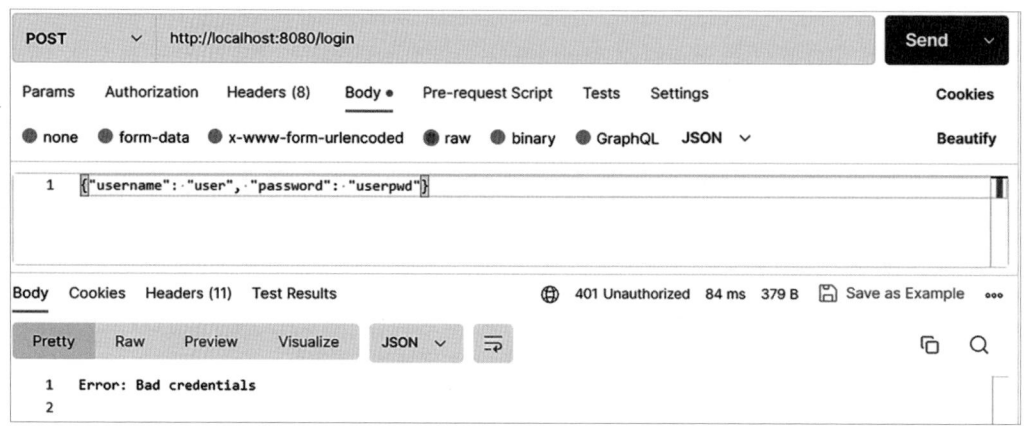

그림 5.14 잘못된 자격 증명

CORS 필터 추가하기

보안 구성 클래스에 CORS^{cross-origin resources sharing} 필터를 추가할 것이다. CORS는 클라이언트와 서버가 교차 출처 재요청을 허용할지 거부할지를 결정하게 하는 특정 헤더를 도입한다. CORS 필터는 다른 출처에서 요청을 보내는 프런트엔드에 필요하다. CORS 필터는 요청을 가로채고, 교차 출처로 식별되면 요청에 적절한 헤더를 추가한다. 이를 위해 스프링 시큐리티의 `CorsConfigurationSource` 인터페이스를 이용한다.

이 예제에서는 모든 출처의 HTTP 메서드와 헤더를 허용한다. 보다 세분화된 정의가 필요한 경우 허용되는 출처, 메서드 및 헤더 목록을 여기에서 정의할 수 있다.

01. SecurityConfig 클래스에 다음 임포트 문과 메서드를 추가하여 CORS 필터를 활성화한다.

```
// SecurityConfig.java
// 다음 임포트 문을 추가
import java.util.Arrays;
import org.springframework.web.cors.CorsConfiguration;
import org.springframework.web.cors.CorsConfigurationSource;
import org.springframework.web.cors.UrlBasedCorsConfigurationSource;
```

```java
// 클래스 내에 전역 CORS 필터 추가
@Bean
public CorsConfigurationSource corsConfigurationSource() {
    UrlBasedCorsConfigurationSource source =
      new UrlBasedCorsConfigurationSource();
    CorsConfiguration config = new CorsConfiguration();
    config.setAllowedOrigins(Arrays.asList("*"));
    config.setAllowedMethods(Arrays.asList("*"));
    config.setAllowedHeaders(Arrays.asList("*"));
    config.setAllowCredentials(false);
    config.applyPermitDefaultValues();

    source.registerCorsConfiguration("/**", config);
    return source;
}
```

출처를 명시적으로 정의하려면 다음과 같은 방법으로 설정할 수 있다.

```java
// localhost:3000 허용
config.setAllowedOrigins(Arrays.asList("http://localhost:3000"));
```

02. 다음 코드처럼 filterChain 메서드에 cors() 함수를 추가해야 한다.

```java
// SecurityConfig.java
// 다음의 정적 임포트 문을 추가
import static org.springframework.security.config.Customizer.
  withDefaults;

// filterChain 메서드를 수정
@Bean
public SecurityFilterChain filterChain(HttpSecurity http) throws
  Exception {
    http.csrf((csrf) -> csrf.disable())
        .cors(withDefaults())
        .sessionManagement((sessionManagement) -> sessionManagement.
            sessionCreationPolicy(SessionCreationPolicy.STATELESS))
        .authorizeHttpRequests((authorizeHttpRequests) ->
```

```
            authorizeHttpRequests.requestMatchers(HttpMethod.POST,
            "/login").permitAll().anyRequest().authenticated())
        .addFilterBefore(authenticationFilter,
            UsernamePasswordAuthenticationFilter.class)
        .exceptionHandling((exceptionHandling) -> exceptionHandling.
            authenticationEntryPoint(exceptionHandler));
    return http.build();
}
```

이제 백엔드 보호를 위한 설정을 마쳤다. 다음 절에서는 스프링 부트 애플리케이션에서 보다 세분화된 접근 제어를 수행하는 데 이용할 수 있는 역할 기반 보안의 기본 사항을 배운다.

역할 기반 보안

스프링 시큐리티는 역할을 이용하여 세분화된 역할 기반 보안을 정의할 수 있으며, 사용자는 하나 또는 여러 역할에 할당될 수 있다. 역할은 흔히 ADMIN, MANAGER, USER와 같은 계층 구조를 가진다. 스프링 시큐리티는 보다 세분화된 접근 제어에 이용할 수 있는 **권한**authorities도 제공한다. 현재까지 사용자에 대한 간단한 역할인 ADMIN과 USER를 정의했으며, 예제 백엔드 애플리케이션에서는 역할 기반 보안을 이용하지 않는다. 이 절에서는 스프링 부트 애플리케이션에서 역할 기반 보안을 구현하는 다양한 방법을 배운다.

보안 구성 클래스의 요청 수준에서 역할 기반 접근 제어를 정의할 수 있다. 다음 예제 코드에서는 접근을 위해 특정 역할이 필요한 엔드포인트를 정의한다. 이 코드의 /admin/** 엔드포인트에 접근하려면 ADMIN 역할이 필요하고, /user/** 엔드포인트에 접근하려면 USER 역할이 필요하다. 사용자가 지정된 역할을 가지고 있으면 true를 반환하는 스프링 시큐리티 hasRole() 메서드를 이용한다.

```
@Bean
public SecurityFilterChain filterChain(HttpSecurity http) throws
    Exception {
    http.csrf((csrf) -> csrf.disable()).cors(withDefaults())
        .sessionManagement((sessionManagement) -> sessionManagement.
            sessionCreationPolicy(SessionCreationPolicy.STATELESS))
        .authorizeHttpRequests((authorizeHttpRequests) ->
            authorizeHttpRequests.requestMatchers("/admin/**").hasRole
```

```
            ("ADMIN").requestMatchers("/user/**").hasRole("USER")
            .anyRequest().authenticated())

    return http.build();
}
```

> **참고**
> 요청 인가에 대한 자세한 내용은 스프링 부트 설명서(https://docs.spring.io/spring-security/reference/servlet/authorization/authorize-http-requests.html)에서 확인할 수 있다.

스프링 시큐리티는 **메서드 수준 보안**을 적용하는 데 이용되는 @PreAuthorize, @PostAuthorize, @PreFilter, @PostFilter, @Secured 애너테이션을 제공한다. 메서드 수준 보안은 기본적으로 spring-boot-starter-security에서 이용하도록 설정되어 있지 않다. 스프링 구성 클래스(예: 최상위 구성)에서 @EnableMethodSecurity 애너테이션을 이용하여 해당 기능을 활성화해야 한다.

```
import org.springframework.boot.CommandLineRunner;
import org.springframework.boot.SpringApplication;
import org.springframework.boot.autoconfigure.SpringBootApplication;
import org.springframework.security.config.annotation.method.
  configuration.EnableMethodSecurity;

@SpringBootApplication
@EnableMethodSecurity
public class CardatabaseApplication implements CommandLineRunner {
}
```

그러면 메서드에서 메서드 수준 보안 애너테이션을 이용할 수 있다. 다음 예제에서 USER 역할이 있는 사용자는 updateCar() 메서드를 실행할 수 있고, ADMIN 역할이 있는 사용자는 deleteOwner() 메서드를 실행할 수 있다. @PreAutorize 애너테이션은 메서드가 실행되기 전에 규칙을 확인한다. 사용자에게 특정한 역할이 없는 경우 스프링 시큐리티는 메서드 실행을 멈추고 AccessDeniedException이 발생한다.

```
@Service
public class CarService {
    @PreAuthorize("hasRole('USER')")
    public void updateCar(Car car) {
```

```
        // 이 메서드는 USER 역할이 있는 사용자가 호출할 수 있음
    }

    @PreAuthorize("hasRole('ADMIN')")
    public void deleteOwner(Car car) {
        // 이 메서드는 ADMIN 역할이 있는 사용자가 호출할 수 있음
    }
}
```

@PreAuthorize 애너테이션은 @Secured 애너테이션을 대체한다.

@PostAuthorize 애너테이션은 메서드가 실행된 후 권한을 확인하는 데 이용할 수 있다. 예를 들어 메서드가 반환하는 객체에 접근할 수 있는 권한이 사용자에게 있는지 확인하거나 사용자의 권한에 따라 반환되는 데이터를 필터링하는 데 이용할 수 있다.

@PreFilter 및 @PostFilter 애너테이션은 객체 목록을 필터링하는 데 이용할 수 있지만, 일반적으로 역할 기반 접근 제어에는 이용되지 않는다. 이러한 애너테이션에 이용되는 규칙은 더 세분화되어 있다.

 TIP

메서드 보안에 대한 자세한 내용은 스프링 시큐리티 문서(https://docs.spring.io/spring-security/reference/servlet/authorization/method-security.html)에서 확인할 수 있다.

다음 절에서는 스프링 부트를 이용한 OAuth의 기초를 배워보자.

스프링 부트를 통한 OAuth 2 이용하기

애플리케이션에서 완전히 안전한 인증 및 인가를 구현하는 것은 정말 어려운 일이다. 운영 환경에서는 OAuth 2 프로바이더를 이용하는 것이 좋다. 이는 실제로 인증 프로세스를 간소화하며, 일반적으로 프로바이더는 우수한 보안 사례를 갖추고 있다.

TIP

OAuth 2.0 인증 구현에 대한 자세한 안내는 아니지만, 프로세스에 대한 아이디어를 얻을 수 있다.

OAuth^{Open Authorization}는 인터넷에서 보호된 리소스에 안전하게 접근하기 위한 표준이다. 현재 OAuth 표준 버전 2.0이 일반적으로 이용된다. 여러 OAuth 2.0 프로바이더가 있다. 프로바이더는 타사 애플리케이션에 대한 OAuth 인증을 구현하는 공급자다. 프로바이더들 중 유명한 업체는 다음과 같다.

- **Auth0**: https://auth0.com/
- **Okta**: https://www.okta.com/
- **키클록**: https://www.keycloak.org/

OAuth2를 이용하여 소셜 로그인을 구현하면 사용자가 Facebook과 같은 소셜 미디어 플랫폼에서 기존 자격 증명으로 로그인할 수 있다. 또한 OAuth는 접근 토큰을 해지하고 토큰 만료를 처리하는 메커니즘을 정의한다.

스프링 부트 애플리케이션에서 OAuth를 이용하려는 경우 첫 번째 단계는 OAuth 프로바이더를 선택하는 것이다. 위 목록에 있는 모든 프로바이더를 스프링 부트 애플리케이션에 이용할 수 있다.

OAuth 2 프로세스에서 **리소스 소유자**라는 용어는 일반적으로 최종 사용자를 의미하며, **인증 서버**는 OAuth 프로바이더 서비스의 일부다. **클라이언트**는 보호된 리소스에 액세스하려는 애플리케이션이다. **리소스 서버**는 일반적으로 클라이언트가 이용하려는 API를 의미한다.

REST API를 이용한 OAuth2 인증 프로세스의 간소화된 버전에는 다음과 같은 단계가 포함되어 있다.

1. **인증**: 타사 애플리케이션은 보호된 리소스에 대한 접근을 요청하여 인증한다.
2. **인가**: 리소스 소유자는 일반적으로 사용자 로그인을 통해 리소스에 대한 접근 권한을 부여한다.
3. 인가 서버는 리소스 소유자에게 권한을 부여하고 인증 코드를 이용하여 사용자를 클라이언트로 다시 리디렉션한다.
4. 클라이언트는 인증 코드를 이용하여 인증 서버에 접근 토큰을 요청한다. 접근 토큰 형식은 표준으로 지정되어 있지 않으며 JWT가 매우 일반적으로 이용된다.
5. 인가 서버가 접근 토큰의 유효성을 검사한다. 토큰이 유효하면 클라이언트 애플리케이션이 접근 토큰을 받는다.
6. 클라이언트는 접근 토큰을 이용하여 보호된 리소스에 접근할 수 있다(예: REST API 엔드포인트 호출).

프로바이더를 선택하고 해당 서비스의 작동 방식을 파악한 후에는 스프링 부트 애플리케이션을 구성해야 한다. 스프링 부트는 OAuth2 인증 및 인가를 위한 `spring-boot-starter-oauth2-client` 의존성을 제공한다. 이 클라이언트는 스프링 부트 애플리케이션에서 OAuth 2.0 통합을 간소화하는 데 이용된다. 몇몇 OAuth 프로바이더는 스프링 부트를 비롯한 다양한 기술에 대한 설명서를 제공하고 있다.

구현 방식은 프로바이더에 따라 다를 수 있다. 다음은 구현에 유용한 몇 가지 링크다.

- Auth0는 스프링 부트 애플리케이션에 로그인을 추가하는 방법에 대한 유용한 튜토리얼을 제공한다(https://auth0.com/docs/quickstart/webapp/java-spring-boot/interactive).
- Baeldung은 스프링 부트 애플리케이션과 함께 키클록을 이용하는 방법에 대한 빠른 가이드를 제공한다(https://www.baeldung.com/spring-boot-keycloak).
- 또한 스프링에는 깃허브를 이용하여 소셜 로그인을 구현하는 방법에 대한 튜토리얼이 있다(https://spring.io/guides/tutorials/spring-boot-oauth2).

애플리케이션에서 OAuth 2.0을 이용하는 방법을 더 잘 이해하려면 위의 문서를 읽어보기 바란다.

이제 JWT를 이용하여 백엔드 보호를 완료했으며, 프런트엔드 개발을 시작할 때 이 버전을 이용할 것이다.

요약

이번 장에서는 스프링 부트 백엔드의 보호를 강화하는 데 중점을 두었다. 먼저 스프링 시큐리티를 이용하여 추가 보호 기능을 적용했다. 그런 다음 JWT 인증을 구현했다. JWT는 일반적으로 RESTful API를 보호하는 데 이용되며 가볍게 쓸 수 있는 인증 수단이다. 또한 OAuth 2.0 표준의 기본 사항과 스프링 부트 애플리케이션에서 이를 이용하는 방법도 다루었다.

다음 장에서는 스프링 부트 애플리케이션에서 테스트할 때의 기본 사항에 대해 알아보겠다.

질문

1. 스프링 시큐리티란 무엇인가?
2. 스프링 부트로 백엔드를 보호하려면 어떻게 해야 하는가?
3. JWT란 무엇인가?
4. JWT로 백엔드 보호하려면 어떻게 해야 하는가?
5. OAuth 2.0이란 무엇인가?

추가 자료

다음 링크를 통해 스프링 시큐리티에 대해 더 배울 수 있다.

- **Spring Security Core**: Beginner to Guru, 존 톰슨 (https://www.packtpub.com/product/spring-security-core-beginner-to-guru-video/9781800560000)

06

백엔드 테스트하기

이번 장에서는 스프링 부트 백엔드를 테스트하는 방법을 설명한다. 애플리케이션의 백엔드는 비즈니스 로직과 데이터 저장을 처리한다. 백엔드를 적절히 테스트하면 애플리케이션이 의도한 대로 작동하고, 안전하며, 유지 관리하기 쉬운 상태로 만들 수 있다. 이전에 만든 데이터베이스 애플리케이션을 바탕으로 백엔드에 대한 몇 가지 단위 및 통합 테스트를 만들어 볼 것이다.

이번 장에서는 다음 주제를 다룬다.

- 스프링 부트에서의 테스트
- 테스트 케이스 만들기
- 테스트 주도 개발

기술 요구 사항

이전 장에서 만든 스프링 부트 애플리케이션이 필요하다.

이번 장의 깃허브 실습 코드의 주소는 https://github.com/PacktPublishing/Full-Stack-Development-with-Spring-Boot-3-and-React-Fourth-Edition/tree/main/Chapter06이다.

스프링 부트에서의 테스트

스프링 부트 테스트 스타터 패키지는 프로젝트를 생성할 때 **스프링 이니셜라이저**에 의해 `build.gradle` 파일에 자동으로 추가된다. 자동 포함된 테스트 스타터 의존성은 다음과 같은 코드로 표현된다.

```
testImplementation 'org.springframework.boot:spring-boot-starter-test'
```

스프링 부트 테스트 스타터는 **JUnit, Mockito, AssertJ** 같은 테스트에 유용한 여러 라이브러리를 제공한다. Mockito는 모의 테스트 프레임워크로 JUnit 같은 테스트 프레임워크와 함께 자주 이용된다. AssertJ는 자바 테스트에서 어설션Assertion을 작성하는 데 일반적으로 이용되는 라이브러리다. 이 책에서는 **JUnit 5**를 이용할 것이다. **JUnit Jupiter** 모듈은 JUnit 5에 속하며 테스트를 보다 유연하게 할 수 있게 하는 애너테이션을 제공한다.

프로젝트 구조를 살펴보면 테스트 클래스를 위한 자체 패키지가 이미 생성된 것을 볼 수 있다.

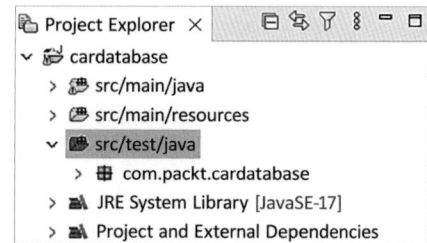

그림 6.1 테스트 클래스

기본적으로 스프링 부트는 테스트에 인메모리 데이터베이스를 이용한다. 이 시점에서는 **MariaDB**를 이용하고 있지만 `build.gradle` 파일에 다음 의존성을 추가하면 테스트 시 기존에 운영에 이용하던 DB를 수정하지 않고 임시 데이터베이스인 H2를 이용할 수 있다.

```
testRuntimeOnly 'com.h2database:h2'
```

이 의존성은 H2 데이터베이스가 테스트 실행 시에만 이용되도록 지정하며, 테스트가 아닐 시 애플리케이션이 MariaDB 데이터베이스를 이용하도록 한다.

> **참고**
> build.gradle 파일을 수정한 후 이클립스에서 그레이들 프로젝트를 새로고침해야 한다.

이제 애플리케이션에 대한 테스트 케이스를 만들 수 있다.

테스트 케이스 만들기

소프트웨어 테스트에는 여러 유형이 있고 각 테스트마다 고유한 목표가 있다. 가장 중요한 테스트 유형은 다음과 같다.

- **단위 테스트**Unit test: 단위 테스트는 소프트웨어의 가장 작은 컴포넌트에 초점을 맞춘다. 예를 들어 함수에 초점을 맞춘다면 단위 테스트는 함수가 독립적으로 올바르게 작동하는지 확인한다. 단위 테스트에서 **모킹**Mocking[2]은 테스트 중인 단위의 의존성을 대체하기 위해 흔히 이용된다.
- **통합 테스트**Integration tests: 통합 테스트는 개별 컴포넌트 간의 상호작용에 중점을 두어 개별 컴포넌트가 예상대로 함께 작동하는지 확인한다.
- **기능 테스트**Functional tests: 기능 테스트는 기능 사양에 정의된 비즈니스 시나리오에 중점을 둔다. 테스트 케이스는 소프트웨어가 제시된 요구 사항을 충족하는지 확인하기 위해 설계된다.
- **회귀 테스트**Regression tests: 회귀 테스트는 새로운 코드 또는 코드 업데이트가 기존 기능을 손상시키지 않는지 확인하는 것을 목적으로 한다.
- **이용성 테스트**Usability tests: 이용성 테스트는 최종 사용자의 관점에서 소프트웨어가 사용자 친화적이고 직관적이며 이용하기 쉬운지 검증하는 것을 목적으로 한다. 이용성 테스트는 프런트엔드 및 사용자 경험에 더 중점을 둔다.

널리 이용되는 자바 기반 단위 테스트 라이브러리인 JUnit을 단위 및 통합 테스트에 이용할 것이다. 스프링 부트는 Junit을 기본으로 지원하므로 애플리케이션 테스트를 작성하는 것이 수월하다.

다음 코드는 스프링 부트 테스트 클래스의 예제다. @SpringBootTest 애너테이션은 클래스를 스프링 부트 기반 테스트를 실행하는 일반 테스트 클래스로 지정하는 데 이용된다. 메서드 앞의 @Test 애너테이션은 메서드가 테스트 케이스로 실행되도록 JUnit에 지정한다.

```
@SpringBootTest
public class MyTestsClass {
    @Test
    public void testMethod() {
        // 테스트 케이스 코드
    }
}
```

---

2 단위 테스트에서의 모킹Mocking은 테스트 대상 객체가 의존하는 다른 객체나 외부 서비스를 실제로 이용하지 않고, 가짜 객체Mock Object로 대체하는 것을 의미한다. 모킹을 이용하면 테스트 대상 객체의 작동을 독립적으로 검증할 수 있으며, 외부 의존성으로 인한 테스트의 불확실성과 복잡성을 줄일 수 있다. 예를 들어, 테스트 상황에서 데이터베이스나 네트워크 상황을 모킹하여 시뮬레이션할 수 있다.

단위 테스트의 **어설션**은 코드 단위의 실제 출력이 예상 출력과 일치하는지 확인하는 데 이용할 수 있는 구문이다. 이런 경우 어설션은 spring-boot-starter-test 아티팩트에 자동으로 포함되는 **AssertJ** 라이브러리를 이용하여 구현한다. AssertJ 라이브러리는 어설션을 작성하는 데 쓰이는 assertThat() 메서드를 제공한다. 이 메서드에 객체 또는 값을 전달하면 실제 어설션과 값을 비교할 수 있다. AssertJ 라이브러리에는 다양한 데이터 유형에 대한 여러 어설션이 포함되어 있다. 다음 코드는 어설션 활용에 대한 예제다.

```
// 문자열 어설션
assertThat("Learn Spring Boot").startsWith("Learn");

// 객체 어설션
assertThat(myObject).isNotNull();

// 숫자 어설션
assertThat(myNumberVariable).isEqualTo(3);

// 불리언 어설션
assertThat(myBooleanVariable).isTrue();
```

> **TIP**
> 다른 모든 어설션은 AssertJ 설명서(https://assertj.github.io/doc)에서 확인할 수 있다.

이제 컨트롤러 인스턴스가 올바르게 인스턴스화되고 null이 아닌지 확인하는 초기 단위 테스트 케이스를 생성해 보자. 다음과 같이 진행한다.

01. 스프링 이니셜라이저 스타터 프로젝트를 통해 애플리케이션용으로 이미 만들어진 CardatabaseApplicationTests 테스트 클래스를 연다. 이 테스트 클래스에는 contextLoads라는 테스트 메서드가 하나 있고 이곳에 테스트를 추가할 것이다. 컨트롤러의 인스턴스가 성공적으로 생성되고 주입되었는지 확인하는 다음 테스트를 작성한다. 주입된 컨트롤러 인스턴스가 null이 아닌지 테스트하기 위해 AssertJ 어설션을 이용한다.

    ```
    package com.packt.cardatabase;

    import static org.assertj.core.api.Assertions.assertThat;
    import org.junit.jupiter.api.Test;
    import org.springframework.beans.factory.annotation.Autowired;
    ```

```
import org.springframework.boot.test.context.SpringBootTest;
import com.packt.cardatabase.web.CarController;

@SpringBootTest
class CardatabaseApplicationTests {
    @Autowired
    private CarController controller;

    @Test
    void contextLoads() {
        assertThat(controller).isNotNull();
    }
}
```

> **TIP**
>
> 테스트 클래스를 직접 인스턴스화하지 않기 위해 여기서는 필드 주입을 이용한다. 테스트 픽스처의 의존성 주입에 대한 자세한 내용은 스프링 설명서(https://docs.spring.io/spring-framework/reference/testing/testcontext-framework/fixture-di.html)에서 확인할 수 있다.

02. 이클립스에서 테스트를 실행하려면 Project Explorer에서 테스트 클래스를 활성화하고 마우스 오른쪽 버튼을 클릭한다. 메뉴에서 **Run As | JUnit test**를 선택한다. 이제 이클립스 워크벤치 하단에 JUnit 탭이 표시된다. 다음 그림과 같이 테스트 결과가 이 탭에 표시되며 테스트 케이스가 통과된 것을 확인할 수 있다.

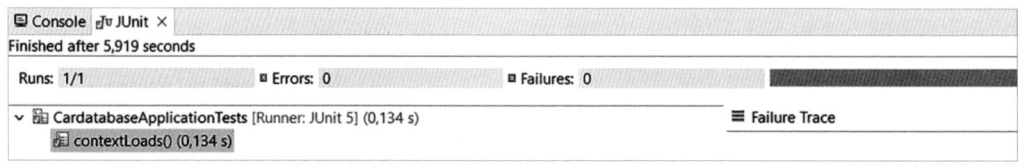

그림 6.2 Junit 테스트 실행

03. @DisplayName 애너테이션을 이용하여 테스트 케이스에 자세한 이름을 지정할 수 있다. @DisplayName 애너테이션에 정의된 이름은 JUnit 테스트 러너에 표시된다. 다음 코드 예제에 설명되어 있다.

```
@Test
@DisplayName("First example test case")
void contextLoads() {
    assertThat(controller).isNotNull();
}
```

이제 소유자 리포지터리에 대한 통합 테스트를 만들어 CRUD(Create, Read, Update, Delete; 생성, 읽기, 업데이트, 삭제) 작업을 테스트한다. 이 테스트는 리포지터리가 데이터베이스와 올바르게 상호작용하는지 검증한다. 핵심은 데이터베이스 상호작용을 시뮬레이션하고 메서드가 예상대로 작동하는지 확인하는 것이다.

01. 루트 테스트 패키지에서 OwnerRepositoryTest라는 새 클래스를 생성한다. 테스트가 JPA 컴포넌트에 초점을 맞추는 경우 @SpringBootTest 애너테이션 대신 @DataJpaTest 애너테이션을 이용할 수 있다. 이 애너테이션을 이용하면 H2 데이터베이스와 스프링 데이터가 테스트를 위해 자동으로 구성되며 SQL 로깅도 켜진다. 다음 코드 예제에서 이를 확인할 수 있다.

```java
package com.packt.cardatabase;

import static org.assertj.core.api.Assertions.assertThat;
import org.junit.jupiter.api.Test;
import org.springframework.beans.factory.annotation.Autowired;
import org.springframework.boot.test.autoconfigure.orm.jpa.DataJpaTest;
import com.packt.cardatabase.domain.Owner;
import com.packt.cardatabase.domain.OwnerRepository;

@DataJpaTest
class OwnerRepositoryTest {
@Autowired
    private OwnerRepository repository;
}
```

> **참고**
> 이번 예제에서는 모든 테스트 클래스에 루트 패키지를 이용하고 클래스 이름을 논리적으로 지정한다. 다른 방법으로, 애플리케이션 클래스에서 이용한 것과 유사한 패키지 구조를 테스트 클래스에 생성할 수도 있다.

02. 데이터베이스에 새 소유자 추가를 테스트하기 위해 첫 번째 테스트 케이스를 추가한다. OwnerRepository.java 파일에 테스트 케이스에서 이용할 쿼리를 추가한다.

```java
Optional<Owner> findByFirstname(String firstName);
```

03. 새 Owner 객체가 생성되고 save 메서드를 이용하여 데이터베이스에 저장된다. 그다음 소유자를 찾을 수 있는지 확인한다. OwnerRepositoryTest 클래스에 다음 테스트 케이스 메서드 코드를 추가한다.

```java
@Test
void saveOwner() {
    repository.save(new Owner("Lucy", "Smith"));
    assertThat(
        repository.findByFirstname("Lucy").isPresent()
    ).isTrue();
}
```

04. 두 번째 테스트 케이스는 데이터베이스에서 소유자를 삭제하는 것을 테스트한다. 새 Owner 객체가 생성되어 데이터베이스에 저장된다. 그러면 데이터베이스에서 모든 소유자가 삭제되고 마지막으로 count() 메서드가 0을 반환해야 한다. 다음 코드에서 테스트 케이스 메서드를 확인할 수 있다. OwnerRepositoryTest 클래스에 다음 메서드 코드를 추가하자.

```java
@Test
void deleteOwners() {
    repository.save(new Owner("Lisa", "Morrison"));
    repository.deleteAll();
    assertThat(repository.count()).isEqualTo(0);
}
```

05. 테스트 케이스를 실행하고 이클립스 JUnit 탭을 확인하여 테스트가 통과되었는지 확인한다. 다음 그림은 실제로 통과했을 때 모습이다.

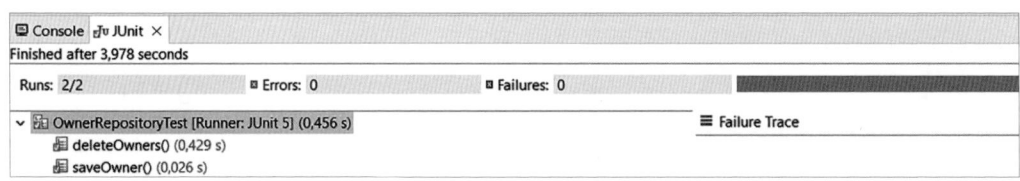

그림 6.3 리포지터리 테스트 케이스

다음으로 RESTful 웹 서비스 JWT 인증 기능을 테스트해 보자. 실제 HTTP 요청을 로그인 엔드포인트로 전송하고 응답을 확인하는 통합 테스트를 만들 것이다.

01. 루트 테스트 패키지에서 CarRestTest라는 클래스를 새로 생성한다. 컨트롤러 또는 노출된 엔드포인트를 테스트하기 위해 MockMvc 객체를 이용할 수 있다. MockMvc 객체를 이용하면 서버가 시작되지는 않지만 스프링이 HTTP 요청을 처리하는 계층에서 테스트가 수행되므로 실제와 유사하게 상황을 재현한다. MockMvc는 이러한 요청을 전송하는 수행 메서드를 제공한다. 인증을 테스트하려면 요청 본문에 자격 증명을 추가해야 한다. andDo() 메서드를 이용하여 요청 및 응답 세부 정보를 Console에 출력한다. 마지막으로 andExpect() 메서드를 이용하여 응답 상태가 정상인지 확인한다. 다음 코드 예제에서 이를 확인할 수 있다.

```java
package com.packt.cardatabase;

import static org.springframework.test.web.servlet.request.MockMvcRequestBuilders.post;
import static org.springframework.test.web.servlet.result.MockMvcResultHandlers.print;
import static org.springframework.test.web.servlet.result.MockMvcResultMatchers.status;
import org.junit.jupiter.api.Test;
import org.springframework.beans.factory.annotation.Autowired;
import org.springframework.boot.test.autoconfigure.web.servlet.AutoConfigureMockMvc;
import org.springframework.boot.test.context.SpringBootTest;
import org.springframework.http.HttpHeaders;
import org.springframework.test.web.servlet.MockMvc;

@SpringBootTest
@AutoConfigureMockMvc
class CarRestTest {
    @Autowired
    private MockMvc mockMvc;

    @Test
    public void testAuthentication() throws Exception {
        // 올바른 자격 증명으로 인증 테스트
        this.mockMvc
            .perform(post("/login"))
            .content("{\"username\":\"admin\",\"password\""
                +":\"admin\"}")
            .header(HttpHeaders.CONTENT_TYPE,"application/json"))
            .andDo(print()).andExpect(status().isOk());
    }
}
```

02. 이제 인증 테스트를 실행하면 다음 그림처럼 테스트가 통과된 것을 확인할 수 있다.

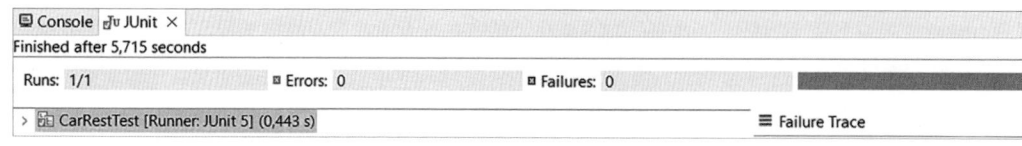

그림 6.4 로그인 테스트

03. Project Explorer에서 테스트 패키지를 선택하고 JUnit 테스트를 실행하면 모든 테스트를 한 번에 실행할 수 있다(Run As | JUnit test). 다음 그림에서 모든 테스트 케이스가 통과된 결과를 확인할 수 있다.

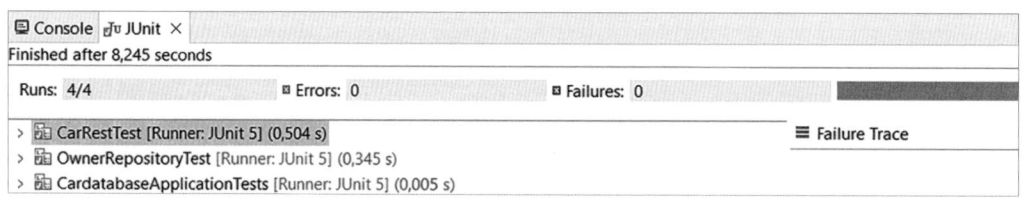

그림 6.5 테스트 실행

그레이들로 테스트하기

그레이들을 이용하여 프로젝트를 빌드하면 모든 테스트가 자동으로 실행된다. 빌드 및 배포에 대해서는 책의 뒷부분에서 더 자세히 설명할 것이므로 이번 장에서는 몇 가지 기본 사항만 다룬다.

01. 이클립스를 이용하여 미리 정의된 다양한 그레이들 작업[Task]을 실행할 수 있다. Window | Show View | Other... 메뉴를 연다. 그러면 Show View 창이 열리고 여기서 Gradle Tasks를 선택해야 한다.

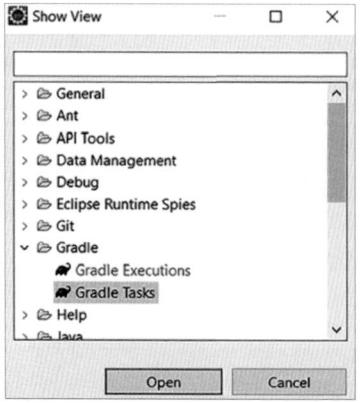

그림 6.6 그레이들 작업

02. 다음 그림과 같이 그레이들 작업 목록이 표시되면 build 폴더를 열고 **빌드**^{build} 작업을 두 번 클릭하여 실행한다.

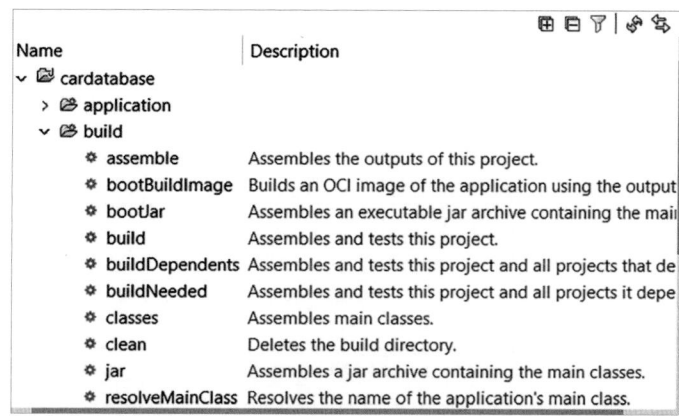

그림 6.7 빌드 작업

그레이들 빌드 작업은 프로젝트에 빌드 폴더를 생성하며 해당 폴더에 스프링 부트 프로젝트를 빌드한다. 빌드 프로세스는 프로젝트의 모든 테스트를 실행한다. 테스트 중 하나라도 실패하면 빌드 프로세스도 실패한다. 빌드 프로세스는 build\reports\tests\test 폴더에서 찾을 수 있는 테스트 요약 보고서(index.html 파일)를 생성한다. 테스트가 실패한 경우 요약 보고서에서 이유를 찾을 수 있다. 다음 그림은 테스트 요약 보고서의 예다.

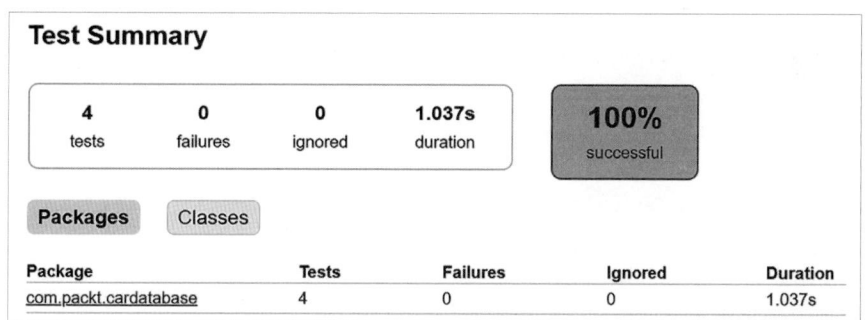

그림 6.8 테스트 요약

빌드 작업은 \build\libs 폴더에 실행 가능한 jar 파일을 생성한다. 이제 빌드된 스프링 부트 애플리케이션을 \build\libs 폴더에서 다음 명령을 이용하여 실행할 수 있다(JDK가 설치되어 있어야 함).

```
java -jar .\cardatabase-0.0.1-SNAPSHOT.jar
```

이제 스프링 부트 애플리케이션에 대한 단위 테스트 및 통합 테스트를 작성할 수 있다. 또한 이클립스 IDE를 이용하여 테스트를 실행하는 방법도 배웠다.

테스트 주도 개발

테스트 주도 개발^{TDD, Test-driven development}은 소프트웨어 개발의 관행으로, 실제 코드를 작성하기 전에 테스트를 작성하는 것이다. 코드가 설정된 기준 또는 요구 사항을 충족하는지 확인하는 것이 목적이다. TDD가 실제로 어떻게 작동하는지에 대한 한 가지 예시를 살펴보자.

애플리케이션에서 메시지를 관리하는 서비스 클래스를 다음과 같은 TDD의 일반적인 단계에 따라 구현해 보자.

> **TIP**
> 다음 코드는 TDD 프로세스에 대한 이해를 돕기 위한 예제일 뿐 완전하게 작동하지는 않는다.

01. 첫 번째로 구현할 기능은 새로운 메시지를 추가하는 데 이용되는 서비스다. 따라서 TDD에서는 메시지 목록에 새 메시지를 추가하는 테스트를 만들 것이다. 테스트 코드에서는 먼저 메시지 서비스 클래스의 인스턴스를 생성한다. 그런 다음 목록에 추가할 테스트 메시지를 생성한다. 메시지 서비스 인스턴스의 **addMsg** 메서드를 호출하여 **msg**를 인수로 전달한다. 이 메서드는 목록에 메시지를 추가하는 작업을 담당한다. 마지막으로 어설션은 목록에 추가된 메시지가 예상 메시지인 "Hello world"와 일치하는지 확인한다.

```java
import org.junit.jupiter.api.Test;
import org.springframework.boot.test.context.SpringBootTest;
import static org.junit.jupiter.api.Assertions.assertEquals;

@SpringBootTest
public class MessageServiceTest {

    @Test
    public void testAddMessage() {
        MessageService messageService = new MessageService();
        String msg = "Hello world";

        Message newMsg = messageService.addMsg(msg);
        assertEquals(msg, newMsg.getMessage());
    }
}
```

02. 이제 테스트를 실행할 수 있지만 아직 서비스를 구현하지 않았으므로 실패할 것이다.

03. 다음으로 테스트 케이스에서 테스트 중인 addMsg() 함수를 갖고 있는 MessageService를 구현해 보자.

```
@Service
public class MessageService {
    private List<Message> messages = new ArrayList<>();

    public Message addMsg(String msg) {
        Message newMsg = new Message(msg);
        messages.add(newMSg);
        return newMsg;
    }
}
```

04. 이제 테스트를 다시 실행하고 코드가 예상대로 작동했다면 통과된다.

05. 테스트가 통과하지 못하면 통과할 때까지 코드를 리팩터링해야 한다.

06. 새로운 기능에 대해 각각 이 단계를 반복한다.

TDD는 코드가 제대로 작동하는지, 새로운 기능이 소프트웨어의 다른 부분을 손상시키지 않는지 확인하는 데 도움이 되는 반복적인 프로세스다. 이를 **회귀 테스트**라고도 한다. 기능을 구현하기 전에 테스트를 작성하면 개발 단계 초기에 버그를 발견할 수 있다. 개발자는 실제 개발 전에 기능 요구 사항과 예상 결과를 이해해야 한다.

지금까지 스프링부트 애플리케이션에서의 테스트의 기본 사항을 다루었으며 애플리케이션에 대한 더 많은 테스트 케이스를 구현하는 데 필요한 지식을 배웠다.

요약

이번 장에서는 스프링 부트 백엔드 테스트에 중점을 두었다. 테스트에는 JUnit을 이용했고, JPA와 RESTful 웹 서비스 인증에 대한 테스트 케이스를 구현했다. 소유자 리포지터리에 대한 테스트 케이스 하나를 생성하여 리포지터리 메서드가 예상대로 작동하는지 확인했다. 또한 RESTful API를 이용하여 인증 프로세스를 테스트했다. 테스트는 개발 수명 주기 내내 계속 진행되는 프로세스임을 기억하자. 애플리케이션이 발전함에 따라 새로운 기능과 변경 사항을 다루기 위해 테스트도 업데이트하고 추가해야 한다. 이를 실현하기 위한 한 가지 방법이 테스트 주도 개발이다.

다음 장에서는 프런트엔드 개발과 관련된 환경과 도구를 설정해 보자.

문제

1. 스프링 부트로 단위 테스트를 생성하려면 어떻게 해야 하는가?
2. 단위 테스트와 통합 테스트의 차이점은 무엇인가?
3. 단위 테스트를 실행하고 결과를 확인하려면 어떻게 해야 하는가?
4. TDD란 무엇인가?

참고자료

다음 자료를 통해 스프링 시큐리티와 테스트에 대한 이해도를 더욱 높일 수 있을 것이다.

- JUnit and Mockito Unit Testing for Java Developers, 매튜 스픽 (https://www.packtpub.com/product/junit-and-mockito-unit-testing-for-java-developers-video/9781801078337)

- 『Mastering Software Testing with JUnit 5』 (Packt, 2017), 보니 가르시아 (https://www.packtpub.com/product/mastering-software-testing-with-junit-5/9781787285736)

- Java Programming MOOC: Introduction to testing, 헬싱키 대학 (https://java-programming.mooc.fi/part-6/3-introduction-to-testing)

- Master Java Unit Testing with Spring Boot and Mockito, In28Minutes Official (https://www.packtpub.com/product/master-java-unit-testing-with-spring-boot-and-mockito-video/9781789346077)

02부

리액트를 이용한 프런트엔드 프로그래밍

07 _ 환경과 툴 설정 – 프런트엔드
08 _ 리액트 시작하기
09 _ 타입스크립트 입문
10 _ 리액트로 REST API 이용하기
11 _ 유용한 리액트용 서드파티 컴포넌트

07

환경과 툴 설정 – 프런트엔드

이번 장에서는 프런트엔드 개발을 시작할 수 있도록 리액트 개발 시 필요한 개발 환경과 툴에 대해 설명한다. 이번 장에서는 비트^{Vite} 프런트엔드 툴을 이용해 간단한 스타터 리액트 앱을 만들어 볼 것이다.

이번 장에서 다룰 주제는 다음과 같다.

- Node.js 설치
- 비주얼 스튜디오 코드$^{Visual Studio Code}$ 설치
- 리액트 앱 만들기 및 실행
- 리액트 앱 디버깅하기

기술 요구 사항

이번 장의 소스코드는 깃허브 저장소인 https://github.com/PacktPublishing/Full-Stack-Development-with-Spring-Boot-3-and-React-Fourth-Edition/tree/main/Chapter07을 참조하기 바란다.

Node.js 설치

Node.js는 자바스크립트 기반의 오픈소스 서버 측 환경이다. Node.js는 윈도우, macOS, 리눅스 등 여러 운영 체제에서 이용할 수 있으며 리액트 앱을 개발하는 데 필요하다.

Node.js 설치 패키지는 https://nodejs.org/en/download/에서 내려받을 수 있다. 이용 중인 운영 체제에 맞는 최신 LTS^{Long-Term Support} 버전을 다운로드하면 된다. 이 책에서는 윈도우 10 운영 체제를 이용하므로 이에 맞는 Node.js MSI 설치 관리자를 다운로드하면 손쉽게 설치할 수 있다.

설치 관리자를 실행하면 설치 마법사가 나타나고 기본 설정을 이용하여 설치하면 된다.

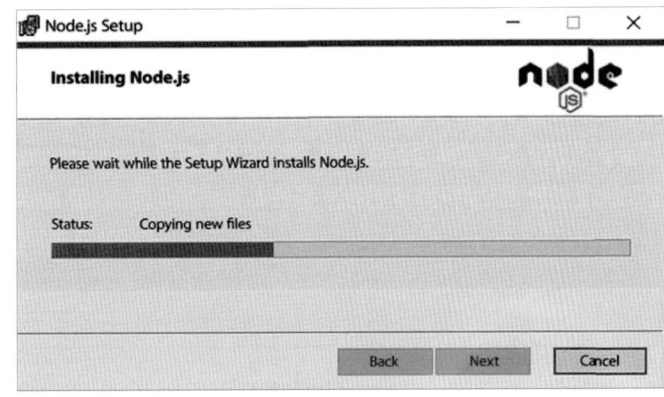

그림 7.1 Node.js 설치

설치가 완료되면 모든 과정이 제대로 진행되었는지 확인할 수 있다. PowerShell(또는 이용 중인 다른 터미널)을 열고 다음 명령을 입력한다.

```
node --version
npm --version
```

이 두 명령을 실행하면 설치된 Node.js와 npm 버전을 표시한다.

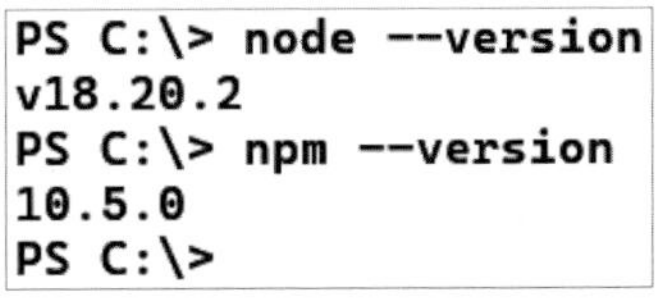

```
PS C:\> node --version
v18.20.2
PS C:\> npm --version
10.5.0
PS C:\>
```

그림 7.2 Node.js 및 npm 버전

npm은 Node.js 설치와 함께 제공되는 자바스크립트용 패키지 관리자다. 다음 장에서 리액트 앱에 여러 Node.js 모듈을 설치할 때 자주 이용할 예정이다.

 TIP

Yarn이라는 다른 패키지 관리자도 이용할 수 있지만 여기서는 Node.js 설치와 함께 제공되는 npm을 이용할 것이다. Yarn은 캐싱 메커니즘으로 인해 전반적인 성능이 향상되는 등 몇 가지 장점이 있다.

다음으로 코드 편집기를 설치한다.

Visual Studio Code 설치

비주얼 스튜디오 코드(이하 **VS Code**)는 여러 프로그래밍 언어를 지원하는 오픈 소스 코드 편집기다. VS Code는 Microsoft에서 개발했다. Atom, Sublime 등 다른 코드 편집기를 이용할 수 있으며, 익숙한 코드 편집기가 있다면 VS Code가 아닌 해당 편집기를 계속 이용해도 된다.

> **TIP**
> 백엔드 개발에 이용했던 이클립스는 자바 개발에 최적화되어 있다. VS Code는 자바와 스프링 부트 개발에도 이용할 수 있으므로 원한다면 백엔드 및 프런트엔드 개발에 하나의 에디터만 이용할 수 있다.

VS Code는 윈도우, macOS, 리눅스에서 이용할 수 있으며 https://code.visualstudio.com/에서 다운로드할 수 있다. 윈도우에서는 MSI 설치 관리자로 설치를 진행하며, 기본 설정을 이용하면 된다.

다음 그림은 VS Code의 워크벤치다. 왼쪽에는 여러 뷰 사이를 이동하는 데 이용할 수 있는 작업 막대가 있다. 작업 막대 옆에는 프로젝트 파일 탐색기와 같은 다양한 뷰가 포함된 사이드바가 있다. 워크벤치의 나머지 공간은 편집기가 차지한다.

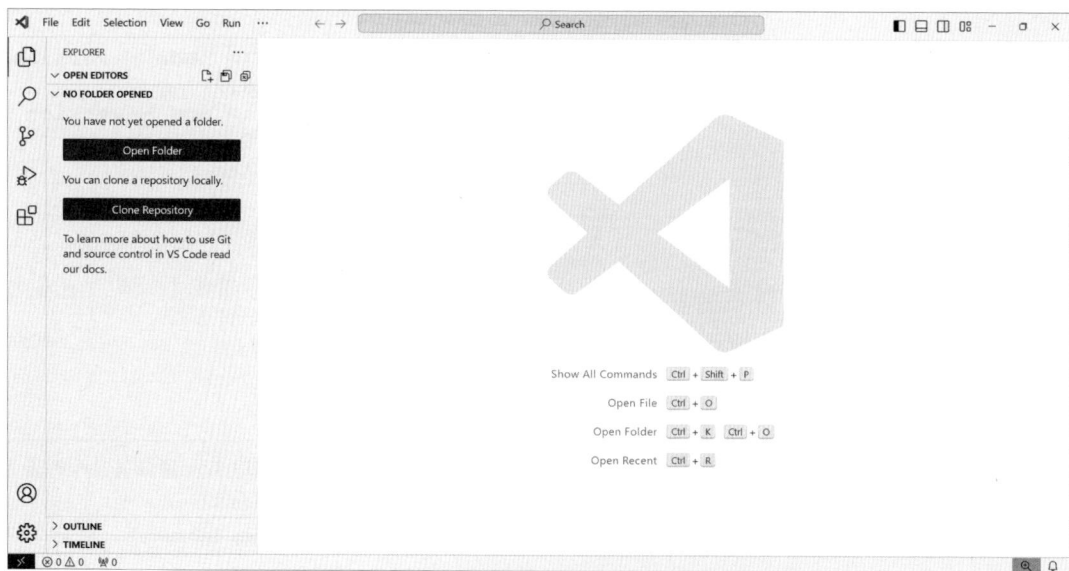

그림 7.3 VS Code 워크벤치

VS Code에는 리액트 앱을 생성하고 실행할 수 있는 통합 터미널이 있다. 터미널은 View | Terminal 메뉴에서 찾을 수 있다. 이후 장에서 더 많은 리액트 앱을 만들 때 이 터미널을 이용할 예정이다.

VS Code 확장

다양한 프로그래밍 언어와 프레임워크를 위한 여러 확장 프로그램이 있다. 작업 막대에서 **확장 프로그램** Extensions을 열면 다양한 확장 프로그램을 검색할 수 있다.

리액트 개발에 아주 유용하여 설치를 권장하는 확장 프로그램으로는 **Reactjs code snippets**가 있다. 거기에는 리액트 앱에 이용할 수 있는 여러 코드가 있어 개발 프로세스를 더 빠르게 만들어준다. VS Code code snippets 확장 프로그램을 이용하면 시간을 절약하고 일관성을 높이며 오류를 줄여 워크 플로를 크게 향상시킬 수 있다.

다음 그림은 Reactjs code snippets 설치 페이지 화면이다.

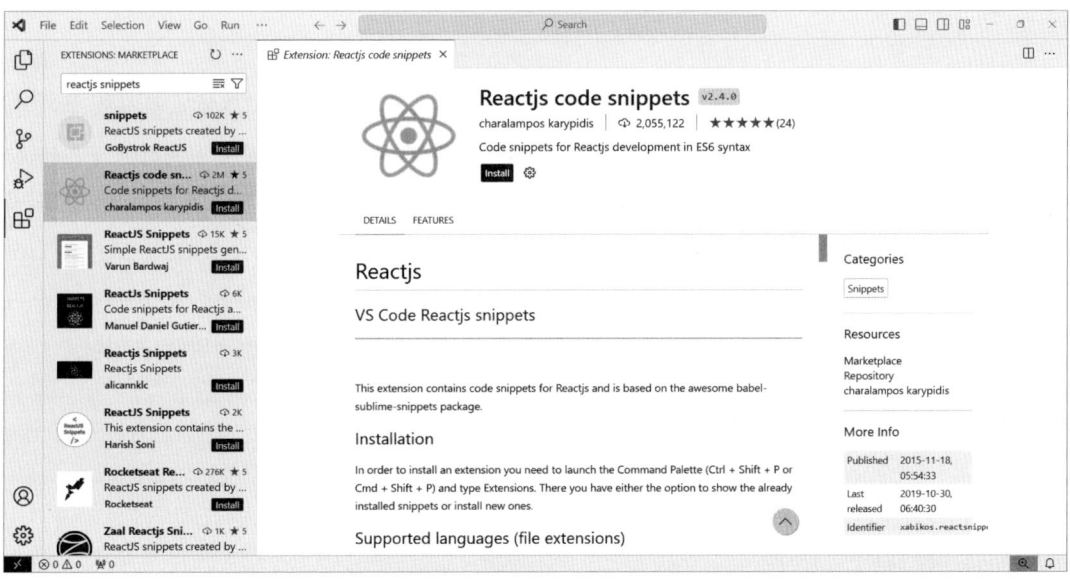

그림 7.4 Reactjs code snippets

ESLint 확장 프로그램은 오타와 구문 오류를 빠르게 찾고 소스코드 서식을 쉽게 지정할 수 있게 해준다.

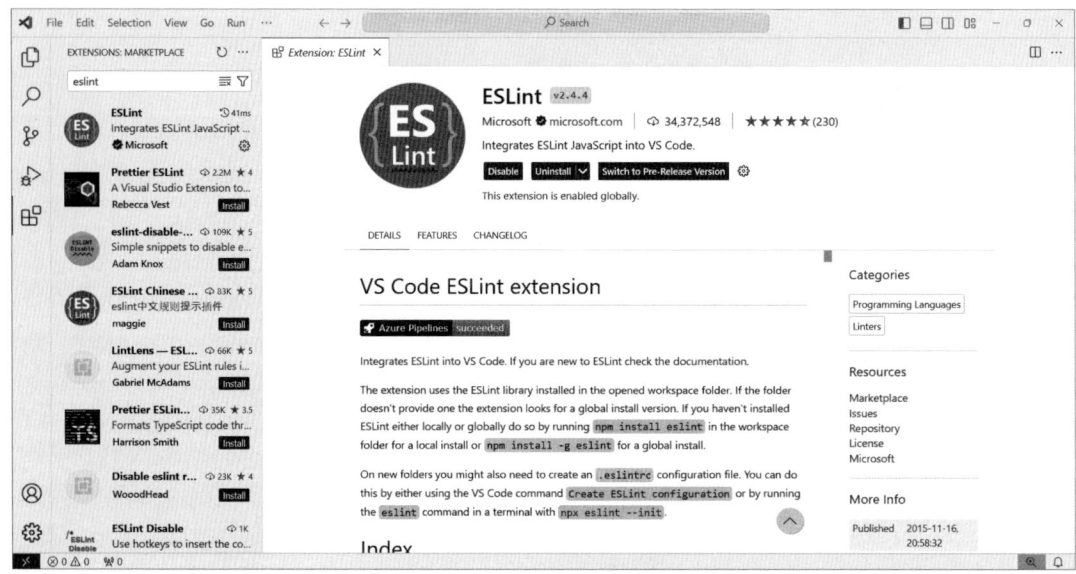

그림 7.5 ESLint 확장 프로그램

ESLint(https://eslint.org/)는 자바스크립트용 오픈 소스 린터[Linter]로, 소스코드에서 문제를 찾아 수정하는 것을 돕는다. ESLint는 VS Code 편집기 내에서 바로 오류와 경고를 강조 표시하여 코드를 작성할 때 문제를 구별하고 수정할 수 있게 해준다. 오류와 경고는 빨간색 또는 노란색 밑줄로 표시되며 이 줄 위로 마우스를 가져가면 특정 오류 또는 경고에 대한 정보를 볼 수 있다. VS Code는 모든 ESLint 오류와 경고를 표시하는 **Problems** 패널도 제공한다. ESLint는 본인이 원하는 대로 조정할 수 있으며 .eslintrc 파일을 통해 어떤 규칙을 활성화할지와 어떤 오류 수준으로 설정할지를 정의할 수 있다.

Prettier는 자동으로 코드 형식을 지정할 수 있는 코드 포매터다.

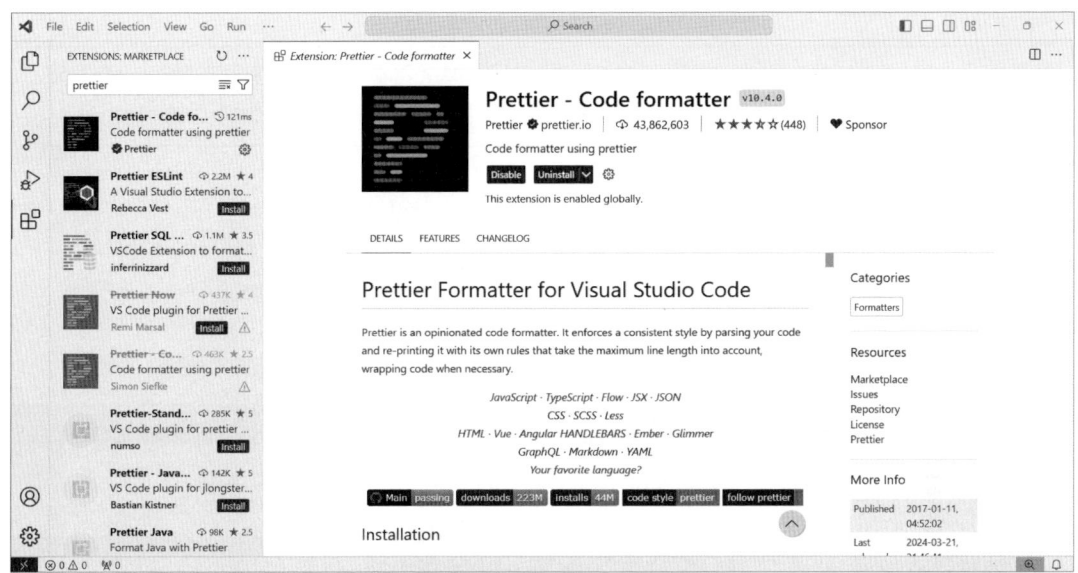

그림 7.6 Prettier 확장 프로그램

VS Code에서 코드 저장 시 자동으로 포매팅되게 하려면, **File | Preferences** 메뉴에서 **Settings**를 선택한 후 **Format On Save**를 찾아 설정하면 된다.

VS Code에서는 더 많은 훌륭한 확장 기능을 이용할 수 있다. 모두 설치하여 직접 테스트해 보기를 권장한다.

다음 절에서는 첫 번째 리액트 앱을 만들고 실행 및 수정하는 방법을 알아볼 것이다.

리액트 앱 만들기 및 실행

이제 Node.js와 코드 편집기를 설치했으므로 첫 번째 리액트 앱을 만들 준비가 되었다. 이 작업에는 비트 프런트엔드 툴(https://vitejs.dev/)을 이용할 것이다. Next.js 또는 Remix와 같은 우수한 리액트 프레임워크도 활용 가능하지만, 리액트 기초 학습에는 비트가 적합한 옵션이다. 비트는 매우 빠른 개발 서버를 제공하며 코딩을 시작하기 위해 복잡한 설정을 할 필요가 없다.

예전에는 리액트 프로젝트 생성을 위해 **CRA**^{Create React App}이 가장 많이 이용되었으나 현재는 이용률이 감소했으며 공식 문서에서도 추천하지 않는다. 비트는 CRA에 비해 더 빠른 개발 서버를 제공하는 등 많은 이점을 지닌다.

TIP

이 책에서는 비트 버전 4.3을 이용한다. 다른 버전을 이용하는 경우 비트 문서에서 명령어를 확인해야 한다. 또한 Node.js 버전 요구 사항을 확인하고 패키지 관리자가 이에 대해 경고하는 경우 Node.js 설치를 업그레이드해야 한다.

다음 과정에 따라 비트를 이용하여 첫 번째 리액트 프로젝트를 작성할 수 있다.

01. PowerShell(또는 이용 중인 다른 터미널)을 열고 프로젝트를 만들려는 폴더로 이동한다.

02. 최신 버전의 비트를 이용하기 위해 다음 npm 명령을 입력한다.

```
npm create vite@latest
```

이 책에서 이용하는 것과 동일한 비트 주요 버전을 이용하려면 명령에 비트 버전을 지정하면 된다.

```
npm create vite@4.3
```

이 명령은 프로젝트 생성 마법사를 시작한다. 비트 프로젝트를 처음 만드는 경우 create-vite 패키지를 설치하라는 메시지가 표시된다. 계속하려면 y 키를 누른다.

03. 첫 번째 단계에서 프로젝트 이름(이 경우 myapp)을 입력한다.

```
PS C:\> npm create vite@latest
? Project name: » myapp
```

그림 7.7 프로젝트 이름 입력

04. 그런 다음 **프레임워크**를 선택한다. 여기서는 **리액트**^React 프레임워크를 선택한다. 비트는 리액트에 국한되지 않고 다른 여러 프런트엔드 프레임워크에서 프로젝트를 시작하는 데 이용할 수 있다.

```
PS C:\> npm create vite@latest
✓ Project name: ... myapp
? Select a framework: » - Use arrow-keys. Return to submit.
    Vanilla
    Vue
>   React
    Preact
    Lit
    Svelte
    Solid
    Qwik
    Others
```

그림 7.8 프레임워크 선택

05. 마지막 단계에서는 variant를 선택한다. 먼저 자바스크립트로 리액트의 기본을 배우고 나중에 타입스크립트로 넘어갈 것이다. 따라서 이 단계에서는 **자바스크립트**^JavaScript를 선택한다.

```
PS C:\> npm create vite@latest
✓ Project name: ... myapp
✓ Select a framework: » React
? Select a variant: » - Use arrow-keys. Return to submit.
    TypeScript
    TypeScript + SWC
>   JavaScript
    JavaScript + SWC
    Remix ↗
```

그림 7.9 프로젝트 variant

> **TIP**
>
> SWC^{Speedy Web Compiler}는 러스트로 작성되어 더욱 빠르게 작동하는 자바스크립트와 타입스크립트 컴파일러다. 보통 쓰이는 바벨 대신 쓸 수 있는 더욱 빠른 대안이다.

06. 앱이 생성되면 앱 폴더로 이동한다.

```
cd myapp
```

07. 다음 명령을 이용하여 의존성을 설치한다.

```
npm install
```

08. 마지막으로 다음 명령을 통해 앱을 실행하면 개발 모드에서 앱이 시작된다.

```
npm run dev
```

이제 터미널에 다음 메시지가 표시된다.

```
VITE v5.2.10  ready in 880 ms

→  Local:   http://localhost:5173/
→  Network: use --host to expose
→  press h + enter to show help
```

그림 7.10 프로젝트 실행

09. 브라우저를 열고 터미널의 Local: 텍스트 뒤에 표시된 URL로 이동한다(예시에서는 `http://localhost:5173/`이지만 경우에 따라 다를 수 있다).

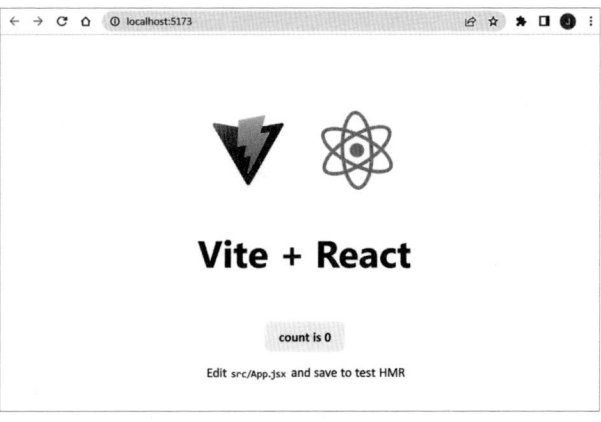

그림 7.11 리액트 앱

10. 터미널에서 q를 눌러 개발 서버를 중지할 수 있다.

> **참고**
> 프로덕션용 앱의 축소 버전을 빌드하려면 빌드 폴더에 앱을 빌드하는 `npm run build` 명령을 이용할 수 있다. 이제 배포에 대해 좀 더 자세히 살펴보자.

리액트 앱 수정하기

이제 비트를 이용해 만든 리액트 앱을 수정하는 방법을 배워보자. 앞서 설치한 VS Code를 이용한다.

01. File | Open folder를 선택하여 VS Code로 리액트 프로젝트 폴더를 연다. 파일 탐색기에서 앱의 구조를 볼 수 있다. 이 단계에서 가장 중요한 폴더는 자바스크립트 소스코드가 포함된 src 폴더다.

그림 7.12 프로젝트 구조

> **참고**
> 터미널에 `code .` 명령을 입력하여 VS Code를 열 수도 있다. 이 명령은 현재 위치한 폴더에서 VS Code를 연다.

02. 코드 편집기의 src 폴더에서 App.jsx 파일을 연다. <h1> 요소 안의 텍스트를 Hello React로 수정하고 파일을 저장한다. 지금은 이 파일에 대해 다른 것을 알 필요가 없다. 이후 8장 '리액트 시작하기'에서 한층 더 깊게 알아볼 것이다.

```
function App() {
  const [count, setCount] = useState(0)

  return (
    <>
      <div>
        <a href="https://vitejs.dev" target="_blank">
          <img src={viteLogo} className="logo" alt="Vite logo" />
        </a>
        <a href="https://react.dev" target="_blank">
          <img src={reactLogo} className="logo react" alt="React logo" />
        </a>
      </div>
      <h1>Vite + React</h1>
      <div className="card">
        <button onClick={() => setCount((count) => count + 1)}>
          count is {count}
        </button>
        <p>
          Edit <code>src/App.jsx</code> and save to test HMR
        </p>
      </div>
      <p className="read-the-docs">
        Click on the Vite and React logos to learn more
      </p>
    </>
  )
}
```

그림 7.13 App.jsx 코드

03. 이제 브라우저를 보면 헤더 텍스트가 변경된 것을 바로 확인할 수 있다. 비트는 리액트 프로젝트에서 소스코드나 스타일을 수정할 때 수동으로 페이지를 새로고침할 필요 없이 리액트 컴포넌트를 자동으로 업데이트하는 HMR^Hot Module Replacement 기능을 제공한다.

그림 7.14 수정된 리액트 앱

리액트 앱 디버깅하기

리액트 앱을 디버깅하려면 크롬, 파이어폭스, 엣지 브라우저에서 이용할 수 있는 **리액트 개발자 툴**React Developer Tools을 설치해야 한다. 본인이 이용하고 있는 브라우저가 크롬이라면 크롬 웹 스토어(https://chrome.google.com/webstore/category/extensions)에서 크롬 플러그인을 설치할 수 있고, 파이어폭스 사용자라면 파이어폭스 애드온 사이트(https://addons.mozilla.org)에서 파이어폭스 애드온을 설치할 수 있다. 리액트 개발자 툴을 설치한 후 브라우저의 개발자 툴에서 리액트 앱으로 이동하면 **Components** 탭을 볼 수 있다.

개발자 툴은 브라우저에서 Ctrl + Shift + I(또는 F12)를 눌러 열 수 있다. 다음 그림은 브라우저의 개발자 툴의 모습이다. **Components** 탭에는 리액트 컴포넌트 트리가 시각적으로 표시되며 검색창을 이용해 컴포넌트를 찾을 수 있다. 컴포넌트 트리에서 컴포넌트를 선택하면 오른쪽 패널에서 해당 컴포넌트에 대한 자세한 정보를 볼 수 있다.

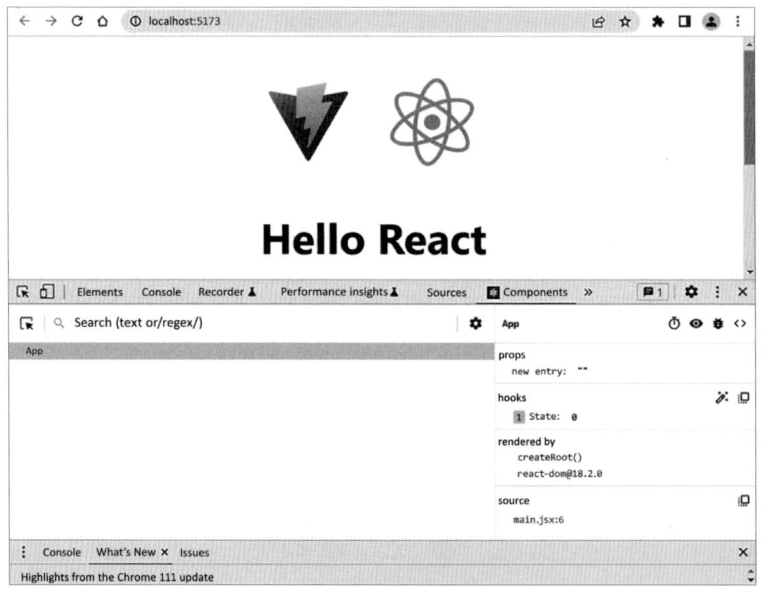

그림 7.15 리액트 개발자 툴

브라우저의 개발자 툴은 아주 중요하며 개발 중에 열어두면 오류와 경고를 즉시 확인할 수 있어 유용하다. 개발자 툴의 **Console**은 자바스크립트 또는 타입스크립트 코드의 메시지, 경고, 오류를 기록할 수 있는 곳이다. **Network** 탭에는 상태 코드, 응답 시간, 콘텐츠를 포함하여 웹 페이지에서 이루어진 모든 요청이 표시된다. 이 탭을 통해 웹 앱의 성능을 최적화하고 네트워크 관련 문제를 진단할 수 있다.

요약

이번 장에서는 리액트로 프런트엔드 개발을 시작하는 데 필요한 모든 것을 설치했다. 먼저 Node.js와 VS Code 편집기를 설치했다. 그러고 나서 비트를 이용해 첫 번째 리액트 앱을 만들었다. 마지막으로 앱을 실행하고 수정하는 방법을 알아보고 디버깅 도구를 소개했다. 다음 장에서도 비트를 계속 이용할 것이다.

다음 장에서는 리액트 프로그래밍의 기본에 대해 알아보자.

문제

1. Node.js와 npm이란 무엇인가?
2. Node.js는 어떻게 설치하는가?
3. VS Code란 무엇인가?
4. VS Code는 어떻게 설치하는가?
5. 비트로 리액트 앱을 어떻게 만드는가?
6. 리액트 앱을 어떻게 실행하는가?
7. 앱을 수정하는 기본적 방법은 무엇인가?

참고자료

다음은 이 장에서 습득한 내용을 심화하는 데 도움이 될 유용한 참고자료들이다.

- 『React 18 Design Patterns and Best Practices』(Packt, 2023), 카를로스 산타나 롤단 (https://www.packtpub.com/product/react-18-design-patterns-and-best-practices-fourth-edition/9781803233109)
- JavaScript in Visual Studio Code, 마이크로소프트 (https://code.visualstudio.com/docs/languages/javascript)
- TypeScript in Visual Studio Code, 마이크로소프트 (https://code.visualstudio.com/docs/languages/typescript)

08

리액트 시작하기

8장에서는 리액트 프로그래밍의 기본 사항을 다룬다. 먼저 리액트 프런트엔드의 기본 기능을 작성하는 데 필요한 기술을 알아볼 것이다. 자바스크립트 구문에는 쉽게 코딩하는 데 도움이 되는 여러 기능이 있는 **ES6**^{ECMAScript 2015} 구문을 이용한다.

이번 장에서 다룰 주제는 다음과 같다.

- 리액트 컴포넌트를 만드는 법
- JSX^{JavaScript XML}와 스타일링
- 조건부 렌더링
- 컨텍스트 API
- 유용한 ES6 기능
- 프롭^{prop}과 상태
- 리액트 훅
- 리액트로 목록, 이벤트, 폼 다루기

기술 요구 사항

이번 실습을 위해서는 리액트 버전 18 이상이 필요하다. 7장에서 설정한 환경을 이용하면 된다.

이번 장의 깃허브 저장소(https://github.com/PacktPublishing/Full-Stack-Development-with-Spring-Boot-3-and-React-Fourth-Edition/tree/main/Chapter08)를 방문하면 추가 리소스를 확인할 수 있다.

리액트 컴포넌트를 만드는 법

리액트는 UI$^{user\ interface}$를 위한 자바스크립트 라이브러리다. 버전 15부터 리액트는 MIT 라이선스에 따라 개발되고 있다. 리액트는 독립적이고 재사용이 가능한 컴포넌트를 기반으로 작동한다. 컴포넌트는 리액트의 기본 구성 요소다. 리액트로 UI 개발을 시작할 때는 **모의 인터페이스**를 만드는 것부터 시작하는 것이 좋다. 그러면 어떤 종류의 컴포넌트를 만들어야 하는지, 컴포넌트 간에 어떻게 상호작용하는지 쉽게 파악할 수 있다.

다음 그림에 나오는 모의 UI에서 UI를 어떤 컴포넌트로 분할하고 있는지 확인할 수 있다. 이 경우 애플리케이션 루트 컴포넌트, 검색 창 컴포넌트, 표 컴포넌트, 표 행 컴포넌트가 있다.

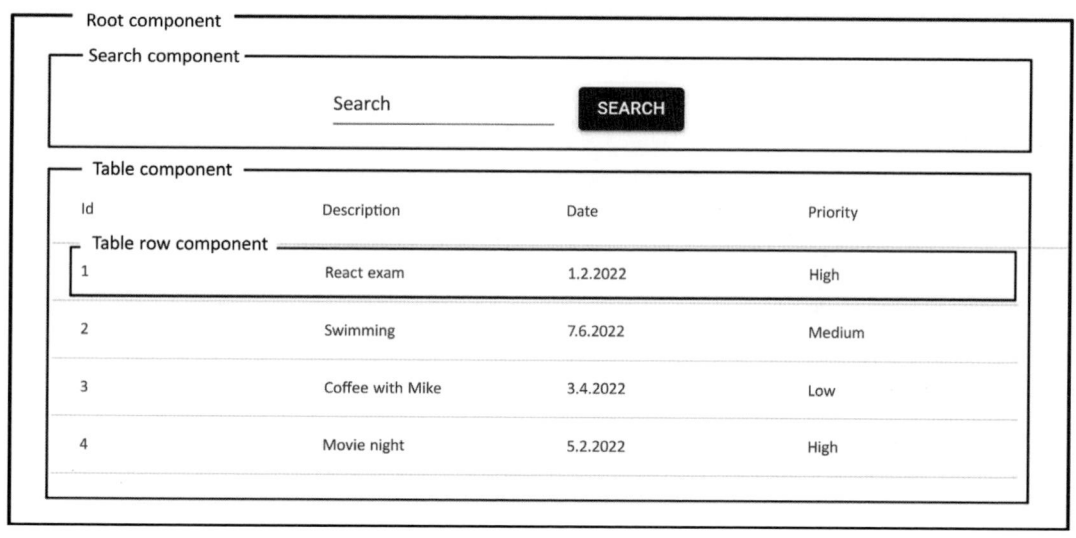

그림 8.1 리액트 컴포넌트

다음 그림처럼 구성 요소를 **트리 계층 구조**로 정리할 수 있다.

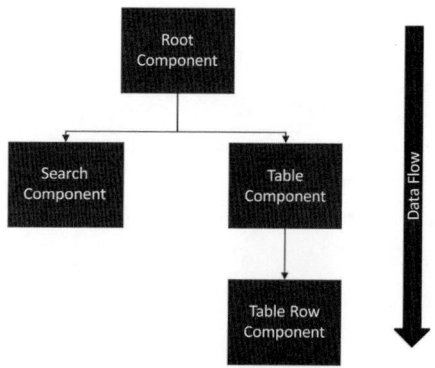

그림 8.2 컴포넌트 트리

루트 컴포넌트에는 검색 컴포넌트와 표 컴포넌트라는 두 개의 **하위 컴포넌트**가 있다. 표 컴포넌트에는 표 행 컴포넌트라는 하위 컴포넌트 한 개가 있다. 리액트에서 이해해야 할 중요한 점은 데이터 흐름이 상위 컴포넌트에서 하위 컴포넌트로 이동한다는 것이다. 나중에 프롭을 이용해 상위 컴포넌트에서 하위 컴포넌트로 데이터를 전달하는 방법을 배울 예정이다.

리액트는 UI를 선택적으로 다시 렌더링하기 위해 **VDOM**$^{\text{virtual document object model}}$을 이용하므로 비용 효율성이 더 높다. **DOM**$^{\text{document object model}}$은 웹 페이지를 구조화된 객체 트리로 표현하는 웹 문서용 프로그래밍 인터페이스다. 트리의 각 객체는 문서의 일부에 해당한다. 프로그래머는 DOM을 이용하여 문서를 만들고 구조를 탐색하고 요소와 콘텐츠를 추가, 수정, 삭제할 수 있다. VDOM은 경량화된 DOM으로 실제 DOM을 이용할 때보다 훨씬 빠르게 조작할 수 있다. VDOM이 업데이트된 후 리액트는 업데이트가 실행되기 전에 VDOM의 스냅숏과 비교한다. 비교가 끝나면 리액트는 어떤 부분이 변경되었는지 파악하고 해당 부분만 실제 DOM에 업데이트한다.

리액트 컴포넌트는 **함수 컴포넌트**인 자바스크립트 함수 또는 **클래스 컴포넌트**인 ES6 자바스크립트 클래스를 이용해 정의할 수 있다. 다음 절에서 ES6에 대해 더 자세히 살펴볼 것이다.

다음은 Hello World 텍스트를 렌더링하는 간단한 컴포넌트의 소스코드다. 이 첫 번째 코드 블록은 자바스크립트 함수를 이용한다.

```
// 자바스크립트 함수 이용
function App() {
  return <h1>Hello World</h1>;
}
```

리액트 함수 컴포넌트의 필수적인 return 문은 컴포넌트가 어떻게 표시될지 결정한다.

다음 코드는 ES6 클래스를 이용하여 컴포넌트를 만든다.

```
// ES6 클래스 이용
class App extends React.Component {
  render() {
    return <h1>Hello World</h1>;
  }
}
```

클래스로 구현된 컴포넌트에는 렌더링된 출력을 표시하고 업데이트할 render() 메서드가 필수적으로 포함되어야 한다. App 함수 컴포넌트에는 App 클래스 컴포넌트와 달리 render() 메서드가 필요 없다. 리액트 버전 16.8 이전에는 클래스 컴포넌트만이 상태를 이용할 수 있었다. 이제 함수 컴포넌트에서도 훅을 이용해 상태를 만들 수 있다. 이번 장의 뒷부분에서 상태와 훅에 대해 배울 것이다.

이 책에서는 함수를 이용해 컴포넌트를 만들 것이므로 코드를 더 간결하게 작성할 수 있다. 함수 컴포넌트는 리액트 컴포넌트를 작성하는 최신 기법이며 클래스 이용은 권장되지 않는다.

> **TIP**
>
> 리액트 컴포넌트의 이름은 대문자로 시작해야 하기 때문에 각 단어가 대문자로 시작하는 **파스칼 케이스**^{PascalCase} 명명 규칙을 이용하는 것이 좋다.

다음과 같이 컴포넌트의 return 문을 수정하고 새로운 <h2> 요소를 추가한다고 가정해 보겠다.

```
function App() {
  return (
    <h1>Hello World</h1>
    <h2>This is my first React component</h2>
  );
}
```

이제 앱을 실행하면 다음 그림과 같이 Adjacent JSX elements must be wrapped in an enclosing tag 오류(인접한 JSX 요소 오류)가 발생한다.

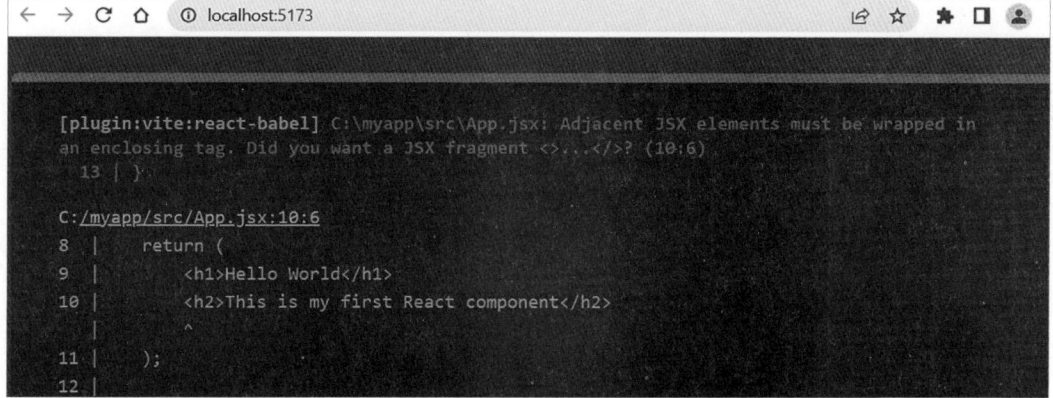

그림 8.3 인접한 JSX 요소 오류

만약 컴포넌트가 여러 요소를 반환한다면 이러한 요소를 하나의 상위 요소 안에 넣어야 한다. 다음 코드에 표시된 것처럼 헤더 요소를 div와 같은 하나의 요소로 감싸 넣으면 이 오류가 해결된다.

```
// 여러 요소를 div 안에 넣음
function App() {
  return (
    <div>
      <h1>Hello World</h1>
      <h2>This is my first React component</h2>
</div> );
}
```

다음 코드에 나오는 것처럼 리액트 **프래그먼트**fragment를 이용할 수도 있다. 프래그먼트는 DOM 트리에 노드를 추가하지 않는다.

```
// 프래그먼트 이용
function App() {
  return (
    <React.Fragment>
      <h1>Hello World</h1>
      <h2>This is my first React component</h2>
    </React.Fragment>
  );
}
```

빈 JSX 태그와 비슷한 더 간단한 프래그먼트 구문도 있다. 다음 코드를 보자.

```
// 더 짧은 프래그먼트 구문
function App() {
  return (
    <>
      <h1>Hello World</h1>
      <h2>This is my first React component</h2>
    </>
  );
}
```

첫 번째 리액트 앱 살펴보기

비트를 이용하여 7장 '환경과 툴 설정 – 프런트엔드'에서 만든 첫 번째 리액트 앱을 좀 더 자세히 살펴보자.

루트 폴더에 있는 `main.jsx` 파일의 소스코드는 다음과 같다.

```
import React from 'react'
import ReactDOM from 'react-dom/client'
import App from './App'
import './index.css'

ReactDOM.createRoot(document.getElementById('root')).render(
  <React.StrictMode>
    <App />
  </React.StrictMode>,
)
```

파일의 시작 부분에는 컴포넌트와 정적 리소스를 로드하는 임포트가 있다. 예를 들어, 두 번째 줄은 `node_modules` 폴더에서 `react-dom` 패키지를 가져오고, 세 번째 줄은 `App` 컴포넌트(src 폴더에 있는 `App.jsx` 파일)를 가져온다. 네 번째 줄은 `main.jsx` 파일과 같은 폴더에 있는 `index.css` 스타일 시트를 가져온다.

`react-dom` 패키지는 DOM에 특화된 메서드를 제공한다. 리액트 컴포넌트를 DOM에 렌더링하려면 `react-dom` 패키지의 `render` 메서드를 이용할 수 있다. `React.StrictMode`는 리액트 앱에서 잠재적인 문제를 찾는 데 이용되며 브라우저 콘솔에 출력된다. 엄격[Strict] 모드는 개발 모드에서만 실행되며 컴포넌트를 렌더링하는 데 시간이 더 걸리기 때문에 버그를 찾기 편하다.

루트[root] API는 브라우저 DOM 노드 내에서 리액트 컴포넌트를 렌더링하는 데 이용된다. 다음 예제에서는 먼저 `createRoot` 메서드에 DOM 요소를 전달하여 루트를 생성한다. 루트는 `render` 메서드를 호출하여 요소를 루트에 렌더링한다.

```
import ReactDOM from 'react-dom/client';
import App from './App';

const container = document.getElementById('root');
```

```
// 루트를 생성
const root = ReactDOM.createRoot(container);

// 요소를 루트로 렌더링
root.render(<App />);
```

루트 API의 container는 `<div id="root"></div>` 요소이며, 이 요소는 index.html 파일에서 찾을 수 있다. 다음 index.html 파일을 살펴보자.

```html
<!DOCTYPE html>
<html lang="en">
  <head>
    <meta charset="UTF-8" />
    <link rel="icon" type="image/svg+xml" href="/vite.svg" />
    <meta name="viewport" content="width=device-width, initial-scale=1.0" />
    <title>Vite + React</title>
  </head>
  <body>
    <div id="root"></div>
    <script type="module" src="/src/main.jsx"></script>
  </body>
</html>
```

다음 소스코드는 첫 번째 리액트 앱의 App.jsx 컴포넌트를 보여준다. 이미지와 스타일시트와 같은 정적 리소스에도 임포트가 적용된다는 것을 알 수 있다. 소스코드 끝에는 컴포넌트를 내보내는 export default 문이 있으며 임포트를 이용하여 다른 컴포넌트에서 이용하게 할 수 있다.

```jsx
import { useState } from 'react'
import reactLogo from './assets/react.svg'
import viteLogo from '/vite.svg'
import './App.css'

function App() {
  const [count, setCount] = useState(0)

  return (
```

```
    <div className="App">
      <div>
        <a href="https://vitejs.dev" target="_blank">
          <img src={viteLogo} className="logo" alt="Vite logo" />
        </a>
        <a href="https://reactjs.org" target="_blank">
          <img src={reactLogo} className="logo react" alt="React logo" />
        </a>
      </div>
      <h1>Hello React</h1>
      <div className="card">
        <button onClick={() => setCount((count) => count + 1)}>
          count is {count}
        </button>
        <p>
          Edit <code>src/App.jsx</code> and save to test HMR
        </p>
      </div>
      <p className="read-the-docs">
        Click on the Vite and React logos to learn more
      </p>
    </div>
  )
}

export default App
```

> **TIP**
>
> 비트가 만든 App 컴포넌트에서는 구문 끝에 세미콜론이 없다. 자바스크립트에서 세미콜론 작성은 선택 사항이지만, 이 책에서는 자체 리액트 컴포넌트를 만들 때 세미콜론을 이용해 구문을 마칠 것이다.

파일당 export default 문은 하나만 있을 수 있지만, 명명된 export 문은 여러 개 있을 수 있다. 기본 내보내기(Default export)는 일반적으로 리액트 컴포넌트를 내보내는 데 이용된다. 명명된 내보내기는 일반적으로 모듈에서 특정 함수나 객체를 내보내는 데 이용된다.

다음 예제는 기본 내보내기 및 명명된 내보내기를 가져오는 방법이다.

```
import React from 'react'      // 기본 임포트
import { name } from ...       // 명명 컴포넌트 임포트
```

내보내기는 다음과 같다.

```
export default React        // 기본 내보내기
export { name } // 명명 컴포넌트 내보내기
```

지금까지 리액트 컴포넌트의 기초를 살펴봤다. 다음으로 ES6의 기본 기능에 대해 알아보자.

유용한 ES6 기능

ES6는 2015년에 여러 새로운 기능을 도입하며 출시됐다. ECMAScript는 표준화된 스크립팅 언어이며 자바스크립트는 이를 구현한 언어 중 하나다. 이번 절에서는 다음 절에서 이용할 ES6의 중요한 몇 가지 기능을 알아보자.

상수와 변수

상수(또는 불변 변수)는 다음 코드와 같이 const 키워드를 이용하여 정의한다. const 키워드를 이용할 때는 변수 내용을 재할당할 수 없다.

```
const PI = 3.14159;
```

이제 PI 값을 재할당하려고 하면 다음 그림처럼 오류가 발생한다.

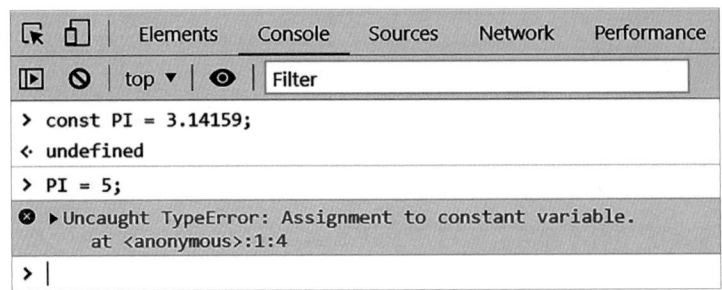

그림 8.4 상수 변수에 대한 할당

const는 블록 범위로 제한된다. 즉, const 변수는 해당 변수가 정의된 블록 내에서만 이용할 수 있다. 블록은 중괄호 {} 사이의 영역이다. 블록 밖에서도 호출 가능한 전역 변수가 되는 상황을 피하기 위해 const를 함수나 블록 외부에서 정의하면 안 된다. 전역 변수는 코드를 이해, 유지 관리, 디버깅하기 어렵게 만든다. 다음 예는 블록의 범위가 어떻게 작동하는지 보여준다.

```
let count = 10;
if (count > 5) {
  const total = count * 2;
  console.log(total); // 콘솔에 20을 출력
}

console.log(total); // 오류, 범위를 벗어남
```

두 번째 console.log 문은 total 변수를 범위의 바깥에서 이용하려고 하기 때문에 오류가 발생한다.

다음 예는 const가 객체 또는 배열일 때 어떻게 되는지 보여준다.

```
const myObj = {foo: 3};
myObj.foo = 5; // 유효한 사용법
```

const가 객체 또는 배열인 경우, 내부의 속성이나 요소를 업데이트할 수 있다.

let 키워드를 통해 변경 가능한 블록 범위의 변수를 선언한다. let으로 선언된 변수는 선언된 블록과 하위 블록 내에서 이용할 수 있다.

화살표 함수

자바스크립트에서 함수를 정의하는 일반적인 방법은 function 키워드를 이용하는 것이다. 다음 함수는 하나의 인수를 받아 인수 값에 2를 곱한 값을 반환한다.

```
function(x) {
  return x * 2;
}
```

ES6 화살표 함수를 이용하면 다음과 같이 정의할 수 있다.

```
x => x * 2
```

보다시피 화살표 함수를 이용하여 동일한 함수의 선언을 더 간결하게 만들었다. 이 함수는 이른바 **익명 함수**이며, 우리는 이 함수를 호출할 수 없다. 익명 함수는 자주 다른 함수의 인수로 이용된다. 자바스크립트에서 함수는 일급 객체first-class citizens이므로 변수에 저장할 수 있으며 다음과 같이 변수에 함수를 저장할 수 있다.

```
const calc = x => x * 2
```

그러면 다음과 같이 변수 이름을 이용하여 함수를 호출할 수 있다.

```
calc(5); // 10을 반환
```

인수가 둘 이상인 경우 괄호로 인수를 묶고 쉼표로 인수를 구분해야 화살표 함수를 제대로 이용할 수 있다. 예를 들어 다음 함수는 두 개의 매개변수를 받아 그 합계를 반환한다.

```
const calcSum = (x, y) => x + y
// 함수 호출
calcSum(2, 3); // 5를 반환
```

함수 본문이 표현식인 경우 return 키워드를 이용할 필요가 없다. 표현식은 항상 함수에서 암시적으로 반환된다. 다만 함수 본문이 여러 줄일 경우 다음과 같이 중괄호와 return 문을 이용해야 한다.

```
const calcSum = (x, y) => {
  console.log('Calculating sum');
  return x + y;
}
```

함수에 인수가 없다면 다음과 같이 빈 괄호를 지정해야 한다.

```
const sayHello = () => "Hello"
```

앞으로 프런트엔드를 구현하면서 화살표 함수를 많이 이용할 것이다.

템플릿 리터럴

템플릿 리터럴을 이용하여 문자열을 연결할 수 있다. 문자열을 연결하는 일반적인 방법은 다음과 같이 + 연산자를 이용하는 것이다.

```
let person = {firstName: 'John', lastName: 'Johnson'};
let greeting = "Hello " + person.firstName + " " + person.lastName;
```

다음은 템플릿 리터럴을 이용한 구문이다. 작은따옴표나 큰따옴표 대신 백틱(``)을 이용한다.

```
let person = {firstName: 'John', lastName: 'Johnson'};
let greeting = `Hello ${person.firstName} ${person.lastName}`;
```

다음으로 객체 구조 분해를 이용하는 방법을 배워보겠다.

객체 구조 분해

객체 구조 분해 기능을 이용하면 객체에서 값을 추출하여 변수에 할당할 수 있다. 단일 구문을 이용하여 객체의 여러 속성을 개별 변수에 할당할 수도 있다. 예를 들어 다음과 같은 객체가 있다고 가정해 보자.

```
const person = {
  firstName: 'John',
  lastName: 'Johnson',
  email: 'j.johnson@mail.com'
};
```

다음 구문을 이용하여 구조 분해할 수 있다.

```
const { firstName, lastName, email } = person;
```

firstName, lastName, email이라는 세 가지 변수를 만들고 해당 값을 person 객체로부터 가져온다.

객체 구조 분해가 없으면 다음 코드와 같이 각 속성에 개별적으로 접근해야 한다.

```
const firstName = person.firstName;
const lastName = person.lastName;
const email = person.email;
```

다음으로 자바스크립트 ES6 구문을 이용하여 클래스를 만드는 방법을 배워보자.

클래스와 상속

ES6의 클래스 정의는 자바나 C# 같은 다른 객체 지향 언어와 유사하다. 앞서 리액트 클래스 컴포넌트를 생성하는 방법을 살펴볼 때 ES6 클래스를 봤다. 하지만 앞서 말했듯이 리액트 컴포넌트를 만들 때 클래스를 이용하는 것은 더 이상 권장되지 않는다.

클래스를 정의하는 키워드는 class다. 클래스에는 필드, 생성자, 클래스 메서드가 있을 수 있다. 다음 예제 코드는 ES6에서 클래스를 작성하는 방법이다.

```
class Person {
  constructor(firstName, lastName) {
    this.firstName = firstName;
    this.lastName = lastName;
  }
}
```

상속은 extends 키워드로 지정한다. 다음 예제 코드에서 Employee 클래스는 Person 클래스를 상속한다. 즉, 상위 클래스로부터 모든 필드를 상속하고 Employee만의 고유한 필드 또한 가질 수 있다. 생성자에서 먼저 super 키워드를 이용하여 상위 클래스 생성자를 호출한다. 이 호출은 코드의 나머지 부분에 필요하며 누락되면 오류가 발생한다.

```
class Employee extends Person {
  constructor(firstName, lastName, title, salary) {
    super(firstName, lastName);
    this.title = title;
    this.salary = salary;
  }
}
```

ES6는 이미 꽤 오래되었지만 일부 기능은 여전히 최신 웹 브라우저에서만 부분적으로 지원된다. **바벨**Babel은 ES6(또는 최신 버전)을 모든 브라우저와 호환되는 이전 버전으로 컴파일하는 자바스크립트 컴파일러다. 바벨 웹사이트(https://babeljs.io)에서 컴파일러를 테스트할 수 있다. 다음 그림은 화살표 함수를 이전 자바스크립트 구문으로 컴파일하는 예시다.

그림 8.5 바벨

지금까지 ES6의 기본 사항에 대해 알아봤으니 다음으로 JSX와 스타일링이 무엇인지 살펴보자.

JSX와 스타일링

JSX$^{JavaScript\ XML}$는 자바스크립트를 위한 확장 문법이다. 리액트에서 JSX를 반드시 이용해야 하는 것은 아니지만 개발을 더 쉽게 만들어주는 몇 가지 이점이 있다. 예를 들어, JSX는 모든 값이 렌더링되기 전에 JSX에서 이스케이프되므로 주입^{injection} 공격을 방지할 수 있다. 특히 중괄호로 자바스크립트 표현식을 감싸서 JSX에 포함할 수 있다는 점은 유용하며, 이 기법은 다음 장에서 많이 이용될 것이다. JSX는 바벨을 통해 일반 자바스크립트로 컴파일된다.

다음 예제는 JSX로 컴포넌트의 프롭에 접근하는 방법이다.

```
function App(props) {
  return <h1>Hello World {props.user}</h1>;
}
```

> **TIP**
> 컴포넌트 프롭은 다음 절에서 다룬다.

다음 코드처럼 자바스크립트 표현식을 프롭으로 전달할 수도 있다.

```
<Hello count={2+2} />
```

리액트 JSX 요소에는 내부와 외부 스타일링을 모두 이용할 수 있다. 다음은 인라인 스타일링의 두 가지 예시다. 첫 번째 예제는 div 요소 내부의 스타일을 정의한다.

```
<div style={{ height: 20, width: 200 }}>
  Hello
</div>
```

두 번째 예제에서는 먼저 스타일 객체를 생성한 다음 div 요소에 적용한다. 객체 이름은 카멜케이스 camelCase 명명 규칙을 이용해야 한다.

```
const divStyle = { color: 'red', height: 30 };
const MyComponent = () => (
  <div style={divStyle}>Hello</div>
);
```

이전 절에서 살펴본 것처럼 스타일시트를 리액트 컴포넌트로 가져올 수 있다. 외부 CSS 파일에서 클래스를 참조하려면 다음 코드처럼 className 속성을 이용해야 한다.

```
import './App.js';
...
<div className="App-header"> This is my app</div>
```

다음 절에서는 리액트 프롭과 상태에 대해 알아보겠다.

프롭과 상태

프롭props과 상태state는 컴포넌트를 렌더링하기 위한 입력 데이터다. 프롭이나 상태가 변경되면 컴포넌트가 다시 렌더링된다.

프롭

프롭은 컴포넌트에 대한 입력이며, 상위 컴포넌트에서 하위 컴포넌트로 데이터를 전달하는 메커니즘이다. 프롭은 자바스크립트 객체이므로 여러 개의 키-값 쌍을 포함할 수 있다.

프롭은 불변이므로 컴포넌트는 프롭을 변경할 수 없다. 프롭은 상위 컴포넌트로부터 받는다. 컴포넌트는 함수 컴포넌트에 파라미터로 전달되는 props 객체를 통해 프롭에 접근할 수 있다. 예를 들어, 다음 컴포넌트를 살펴보자.

```
function Hello() {
  return <h1>Hello John</h1>;
}
```

이 컴포넌트는 정적 메시지를 렌더링할 뿐이며 재사용할 수 없다. 하드코딩된 이름을 이용하는 대신 다음과 같이 프롭을 이용하여 Hello 컴포넌트에 이름을 전달할 수 있다.

```
function Hello(props) {
  return <h1>Hello {props.user}</h1>;
}
```

상위 컴포넌트는 다음과 같이 Hello 컴포넌트에 프롭을 보낼 수 있다.

```
<Hello user="John" />
```

이제 Hello 컴포넌트가 렌더링되면 Hello John 텍스트가 표시된다.

다음과 같이 컴포넌트에 여러 개의 프롭을 전달할 수도 있다.

```
<Hello firstName="John" lastName="Johnson" />
```

이제 다음과 같이 프롭 객체를 이용하여 컴포넌트의 두 프롭에 모두 접근할 수 있게 된다.

```
function Hello(props) {
  return <h1>Hello {props.firstName} {props.lastName}</h1>;
}
```

이제 컴포넌트는 Hello John Johnson을 출력한다.

다음과 같은 방법으로 프롭 객체를 구조 분해할 수도 있다.

```
function Hello({ firstName, lastName }) {
  return <h1>Hello {firstName} {lastName}</h1>;
}
```

상태

리액트에서 컴포넌트 **상태**는 시간의 변화에 따라 변경될 수 있는 정보를 보관하는 내부 데이터 저장소다. 상태는 컴포넌트의 렌더링에도 영향을 준다. 상태가 업데이트되면 리액트는 컴포넌트의 리렌더링을 예약한다. 컴포넌트가 다시 렌더링되면 상태는 최신 값을 유지한다. 상태는 컴포넌트가 사용자 상호작용이나 기타 이벤트에 동적으로 반응할 수 있도록 한다.

> **참고**
>
> 일반적으로 리액트 컴포넌트에 불필요한 상태를 도입하지 않는 것이 좋다. 불필요한 상태는 컴포넌트의 복잡성을 증가시키고 원치 않는 부작용을 일으킬 수 있다. 때로는 지역 변수가 더 나은 옵션이 될 수 있다. 하지만 지역 변수를 변경하면 컴포넌트가 리렌더링되지 않는다는 것을 이해해야 한다. 컴포넌트가 리렌더링할 때마다 지역 변수는 다시 초기화되며, 그 값은 렌더링 간에 유지되지 않는다.

상태는 useState 혹 함수를 이용하여 만들 수 있다. 이 함수는 상태의 초깃값인 인수를 하나 받고 두 요소로 구성된 배열을 반환한다. 첫 번째 요소는 상태의 이름이고, 두 번째 요소는 상태 값을 업데이트하는 데 이용되는 함수다. 다음 코드는 useState 함수의 구문이다.

```
const [state, setState] = React.useState(initialValue);
```

다음 코드 예제는 이름은 name이고 초깃값은 Jim인 상태 변수를 생성한다.

```
const [name, setName] = React.useState('Jim');
```

다음과 같이 리액트에서 useState 함수를 가져올 수도 있다.

```
import React, { useState } from 'react';
```

그러면 React 키워드를 입력할 필요가 없다.

```
const [name, setName] = useState('Jim');
```

이제 다음 코드와 같이 setName 함수를 이용하여 상태 값을 업데이트할 수 있다. 이것이 상태 값을 수정하는 올바른 방법이다.

```
// name 상태 값 업데이트
setName('John');
```

= 연산자를 이용해 상태 값을 직접 업데이트해서는 안 된다. 다음과 같이 상태를 직접 업데이트하면 리액트가 컴포넌트를 다시 렌더링하지 않고 const 변수를 재할당할 수 없기 때문에 에러가 발생할 수 있다.

```
// 이 경우 UI가 다시 렌더링되지 않음
name = 'John';
```

상태가 여러 개인 경우 다음과 같이 useState 함수를 여러 번 호출할 수 있다.

```
// firstName과 lastName이라는 상태 두 개를 만듦
const [firstName, setFirstName] = useState('John');
const [lastName, setLastName] = useState('Johnson');
```

이제 다음 코드에 표시된 것처럼 setFirstName 및 setLastName 함수를 이용하여 상태를 업데이트할 수 있다.

```
// 여러 상태 값 업데이트
setFirstName('Jim');
setLastName('Palmer');
```

다음과 같이 객체를 이용하여 상태를 정의할 수도 있다.

```
const [name, setName] = useState({
  firstName: 'John',
  lastName: 'Johnson'
});
```

이제 setName을 이용하여 firstName과 lastName 상태 객체 매개 변수를 모두 업데이트할 수 있다. 함수를 이용하면 다음과 같이 된다.

```
setName({ firstName: 'Jim', lastName: 'Palmer' })
```

객체의 부분 업데이트를 수행하려는 경우 **스프레드**[spread] **연산자**를 이용할 수 있다. 다음 예제에서는 ES2018에 도입된 객체 스프레드 구문(...)을 이용한다. name 상태 객체를 복제하고 firstName 값을 Jim 으로 업데이트한다.

```
setName({ ...name, firstName: 'Jim' })
```

상태는 다음 예시와 같이 상태 이름을 이용하여 접근할 수 있다. 상태의 범위는 컴포넌트이므로 상태가 정의된 컴포넌트 외부에서는 이용할 수 없다.

```
// Hello John 렌더링
import React, { useState } from 'react';

function MyComponent() {
  const [firstName, setFirstName] = useState('John');
  return <div>Hello {firstName}</div>;
}
```

상태가 객체인 경우 다음과 같은 방법으로 접근할 수 있다.

```
const [name, setName] = useState({
  firstName: 'John',
  lastName: 'Johnson'
});

return <div>Hello {name.firstName}</div>;
```

지금까지 상태와 프롭의 기초를 배웠으며 이번 장의 뒷부분에서 상태에 대해 자세히 알아볼 것이다.

상태 비저장 컴포넌트

리액트 **상태 비저장 컴포넌트**[stateless component]는 프롭을 인수로 받아 리액트 요소를 반환하는 순수 자바스크립트 함수다. 다음 코드에 상태 비저장 컴포넌트의 예가 나온다.

```
function HeaderText(props) {
  return (
```

```
    <h1>
      {props.text}
    </h1>
  )
}

export default HeaderText;
```

HeaderText 예제 컴포넌트는 **순수 컴포넌트**^{pure component}라고도 한다. 동일한 입력값이 주어졌을 때 반환값이 일관되게 동일한 컴포넌트를 순수 컴포넌트라고 한다. 리액트는 순수 함수 컴포넌트의 성능을 최적화하는 React.memo()를 제공한다. 다음 코드에서는 컴포넌트를 memo() 안에 포함했다.

```
import React, { memo } from 'react';
function HeaderText(props) {
  return (
    <h1>
      {props.text}
    </h1>
  )
}

export default memo(HeaderText);
```

이제 컴포넌트가 렌더링되고 **메모이제이션**된다. 다음 렌더링에서 리액트는 프롭이 변경되지 않으면 메모된 결과를 렌더링한다. React.memo() 구문에는 렌더링 조건을 사용자 정의하는 데 이용할 수 있는 두 번째 인수인 arePropsEqual()도 있지만 여기서는 다루지 않겠다. 함수 컴포넌트를 이용할 때 얻을 수 있는 한 가지 이점은 동일한 입력값에 대해 반환값이 항상 동일하기 때문에 단위 테스트가 간단하다는 점이다.

조건부 렌더링

조건문을 이용하여 조건이 true 또는 false일 때 다른 UI를 렌더링할 수 있다. 이 기능은 일부 요소를 표시하거나 숨기고 인증을 처리하는 등의 작업에 이용할 수 있다.

다음 예제에서는 props.isLoggedin이 true인지 확인하여 true라면 <Logout /> 컴포넌트를 렌더링하고 그렇지 않으면 <Login /> 컴포넌트를 렌더링한다. 이제 컴포넌트는 두 개의 개별 return 문을 이용하여 구현된다.

```
function MyComponent(props) {
  const isLoggedin = props.isLoggedin;
  if (isLoggedin) {
    return (
      <Logout />
    )
  }

  return (
    <Login />
  )
}
```

condition ? true : false 논리 연산자를 이용하여 이를 구현할 수도 있으며 그러면 다음과 같이 하나의 return 문만 있으면 된다.

```
function MyComponent(props) {
  const isLoggedin = props.isLoggedin;
  return (
    <>
      { isLoggedin ? <Logout /> : <Login /> }
    </>
  );
}
```

리액트 훅

훅^{Hook}은 리액트 버전 16.8부터 도입되었다. 훅을 이용하면 함수 컴포넌트에서 상태와 리액트의 다른 기능을 이용할 수 있다. 훅이 생기기 전에는 상태나 복잡한 컴포넌트 로직이 필요한 경우 클래스 컴포넌트를 작성해야 했다.

리액트에서 훅을 이용하는 데는 다음과 같은 몇 가지 중요한 규칙이 있다. 항상 리액트 함수 컴포넌트의 최상위 수준에서 훅을 호출해야 한다. 루프, 조건문, 중첩 함수 안에서 훅을 호출해서는 안 된다. 훅 이름은 use로 시작하고, 그 뒤에 훅을 이용하는 목적이 따라온다.

useState

상태를 선언하는 데 이용되는 useState 훅 함수는 이미 익숙할 것이다. useState 훅을 이용하는 예시를 하나 더 살펴보겠다. 다음 그림과 같이 버튼을 포함하고, 버튼을 누르면 카운터가 1씩 증가하는 예제 카운터를 만들어 보자.

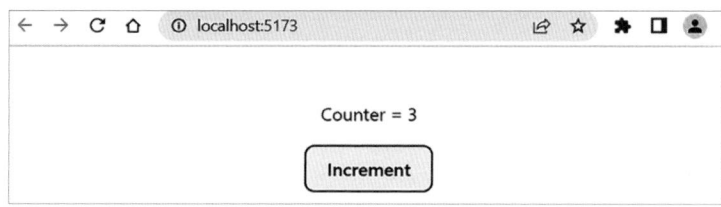

그림 8.6 Counter 컴포넌트

01. 먼저 Counter 컴포넌트를 생성하고 초깃값이 0인 count라는 상태를 선언한다. 카운터 상태의 값은 setCount 함수를 이용하여 업데이트할 수 있다. 코드는 다음과 같다.

```
import { useState } from 'react';
function Counter() {
  // 초깃값이 0인 count 상태
  const [count, setCount] = useState(0);
  return <div></div>;
};


export default Counter;
```

02. 다음으로 상태를 1씩 증가시키는 버튼 요소를 렌더링한다. onClick 이벤트 속성을 이용하여 setCount 함수를 호출하고 새 값은 현재 값에 1을 더한 값을 설정한다. 카운터 상태 값도 렌더링한다. 코드는 다음과 같다.

```
import { useState }  from 'react';

function Counter() {
  const [count, setCount] = useState(0);
```

```
    return (
      <div>
        <p>Counter = {count}</p>
        <button onClick={() => setCount(count + 1)}>
          Increment
        </button>
      </div>
    );
  };

export default Counter;
```

03. 이제 Counter 컴포넌트가 준비되었고 버튼을 누를 때마다 카운터가 1씩 증가한다. 상태가 업데이트되면 리액트가 컴포넌트를 다시 렌더링하고 새로운 카운트 값을 볼 수 있다.

> **TIP**
> 리액트에서 이벤트 이름은 카멜케이스(예: onClick)를 이용하여 지정된다.

함수는 이벤트 핸들러에 전달되어야 하며, 사용자가 버튼을 클릭할 때만 리액트가 함수를 호출한다는 점을 기억해야 한다. 다음 예제에서 화살표 함수를 이용하는데, 이는 코드를 더 압축적으로 작성할 수 있으며 그에 따라 코드의 가독성이 개선되기 때문이다. 이벤트 핸들러 안에서 함수를 호출하면 컴포넌트가 렌더링될 때 함수가 호출되어 무한 루프가 발생할 수 있다.

```
// 맞음 -> 함수가 버튼을 눌렀을 때 호출
<button onClick={() => setCount(count + 1)}>

// 틀림 -> 함수가 렌더링 중에 호출 -> 무한 루프
<button onClick={setCount(count + 1)}>
```

상태 업데이트는 비동기적이므로 새 상태 값이 현재 상태 값에 따라 달라질 수 있으므로 주의해야 한다. 최신 값이 이용되게 하려면 다음 예처럼 업데이트 함수에 함수를 전달하면 된다.

```
setCount(prevCount => prevCount + 1)
```

이제 이전 값이 함수에 전달되고 업데이트된 값이 반환되어 count 상태에 저장된다.

일괄 처리

리액트는 상태 업데이트에서 **일괄 처리**Batching를 이용하여 리렌더링을 줄인다. 리액트 버전 18 이전에는 일괄 처리가 버튼 클릭 같은 브라우저 이벤트 중에 업데이트되는 상태에서만 작동했다. 다음 예시에서 일괄 처리 업데이트의 개념을 확인할 수 있다.

```
import { useState } from 'react';

function App() {
  const [count, setCount] = useState(0);
  const [count2, setCount2] = useState(0);

  const increment = () => {
    setCount(count + 1); // 아직 재렌더링되지 않음
    setCount2(count2 + 1);
    // 모든 상태가 업데이트되고 나서 컴포넌트 재렌더링
  }
  return (
    <>
      <p>Counters: {count} {count2}</p>
      <button onClick={increment}>Increment</button>
    </>
  );
};

export default App;
```

리액트 버전 18 이상부터는 모든 상태 업데이트가 일괄 처리된다. 일괄 업데이트를 이용하고 싶지 않은 경우 `react-dom` 라이브러리의 `flushSync` API를 이용하여 일괄 처리를 피할 수 있다. 예를 들어, 다음 상태를 업데이트하기 전에 일부 상태를 업데이트하려는 경우가 있을 수 있다. 브라우저 API와 같은 서드 파티 코드를 합칠 때 유용할 수 있다.

이 작업을 수행하는 데 필요한 코드는 다음과 같다.

```
import { flushSync } from "react-dom";

const increment = () => {
```

```
flushSync( () => {
  setCount(count + 1); // 일괄 처리 업데이트되지 않음
});
}
```

flushSync는 리액트 앱의 성능에 영향을 줄 수 있으므로 필요한 경우에만 이용해야 한다.

useEffect

useEffect 훅 함수는 리액트 함수 컴포넌트에서 보조 작업$^{side-effect}$을 수행하는 데 이용할 수 있다. 보조 작업은 예를 들어 fetch 요청일 수 있다. useEffect 훅은 다음과 같이 두 개의 인수를 받는다.

```
useEffect(callback, [dependencies])
```

callback 함수에는 보조 작업 로직이 포함되어 있으며, [dependencies]는 의존성을 포함하는 배열로, 선택 사항이다.

다음 코드는 이전 카운터 예시를 보여주지만, useEffect 훅을 추가했다. 이제 버튼을 누르면 카운트 상태 값이 증가하고 컴포넌트가 다시 렌더링된다. 렌더링할 때마다 useEffect 콜백 함수가 호출되고 다음 코드처럼 콘솔에서 Hello from useEffect를 볼 수 있다.

```
import { useState, useEffect } from 'react';

function Counter() {
  const [count, setCount] = useState(0);

  // 렌더링이 끝나면 매번 호출됨
  useEffect(() => {
    console.log('Hello from useEffect')
  });

  return (
    <>
      <p>{count}</p>
      <button onClick={() => setCount(count + 1)}>Increment
      </button>
```

```
    </>
  );
};

export default Counter;
```

다음 그림에서 콘솔의 출력되는 모습과 각 렌더링 후에 useEffect 콜백이 호출되는 것을 볼 수 있다. 첫 번째 로그 행은 초기 렌더링될 때 출력된 것이고 나머지는 버튼을 두 번 눌러 상태가 업데이트되어 컴포넌트가 다시 렌더링될 때 출력된 것이다.

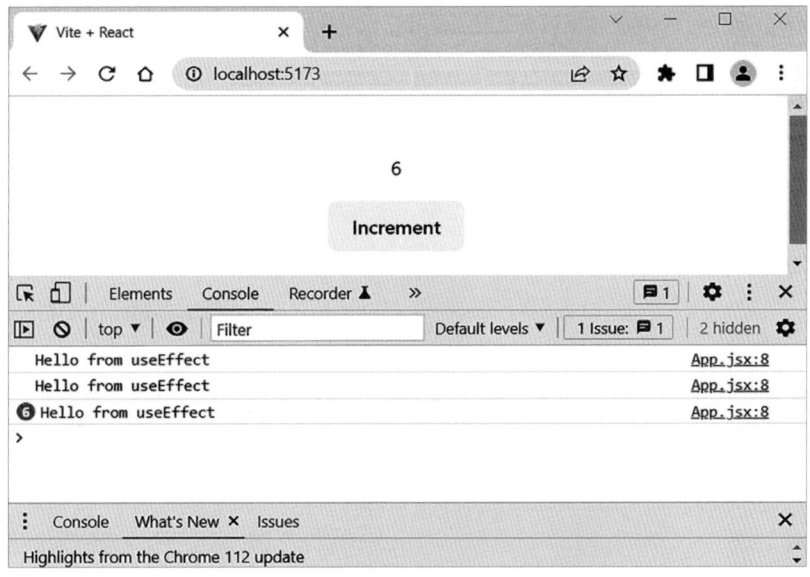

그림 8.7 useEffect

useEffect 훅에는 콜백 함수가 모든 렌더링에서 실행되지 않게 하는 데 이용할 수 있는 두 번째 선택적인 인수(의존성 배열)가 있다. 다음 코드에서는 count 상태 값이 변경되면(즉, 이전 값과 현재 값이 달라지면) useEffect 콜백 함수가 호출되도록 정의한다. 두 번째 인수에 여러 상태를 정의할 수도 있다. 이러한 상태 값 중 하나라도 변경되면 useEffect 훅이 호출된다.

```
// count 값이 변경되면 실행되고 컴포넌트가 다시 렌더링됨
useEffect(() => {
  console.log('Counter value is now ' + count);
}, [count]);
```

다음 코드처럼 두 번째 인수로 빈 배열을 전달하면 useEffect 콜백 함수는 첫 번째 렌더링 후에만 실행된다.

```
// 첫 번째 렌더링 후에만 실행
useEffect(() => {
  console.log('Hello from useEffect')
}, []);
```

이제 첫 번째 렌더링 후에만 Hello from useEffect가 출력되며 버튼을 누르면 텍스트가 출력되지 않는다. 해당 메시지는 첫 번째 렌더링 이후 두 번 출력되는데, 이는 리액트 엄격 모드 때문이다. 엄격 모드는 버그를 찾기 위해 개발 모드에서 컴포넌트를 두 번 렌더링하며 프로덕션 빌드에는 영향을 미치지 않는다.

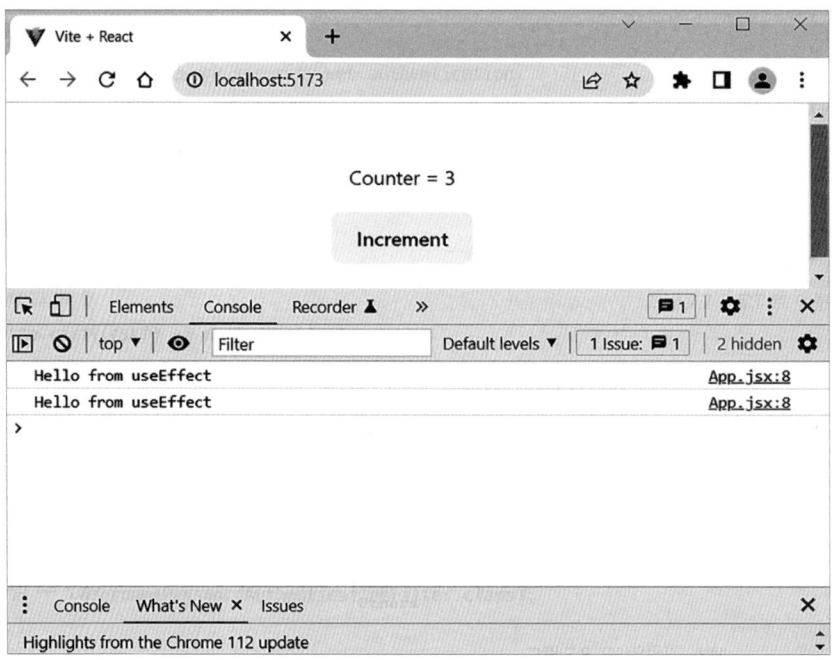

그림 8.8 빈 배열을 이용한 useEffect

또한 다음 코드처럼 useEffect 함수는 모든 보조 작업 이전에 실행되는 정리 함수를 반환할 수도 있다. 이 메커니즘을 이용하면 다음 번에 보조 작업을 실행하기 전에 이전 렌더링에서 각 효과를 정리할 수 있다. 이 기능은 구독, 타이머 또는 예기치 않은 작동을 방지하기 위해 정리해야 하는 리소스를 설정할 때 유용하다. 정리 기능은 페이지에서 컴포넌트를 제거(또는 **마운트 해제**)한 후에도 실행된다.

```
useEffect(() => {
  console.log('Hello from useEffect');
  return () => {
    console.log('Clean up function');
  });
}, [count]);
```

이러한 변경 사항을 적용하여 카운터 앱을 실행하면 다음 스크린 숏과 같이 콘솔에서 어떤 일이 발생하는지 확인할 수 있다. 컴포넌트는 엄격 모드로 인해 처음에 두 번 렌더링된다. 초기 렌더링이 끝나면 컴포넌트가 마운트 해제(DOM에서 제거)되고 따라서 정리 함수가 호출된다.

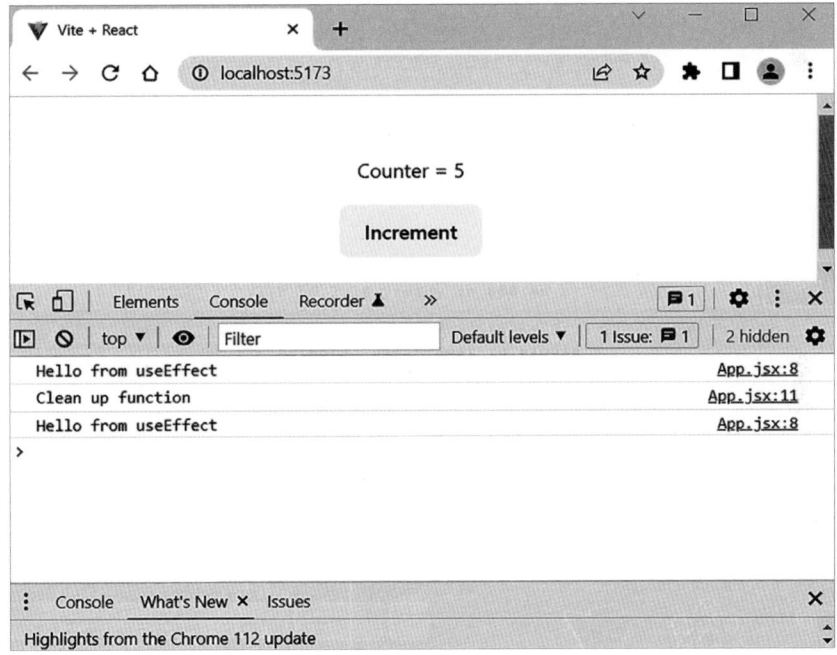

그림 8.9 정리 함수

useRef

useRef 혹은 DOM 노드에 접근하는 데 이용할 수 있는 변경 가능한 ref 객체를 반환한다. 다음 코드에 이를 이용하는 예시가 나온다.

```
const ref = useRef(initialValue)
```

반환되는 ref 객체에는 전달된 인수로 초기화된 current 속성(initialValue)이 있다. 다음 예제에서는 inputRef라는 ref 객체를 생성하고 null로 초기화한다. 그런 다음 JSX 요소의 ref 속성을 이용하고 ref 객체를 전달한다. 이제 input 요소가 button 요소 내 콜백 함수에 포함되고 current 속성을 이용하여 input 요소의 focus 함수를 실행할 수 있다. 이제 버튼을 누르면 input 요소에 포커스가 맞춰진다.

```
import { useRef } from 'react';
import './App.css';

function App() {
  const inputRef = useRef(null);

  return (
    <>
      <input ref={inputRef} />
      <button onClick={() => inputRef.current.focus()}>
        Focus input
      </button>
    </>
  );
}

export default App;
```

이번 절에서는 리액트 훅의 기본을 배웠고 프런트엔드 구현을 시작할 때 지금 배운 내용을 실제로 이용할 것이다. 이 밖에도 이용할 수 있는 다른 유용한 훅 함수가 있으며, 이어서 자기만의 훅을 만드는 방법을 배울 것이다.

사용자 정의 훅

리액트에서 자신만의 훅을 만들 수 있다. 이미 살펴본 것처럼 훅의 이름은 use로 시작해야 하며 자바스크립트 함수다. 사용자 정의 훅 custom hook 은 다른 훅을 호출할 수도 있다. 사용자 정의 훅을 이용하면 컴포넌트 코드의 복잡성을 줄일 수 있다.

사용자 정의 훅을 만드는 간단한 예제를 살펴보자.

01. 문서 제목을 업데이트하는 데 이용할 수 있는 useTitle 훅을 만들어보자. useTitle.js라는 자체 파일에 이를 정의할 것이다. 먼저 함수를 정의하고 인수 title을 지정한다. 코드는 다음과 같다.

```
// useTitle.js
function useTitle(title) {
}
```

02. 다음으로 useEffect 훅을 이용하여 title 인수가 바뀔 때마다 문서 제목을 업데이트하도록 한다. 인수는 다음과 같은 과정으로 변경된다.

```
import { useEffect } from 'react';

function useTitle(title) {
  useEffect(() => {
    document.title = title;
  }, [title]);
}

export default useTitle;
```

03. 이제 사용자 정의 훅을 이용할 수 있다. 카운터 예제에서 이 훅을 이용하여 현재 카운터 값을 문서 제목에 출력해 보자. 먼저 다음과 같이 useTitle 훅을 Counter 컴포넌트로 가져와야 한다.

```
import useTitle from './useTitle';

function Counter() {
  return (
  <>
  </> );
};

export default Counter;
```

04. 그다음에는 useTitle 훅을 이용하여 count 상태 값을 문서 제목에 출력한다. Counter 컴포넌트 함수의 최상위 레벨에서 훅 함수를 호출하면 컴포넌트가 렌더링될 때마다 useTitle 훅 함수가 호출되고 문서 제목에서 현재 카운트 값을 볼 수 있다. 코드는 다음과 같다.

```
import React, { useState } from 'react';
import useTitle from './useTitle';

function App() {
  const [count, setCount] = useState(0);
  useTitle(`You clicked ${count} times`);

  return (
    <>
      <p>Counter = {count}</p>
      <button onClick={ () => setCount(count + 1) }>
        Increment
      </button>
    </> );
};

export default App;
```

05. 이제 버튼을 클릭하면 다음 그림과 같이 사용자 정의 훅을 이용하여 count 상태 값이 업데이트되고 문서 제목에도 표시된다.

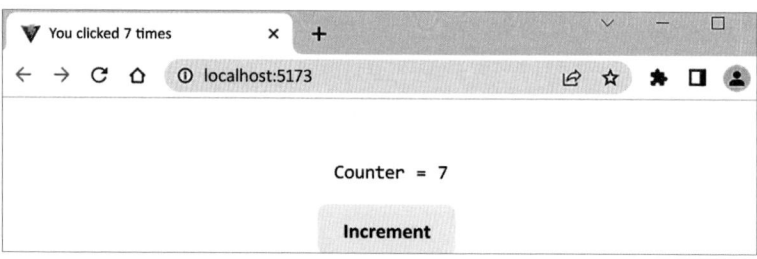

그림 8.10 사용자 정의 훅

지금까지 리액트 훅에 대한 기초를 알아보고 자신만의 사용자 정의 훅을 만드는 방법을 배웠다.

컨텍스트 API

컴포넌트 트리가 깊고 복잡하다면 프롭을 이용하여 데이터를 전달하는 것이 번거로울 수 있다. 컴포넌트 트리의 모든 컴포넌트를 통해 데이터를 전달해야 하기 때문이다. **컨텍스트 API**는 이 문제를 해결해 주며 테마나 인증된 사용자 등 컴포넌트 트리의 여러 컴포넌트에 필요할 수 있는 전역 데이터에 이용하는 것이 좋다.

컨텍스트는 기본값을 설정하기 위한 인수를 받는 createContext 메서드로 만든다. 컨텍스트에 대한 파일을 직접 만들 수 있으며 코드는 다음과 같다.

```
import React from 'react';

const AuthContext = React.createContext('');

export default AuthContext;
```

다음으로 컨텍스트 공급자 컴포넌트를 이용해 다른 컴포넌트에서 컨텍스트를 이용할 수 있게 한다. 컨텍스트 공급자 컴포넌트에는 소비 컴포넌트에 전달할 value 프롭이 있다. 다음 예제에서는 컨텍스트 공급자 컴포넌트를 이용하여 <MyComponent />를 감쌌기 때문에 컴포넌트 트리에서 <MyComponent /> 아래의 하위 컴포넌트 트리에서 userName 값을 이용할 수 있다.

```
import React from 'react';
import AuthContext from './AuthContext';
import MyComponent from './MyComponent';

function App() {
  // 사용자를 인증하고 사용자명을 가져온다.
  const userName = 'john';

  return (
    <AuthContext.Provider value={userName}>
      <MyComponent />
    </AuthContext.Provider>
); };

export default App;
```

이제 useContext() 훅을 이용하면 컴포넌트 트리의 모든 컴포넌트에서 제공된 값에 접근할 수 있다.

```
import React from 'react';
import AuthContext from './AuthContext';

function MyComponent() {
```

```
  const authContext = React.useContext(AuthContext);

  return(
    <>
      Welcome {authContext}
    </>
  );
}

export default MyComponent;
```

이제 컴포넌트가 전달된 Welcome john 텍스트를 렌더링한다.

리액트로 목록 처리

목록 처리를 위해 목록을 조작해야 할 때 유용한 자바스크립트의 map() 메서드에 대해 알아보자. map() 메서드는 원래 배열의 각 요소에 함수를 호출한 결과를 포함하는 새 배열을 만든다. 다음 예에서는 각 배열 요소에 2를 곱한다.

```
const arr = [1, 2, 3, 4];
const resArr = arr.map(x => x * 2); // resArr = [2, 4, 6, 8]
```

다음 예제 코드의 컴포넌트는 정수 배열을 목록 항목의 배열로 변환하고 이를 ul 요소 안에 렌더링한다.

```
import React from 'react';

function MyList() {
  const data = [1, 2, 3, 4, 5];
  return (
    <>
      <ul>
        {
        data.map((number) =>
          <li>Listitem {number}</li>
        }
      </ul>
```

```
      </>
  );
};

export default MyList;
```

다음 그림은 컴포넌트가 렌더링되었을 때의 모습이다. 콘솔을 열면 경고가 표시된다(Each child in a list should have a unique "key" prop).

그림 8.11 리액트 목록 컴포넌트

리액트의 목록 항목에는 행이 업데이트, 추가, 삭제되었는지 감지하는 데 이용되는 **고유 키**unique key가 필요하다. map() 메서드에는 두 번째 인수로 index가 있는데, 이는 경고를 처리하는 데 이용된다.

```
function MyList() {
  const data = [1, 2, 3, 4, 5];

  return (
    <>
      <ul>
        {
          data.map((number, index) =>
```

```
        <li key={index}>Listitem {number}</li>
      }
    </ul>
  </>
  );
};

export default MyList;
```

키를 추가한 후에는 콘솔에 경고가 표시되지 않는다.

> **TIP**
>
> 목록 순서를 바꾸거나 목록 항목을 추가 또는 삭제할 경우 버그가 발생할 수 있으므로 index를 이용하는 것은 권장하지 않는다. 대신 데이터의 고유 키가 존재한다면 해당 키를 이용하는 것이 적절하다. uuid(https://github.com/uuidjs/uuid)와 같이 고유 ID를 생성하는 데 이용할 수 있는 라이브러리도 있다.

데이터가 객체의 배열이면 테이블 형식으로 표시하는 것이 좋을 것이다. 목록을 처리할 때와 거의 동일한 방법이지만 다음 컴포넌트 코드처럼 배열을 테이블 행(tr 요소)에 매핑하고 테이블 요소 내부에 렌더링하기만 하면 된다. 데이터에 고유 ID가 있으므로 이를 키로 이용할 수 있다.

```
function MyTable() {
  const data = [
    {id: 1, brand: 'Ford', model: 'Mustang'},
    {id: 2, brand: 'VW', model: 'Beetle'},
    {id: 3, brand: 'Tesla', model: 'Model S'}];
  return (
    <>
      <table>
        <tbody>
        {
        data.map((item) =>
          <tr key={item.id}>
            <td>{item.brand}</td><td>{item.model}</td>
          </tr>) }
        </tbody>
      </table>
```

```
    </>
  );
};


export default MyTable;
```

다음 그림은 컴포넌트가 렌더링될 때의 모습으로 HTML 테이블에 데이터가 표시될 것이다.

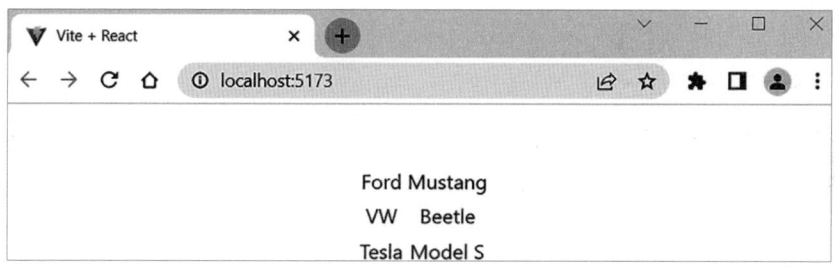

그림 8.12 리액트 테이블

지금까지 map() 메서드를 이용하여 목록 데이터를 처리하는 방법과 HTML table 요소를 이용하여 렌더링하는 방법을 배웠다.

리액트로 이벤트 처리

리액트의 이벤트 처리는 DOM 요소 이벤트 처리와 유사하다. HTML 이벤트 처리와 다른 점은 이벤트를 지정할 때 리액트에서는 카멜케이스를 이용한다는 점이다. 다음 예시의 컴포넌트 코드는 버튼에 이벤트 리스너를 추가하고 버튼을 눌렀을 때 경고 메시지를 표시한다.

```
function MyComponent() {
  // 버튼을 누르면 호출됨
  const handleClick = () => {
    alert('Button pressed');
  }
  return (
    <>
      <button onClick={handleClick}>Press Me</button>
    </> );
```

```
  };

export default MyComponent;
```

앞서 카운터 예제에서 배웠던 것처럼 함수를 호출하는 대신 함수 이름을 이벤트 핸들러에 전달해야 한다. 이제 `handleClick` 함수는 반환문 외부에 정의되어 있으며 함수 이름을 이용하여 함수를 참조할 수 있다.

```
// 맞음
<button onClick={handleClick}>Press Me</button>

// 틀림
<button onClick={handleClick()}>Press Me</button>
```

리액트에서는 기본 작동을 방지하기 위해 이벤트 핸들러에서 `false`를 반환하는 방법을 쓸 수 없다. 대신 이벤트 객체의 `preventDefault()` 메서드를 호출해야 한다. 다음 예제는 form 요소를 이용하며 폼 제출을 방지하는 방법을 보여준다.

```
function MyForm() {
  // 폼이 제출될 때 호출됨
  const handleSubmit = (event) => {
    event.preventDefault(); // 기본 작동을 방지
    alert('Form submit');
  }

  return (
    <form onSubmit={handleSubmit}>
      <input type="submit" value="Submit" />
    </form>
  );
};
export default MyForm;
```

이제 **제출**Submit 버튼을 누르면 알림이 표시되고 양식이 제출되지 않는다.

리액트로 폼 처리

리액트에서는 폼 처리가 조금 다르다. HTML 양식은 제출되면 다음 페이지로 이동한다. 리액트에서는 제출 후 폼 데이터에 접근할 수 있는 자바스크립트 함수를 호출하고 다음 페이지로의 이동을 방지하고 싶은 경우가 흔히 있다. preventDefault()를 이용하여 제출을 피하는 방법은 이전 절에서 이미 다루었다.

먼저 하나의 입력 필드와 **제출** 버튼이 있는 최소한의 폼을 만들어 보자. 입력 필드의 값을 가져오기 위해 onChange 이벤트 핸들러를 이용한다. useState 혹을 이용하여 text라는 상태 변수를 만든다. 입력 필드의 값이 변경되면 새 값이 상태에 저장된다. 이 컴포넌트는 폼 데이터가 리액트에 의해 처리되기 때문에 **제어 컴포넌트**라고 불린다. 제어되지 않는 컴포넌트에서 폼 데이터는 DOM에 의해서만 처리된다.

setText(event.target.value) 문은 input 필드에서 값을 가져와서 상태에 저장한다. 마지막으로 사용자가 제출 버튼을 누르면 입력한 값을 표시한다. 다음은 첫 번째 폼의 소스코드다.

```
import { useState } from 'react';

function MyForm() {
  const [text, setText] = useState('');

  // 입력 요소의 내용이 변경되면 값을 상태에 저장
  const handleChange = (event) => {
    setText(event.target.value);
  }

  const handleSubmit = (event) => {
    alert(`You typed: ${text}`);
    event.preventDefault();
  }

  return (
    <form onSubmit={handleSubmit}>
      <input type="text" onChange={handleChange}
          value={text}/>
      <input type="submit" value="Press me"/>
    </form>
  );
};

export default MyForm;
```

다음 그림은 제출 버튼을 누른 후의 폼 컴포넌트의 모습이다.

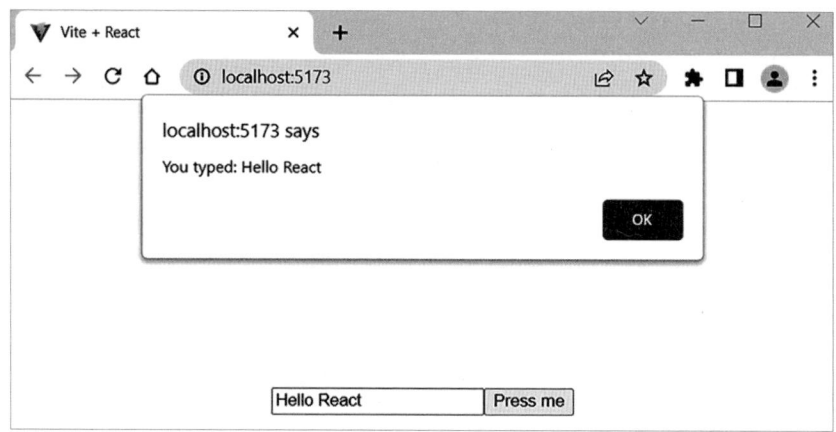

그림 8.13 폼 컴포넌트

다음 예시와 같이 JSX를 이용하여 인라인 onChange 핸들러 함수를 작성할 수도 있다. 이는 간단한 이벤트 핸들러 함수가 있는 경우 매우 일반적인 방법이며 코드 가독성을 높여준다.

```
return (
  <form onSubmit={handleSubmit}>
    <input
      type="text"
      onChange={event => setText(event.target.value)}
      value={text}/
    >
    <input type="submit" value="Press me"/>
  </form>
);
```

이제 리액트 앱을 디버깅하는 데 유용한 리액트 개발자 툴을 살펴볼 때다.

> **TIP**
> 아직 리액트 개발자 툴을 설치하지 않은 경우 7장 '환경과 툴 설정 – 프런트엔드'에서 설치법을 찾을 수 있다.

리액트 폼 앱에서 리액트 개발자 툴의 Components 탭을 열고 입력 필드에 무언가를 입력하면 상태의 값이 어떻게 변하는지 확인할 수 있으며, 프롭과 상태의 현재 값을 모두 검사할 수 있다.

다음 그림은 입력 필드에 무언가를 입력할 때 상태가 어떻게 변하는지를 보여준다.

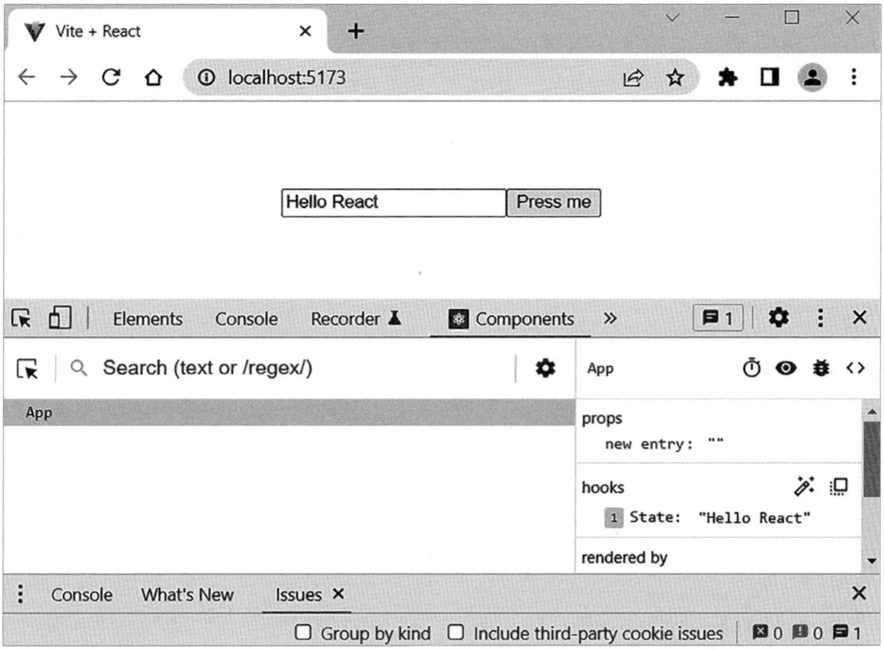

그림 8.14 리액트 개발자 툴

일반적으로 폼에는 입력 필드가 두 개 이상 있다. 객체 상태를 이용하여 이를 처리하는 방법을 살펴보자. 먼저 다음 코드에 표시된 것처럼 useState 훅을 이용하여 user 상태를 추가한다. user 상태는 firstName, lastName, email의 세 속성을 포함한 객체다.

```
const [user, setUser] = useState({
  firstName: '',
  lastName: '',
  email: ''
});
```

여러 input 필드를 처리하는 할 때 input 필드 수만큼 변경 핸들러를 추가할 수 있지만 이렇게 하면 상용구 코드가 많이 생성되므로 피하는 것이 좋다. 이 문제를 해결하기 위해 input 필드에 name 속성을 추가한다. 변경 핸들러에서 이를 활용하여 변경 핸들러를 트리거하는 input 필드를 식별할 수 있다. input 요소의 name 속성 값은 값을 저장하려는 상태 객체 속성의 이름과 동일해야 하며, lastName input 요소의 경우처럼 value 속성은 object.property여야 한다. 코드는 다음과 같다.

```
<input type="text" name="lastName" onChange={handleChange}
  value={user.lastName}/>
```

이제 핸들러를 트리거하는 input 필드가 lastName 필드인 경우 event.target.name은 lastName가 되고 입력한 값은 상태 객체의 lastName 필드에 저장된다. 여기서는 프롭과 상태 절에서 소개한 객체 스프레드 표기법도 이용한다. 이렇게 하면 하나의 변경 핸들러로 모든 input 필드를 처리할 수 있다.

```
const handleChange = (event) => {
  setUser({...user, [event.target.name]:
     event.target.value});
}
```

다음은 컴포넌트의 전체 소스코드다.

```
import { useState } from 'react';

function MyForm() {
  const [user, setUser] = useState({
    firstName: '',
    lastName: '',
    email: ''
  });

  // 입력 상자의 내용이 변경되면 값을 상태에 저장
  const handleChange = (event) => {
    setUser({...user, [event.target.name]:
       event.target.value});
  }

  const handleSubmit = (event) => {
    alert(`Hello ${user.firstName} ${user.lastName}`);
    event.preventDefault();
  }

  return (
    <form onSubmit={handleSubmit}>
      <label>First name </label>
      <input type="text" name="firstName" onChange=
```

```
        {handleChange}
      value={user.firstName}/><br/>
    <label>Last name </label>
    <input type="text" name="lastName" onChange=
        {handleChange}
      value={user.lastName}/><br/>
    <label>Email </label>
    <input type="email" name="email" onChange=
        {handleChange}
      value={user.email}/><br/>
    <input type="submit" value="Submit"/>
   </form>
  );
};

export default MyForm;
```

다음 그림은 제출 버튼을 누른 후의 폼 컴포넌트의 모습이다.

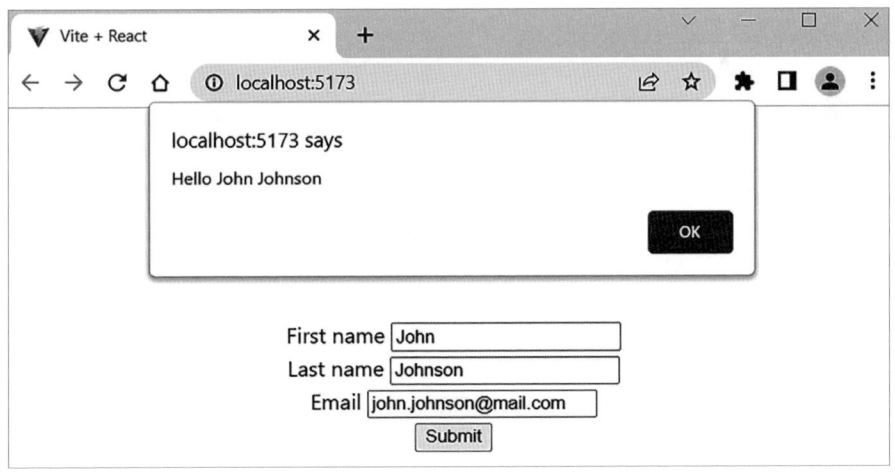

그림 8.15 리액트 폼 컴포넌트

이전 예제에서는 세 개의 값이 모두 한 사용자에게 속했기 때문에 하나의 객체 상태를 만드는 것이 나은 선택이었지만 하나의 상태와 객체 대신 별도의 상태를 이용하여 구현할 수도 있다. 다음 코드에 그 예가 나온다. 이제 세 개의 상태가 있고 input 요소의 onChange 이벤트 핸들러에서 올바른 업데이트 함수를 호출하여 그 값을 상태에 저장한다. 이 경우 input 입력 요소의 name 속성은 필요하지 않다.

```
import { useState } from 'react';

function MyForm() {
  const [firstName, setFirstName] = useState('');
  const [lastName, setLastName] = useState('');
  const [email, setEmail] = useState('');

  const handleSubmit = (event) => {
    alert('Hello ${firstName} ${lastName}');
    event.preventDefault();
  }

  return (
    <form onSubmit={handleSubmit}>
      <label>First name </label>
      <input
        onChange={e => setFirstName(e.target.value)}
        value={firstName}/><br/>
      <label>Last name </label>
      <input
        onChange={e => setLastName(e.target.value)}
        value={lastName}/><br/>
      <label>Email </label>
      <input
        onChange={e => setEmail(e.target.value)}
        value={email}/><br/>
      <input type="submit" value="Press me"/>
    </form>
  );
};

export default MyForm;
```

지금까지 리액트로 폼을 처리하는 방법을 배웠다. 뒤에서 프런트엔드를 구현할 때 이 기술을 응용해 보자.

요약

이번 장에서는 프런트엔드를 구축하는 데 이용할 리액트에 대해 배우기 시작했다. 프런트엔드 개발에서는 이번 장에서 살펴본 것처럼 코드를 더 깔끔하게 만들어주는 ES6를 이용할 것이다. 리액트로 개발을 시작하기 전에 리액트 컴포넌트, JSX, 프롭, 상태, 훅과 같은 기본 사항을 다루었다. 그다음 추가 개발에 필요한 기능을 살펴봤다. 조건부 렌더링과 컨텍스트에 대해 배웠고 리액트로 목록, 폼, 이벤트를 처리하는 방법도 배웠다.

다음 장에서는 리액트와 함께 타입스크립트에 초점을 맞출 것이다. 타입스크립트의 기초와 리액트 프로젝트에서 타입스크립트를 이용하는 방법을 배워보자.

문제

1. 리액트 컴포넌트란 무엇인가?
2. 상태와 프롭이란 무엇인가?
3. 리액트 앱에서 데이터 흐름은 어떻게 수행되는가?
4. 상태 비저장 컴포넌트와 상태 저장 컴포넌트의 차이점은 무엇인가?
5. JSX란 무엇인가?
6. 리액트 훅의 이름은 어떻게 붙이는가?
7. 컨텍스트는 어떻게 작동하는가?

참고자료

다음 목록은 리액트에 대해 배울 수 있는 좋은 자료들이다.

- React – The Complete Guide, 막시밀리안 슈바르츠뮐러 (https://www.packtpub.com/product/react-the-complete-guide-includes-hooks-react-router-and-redux-2021-updated-second-edition-video/9781801812603)
- The Ultimate React Course 2023, 조나스 슈메츠만 (https://www.udemy.com/course/the-ultimate-react-course/)

09
타입스크립트 입문

이번 장에서는 타입스크립트^{TypeScript}에 대해 알아본다. 리액트에서 타입스크립트를 이용하는 데 필요한 기초 기술을 다루고 타입스크립트로 첫 번째 리액트 앱을 만들 예정이다.

이번 장에서는 다음 주제들을 살펴본다.

- 타입스크립트 이해하기
- 리액트에서 타입스크립트 기능 이용하기
- 타입스크립트로 리액트 앱 만들기

기술 요구 사항

이번 실습에는 리액트 버전 18 이상이 필요하다.

이번 장의 깃허브 저장소(https://github.com/PacktPublishing/Full-Stack-Development-with-Spring-Boot-3-and-React-Fourth-Edition/tree/main/Chapter09)를 방문하면 추가 리소스를 확인할 수 있다.

타입스크립트 이해하기

타입스크립트(https://www.typescriptlang.org/)는 마이크로소프트에서 개발한, 강력한 타입 시스템을 제공하는 자바스크립트 상위 집합이다. 최근 몇 년 동안 타입스크립트 채택이 크게 증가했으며 업계에서 널리 이용되고 있다. 활발한 개발 커뮤니티를 보유하고 있으며 대부분의 인기 있는 라이브러리가 지원하고 있다. JetBrains 2022 개발자 생태계 보고서에서 타입스크립트는 가장 빠르게 성장하는 프로그래밍 언어로 선정되었다(https://www.jetbrains.com/lp/devecosystem-2022/).

타입스크립트는 자바스크립트에 비해 여러 장점이 있는데, 그중 가장 큰 장점은 강력한 타입 시스템이다.

- 타입스크립트를 이용하면 변수, 함수, 클래스에 대한 **타입**을 정의할 수 있다. 이를 통해 개발 프로세스 초기에 오류를 포착할 수 있다.
- 타입스크립트는 앱의 확장성을 향상시킬 뿐만 아니라 코드를 더 쉽게 유지 관리할 수 있게 해준다.
- 타입스크립트를 이용하면 코드 가독성이 향상되고 코드의 자체 문서화가 더욱 쉬워진다.

정적 타입 시스템에 익숙하지 않다면 자바스크립트보다 타입스크립트 학습이 더 어려울 수 있다.

타입스크립트를 시도해 보는 가장 쉬운 방법은 TypeScript Playground(https://www.typescriptlang.org/play)와 같은 온라인 환경을 이용하는 것이다. 로컬에서 타입스크립트를 코딩하려면 npm을 이용하여 컴퓨터에 타입스크립트 컴파일러를 설치해야 한다. 비트에는 타입스크립트 지원이 내장되어 있기 때문에 리액트 프로젝트에는 설치할 필요가 없다. 타입스크립트는 일반 자바스크립트로 트랜스파일한 다음, 자바스크립트 엔진에서 실행할 수 있다.

다음 npm 명령은 최신 버전의 타입스크립트를 전역에 설치하여 터미널의 어느 곳에서나 타입스크립트를 이용할 수 있게 한다.

```
npm install -g typescript
```

타입스크립트 버전 번호를 확인하여 설치 여부를 확인할 수 있다.

```
tsc --version
```

> **TIP**
>
> 윈도우 PowerShell을 이용하는 경우 **이 시스템에서 스크립트 실행이 비활성화되었다**(running scripts is disabled on this system)는 오류가 표시될 수 있다. 이 경우 설치 명령을 실행할 수 있도록 실행 정책을 변경해야 한다. 자세한 내용은 https://go.microsoft.com/fwlink/?LinkID=135170에서 확인할 수 있다.

자바스크립트와 마찬가지로 타입스크립트는 린팅linting과 코드 자동 완성 등의 기능을 통해 코딩의 생산성을 높여주는 우수한 IDE 지원(예: VS Code의 IntelliSense)을 제공한다.

공통 타입

타입스크립트는 변수를 초기화할 때 변수의 타입을 자동으로 정의한다. 이를 **타입 추론**이라고 한다. 다음 예시에서는 message 변수를 선언하고 문자열 값에 할당한다. 다른 타입으로 재할당을 시도하면 다음 그림과 같이 오류가 발생한다.

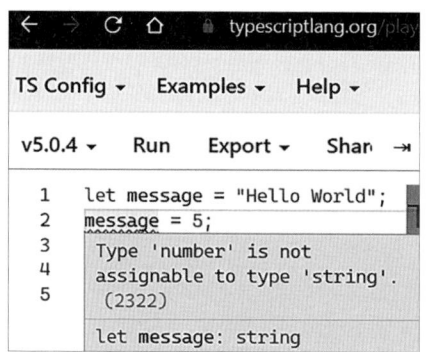

그림 9.1 타입 추론

타입스크립트에는 기본 타입으로 문자열string, 숫자number, 불bool이 있다. number 타입은 정수 및 부동 소수점 숫자를 모두 반환한다. 다음 구문은 변수에 대한 명시적 타입을 설정하는 법을 알려준다.

```
let variable_name: type;
```

다음 코드는 명시적 타입 지정의 예다.

```
let email: string;
let age: number;
let isActive: boolean;
```

변수의 타입은 typeof 키워드를 이용하여 확인할 수 있으며 이 키워드는 적용되는 변수의 타입을 나타내는 문자열을 반환한다.

```
// 변수 타입 확인
console.log(typeof email); // 출력은 "string" typeof email와 완전 일치(===)
"string" // true
typeof age === "string" // false
```

변수의 타입을 모른다면 unknown 타입을 이용할 수 있다. 예를 들어 외부 소스로부터 값을 받아올 때 그 타입을 알 수 없는 경우에 이용 가능하다.

```
let externalValue: unknown;
```

알 수 없는 변수에 값이 할당된 경우 typeof 키워드를 이용하여 타입을 확인할 수 있다.

> **TIP**
>
> 타입스크립트는 any 타입도 제공한다. any 타입을 이용하여 변수를 정의하는 경우 타입스크립트는 해당 변수에 대해 타입 검사 또는 추론을 수행하지 않는다. 타입스크립트의 효과를 무효화하므로 가능한 한 any 타입을 이용하지 않는 것이 좋다.

배열Array은 자바스크립트에서와 같은 방식으로 선언할 수 있지만 배열의 요소 타입을 정의해야 한다.

```
let arrayOfNums: number[] = [1, 2, 3, 4];
let animals: string[] = ["Dog", "Cat", "Tiger"];
```

다음과 같이 Array 제네릭Generic 타입(Array<TypeOfElement>)을 이용할 수도 있다.

```
let arrayOfNums: Array<number> = [1, 2, 3, 4];
let animals: Array<string> = ["Dog", "Cat", "Tiger"];
```

타입 추론은 객체에서도 작동한다. 다음과 같은 객체를 만들면 타입스크립트는 다음과 같은 추론된 타입 (id: number, name: string, email: string)으로 객체를 만든다.

```
const student = {
  id: 1,
  name: "Lisa Smith ",
  email: "lisa.s@mail.com ",
};
```

객체의 모양을 설명하는 인터페이스(interface) 또는 type 키워드를 이용하여 객체를 정의할 수도 있다. type과 interface는 상당히 유사하며 대개는 둘 중 어떤 것을 이용하더라도 무방하다.

```
// interface 이용
interface Student {
    id: number;
    name: string;
    email: string;
};
// 또는 type 이용
type Student = {
    id: number;
    name: string;
    email: string;
};
```

그런 다음 앞서 정의된 Student 인터페이스 또는 타입을 따르는 객체를 선언할 수 있다.

```
const myStudent: Student = {
    id: 1,
    name: "Lisa Smith ",
    email: "lisa.s@mail.com ",
};
```

> **참고**
>
> type과 interface의 차이점에 대한 자세한 내용은 타입스크립트 문서(https://www.typescriptlang.org/ko/docs/handbook/2/everyday-types.html#differences-between-type-aliases-and-interfaces)에서 확인할 수 있다.

이제 인터페이스나 타입과 일치하지 않는 객체를 만들려고 하면 오류가 발생한다. 다음 그림에서는 id 속성 값이 string이지만 interface에서 number로 정의된 객체를 생성한다.

```
TS Config ▼    Examples ▼    Help ▼                              Settings

v5.0.4 ▼    Run    Export ▼    Shar  →       .JS  .D.TS  Errors❶ Logs  Plugins

 1   interface Student {
 2       id: number;                           Errors in code
 3       name: string;
 4       email: string;                        Type 'string' is not assignable to
 5   };                                        type 'number'.
 6
 7   const myStudent: Student = {
 8       id: "1",
 9       name: "Lisa Smith",
10       email: "lisa.s@mail.com",
11   };
12
13
```

그림 9.2 인터페이스

속성 이름 끝에 물음표(?)를 이용하여 선택적 속성을 정의할 수 있다. 다음 예에서는 `email`을 선택 사항으로 설정한다. 이제 이메일은 선택적 속성이므로 이메일 없이 학생 객체를 생성할 수 있다.

```
type Student = {
    id: number;
    name: string;
    email?: string;
};
// 이메일 객체 없이 학생 객체 생성
const myStudent: Student = {
    id: 1,
    name: "Lisa Smith"
}
```

선택적 체이닝 연산자(?.)를 이용하면 오류를 일으키지 않고 null이거나 undefined일 수 있는 객체 속성 및 메서드에 안전하게 접근할 수 있다. 이는 선택적 속성에 상당히 유용하다. `address`가 선택 사항인 다음 타입을 살펴보자.

```
type Person = {
    name: string,
    email: string;
    address?: {
        street: string;
```

```
        city: string;
    }
}
```

address 속성이 정의되지 않은 Person 타입을 기반으로 객체를 만들 수 있다.

```
const person: Person = {
    name: "John Johnson",
    email: "j.j@mail.com"
}
```

이제 address 속성에 접근하려고 하면 오류가 발생한다.

```
// 오류가 발생
console.log(person.address.street);
```

그러나 선택적 체이닝을 이용하는 경우 undefined가 콘솔에 출력되고 오류는 발생하지 않는다.

```
// undefined가 출력
console.log(person.address?.street);
```

타입스크립트에서 타입을 작성하는 방법에는 여러 가지가 있다. 연산자를 이용하여 서로 다른 타입을 처리하는 타입인 **유니언**Union **타입**을 만들 수 있다. 예를 들어 다음 예제에서는 문자열이나 숫자를 포함할 수 있는 타입을 정의한다.

```
type InputType = string | number;
// 정의한 타입 이용
let name: InputType = "Hello";
let age: InputType = 12;
```

다음 예제와 같이 유니언 타입을 이용하여 문자열 또는 숫자 집합을 정의할 수도 있다.

```
type Fuel = "diesel" | "gasoline" | "electric ";
type NoOfGears = 5 | 6 | 7;
```

이제 다음과 같이 유니언 타입을 이용할 수 있다.

```
type Car = {
  brand: string;
  fuel: Fuel;
  gears: NoOfGears;
}
```

새 Car 객체를 생성하고 Fuel 또는 NoOfGears 유니언 타입에 정의된 값과 다른 값을 할당하려고 하는 경우 오류가 발생한다.

함수

함수를 정의할 때 다음과 같은 방법으로 매개변수 타입을 설정할 수 있다.

```
function sayHello(name: string) {
  console.log("Hello " + name);
}
```

이제 다른 매개변수 타입을 이용하여 함수를 호출하려고 하면 오류가 발생한다.

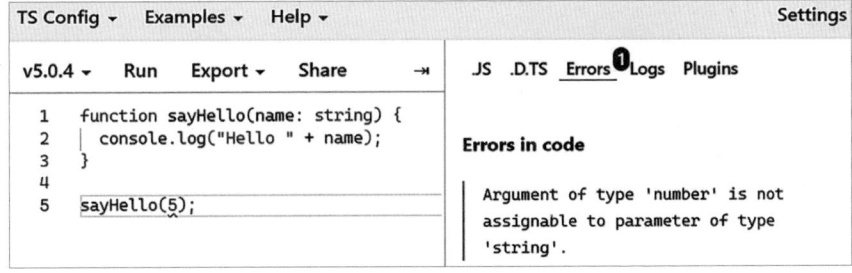

그림 9.3 함수 호출

함수 매개변수 타입이 정의되지 않은 경우 암시적으로 아무 타입이나 이용할 수 있다. 함수 매개변수에 유니언 타입을 이용할 수도 있다.

```
function checkId(id: string | number) {
  if (typeof id === "string ")
    // 무언가 실행
```

```
  else
    // 무언가 다른 것을 실행
}
```

함수의 반환 타입은 다음과 같은 방식으로 선언할 수 있다.

```
function calcSum(x: number, y: number): number {
  return x + y;
}
```

예를 들어 화살표 함수는 타입스크립트에서 동일한 방식으로 작동한다.

```
const calcSum = (x:number, y:number): number => x + y;
```

화살표 함수가 아무것도 반환하지 않으면 void 키워드를 이용할 수 있다.

```
const sayHello = (name: string): void => console.log("Hello " + name);
```

지금까지 여러 타입스크립트 기초를 살펴봤으니, 이제 이 새로운 기술을 리액트 앱에 적용하는 방법을 배워보자.

리액트에서 타입스크립트 기능 이용

타입스크립트는 특히 프로젝트가 복잡해질 때 리액트 프로젝트에 유용한 추가 요소다. 이번 절에서는 리액트 컴포넌트에서 프롭과 상태 타입 유효성 검사를 수행하고 개발 초기에 잠재적인 오류를 감지하는 방법을 알아보자.

상태와 프롭

리액트에서는 컴포넌트 프롭의 타입을 정의해야 한다. 앞선 내용에서 컴포넌트 프롭이 자바스크립트 객체라는 것을 배웠으므로 프롭의 타입을 정의하기 위해 type 또는 interface를 이용할 수 있다.

컴포넌트가 name(string)과 age(number) 프롭을 받는 예시 하나를 살펴보자.

```
function HelloComponent({ name, age }) {
  return(
    <>
      Hello {name}, you are {age} years old!
    </>
  );
}

export default HelloComponent;
```

이제 `HelloComponent`를 렌더링하고 프롭을 전달할 수 있다.

```
// 임포트 문들...
function App() {
  return(
    <HelloComponent name="Mary" age={12} />
  )
}
export default App;
```

타입스크립트를 이용하는 경우 먼저 프롭을 설명하는 타입을 만들 수 있다.

```
type HelloProps = {
  name: string;
  age: number;
};
```

그런 다음 컴포넌트 프롭에 `HelloProps` 타입을 이용할 수 있다.

```
function HelloComponent({ name, age }: HelloProps) {
  return(
    <>
      Hello {name}, you are {age} years old!
    </>
  );
}

export default HelloComponent;
```

이제부터 잘못된 타입을 이용하여 프롭을 전달하면 오류가 발생한다. 이는 개발 단계에서 잠재적인 오류를 포착할 수 있기 때문에 매우 유용하다.

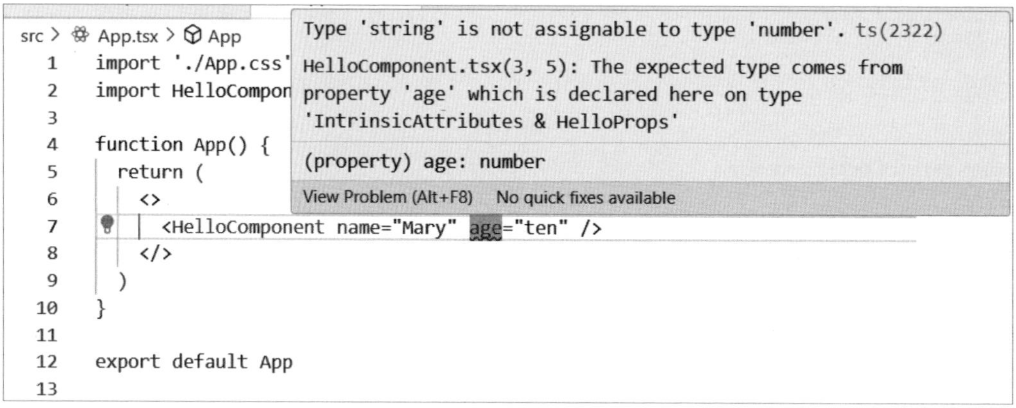

```
src > ® App.tsx > ® App
   1   import './App.css'
   2   import HelloCompon
   3
   4   function App() {
   5     return (
   6       <>
   7         <HelloComponent name="Mary" age="ten" />
   8       </>
   9     )
  10   }
  11
  12   export default App
  13
```

Type 'string' is not assignable to type 'number'. ts(2322)
HelloComponent.tsx(3, 5): The expected type comes from property 'age' which is declared here on type 'IntrinsicAttributes & HelloProps'
(property) age: number
View Problem (Alt+F8)   No quick fixes available

그림 9.4 타입 지정 프롭

대신 자바스크립트를 이용했다면 이 단계에서 오류가 발생하지 않았을 것이다. 자바스크립트에서 숫자 대신 문자열을 age 프롭으로 전달했더라도 여전히 작동했을 테지만, 나중에 숫자 연산을 수행하려고 하면 예기치 않은 동작이나 오류가 발생했을 수 있다.

선택적 프롭이 있는 경우 프롭의 타입을 정의할 때 물음표를 이용하여 표시할 수 있다(예: age가 선택 사항인 경우).

```
type HelloProps = {
  name: string;
  age?: number;
};
```

이제 age 프롭이 있든 없든 컴포넌트를 이용할 수 있다.

프롭을 이용하여 함수를 전달하려면 다음 구문을 이용하여 타입에 함수를 정의할 수 있다.

```
// 매개변수가 없는 함수
type HelloProps = {
  name: string;
  age: number;
```

```ts
  fn: () => void;
};

// 매개변수가 있는 함수
type HelloProps = {
  name: string;
  age: number;
  fn: (msg: string) => void;
};
```

앱의 여러 파일에서 동일한 타입을 이용하고 싶은 경우가 자주 있다. 이럴 땐 타입을 자체 파일로 추출하여 내보내는 것이 좋다.

```ts
// types.ts 파일
export type HelloProps = {
  name: string;
  age: number;
};
```

이후 해당 타입을 필요한 모든 컴포넌트로 가져올 수 있다.

```tsx
// type을 임포트하고 컴포넌트에서 이용
import { HelloProps } from ./types;

function HelloComponent({ name, age }: HelloProps) {
  return(
    <>
      Hello {name}, you are {age} years old!
    </>
  );
}

export default HelloComponent;
```

8장에서 배운 것처럼 화살표 함수를 이용하여 함수형 컴포넌트를 만들 수 있다. 화살표 함수와 함께 이용할 수 있는 표준 리액트 타입인 **FC**$^{\text{Function Component}}$가 있다. 이 타입은 프롭 타입을 지정하는 일반 인수를 받는다(예제에서는 `HelloProps`).

```
import React from 'react';
import { HelloProps } from './types';

const HelloComponent: React.FC<HelloProps> = ({ name, age }) => {
  return (
    <>
      Hello {name}, you are {age} years old!
    </>
  );
};

export default HelloComponent;
```

지금까지 리액트 앱에서 프롭 타입을 정의하는 방법을 배웠으니 상태로 넘어가자. 8장에서 배운 useState 훅을 이용하여 상태를 생성하면 일반적인 기본 타입을 이용할 때 타입 추론이 타입 지정을 처리한다. 다음은 그 예다.

```
// 불(boolean)
const [isReady, setReady] = useState(false);

// 문자열(string)
const [message, setMessage] = useState("");

// 숫자(number)
const [count, setCount] = useState(0);
```

다른 타입을 이용하여 상태를 업데이트하려고 하면 오류가 발생한다.

```
src > ⚛ App.tsx > ⓥ App
  1  import { useState } from 'react'
  2  import './App.css'
  3
  4  function Ap ┌─────────────────────────────────────────────────┐
  5    const [co │ Argument of type 'string' is not assignable to  │
  6   💡        │ parameter of type 'SetStateAction<number>'. ts(2345)│
  7    setCount(│ View Problem (Alt+F8)  No quick fixes available  │
  8  }          └─────────────────────────────────────────────────┘
  9
```

그림 9.5 상태 타입 지정

상태 타입을 명시적으로 정의할 수도 있다. 상태를 null 또는 undefined로 초기화하려면 이와 같은 방식으로 해야 한다. 이 경우 유니언 연산자를 이용할 수 있으며 구문은 다음과 같다.

```
const [message, setMessage] = useState<string | undefined>(undefined);
```

복잡한 구조의 상태라면 type이나 interface를 이용할 수 있다. 다음 예제에서는 사용자를 설명하는 타입을 만든다. 그런 다음 상태를 생성하고 빈 User 객체로 초기화한다. null 값을 허용하려면 유니언을 이용하여 User 객체 또는 null 값을 허용할 수 있다.

```
type User = {
  id: number;
  name: string;
  email: number;
};

// 타입을 상태와 함께 활용하고자 할 때 초깃값으로는 아무것도 담겨있지 않은 User 객체를 이용하게 된다
const [user, setUser] = useState<User>({} as User);

// null 값도 허용된다
const [user, setUser] = useState<User | null>(null);
```

이벤트

8장에서 리액트 앱에서 사용자 입력을 읽는 방법을 배웠다. 입력 요소의 onChange 이벤트 핸들러를 이용해 입력된 데이터를 상태에 저장했다. 타입스크립트를 이용할 때는 이벤트 타입을 세분화해야 한다. 다음 그림은 타입이 정의되지 않은 경우 발생하는 오류를 보여준다.

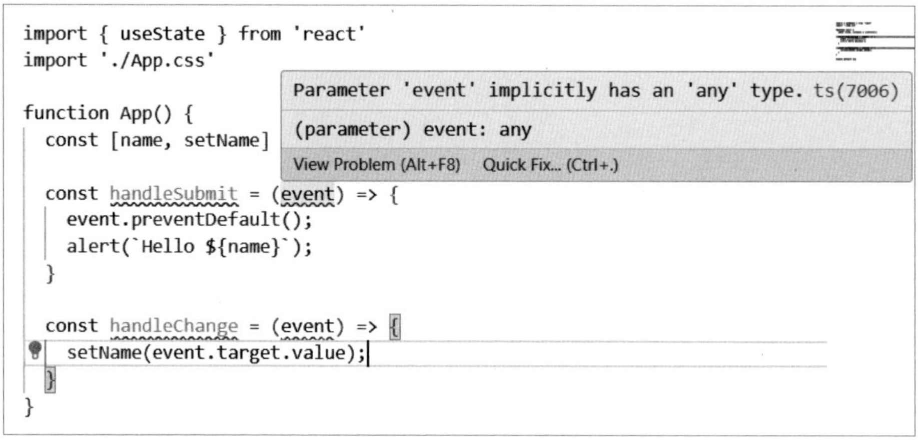

```
import { useState } from 'react'
import './App.css'

function App() {
  const [name, setName] = useState('')

  const handleSubmit = (event) => {
    event.preventDefault();
    alert(`Hello ${name}`);
  }

  const handleChange = (event) => {
    setName(event.target.value);
  }
}
```

> Parameter 'event' implicitly has an 'any' type. ts(7006)
> (parameter) event: any
> View Problem (Alt+F8)　Quick Fix... (Ctrl+.)

그림 9.6 이벤트 타입 지정

입력 요소의 변경 이벤트를 처리하는 방법을 살펴보자. return 문의 입력 요소의 코드 예시는 다음과 같다.

```
<input
  type="text"
  onChange={handleChange}
  value={name}
/>
```

이벤트 핸들러 함수는 사용자가 입력 요소에 무언가를 입력할 때 호출되며 코드는 다음과 같다.

```
const handleChange = (event) => {
  setName(event.target.value);
}
```

이제 이벤트의 타입을 정의해야 한다. 이를 위해 미리 정의된 React.ChangeEvent 타입을 이용할 수 있다.

> **참고**
>
> 이벤트 타입의 전체 목록은 리액트 타입스크립트 치트시트(https://react-typescript-cheatsheet.netlify.app/docs/basic/getting-started/forms_and_events/)에서 확인할 수 있다.

입력 요소의 변경 이벤트를 처리하려고 할 때 타입은 다음과 같다.

```
const handleChange = (event: React.ChangeEvent<HTMLInputElement>) => {
  setName(event.target.value);
}
```

폼 제출 핸들러 함수는 폼 제출을 처리한다. 이 함수는 React.FormEvent<HTMLFormElement> 타입의 이벤트 매개변수를 받아야 한다.

```
const handleSubmit = (event: React.FormEvent<HTMLFormElement>) => {
  event.preventDefault();
  alert(`Hello ${name}`);
}
```

이제 리액트 앱에서 타입스크립트를 이용할 때 이벤트를 처리하는 방법을 배웠다. 다음에는 실제로 타입스크립트를 이용하는 리액트 앱을 만드는 방법을 배워보자.

타입스크립트로 리액트 앱 만들기

이제 비트를 이용해 리액트 앱을 만들고 자바스크립트 대신 타입스크립트를 이용하겠다. 나중에 자동차 백엔드를 위한 프런트엔드를 개발할 때 타입스크립트를 이용할 것이다. 앞서 언급했듯이 비트는 타입스크립트를 기본으로 지원한다.

01. 다음 명령을 이용하여 새 리액트 앱을 생성한다.

```
npm create vite@latest
```

02. 다음으로 프로젝트 이름을 tsapp으로 지정하고 **리액트**^{React} 프레임워크와 **타입스크립트**^{TypeScript} variant를 선택한다.

```
PS C:\> npm create vite@latest
√ Project name: ... tsapp
√ Select a framework: » React
? Select a variant: » - Use arrow-keys. Return to submit.
>   TypeScript
    TypeScript + SWC
    JavaScript
    JavaScript + SWC
    Remix ↗
```

그림 9.7 리액트 타입스크립트 앱

03. 그런 다음 앱 폴더로 이동하여 의존성 요소를 설치하고 다음 명령을 이용하여 앱을 실행한다.

```
cd tsapp
npm install
npm run dev
```

04. VS Code에서 앱 폴더를 열면 App 컴포넌트의 파일 이름이 App.tsx임을 확인할 수 있다.

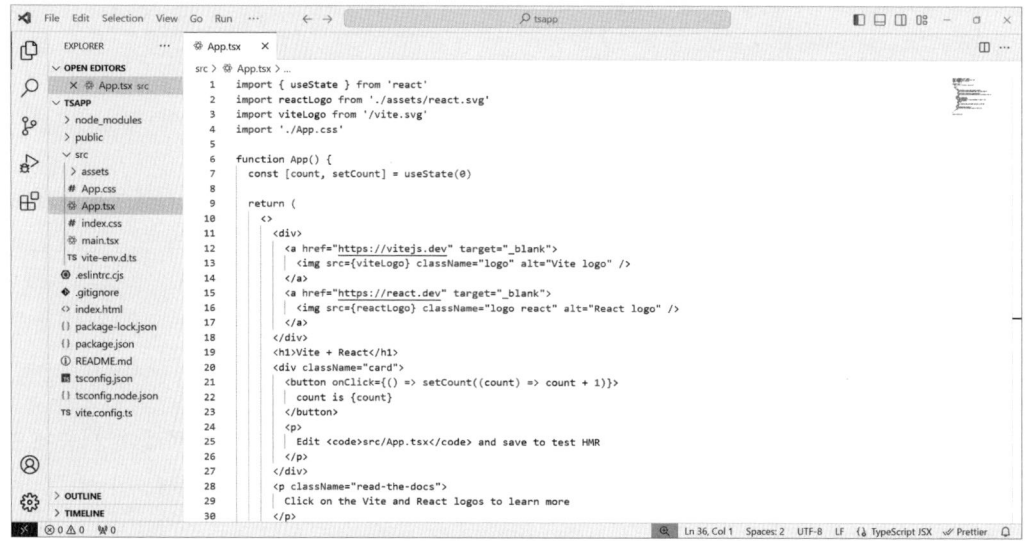

그림 9.8 App.tsx

타입스크립트 리액트 파일의 파일 확장자는 .tsx(JSX와 TypeScript의 결합)다. 타입스크립트 파일의 일반적인 파일 확장자는 .ts다.

05. 프로젝트 루트에서 tsconfig.json 파일을 찾자. 이 파일은 컴파일된 자바스크립트 출력의 대상 버전이나 이용되는 모듈 시스템과 같은 컴파일러 옵션을 지정하기 위해 TypeScript에서 이용하는 구성 파일이다. 비트에서 정의한 기본 설정을 이용할 수 있다.

이전 절에서 이벤트의 타입을 정의할 때 예제로 이용했던 리액트 앱을 만들어 보자. 사용자는 이름을 입력할 수 있고 버튼을 누르면 알림을 이용하여 hello 메시지를 표시한다.

06. 먼저 App.tsx 파일의 return 문에서 코드를 제거하고 프래그먼트만 남긴다. 이용되지 않는 임포트를 모두 제거한 후(useState 임포트 제외)의 코드는 다음과 같은 모습일 것이다.

```
import { useState } from 'react';
import './App.css';

function App() {
  return (
    <>
    </>
  )
}

export default App;
```

07. 다음으로, 사용자가 입력 요소에 입력한 값을 저장할 상태를 만든다.

```
function App() {
  const [name, setName] = useState("");

  return (
    <>
    </8>
  )
}
```

08. 그런 다음 return 문에 사용자 입력을 수집하는 입력 요소와 폼을 제출하는 입력 요소를 추가한다.

```
// App.tsx의 return 문
return (
  <>
    <form onSubmit={handleSubmit}>
      <input
        type="text"
        value={name}
        onChange={handleChange}
      />
      <input type="submit" value="Submit"/>
    </form>
  </>
)
```

09. 다음으로 이벤트 핸들러 함수인 handleSubmit과 handleChange를 생성한다. 이어서 이벤트의 타입도 정의해야 한다.

```
// 임포트 문들...
function App() {
  const [name, setName] = useState("");

  const handleChange = (event: React.ChangeEvent<HTMLInputElement>) => {
    setName(event.target.value);
  }

  const handleSubmit = (event: React.FormEvent<HTMLFormElement>) =>
{
    event.preventDefault();
    alert(`Hello ${name}`);
  }
// 이어서...
```

10. npm run dev 명령을 이용하여 앱을 실행한다.

11. 입력 요소에 이름을 입력하고 **제출**^{Submit} 버튼을 누른다. 본인의 이름이 표시된 인사말 메시지가 표시된다.

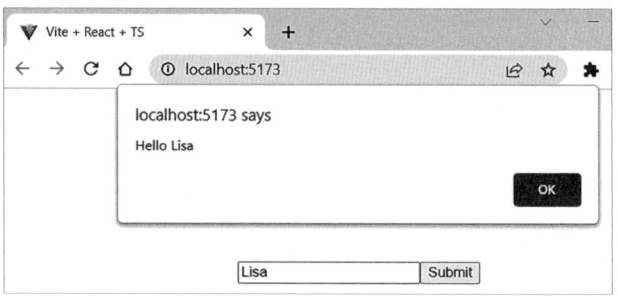

그림 9.9 리액트 타입스크립트 앱

비트와 타입스크립트

비트는 타입스크립트 파일을 자바스크립트로 변환하지만 타입 검사를 수행하지는 않는다. 비트는 타입스크립트 컴파일러(tsc)보다 빌드 속도가 훨씬 빠른 **esbuild**를 이용하여 타입스크립트 파일을 트랜스파일한다.

VS Code IDE에서는 타입 검사 작업을 대신 수행해 주는데, 이 과정에서 IDE상에 나타나는 모든 오류는 사용자가 직접 해결해야 한다. vite-plugin-checker라는 비트 플러그인을 이용할 수 있다(https://

github.com/fi3ework/vite-plugin-checker). 타입 검사는 비트 앱을 프로덕션으로 빌드할 때 수행되며 프로덕션 빌드 전에 모든 오류를 수정해야 한다. 이 책의 뒷부분에서 비트 앱을 빌드할 것이다.

요약

이번 장에서는 타입스크립트와 이를 리액트 앱에서 이용하는 방법을 배웠다. 타입스크립트에서 공통 타입을 이용하는 방법과 리액트 컴포넌트 프롭과 상태에 대한 타입을 정의하는 방법을 학습했다. 또한 이벤트에 대한 타입을 정의하는 방법을 배웠고 비트를 이용해 타입스크립트로 첫 번째 리액트 앱을 만들었다.

다음 장에서는 리액트를 이용한 네트워킹에 초점을 맞출 것이다. 또한 GitHub REST API를 통해 리액트로 RESTful 웹 서비스를 이용하는 방법을 알아본다.

문제

1. 타입스크립트란 무엇인가?
2. 변수 타입은 어떻게 정의하는가?
3. 함수에서 타입을 어떻게 정의하는가?
4. 리액트 프롭과 상태의 타입을 어떻게 정의하는가?
5. 이벤트 타입은 어떻게 정의하는가?
6. 비트를 이용하여 리액트 타입스크립트 앱을 만들려면 어떻게 해야 하는가?

참고자료

다음은 타입스크립트로 리액트에 대해 배우는 데 도움이 될 유용한 참고자료들이다.

- React TypeScript Cheatsheets (https://react-typescript-cheatsheet.netlify.app/)
- 『Learn React with TypeScript, Second Edition』 (Packt, 2023), 칼 리펀 (https://www.packtpub.com/product/learn-react-with-typescript-second-edition/9781804614204)
- 『타입스크립트 마스터』 (에이콘출판사, 2018), 나단 로젠탈 (http://www.acornpub.co.kr/book/mastering-typescript-2e)

10

리액트로
REST API 이용하기

이번 장에서는 리액트를 이용한 네트워킹에 대해 배운다. 이것은 대부분의 리액트 앱에서 필요한 매우 중요한 기술이다. 비동기 코드를 더 깔끔하고 가독성 있게 만들어주는 프로미스에 대해서도 배울 것이다. 네트워킹을 위해 fetch와 Axios 라이브러리를 이용할 것이다. OpenWeather와 GitHub REST API를 예제로 이용해 리액트로 RESTful 웹 서비스를 이용하는 방법을 설명할 예정이다. 또한 리액트 쿼리React Query 라이브러리를 실제로 어떻게 작동시키는지 확인할 것이다.

이번 장에서는 다음 주제들을 살펴본다.

- 프로미스
- fetch API 이용
- Axios 라이브러리 이용
- 실전 예제
- 경쟁조건 처리
- 리액트 쿼리 라이브러리 이용

기술 요구 사항

다음 깃허브 저장소(https://github.com/PacktPublishing/Full-Stack-Development-with-Spring-Boot-3-and-React-Fourth-Edition/tree/main/Chapter10)가 필요하다.

프로미스

비동기 연산을 처리하는 전통적인 방법은 연산의 성공 또는 실패에 **콜백 함수**를 이용하는 것이다. 연산이 성공하면 success 함수가 호출되고 실패하면 failure 함수가 호출된다. 다음의 (추상적인) 예시를 통해 콜백 함수 사용법의 기본 개념을 파악할 수 있다.

```
function doAsyncCall(success, failure) {
  // API 호출

  if (SUCCEED)
    success(resp);
  else
    failure(err);
}

success(response) {
  // 응답으로 작업 수행
}

failure(error) {
  // 오류 처리
}

doAsyncCall(success, failure);
```

현재 **프로미스**는 자바스크립트에서 비동기 프로그래밍의 기본 요소다. 프로미스는 비동기 연산의 결과를 나타내는 객체다. 프로미스를 이용하면 비동기 호출을 실행할 때 코드가 단순화된다. 프로미스는 비차단non-blocking 방식이다. 프로미스를 지원하지 않는 구형 라이브러리를 비동기 연산에 이용하는 경우 코드를 읽고 유지 관리하는 것이 훨씬 더 어려워진다. 이 경우 읽기 어려운 여러 개의 중첩된 콜백이 생기게 된다. 각 콜백에서 오류를 확인해야 하므로 오류 처리도 어렵다.

요청을 전송하는 데 이용하는 API 또는 라이브러리가 프로미스를 지원하는 경우 프로미스를 이용하면 비동기 호출을 실행할 수 있다. 다음 예시에서는 비동기 호출을 수행한다. 응답이 반환되면 then 메서드 내부의 콜백 함수가 실행되어 응답을 인수로 받는다.

```
doAsyncCall()
.then(response => // 응답으로 무언가 수행)
```

then 메서드는 프로미스를 반환한다. 프로미스는 세 가지 상태 중 하나에 속할 수 있다.

- **대기**^{Pending}: 초기 상태
- **이행**$^{Fulfilled\ 또는\ Resolved}$: 작업 성공
- **거부**^{Rejected}: 작업 실패

다음 코드는 간단한 프로미스 객체를 보여주며 setTimeout은 비동기 연산을 시뮬레이션하는 역할을 한다.

```
const myPromise = new Promise((resolve, reject) => {
  setTimeout(() => {
    resolve("Hello");
  }, 500);
});
```

프로미스 객체가 생성될 때와 타이머가 실행되는 동안 프로미스는 **대기** 상태에 있다. 500밀리초가 지나면 "Hello"라는 값으로 resolve 함수가 호출되고 프로미스는 **이행** 상태가 된다. 오류가 발생하면 프로미스 상태가 **거부**로 변경되며 이 오류는 나중에 설명할 catch() 함수를 이용하여 처리할 수 있다.

then 메서드를 통해 인스턴스를 서로 연결하여 다수의 비동기 작업을 순차적으로 진행시킬 수 있다.

```
doAsyncCall()
.then(response => // 응답에서 일부 데이터 가져오기)
.then(data => // 데이터로 무언가 수행)
```

catch()를 이용하여 프로미스에 오류 처리를 추가할 수도 있다. catch()는 앞의 then 체인에서 오류가 발생하면 실행된다.

```
doAsyncCall()
.then(response => // 응답에서 일부 데이터 가져오기)
.then(data => // 데이터로 무언가 수행)
.catch(error => console.error(error))
```

async와 await

비동기 호출을 처리하는 더 최신 방법으로는 ECMAScript 2017에 도입된 async/await을 이용하는 방법이 있다. async/await 메서드는 프로미스를 기반으로 한다. async/await을 이용하려면 await 표현식을 포함할 수 있는 async() 함수를 정의해야 한다.

다음은 async/await을 포함하는 비동기 호출의 예다. 다음에서 확인할 수 있듯이 동기 코드와 비슷한 방식으로 코드를 작성할 수 있다.

```
const doAsyncCall = async () => {
  const response = await fetch('http://someapi.com');
  const data = await response.json();
  // 데이터로 작업 수행
}
```

fetch() 함수는 프로미스를 반환하지만 예제에서는 then 메서드 대신 await을 이용하여 처리한다.

오류 처리를 위해 다음 예와 같이 async/await과 함께 try...catch를 이용할 수 있다.

```
const doAsyncCall = async () => {
  try {
    const response = await fetch('http://someapi.com');
    const data = await response.json();
    // 데이터로 작업 수행
  }
  catch(err) {
    console.error(err);
  }
}
```

이제 프로미스에 대해 이해했으니 리액트 앱에서 요청 시 이용하는 fetch API에 대해 배울 수 있다.

fetch API 이용

fetch API를 이용하면 웹 요청을 할 수 있다. fetch API의 개념은 기존 XMLHttpRequest 또는 jQuery Ajax API와 유사하지만 fetch API는 프로미스 또한 지원하므로 이용하기가 더 간단하다. fetch를 이용하는 경우 라이브러리를 설치할 필요가 없으며 최신 브라우저에서 기본적으로 지원된다.

fetch API는 호출하려는 리소스의 경로를 필수 인수로 갖는 fetch() 메서드를 제공한다. 웹 요청의 경우 인수는 서비스의 URL이 된다. 응답을 반환하는 간단한 GET 메서드 호출의 경우 구문은 다음과 같다.

```
fetch('http://someapi.com')
.then(response => response.json())
.then(data => console.log(data))
.catch(error => console.error(error))
```

fetch() 메서드는 응답이 포함된 프로미스를 반환한다. json() 메서드를 이용하여 응답에서 JSON 데이터를 추출할 수 있으며 이 메서드 역시 프로미스를 반환한다.

첫 번째 then 문에 전달되는 response는 요청이 성공했는지 확인하는 데 이용할 수 있는 ok 및 status 속성을 포함하는 객체다. 응답 상태가 2XX 형식이면 ok 속성값은 true다.

```
fetch('http://someapi.com')
.then(response => {
  if (response.ok)
    // 요청 성공 -> 상태 2XX
  else
    // 문제가 발생 -> 오류 응답
})
.then(data => console.log(data))
.catch(error => console.error(error))
```

POST와 같은 다른 HTTP 메서드를 이용하려면 fetch() 메서드의 두 번째 인수에 해당 메서드를 정의해야 한다. 두 번째 인수는 여러 요청 설정을 정의할 수 있는 객체다. 다음 소스코드는 POST 메서드를 이용하여 요청을 생성한다.

```
fetch('http://someapi.com', {method: 'POST'})
.then(response => response.json())
.then(data => console.log(data))
.catch(error => console.error(error))
```

두 번째 인수 안에 헤더를 추가할 수도 있다. 다음 fetch() 호출에는 'Content-Type':'application/json' 헤더가 포함되어 있다. 서버가 요청 본문을 올바르게 해석할 수 있도록 'Content-Type' 헤더를 추가하는 것이 좋다.

```
fetch('http://someapi.com',
  {
    method: 'POST',
    headers: {'Content-Type':'application/json'}
  }
.then(response => response.json())
.then(data => console.log(data))
.catch(error => console.error(error))
```

요청 본문 내에 JSON으로 인코딩된 데이터를 보내야 하는 경우 구문은 다음과 같다.

```
fetch('http://someapi.com',
{
  method: 'POST',
  headers: {'Content-Type':'application/json'},
  body: JSON.stringify(data)
}
.then(response => response.json())
.then(data => console.log(data))
.catch(error => console.error(error))
```

fetch API가 리액트 앱에서 요청을 실행하는 유일한 방법은 아니다. 다른 라이브러리도 이용할 수 있다. 다음 절에서는 널리 이용되는 라이브러리 중 하나인 axios를 이용하는 방법을 알아보자.

axios 라이브러리 이용

네트워크 호출에 다른 라이브러리를 이용할 수도 있다. 가장 인기 있는 라이브러리는 axios(https://github.com/axios/axios)이며 npm을 이용하여 리액트 앱에 설치할 수 있다.

```
npm install axios
```

이용하기 전에 리액트 컴포넌트에 다음 임포트를 추가해야 한다.

```
import axios from 'axios';
```

axios 라이브러리에는 JSON 데이터의 자동 변환과 같은 여러 가지 이점이 있으므로 axios를 이용할 때 json() 함수가 필요하지 않다. 다음 코드는 axios를 이용하여 호출하는 예제다.

```
axios.get('http://someapi.com')
.then(response => console.log(response))
.catch(error => console.log(error))
```

axios 라이브러리에는 다양한 HTTP 메서드를 호출하는 전용 메서드가 있다. 예를 들어 POST 요청을 하고 요청 본문에 객체를 전송하려는 경우 axios는 axios.post() 메서드를 제공한다.

```
axios.post('http://someapi.com', { newObject })
.then(response => console.log(response))
.catch(error => console.log(error))
```

axios() 함수를 이용하여 메서드, 헤더, 데이터, URL 등의 요청 세부 정보를 지정하는 구성 객체를 전달할 수도 있다.

```
const response = await axios({
  method: 'POST',
  url: 'https://myapi.com/api/cars',
  headers: { 'Content-Type': 'application/json' },
  data: { brand: 'Ford', model: 'Ranger' },
});
```

위의 예시 코드는 https://myapi.com/api/cars 엔드포인트로 POST 요청을 보낸다. 요청 본문에는 객체가 포함되며 Axios는 자동으로 데이터를 문자열화한다.

이제 리액트를 이용한 네트워킹과 관련된 여러 실전 예시를 살펴볼 준비가 되었다.

실전 예제

이번 절에서는 리액트 앱에서 공개 REST API를 이용하는 두 가지 예제를 살펴볼 것이다. 첫 번째 예제에서는 OpenWeather API를 이용해 런던의 현재 날씨를 가져와 컴포넌트에서 렌더링한다. 두 번째 예제에서는 GitHub API를 이용해 사용자가 키워드로 리포지터리를 불러올 수 있게 한다.

OpenWeather API

먼저 서울의 현재 날씨를 보여주는 리액트 앱을 만들어 보자. 앱에 온도, 설명, 날씨 아이콘을 포함시킬 계획이다. 날씨 데이터는 **OpenWeather**(https://openweathermap.org/)에서 가져올 것이다.

API 키를 받으려면 OpenWeather에 등록해야 한다. 무료 계정으로도 충분하다. 등록한 후 계정 정보로 이동하여 **API Keys** 탭을 찾는다. 거기에서 리액트 날씨 앱에 필요한 API 키를 확인할 수 있다.

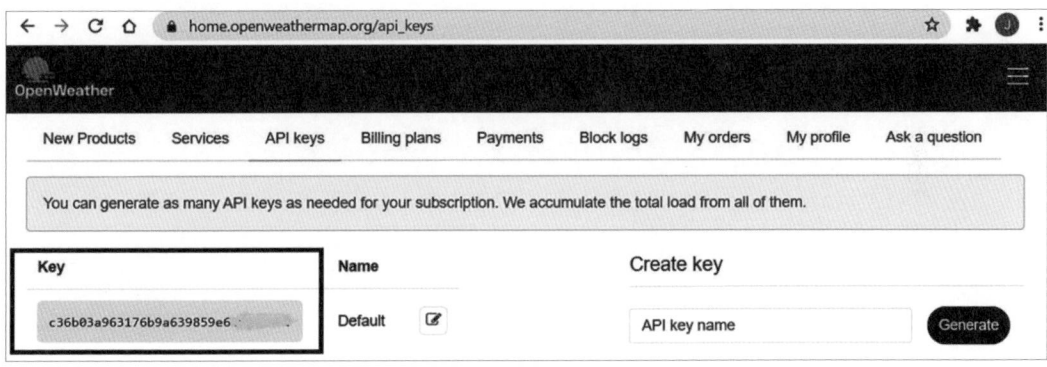

그림 10.1 OpenWeather API 키

 TIP

등록이 정상적으로 처리된 이후 2시간 이내에 API 키가 자동 활성화되기 때문에 해당 키를 이용하기 위해서는 잠깐 기다려야 할 수 있다.

비트로 새로운 리액트 앱을 만들어 보자.

01. 윈도우의 터미널 또는 macOS/리눅스의 터미널을 열고 다음 명령어를 입력한다.

```
npm create vite@latest
```

02. 앱의 이름을 weatherapp으로 정하고 **리액트**^{React} 프레임워크와 **자바스크립트**^{JavaScript} variant를 선택한다.

03. weatherapp 폴더로 이동하여 의존성 요소를 설치한다.

```
cd weatherapp
npm install
```

04. 다음 명령으로 앱을 시작한다.

```
npm run dev
```

05. VS Code로 프로젝트 폴더를 열고 에디터 보기에서 **App.jsx** 파일을 연다. 프래그먼트(<></>) 내부의 모든 코드를 제거하고 이용하지 않는 임포트를 제거한다. 이제 소스코드가 다음처럼 보일 것이다.

```jsx
import './App.css'

function App() {
  return (
    <>
    </>
  );
}

export default App
```

06. 먼저 응답 데이터를 저장하는 데 필요한 상태를 추가해야 한다. 앱에 온도, 설명, 날씨 아이콘을 표시할 것이다. 세 가지 관련 값이 있으므로 여러 개의 개별 상태를 만드는 대신 객체로 하나의 상태를 만드는 것이 좋다.

```jsx
import { useState } from 'react';
import './App.css';

function App() {
  const [weather, setWeather] = useState({
      temp: '', desc: '', icon: ''
  });

  return (
    <>
    </>
  );
}

export default App;
```

07. REST API를 이용하는 경우 응답을 검사하여 JSON 데이터의 포맷을 확인해 봐야 한다. 다음은 서울의 현재 날씨를 반환하는 주소다(https://api.openweathermap.org/data/2.5/weather?q=Seoul&units=Metric&APIkey=YOUR_KEY).

URL을 브라우저에 복사하면 JSON 응답 데이터를 볼 수 있다.

```
{
    "coord": {
        "lon": -0.1257,
        "lat": 51.5085
    },
    "weather": [
        {
            "id": 804,
            "main": "Clouds",
            "description": "overcast clouds",
            "icon": "04d"
        }
    ],
    "base": "stations",
    "main": {
        "temp": 18.28,
        "feels_like": 18.44,
        "temp_min": 17.25,
        "temp_max": 20.21,
        "pressure": 1015,
        "humidity": 87
    },
```

그림 10.2 도시별 날씨 보기

응답에서 temp는 main.temp를 이용하여 접근할 수 있다. 또한 description과 icon이 한 개의 요소만 있는 날씨 배열 내부에 있으며 weather[0].description과 weather[0].icon을 이용하여 접근할 수 있다.

08. 다음으로 useEffect 훅 함수 안에서 fetch 호출을 구현해 보자. react로부터 useEffect를 임포트한다.

```
import { useState, useEffect } from 'react';
```

09. REST API 호출은 useEffect 함수의 fetch를 이용하여 실행되며 두 번째 인수로 빈 배열을 이용한다. 따라서 fetch는 첫 번째 렌더링 후에 한 번만 수행된다. 응답에 성공하면 날씨 데이터를 상태에 저장한다. 상태 값이 변경되면 컴포넌트가 다시 렌더링된다. 다음은 useEffect 훅 함수의 소스코드다. 첫 번째 렌더링 후 fetch() 함수를 한 번 실행한다. 참고로 코드에서 본인의 고유한 API 키를 이용해야 한다.

```
useEffect(() => {
  fetch('https://api.openweathermap.org/data/2.5/
        weather?q=London&APIKey=YOUR_API_KEY&units=metric')
    .then(response => response.json())
    .then(result => {
      setWeather({
        temp: result.main.temp,
        desc: result.weather[0].main,
        icon: result.weather[0].icon
      });
    })
    .catch(err => console.error(err))
}, [])
```

10. useEffect 함수를 추가하면 첫 번째 렌더링 후에 요청이 실행된다. 리액트 개발자 툴을 이용하여 모든 것이 제대로 수행되었는지 확인할 수 있다. 브라우저에서 앱을 열고 리액트 개발자 툴 **Components** 탭을 연다. 이제 상태가 응답의 값으로 업데이트된 것을 확인할 수 있다.

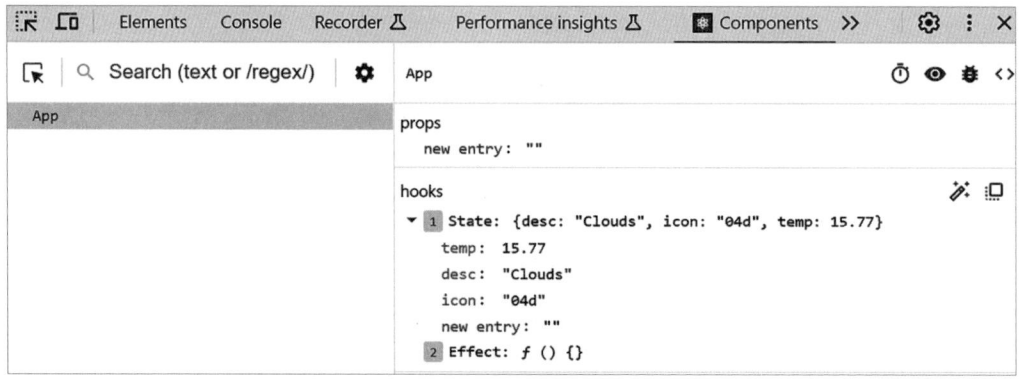

그림 10.3 날씨 구성 요소

Network 탭에서 요청 상태가 200 OK인지 확인할 수 있다.

11. 마지막으로 날씨 값을 표시하는 return 문을 구현하겠다. **조건부 렌더링**을 이용하지 않으면 첫 번째 렌더링 호출에 이미지 코드가 없기 때문에 오류가 발생하고 이미지 업로드에 실패한다.

날씨 아이콘을 표시하려면 아이콘 코드 앞에 https://openweathermap.org/img/wn/을 추가하고 아이콘 코드 뒤에 @2x.png를 추가해야 한다.

> **TIP**
> 아이콘에 대한 정보는 OpenWeather 문서에서 확인할 수 있다(https://openweathermap.org/weather-conditions).

그런 다음 연결된 이미지 URL을 이미지 요소의 `src` 속성으로 설정할 수 있다. 온도와 설명은 단락 요소에 표시된다. 온도 단위는 섭씨(°C)다.

```
if (weather.icon) {
  return (
    <>
      <p>Temperature: {weather.temp} °C</p>
      <p>Description: {weather.desc}</p>
      <img src={`http://openweathermap.org/img/wn/${weather.
              icon}@2x.png`}
        alt="Weather icon" />
    </>
  );
}
else {
  return <div>Loading...</div>
}
```

12. 이제 앱이 준비되었다. 브라우저에서 앱을 열면 다음과 같이 표시된다.

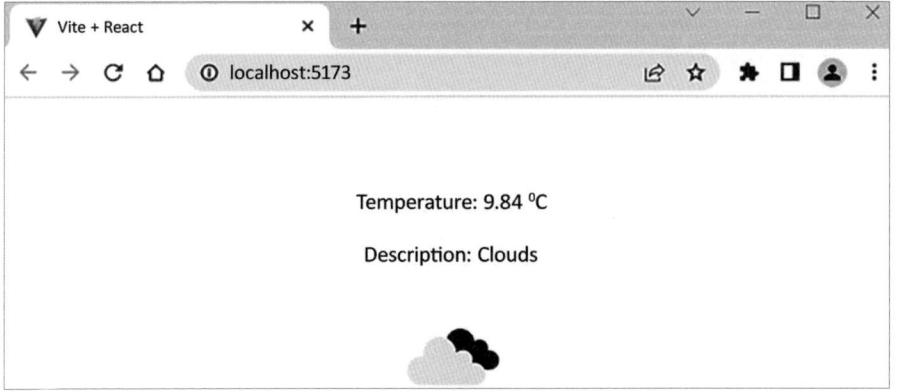

그림 10.4 WeatherApp

전체 App.jsx 파일의 소스코드는 다음과 같다.

```
import { useState, useEffect } from 'react';
import './App.css'

function App() {
  const [weather, setWeather] = useState({temp: '', desc: '', icon: ''});

  useEffect(() => {
    fetch('https://api.openweathermap.org/data/2.5/
          weather?q=Seoul&APIKey=YOUR_API_KEY&units=metric')
      .then(response => response.json())
      .then(result => {
        setWeather({
          temp: result.main.temp,
          desc: result.weather[0].main,
          icon: result.weather[0].icon
        });
      })
      .catch(err => console.error(err))
  }, [])

  if (weather.icon) {
    return (
      <>
        <p>Temperature: {weather.temp} °C</p>
        <p>Description: {weather.desc}</p>
        <img src={
            `https://openweathermap.org/img/wn/${weather.
            icon}@2x.png`
          }
          alt="Weather icon" />
      </>
    );
  }
  else {
    return <>Loading...</>
  }
}

export default App
```

이 예제에서는 날씨 아이콘이 로드되었는지 파악하고자 가져오기가 완료되었는지 확인했다. 가져오기가 오류로 끝나면 컴포넌트가 여전히 로딩 메시지를 렌더링하기 때문에 최적의 해결책은 아니다. 불 상태는 이와 같은 시나리오에서 많이 이용되지만 이 역시 문제를 해결하지 못한다. 가장 좋은 해결책은 요청의 정확한 상태(대기, 이행, 거부)를 나타내는 것이다. 이에 대한 자세한 내용은 Kent C. Dodds의 블로그 게시물(https://kentcdodds.com/blog/stop-using-isloading-booleans)에서 확인할 수 있다. 이 문제는 이번 장의 뒷부분에서 이용할 리액트 쿼리 라이브러리로 해결할 수 있다.

GitHub API

두 번째 예제에서는 키워드별로 리포지터리를 가져오기 위해 GitHub API를 이용하는 앱을 만들어 보자. 사용자가 키워드를 입력하면 해당 키워드가 포함된 리포지터리를 가져온다. 웹 요청에는 axios 라이브러리를 이용하며 이 예제에서는 타입스크립트를 이용하는 연습도 해보겠다.

먼저 타입스크립트로 axios를 이용하여 GET 요청을 보내는 방법을 살펴보자. 다음 예제와 같이 GET 요청을 만들고 타입스크립트 제네릭을 이용하여 예상 데이터 타입을 지정할 수 있다.

```
import axios from 'axios';

type MyDataType = {
  id: number;
  name: string;
}

axios.get<MyDataType>(apiUrl)
.then(response => console.log(response.data))
.catch(err => console.error(err));
```

예상 데이터 타입에 없는 일부 필드에 접근하려고 하면 개발 단계 초기에 오류가 발생한다. 이 시점에서 타입스크립트는 자바스크립트로 컴파일되며 모든 타입 정보가 제거된다는 점을 이해하는 것이 중요하다. 따라서 타입스크립트는 런타임 작동에 직접적인 영향을 미치지 않는다. REST API가 예상과 다른 타입의 데이터를 반환하는 경우 타입스크립트는 이를 런타임 오류로 포착하지 않는다.

이제 GitHub 앱 개발을 시작해 보자.

01. 비트를 통해 restgithub라는 새 리액트 앱을 만들고 **리액트**^{React} 프레임워크를 선택한 다음 **타입스크립트** ^{TypeScript} variant를 선택한다.

02. 의존성 요소를 설치하고 앱을 시작한 다음 VS Code로 프로젝트 폴더를 연다.

03. 프로젝트 폴더에 다음 npm 명령을 이용하여 axios를 설치한다.

```
npm install axios
```

04. App.tsx 파일에서 <></> 프래그먼트 내부의 추가 코드를 제거한다. App.tsx 코드는 다음과 같은 모양이어야 한다.

```
import './App.css';
function App() {
  return (
    <>
    </>
  );
}

export default App;
```

리포지터리를 검색하기 위한 GitHub REST API의 URL은 `https://api.github.com/search/repositories?q={KEYWORD}`다.

> **TIP**
>
> GitHub REST API 설명서는 https://docs.github.com/ko/rest에서 찾을 수 있다.

브라우저에 URL을 입력하고 react 키워드를 이용하여 JSON 응답을 검사해 보자.

```
← → C   🔒 api.github.com/search/repositories?q=react
 7  ▼      "items": [
 8  ▼        {
 9            "id": 10270250,
10            "node_id": "MDEwOlJlcG9zaXRvcnkxMDI3MDI1MA==",
11            "name": "react",
12            "full_name": "facebook/react",
13            "private": false,
14  ▼        "owner": {
15              "login": "facebook",
16              "id": 69631,
17              "node_id": "MDEyOk9yZ2FuaXphdGlvbjY5NjMx",
18              "avatar_url": "https://avatars.githubusercontent.com/u/69631?v=4",
19              "gravatar_id": "",
20              "url": "https://api.github.com/users/facebook",
21              "html_url": "https://github.com/facebook",
22              "followers_url": "https://api.github.com/users/facebook/followers",
23              "following_url": "https://api.github.com/users/facebook/following{/other_user}",
24              "gists_url": "https://api.github.com/users/facebook/gists{/gist_id}",
25              "starred_url": "https://api.github.com/users/facebook/starred{/owner}{/repo}",
26              "subscriptions_url": "https://api.github.com/users/facebook/subscriptions",
27              "organizations_url": "https://api.github.com/users/facebook/orgs",
28              "repos_url": "https://api.github.com/users/facebook/repos",
29              "events_url": "https://api.github.com/users/facebook/events{/privacy}",
30              "received_events_url": "https://api.github.com/users/facebook/received_events",
31              "type": "Organization",
32              "site_admin": false
33            },
34            "html_url": "https://github.com/facebook/react",
35            "description": "A declarative, efficient, and flexible JavaScript library for building user interfaces.",
```

그림 10.5 GitHub REST API

응답에서 리포지터리가 items라는 JSON 배열로 반환되는 것을 볼 수 있다. 개별 리포지터리에서 full_name과 html_url 값을 표시한다.

05. 표에 데이터를 표시하고 8장에서 배웠던 map() 함수를 이용하여 값을 표 행으로 변환한다. id는 표 행의 키로 이용할 수 있다.

사용자 입력의 키워드를 이용하여 REST API 호출을 만들어보자. 이를 구현하는 한 가지 방법은 입력 필드와 버튼을 만드는 것이다. 사용자가 입력 필드에 키워드를 입력하고 버튼을 누르면 REST API가 호출된다.

> **참고**
>
> 이번 예제에서는 useEffect() 훅 함수 내부에서 REST API를 호출하는 것이 불가능한데, 이는 컴포넌트가 최초로 렌더링되는 때는 사용자가 입력한 값을 이용할 수 없기 때문이다.

사용자 입력에 대한 상태와 JSON 응답의 데이터에 대한 상태 두 개를 만들 것이다. 타입스크립트를 이용하는 경우 다음 코드와 같이 리포지터리에 대한 타입을 정의해야 한다. 리포지터리는 응답에서 JSON 배열로 반환되기 때문에 repodata 상태는 Repository 타입의 배열이 된다. 세 개의 필드에만 접근해야 하므로 이 필드들만 타입으로 정의한다. 또한 나중에 요청을 보낼 때 이용할 axios도 임포트할 것이다.

```
import { useState } from 'react';
import axios from 'axios';
import './App.css';

type Repository = {
  id: number;
  full_name: string;
  html_url: string;
};

function App() {
  const [keyword, setKeyword] = useState('');
  const [repodata, setRepodata] = useState<Repository[]>([]);

  return (
    <>
    </>
  );
}

export default App;
```

06. 다음으로 return 문에서 입력 필드와 버튼을 구현해 보자. 또한 입력 필드에 변경 리스너를 추가하여 입력 값을 keyword 상태에 저장할 수 있게 해야 한다. 버튼에는 클릭 리스너가 있으며 이 리스너는 주어진 키워드로 REST API를 호출하는 함수를 실행한다.

```
const handleClick = () => {
  // REST API 호출
}

return (
  <>
    <input
      value={keyword}
      onChange={e => setKeyword(e.target.value)}
    />
    <button onClick={handleClick}>Fetch</button>
  </>
);
```

07. handleClick() 함수에서 템플릿 리터럴(백틱 ``)을 이용하여 url과 keyword 상태를 연결한다. 요청을 전송하기 위해 axios.get() 메서드를 이용한다. 앞서 배운 것처럼 Axios는 응답에서 .json() 메서드를 호출할 필요가 없다. Axios는 자동으로 응답 데이터를 파싱한 다음 응답 데이터의 items 배열을 repodata 상태에 저장한다. 또한 catch()를 이용하여 오류를 처리한다. 타입스크립트를 이용하고 있으므로 GET 요청에서 예상되는 데이터 타입을 정의한다. 응답이 item 속성을 포함하는 객체라는 것을 확인했다. item 속성의 내용은 리포지터리 객체의 배열이므로 데이터 타입은 <{ items: Repository[] }>이다.

```
const handleClick = () => {
  axios.get<{ items: Repository[] }>(`https://api.github.com/search/repositories?q=${keyword}`)
  .then(response => setRepodata(response.data.items))
  .catch(err => console.error(err))
}
```

08. return 문에서 map() 함수를 이용하여 data 상태를 테이블 행으로 변환한다. 리포지터리의 url 속성은 <a> 요소의 href 값이 된다. 각 리포지터리에는 고유한 id 속성이 있으며 이를 테이블 행의 키로 이용할 수 있다. 응답이 리포지터리를 반환하지 않는 경우를 처리하기 위해 조건부 렌더링을 이용한다.

```
return (
  <>
    <input
      value={keyword}
      onChange={e => setKeyword(e.target.value)}
    />
    <button onClick={handleClick}>Fetch</button>
    {repodata.length === 0 ? (
      <p>No data available</p>
    ):(
      <table>
        <tbody>
          {repodata.map(repo => (
            <tr key={repo.id}>
              <td>{repo.full_name}</td>
              <td>
                <a href={repo.html_url}>{repo.html_url}</a>
              </td>
            </tr>
          ))}
        </tbody>
```

```
      </table>
    )}
  </>
);
```

09. 다음 그림은 REST API를 통해 react 키워드를 호출했을 때 최종적인 앱의 모습이다.

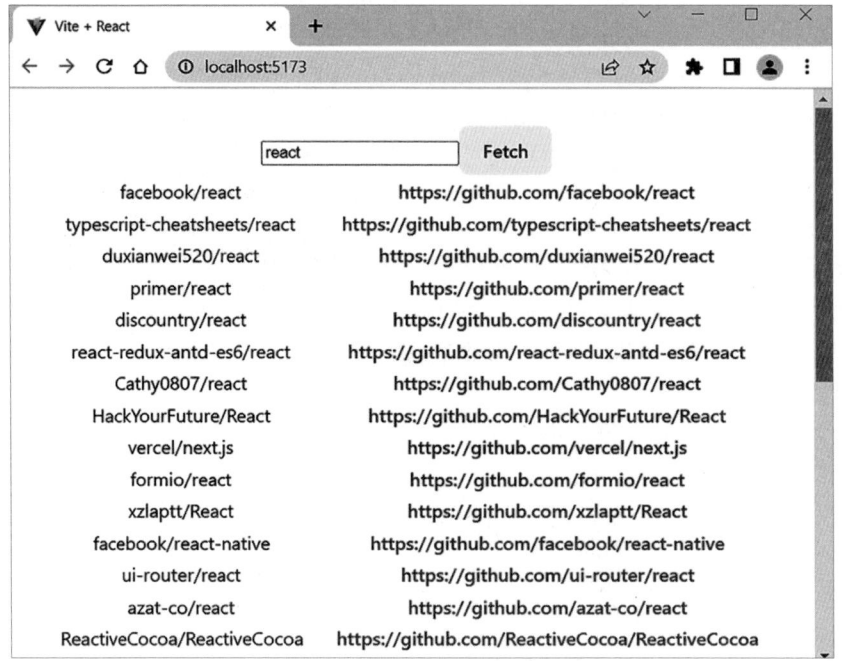

그림 10.6 GitHub REST API

`App.jsx` 파일의 소스코드는 다음과 같다.

```
import { useState } from 'react';
import axios from 'axios';
import './App.css';

type Repository = {
  id: number;
  full_name: string;
  html_url: string;
};
```

```
function App() {
  const [keyword, setKeyword] = useState('');
  const [repodata, setRepodata] = useState<Repository[]>([]);

  const handleClick = () => {
    axios.get<{ items: Repository[]
      }>(`https://api.github.com/search/repositories?q=${keyword}`)
      .then(response => setRepodata(response.data.items))
      .catch(err => console.error(err));
  }


  return (
    <>
      <input
        value={keyword}
        onChange={e => setKeyword(e.target.value)}
      />
      <button onClick={handleClick}>Fetch</button>
      {repodata.length === 0 ? (
        <p>No data available</p>
      ) :(
        <table>
          <tbody>
            {repodata.map((repo) => (
              <tr key={repo.id}>
                <td>{repo.full_name}</td>
                <td>
                  <a href={repo.html_url}>{repo.html_url}</a>
                </td>
              </tr>
            ))}
          </tbody>
        </table>
      )}
    </>
  );
}

export default App;
```

> **TIP**
> GitHub API에는 API 요청 횟수 제한(인증 절차 없이 하루 동안 요청할 수 있는 횟수)이 적용되기에 해당 코드가 정상 작동하지 않는다면 이 제한이 그 원인일 가능성이 있다. 지금 이용하고 있는 검색 엔드포인트는 1분당 10회의 요청 제한 정책을 갖고 있다. 만일 이 한도를 넘기게 되면 1분을 기다린 후에 다시 시도해야 한다.

경쟁 조건 처리

컴포넌트가 여러 요청을 빠르게 수행하면 예측할 수 없거나 잘못된 결과를 생성할 수 있는 **경쟁 조건**race condition이 발생할 수 있다. 네트워크 요청은 비동기적이므로 요청이 전송된 순서대로 완료되지 않을 수 있다.

다음 예제는 props.carid 값이 변경될 때 네트워크 요청을 전송한다.

```
import { useEffect, useState } from 'react';

function CarData(props) {
  const [data, setData] = useState({});

  useEffect(() => {
    fetch(`https://carapi.com/car/${props.carid}`)
    .then(response => response.json())
    .then(cardata => setData(cardata))
  }, [props.carid]);

  if (data) {
    return <div>{data.car.brand}</div>;
  } else {
    return null;
  }
(생략)
```

이제 carid가 여러 번 빠르게 변경되면 렌더링되는 데이터가 마지막으로 전송된 요청의 데이터가 아닐 수 있다.

useEffect 정리 함수를 이용하여 경쟁 조건을 피할 수 있다. 먼저 useEffect() 내부에 초깃값이 false인 ignore라는 이름의 불 변수를 만든다. 그런 다음 정리 함수에서 ignore 변수의 값을 true로 업데이트한다. 상태 업데이트에서 ignore 변수의 값을 확인하고 값이 false인 경우에만 상태가 업데이트되는데, 이는 새로운 값이 props.carid를 교체하지 않았고 효과가 정리되지 않았음을 의미한다.

```
import { useEffect, useState } from 'react';

function CarData(props) {
  const [data, setData] = useState({});

  useEffect(() => {
    let ignore = false;
    fetch(`https://carapi.com/car/${props.carid}`)
    .then(response => response.json())
    .then(cardata => {
      if (!ignore) {
        setData(cardata)
      }
    });
    return () => {
      ignore = true;
    };
  }, [props.carid]);

  if (data) {
    return <div>{data.car.brand}</div>;
  } else {
    return null;
  }
(생략)
```

이제 컴포넌트가 리렌더링될 때마다 정리 함수가 호출되고 ignore가 true로 업데이트되어 효과가 정리된다. 마지막 요청의 결과만 렌더링되므로 경쟁 조건을 피할 수 있다.

이어서 이용하게 될 리액트 쿼리는 경쟁 조건을 처리하기 위해 이용될 수 있는 동시성 제어와 같은 여러 메커니즘을 제공한다. 이를 통해 주어진 쿼리 키에 대해 한 번에 하나의 요청만 전송되도록 관리한다.

리액트 쿼리 라이브러리 이용

네트워크 호출을 많이 하는 완전한 리액트 앱에서는 서드파티 네트워킹 라이브러리를 이용하는 것이 좋다. 가장 많이 이용되는 두 가지 라이브러리는 Tanstack Query라고도 알려진 **리액트 쿼리**(https://tanstack.com/query)와 **SWR**(https://swr.vercel.app/)이다. 이러한 라이브러리는 데이터 캐싱 및 성능 최적화와 같은 유용한 기능을 많이 제공한다.

이번 절에서는 리액트 쿼리를 이용하여 리액트 앱에서 데이터를 가져오는 방법을 알아보자. react 키워드를 이용해 GitHub REST API에서 리포지터리를 가져오는 리액트 앱을 만들어 볼 것이다.

01. 먼저 비트를 이용하여 gitapi라는 리액트 앱을 만들고 **리액트**^{React} 프레임워크를 선택한 다음 **자바스크립트**^{JavaScript} variant를 선택한다. 그다음 의존성 요소를 설치하고 프로젝트 폴더로 이동한다.

02. 그런 다음 프로젝트 폴더에 다음 명령을 이용하여 React Query와 axios를 설치한다. 이 책에서는 Tanstack Query v4를 이용한다.

```
npm install @tanstack/react-query@4
npm install axios
```

03. App.tsx 파일에서 <></> 프래그먼트 내부의 추가 코드를 제거한다. App.tsx 코드는 다음과 같은 모양이어야 한다.

```
import './App.css';
function App() {
  return (
    <>
    </>
  );
}

export default App;
```

04. 리액트 쿼리는 데이터 캐싱을 처리하는 QueryClientProvider와 QueryClient 컴포넌트를 제공한다. 이 컴포넌트를 App 컴포넌트로 가져온다. 그런 다음 QueryClient의 인스턴스를 생성하고 App 컴포넌트에서 QueryClientProvider를 렌더링한다.

```
import './App.css';
import { QueryClient, QueryClientProvider } from
  '@tanstack/react-query';

const queryClient = new QueryClient();

function App() {

  return (
    <>
      <QueryClientProvider client={queryClient}>
      </QueryClientProvider>
    </>
  )
}

export default App;
```

리액트 쿼리는 네트워크 요청을 호출하는 데 이용되는 useQuery 훅 함수를 제공한다. 구문은 다음과 같다.

```
const query = useQuery({ queryKey: ['repositories'], queryFn:
  getRepositories })
```

다음 사항을 유의하자.

- queryKey는 쿼리를 위한 고유한 키로 데이터의 캐싱과 다시 가져오기에 이용된다.
- queryFn은 데이터를 가져오는 함수이며 프로미스를 반환해야 한다.

useQuery 훅이 반환하는 query 객체에는 쿼리 상태와 같은 중요한 속성이 포함되어 있다.

```
const { isLoading, isError, isSuccess } = useQuery({ queryKey:
  ['repositories'], queryFn: getRepositories })
```

가능한 상태 값은 다음과 같다.

- isLoading: 데이터를 아직 이용할 수 없다.
- isError: 쿼리가 오류로 종료되었다.
- isSuccess: 쿼리가 성공적으로 종료되었으며 쿼리 데이터를 이용할 수 있다.

query 객체의 데이터 속성에는 응답이 반환하는 데이터가 포함된다.

이 정보를 이용하여 useQuery를 이용하여 GitHub 예제를 계속 진행할 수 있다.

05. 데이터를 가져오기 위한 컴포넌트를 새로 생성하자. Repositories.jsx라는 새 파일을 src 폴더에 생성하고 다음 시작 코드로 채운다.

```jsx
function Repositories() {
  return (
    <> </>
  )
}

export default Repositories;
```

06. useQuery 훅을 가져와서 GitHub REST API에서 axios.get()을 호출하는 getRepositories()라는 함수를 만든다. 여기서는 Axios와 함께 async/await을 이용한다. useQuery 훅 함수를 호출하고 queryFn 속성의 값을 fetch 함수인 getRepositories로 만든다.

```jsx
import { useQuery } from '@tanstack/react-query';
import axios from 'axios';

function Repositories() {
  const getRepositories = async () => {
    const response = await axios.get("https://api.github.com/search/repositories?q=react");
    return response.data.items;
  }

  const { isLoading, isError, data } = useQuery({
    queryKey: ['repositories'],
    queryFn: getRepositories,
  })

  return (
    <></>
  )
}

export default Repositories;
```

07. 다음으로 조건부 렌더링을 구현한다. 리포지터리는 데이터를 이용할 수 있을 때 렌더링된다. 또한 REST API 호출이 오류로 끝나는 경우 메시지를 렌더링한다.

```jsx
// Repositories.jsx
if (isLoading) {
  return <p>Loading...</p>
}

if (isError) {
  return <p>Error...</p>
}

else {
  return (
    <table>
      <tbody>
      {
        data.map(repo =>
          <tr key={repo.id}>
            <td>{repo.full_name}</td>
            <td>
              <a href={repo.html_url}>{repo.html_url}</a>
            </td>
          </tr>)
      }
      </tbody>
    </table>
  )
}
```

08. 마지막 단계에서는 Repositories 컴포넌트를 App 컴포넌트로 가져와서 QueryClientProvider 컴포넌트 내부에서 렌더링한다.

```jsx
// App.jsx
import './App.css'
import Repositories from './Repositories'
import { QueryClient, QueryClientProvider } from '@tanstack/react-query'
const queryClient = new QueryClient()
```

```
function App() {
  return (
    <>
      <QueryClientProvider client={queryClient}>
        <Repositories />
      </QueryClientProvider>
    </>
  )
}

export default App
```

09. 이제 앱은 다음과 같이 보일 것이며 리포지터리는 리액트 쿼리 라이브러리를 이용하여 가져온다. 또한 내장된 기능을 이용하여 요청 상태를 쉽게 처리할 수 있었다. 리액트 쿼리가 데이터 관리와 캐싱을 처리하기 때문에 응답 데이터를 저장하기 위한 상태는 필요하지 않다.

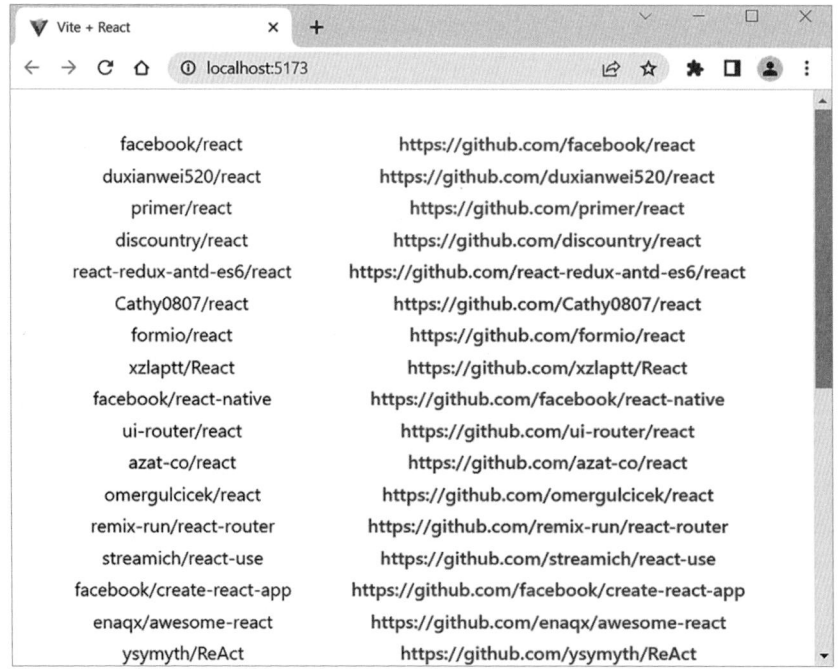

그림 10.7 Tanstack Query

또한 브라우저가 **재포커스**될 때(사용자가 애플리케이션의 창이나 탭으로 돌아갈 때) 리액트 쿼리에 의해 자동으로 다시 불러오기가 실행되는 것을 볼 수 있다. 브라우저의 포커스를 다시 맞출 때마다 업데이트된 데이터를 볼 수 있으므로 좋은 기능이다. 이 기본 작동을 전역적으로 또는 쿼리별로 변경할 수 있다.

> **참고**
> 네트워크가 다시 연결되거나 쿼리의 새 인스턴스가 마운트될 때(컴포넌트가 DOM에 삽입될 때) 다시 불러오기도 자동으로 실행된다.

리액트 쿼리가 가진 핵심 속성으로 staleTime이 있는데, 이것은 데이터가 최신으로 유지되는 시간을 규정한다. 이 시간을 넘기면 데이터는 오래된 것으로 간주되어 백그라운드로 데이터를 다시 불러온다. 기본적으로 staleTime은 0이며 이는 쿼리 성공 직후 데이터가 최신이 아닌 상태가 된다는 것을 의미한다. 데이터가 자주 변경되지 않는 경우 staleTime 값을 설정하면 불필요한 다시 가져오기를 방지할 수 있다. 다음 예제는 쿼리에서 staleTime을 설정하는 방법을 보여준다.

```
const { isLoading, isError, data } = useQuery({
  queryKey: ['repositories'],
  queryFn: getRepositories,
  staleTime: 60 * 1000, // 밀리초 단위 -> 1분
})
```

아울러 cacheTime이라는 속성도 있으며, 이는 비활성 상태인 쿼리들이 가비지 컬렉션 대상이 되는 타이밍을 명시한다. 기본적으로 5분으로 세팅되어 있다.

리액트 쿼리는 내장된 오류 처리, 캐시 무효화와 함께 데이터 생성, 업데이트, 삭제를 위한 useMutation 훅을 제공하여 데이터 변경^{Mutation} 처리를 간소화한다. 다음은 새 자동차를 추가하는 useMutation의 예다. 이 예제에서는 새 자동차를 추가하고 싶기 때문에 axios.post() 메서드를 이용한다.

```
// useMutation를 임포트
import { useMutation } from '@tanstack/react-query'
// 사용법
const mutation = useMutation({
  mutationFn: (newCar) => {
    return axios.post('api/cars', newCar);
  },
```

```
  onError: (error, variables, context) => {
    // 변경 오류
  },
  onSuccess: (data, variables, context) => {
    // 변경 성공
  },
})
```

mutationFn 속성값은 서버에 POST 요청을 전송하고 프로미스를 반환하는 함수다. 리액트 쿼리 변경은 또한 변경에서 이용할 수 있는 onSuccess와 onError와 같은 부수 함수를 제공한다. onSuccess는 변경 성공 응답을 기반으로 UI를 업데이트하거나 성공 메시지를 표시하는 등 필요한 작업을 수행할 수 있는 콜백 함수를 정의하는 데 이용된다. onError는 변경 연산에서 오류가 발생하면 실행될 콜백 함수를 지정하는 데 이용된다.

다음과 같은 방법으로 변경을 실행할 수 있다.

```
mutation.mutate(newCar);
```

한편, QueryClient는 캐시 내 쿼리를 무효화하는 데 이용할 수 있는 invalidateQueries() 메서드를 제공한다. 만약 캐시에서 쿼리가 무효화되면 해당 쿼리는 다시 데이터를 가져올 것이다. 앞선 예제에서는 useMutation을 이용하여 서버에 새로운 자동차를 추가했다. 만약 모든 자동차를 가져오는 쿼리가 있고 그 쿼리의 ID가 cars라면 새 자동차가 성공적으로 추가된 후에 다음과 같은 방법으로 해당 쿼리를 무효화할 수 있다.

```
import { useQuery, useMutation, useQueryClient } from
  '@tanstack/react-query'

const queryClient = useQueryClient();

// 모든 자동차 가져오기
const { data } = useQuery({
  queryKey: ['cars'], queryFn: fetchCars
})
```

```
// 새 자동차 추가
const mutation = useMutation({
  mutationFn: (newCar) => {
    return axios.post('api/cars', newCar);
  },
  onError: (error, variables, context) => {
    // 변경 오류
  },
  onSuccess: (data, variables, context) => {
    // cars 쿼리 무효화 -> 다시 가져오기
    queryClient.invalidateQueries({ queryKey: ['cars'] });
  },
})
```

캐시를 무효화한다는 것은 다시 말해 캐시 이후에 서버에 추가된 새 자동차 데이터를 불러온다는 것이다.

리액트 쿼리를 이용하면 내장된 기능을 통해 더 적은 코드로 적절한 오류 처리, 데이터 캐싱 등을 할 수 있다. 지금까지 리액트를 이용한 네트워킹에 대해 배웠으므로 프런트엔드 구현에 이러한 기술을 활용할 수 있다.

요약

이번 장에서는 리액트를 이용한 네트워킹에 초점을 맞췄다. 처음은 비동기 네트워크 호출을 더 쉽게 구현할 수 있는 프로미스로 시작했다. 이는 호출을 처리하는 데 있어 기존의 콜백 함수를 이용하는 것보다 훨씬 나은 더 깔끔한 방법이다.

이 책에서는 프런트엔드에서 네트워킹을 위해 Axios와 리액트 쿼리 라이브러리를 이용하고 있으며, 이 라이브러리의 기초 사용법을 살펴봤다. fetch API와 Axios를 이용해 REST API를 호출하는 두 개의 리액트 예제 앱을 구현하고 브라우저에서 응답 데이터를 표시했다. 경쟁 조건에 대해 알아보고 리액트 쿼리 라이브러리를 이용하여 데이터를 가져오는 방법을 살펴봤다.

다음 장에서는 프런트엔드에서 이용할 수 있는 여러 유용한 리액트 컴포넌트에 대해 배워보겠다.

문제

1. 프로미스란 무엇인가?
2. fetch와 axios란 무엇인가?
3. 리액트 쿼리란 무엇인가?
4. 네트워킹 라이브러리를 이용하면 어떤 이점이 있는가?

참고자료

다음은 프로미스와 비동기 연산에 대해 배우는 데 도움이 될 유용한 참고자료들이다.

- Using promises, MDN web docs (https://developer.mozilla.org/ko/docs/Web/JavaScript/Guide/Using_promises)
- Fetch Standard (https://fetch.spec.whatwg.org/)

11
유용한 리액트용 서드파티 컴포넌트

리액트는 컴포넌트 기반이며 앱에서 이용할 수 있는 유용한 서드파티 컴포넌트를 많이 찾을 수 있다. 이번 장에서는 프런트엔드에서 이용할 여러 컴포넌트를 살펴보겠다. 적합한 컴포넌트를 찾는 방법과 이를 앱에서 이용하는 방법을 살펴볼 것이다.

이번 장에서는 다음 주제를 다룬다.

- 서드파티 리액트 컴포넌트 설치
- AG Grid 이용
- MUI 컴포넌트 라이브러리 이용
- 리액트 라우터로 라우팅 관리

기술 요구 사항

Node.js가 설치되어 있어야 한다. 다음 깃허브 저장소(https://github.com/PacktPublishing/Full-Stack-Development-with-Spring-Boot-3-and-React-Fourth-Edition/tree/main/Chapter11)가 필요하다.

서드파티 리액트 컴포넌트 설치

다양한 목적에 이용할 수 있는 유용한 리액트 컴포넌트가 많다. 모든 것을 처음부터 만들지 않아도 되므로 시간을 절약할 수 있다. 잘 알려진 서드파티 컴포넌트들은 테스트가 잘 되어 있고 커뮤니티 지원도 잘 되어 있다.

이러한 컴포넌트들을 이용하기 위해서는 우선 필요한 컴포넌트를 찾아야 한다. 컴포넌트를 검색할 수 있는 좋은 사이트로 awesome-react-components(https://github.com/brillout/awesome-react-components)가 있다. Ctrl + F를 누른 뒤 키워드를 입력하고 검색하면 된다.

다음 그림은 리액트용 표 컴포넌트에 대한 검색 결과를 보여준다.

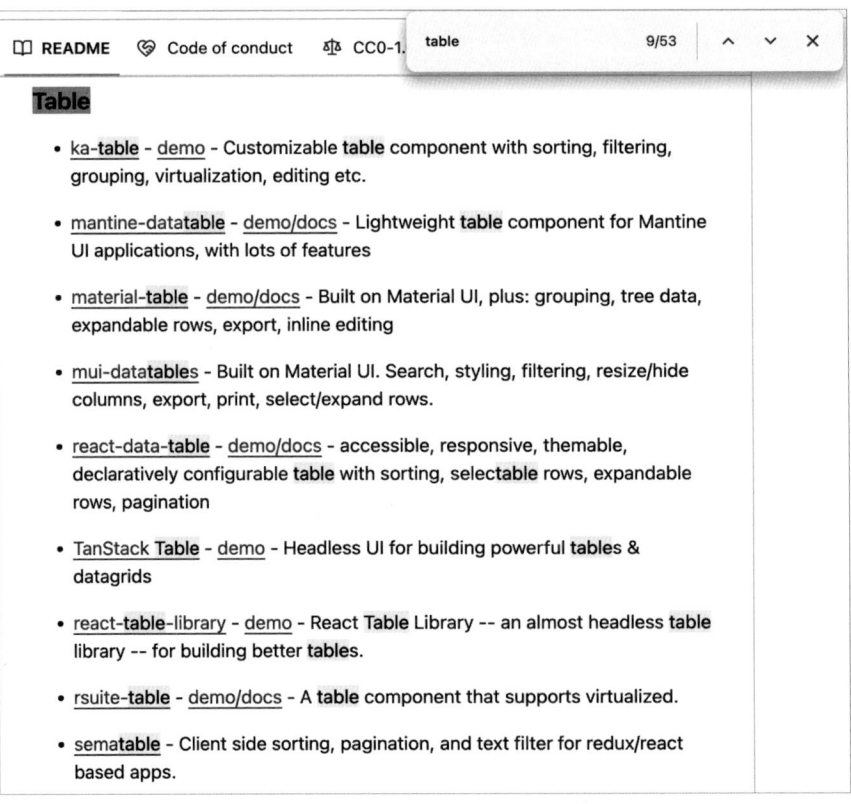

그림 11.1 awesome-react-components

컴포넌트에는 흔히 리액트 앱에서 해당 컴포넌트를 활용하는 데 도움이 되는 문서를 포함한다. 앱에 서드파티 컴포넌트를 설치하고 이용하는 방법을 살펴보자.

01. awesome-react-components 사이트로 이동하여 date를 검색한다.
02. 검색 결과에 react-date-picker라는 목록 컴포넌트(하이픈 2개 포함)가 표시된다. 컴포넌트 링크를 클릭하면 GitHub 리포지터리로 이동한다.
03. GitHub 리포지터리에서 설치 지침과 컴포넌트 이용 방법에 대한 간단한 예제를 찾을 수 있다. 또한 컴포넌트의 개발이 아직 진행 중인지 확인해야 한다. 다음 그림에서 react-date-picker에 대한 GitHub 리포지터리를 확인할 수 있다.

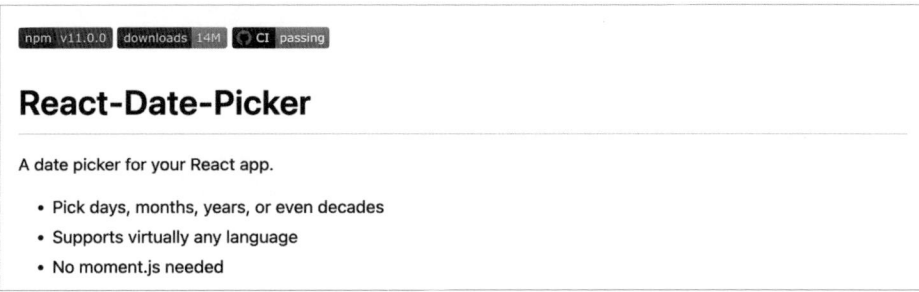

그림 11.2 react-date-picker GitHub 리포지터리

04. 컴포넌트의 정보 페이지에서 확인할 수 있듯이 컴포넌트는 npm을 이용하여 설치할 수 있다. 다음 명령을 통해 패키지를 설치한다.

```
npm install component_name
```

yarn을 이용하는 경우 다음과 같이 실행해도 된다.

```
yarn add component_name
```

npm install과 yarn add 명령은 리액트 앱이 있는 폴더의 package.json 파일에 컴포넌트의 의존성을 추가한다.

이제 7장 '환경과 툴 설정 – 프런트엔드'에서 작성한 myapp 리액트 앱에 react-date-picker 컴포넌트를 설치해 보자. 앱 루트 폴더로 이동하여 다음 명령을 입력한다.

```
npm install react-date-picker
```

05. 앱 루트 폴더에서 package.json 파일을 열면 다음 코드처럼 컴포넌트가 dependencies 절에 추가된 것을 확인할 수 있다.

```
"dependencies": {
  "react": "^18.2.0",
  "react-dom": "^18.2.0",
  "react-date-picker": "^10.0.3"
},
```

설치된 버전 번호를 찾으려면 package.json 파일에서 찾을 수 있다.

특정 버전의 컴포넌트를 설치하려면 다음 명령을 이용하면 된다.

```
npm install 컴포넌트_이름@version
```

그리고 설치된 컴포넌트를 리액트 앱에서 제거하려면 다음 명령을 쓸 수 있다.

```
npm uninstall 컴포넌트_이름
```

yarn를 이용하는 경우는 다음과 같다.

```
yarn remove 컴포넌트_이름
```

프로젝트 루트 디렉터리에서 다음 명령을 이용하여 오래된 컴포넌트를 확인할 수 있다. 출력이 비어 있으면 모든 컴포넌트가 최신 버전이라는 의미다.

```
npm outdated
```

프로젝트 루트 디렉터리에서 다음 명령을 써서 오래된 컴포넌트를 모두 업데이트할 수 있다.

```
npm update
```

먼저 기존 코드를 손상시킬 수 있는 변경 사항이 있는지 확인해야 한다. 일반적인 컴포넌트에는 새 버전에서 변경된 내용을 확인할 수 있는 변경 로그 또는 릴리스 노트가 있다.

06. 설치된 컴포넌트는 앱의 node_modules 폴더에 저장된다. 해당 폴더를 열면 다음 그림과 같이 react-date-picker 폴더를 찾을 수 있다.

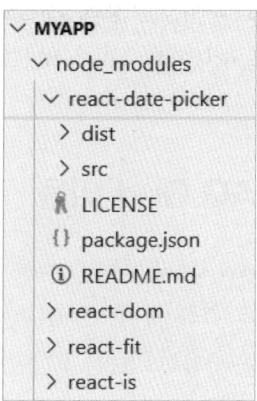

그림 11.3 node_modules

다음 npm 명령을 이용하여 프로젝트 의존성 목록을 가져올 수 있다.

```
npm list
```

리액트 앱 소스코드를 깃허브에 푸시하는 경우 node_modules 폴더에는 상당한 수의 파일이 포함되어 있으므로 해당 폴더를 제외해야 한다. 비트 프로젝트에는 리포지터리에서 node_modules 폴더를 제외하는 .gitignore 파일이 포함되어 있다. .gitignore 파일의 내용은 다음과 같으며 node_modules가 있는 것을 확인할 수 있다.

```
# Logs
logs
*.log
npm-debug.log*
yarn-debug.log*
yarn-error.log*
pnpm-debug.log*
lerna-debug.log*
node_modules
dist
dist-ssr
*.local
```

깃허브 리포지터리에서 리액트 애플리케이션을 클론한 후 npm install 명령어를 입력하여 package.json 파일에 기술된 의존성 패키지를 읽어서 앱에 다운로드하는 것이 일반적인 방식이다.

07. 설치된 컴포넌트를 이용하려면 해당 컴포넌트를 이용하려는 파일로 임포트한다. 이를 위한 코드는 다음과 같다.

```
import DatePicker from 'react-date-picker';
```

이제 리액트 컴포넌트를 리액트 앱에 설치하는 방법을 배웠다. 다음으로 리액트 앱에서 서드파티 컴포넌트를 이용해 보자.

AG Grid 이용

AG Grid(https://www.ag-grid.com/)는 리액트 앱을 위한 유연한 데이터 그리드 컴포넌트다. 스프레드시트처럼 데이터를 표시하는 데 이용할 수 있으며 상호작용도 가능하다. 필터링, 정렬, 피벗과 같은 많은 유용한 기능을 포함한다. 여기서는 (MIT 라이선스에 따라) 무료인 커뮤니티 버전을 이용할 것이다.

10장 '리액트로 REST API 이용하기'에서 만든 GitHub **REST API** 앱을 수정해 보겠다. 다음과 같이 진행한다.

01. ag-grid 커뮤니티 컴포넌트를 설치하려면 명령줄 또는 터미널을 열고 앱의 루트 폴더인 restgithub 폴더로 이동한다. 다음 명령을 입력하여 컴포넌트를 설치한다.

```
npm install ag-grid-community ag-grid-react
```

02. VS Code로 App.tsx 파일을 열고 반환 문 내부의 표 요소를 제거한다. 이제 App.tsx 파일은 다음과 같다.

```
import { useState } from 'react';
import axios from 'axios';
import './App.css';

type Repository = {
  id: number;
  full_name: string;
  html_url: string;
};

function App() {
  const [keyword, setKeyword] = useState('');
  const [repodata, setRepodata] = useState<Repository[]>([]);

  const handleClick = () => {
    axios.get<{ items: Repository[]
      }>(`https://api.github .com/search/repositories?q=${keyword}`)
    .then(response => setRepodata(response.data.items))
```

```
      .catch(err => console.error(err));
  }

  return (
    <>
      <input
        value={keyword}
        onChange={e => setKeyword(e.target.value)} />
      <button onClick={handleClick}>Fetch</button>
    </>
  );
}
export default App;
```

03. App.tsx 파일의 시작 부분에 다음 코드들을 추가하여 ag-grid 컴포넌트와 스타일시트를 임포트한다.

```
import { AgGridReact } from 'ag-grid-react';
import 'ag-grid-community/styles/ag-grid.css';
import 'ag-grid-community/styles/ag-theme-material.css';
```

ag-grid는 다양한 사전 정의 스타일을 제공한다. 여기서는 머티리얼 디자인 스타일을 이용할 것이다.

04. 다음으로 return 문에 임포트한 AgGridReact 컴포넌트를 추가해 보자. ag-grid 컴포넌트에 데이터를 채우려면 컴포넌트에 rowData 프롭을 전달해야 한다. 객체의 배열을 데이터에 넣을 수 있으므로 상태인 repodata를 이용할 수 있다. ag-grid 컴포넌트는 스타일을 정의하는 div 요소로 감싸야 한다. 코드는 다음과 같다.

```
  return (
    <div className="App">
      <input value={keyword}
        onChange={e => setKeyword(e.target.value)} />
      <button onClick={handleClick}>Fetch</button>
      <div className="ag-theme-material"
        style={{height: 500, width: 850}}>
        <AgGridReact
          rowData={repodata}
        />
      </div>
    </div>
  );
```

05. 이어서 ag-grid에 이용될 칼럼(Column)을 정의하자. 칼럼 정의 객체의 배열인 `columnDefs`라는 상태를 정의할 것이다. ag-grid는 여기에 이용할 수 있는 `ColDef` 타입을 제공한다. 칼럼 객체에서는 필수 `field` 프롭을 이용하여 데이터 접근자를 정의해야 한다. `field` 값은 칼럼이 표시해야 하는 REST API 응답 데이터의 속성 이름이다.

```
// ColDef 타입 임포트
import { ColDef } from 'ag-grid-community';

// 칼럼 정의
const [columnDefs] = useState<ColDef[]>([
    {field: 'id'},
    {field: 'full_name'},
    {field: 'html_url'},
]);
```

06. 마지막으로 AG Grid `columnDefs` 프롭을 이용하여 다음과 같이 칼럼을 정의한다.

```
<AgGridReact
  rowData={data}
  columnDefs={columnDefs}
/>
```

07. 앱을 실행하고 웹 브라우저에서 연다. 다음 그림과 같이 표는 기본값 그대로도 상당히 멋진 모습을 하고 있다.

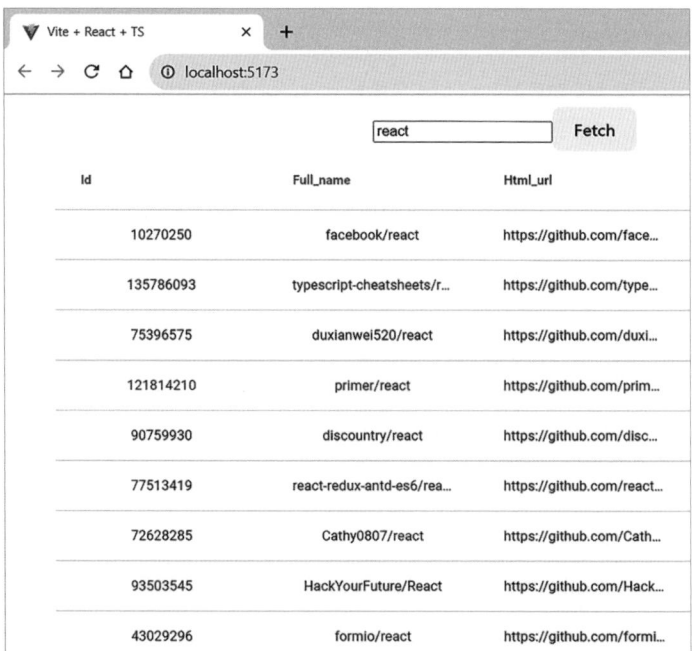

그림 11.4 ag-grid 컴포넌트

08. 정렬과 필터링은 기본적으로 비활성화되어 있지만, ag-grid 칼럼 내에 sortable과 filter 프롭을 이용해 다음과 같이 활성화할 수 있다.

```
const [columnDefs] = useState<ColDef[]>([
  {field: 'id', sortable: true, filter: true},
  {field: 'full_name', sortable: true, filter: true},
  {field: 'html_url', sortable: true, filter: true}
]);
```

이제 다음 그림과 같이 칼럼 헤더를 클릭하여 그리드에서 칼럼을 정렬하고 필터링할 수 있다.

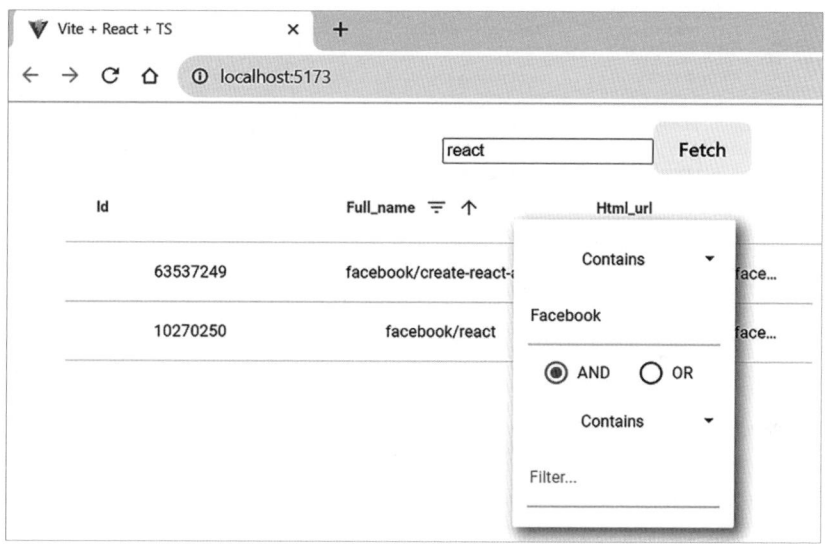

그림 11.5 ag-grid 필터링과 정렬

09. 또한 pagination과 paginationPageSize 프롭을 이용하여 다음과 같이 ag-grid에서 페이징을 활성화하고 페이지 크기를 설정할 수 있다.

```
<AgGridReact
  rowData={data}
  columnDefs={columnDefs}
  pagination={true}
  paginationPageSize={8}
/>
```

이제 다음 그림과 같이 표에 페이징이 표시될 것이다.

그림 11.6 ag-grid 페이징

> **TIP**
>
> 다양한 그리드와 칼럼 프롭에 대한 설명서는 AG Grid 웹 사이트(https://www.ag-grid.com/react-data-grid/column-properties/)에서 찾을 수 있다.

10. cellRenderer 프롭을 이용하여 표 셀의 콘텐츠를 사용자 정의할 수 있다. 다음 예제는 그리드 셀에서 버튼을 렌더링하는 방법이다.

```
// ICellRendererParams를 임포트
import { ICellRendererParams } from 'ag-grid-community';

// columnDefs를 수정
const columnDefs = useState<ColDef[]>([
  {field: 'id', sortable: true, filter: true},
  {field: 'full_name', sortable: true, filter: true},
  {field: 'html_url', sortable: true, filter: true},
  {
```

```
    field: 'full_name',
    cellRenderer: (params: ICellRendererParams) => (
      <button
        onClick={() => alert(params.value)}>
        Press me
      </button>
    ),
  },
]);
```

셀 렌더러 내부의 함수는 `params`를 인수로 받는다. `params`의 타입은 `ICellRendererParams`이며 이를 임포트해야 한다. `params.value`는 칼럼 정의의 `field` 속성에 정의된 `full_name` 셀의 값이 된다. 로우의 모든 값에 접근해야 하는 경우 전체 로우 객체인 `params.row`를 이용할 수 있다. 이는 전체 데이터 로우를 다른 컴포넌트에 전달해야 할 때 유용하다. 버튼을 누르면 `full_name` 셀의 값을 표시하는 알림이 열린다.

다음은 버튼이 포함된 표다.

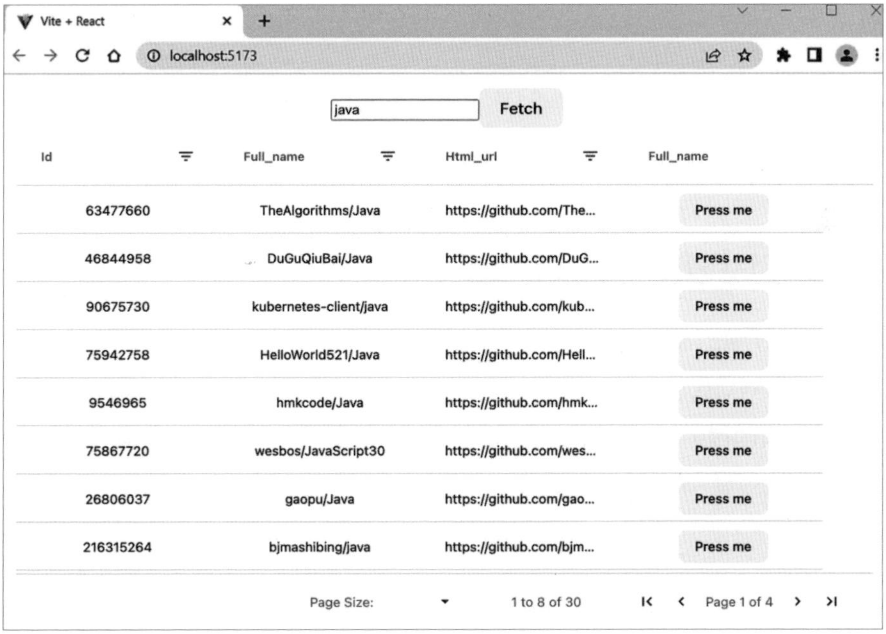

그림 11.7 버튼이 포함된 그리드

아무 버튼이나 누르면 `full_name` 셀의 값을 표시하는 알림이 표시된다.

11. 기본적으로 필드 이름이 헤더 이름으로 이용되므로 버튼 열에는 Full_name 헤더가 있다. 다른 이름을 이용하려면 다음 코드에 표시된 것처럼 칼럼 정의에서 headerName 프롭을 이용하면 된다.

```
const columnDefs: ColDef[] = [
  { field: 'id', sortable: true, filter: true },
  { field: 'full_name', sortable: true, filter: true },
  { field: 'html_url', sortable: true, filter: true },
  {
    headerName: 'Actions',
    field: 'full_name',
    cellRenderer: (params: ICellRendererParams) => (
      <button
        onClick={() => alert(params.value)}>
        Press me
      </button>
    ),
  },
];
```

다음 절에서는 가장 인기 있는 리액트 컴포넌트 라이브러리인 머티리얼 UI 컴포넌트 라이브러리를 이용해 보자.

머티리얼 UI 컴포넌트 이용 라이브러리

머티리얼 UI(https://mui.com/) 또는 **MUI**는 구글의 머티리얼 디자인 언어(https://m2.material.io/design)를 구현하는 리액트 컴포넌트 라이브러리다. 머티리얼 디자인은 오늘날 가장 인기 있는 디자인 시스템 중 하나다. MUI에는 버튼, 목록, 표, 카드와 같은 다양한 컴포넌트가 포함되어 있어 멋지고 균일한 **사용자 인터페이스**[UI]를 구현하는 데 이용할 수 있다.

> **TIP**
>
> 이 책에서는 MUI 버전 5를 이용한다. 다른 버전을 이용하려면 공식 문서(https://mui.com/material-ui/getting-started/)를 따라야 한다. MUI 버전 5는 머티리얼 디자인 버전 2를 지원한다.

이번 절에서는 작은 쇼핑 목록 앱을 만들고 MUI 컴포넌트를 이용하여 UI 스타일을 지정하겠다. 앱에서 사용자는 두 개의 필드(product와 amount)가 포함된 쇼핑 항목을 입력할 수 있다. 입력한 쇼핑 항목은 앱에 목록으로 표시된다. 최종 UI는 다음 그림과 같다. **ADD ITEM** 버튼을 누르면 모달 폼이 열리고, 여기서 사용자는 새 쇼핑 항목을 입력할 수 있다.

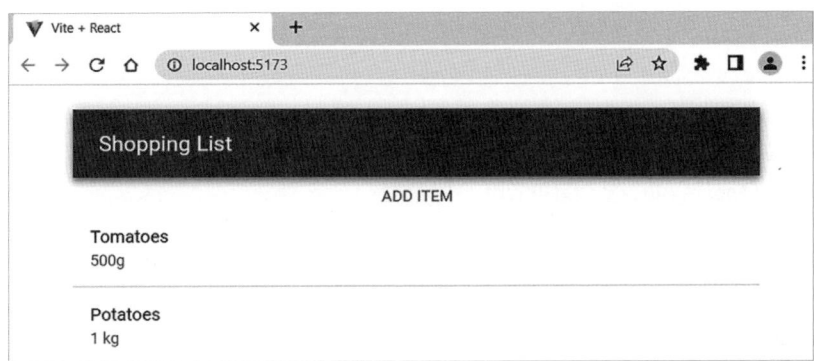

그림 11.8 쇼핑 목록 UI

이제 구현을 시작해 보자.

01. shoppinglist이라는 이름으로 **리액트**^{React} 프레임워크와 **타입스크립트**^{TypeScript} variant를 선택하여 새 리액트 앱을 만들고 다음 명령을 실행하여 의존성을 설치한다.

```
npm create vite@latest
cd shoppinglist
npm install
```

02. VS Code로 쇼핑 목록 앱을 연다. PowerShell 또는 적절한 터미널의 프로젝트 루트 폴더에 다음 명령을 입력하여 MUI를 설치한다.

```
npm install @mui/material @emotion/react @emotion/styled
```

03. MUI는 기본적으로 Roboto 글꼴을 이용하지만 이 글꼴은 한글을 지원하지 않는다. 대신 Noto Sans Korean을 이용할 것이다. Noto Sans Korean 글꼴을 설치하는 가장 쉬운 방법은 Google Fonts를 이용하는 것이다. Roboto 글꼴을 이용하려면 `index.html` 파일의 `head` 요소 안에 다음 줄을 추가한다.

```
<link
  rel="stylesheet"
  href="https://fonts.googleapis.com/css?family=\
      Noto+Sans+KR:300,400,500,700&display=swap">
```

```
    />
    <style>
      * {
        font-family: "Noto Sans KR", sans-serif!important;
      }
    </style>
```

04. App.tsx 파일을 열고 프래그먼트(<></>) 내부의 모든 코드를 제거한다. 또한 이용하지 않는 코드와 임포트도 제거한다. 이제 App.tsx 파일은 다음과 같다.

```
// App.tsx
import './App.css';
function App() {
  return (
    <>
    </>
  );
}

export default App;
```

브라우저에 빈 페이지가 표시될 수도 있다.

05. MUI는 다양한 레이아웃 컴포넌트를 제공하며 기본 레이아웃 컴포넌트는 Container다. Container는 콘텐츠를 가로로 중앙에 배치하는 데 이용된다. maxWidth 프롭을 이용하여 컨테이너의 최대 너비를 지정할 수 있으며 기본값은 lg(큰)로 현재 예제에 적합하다. 다음처럼 App.tsx 파일에서 Container 컴포넌트를 이용해 보겠다.

```
import Container from '@mui/material/Container';
import './App.css';

function App() {
  return (
    <Container>
    </Container>
  );
}

export default App;
```

06. 앱에 전체 화면을 표시할 수 있도록 main.tsx 파일에서 index.css 파일 임포트를 제거한다. 또한 비트에서 미리 정의된 스타일을 이용하지 않을 것이다.

```
// main.tsx
import React from 'react'
import ReactDOM from 'react-dom/client'
import App from './App.jsx'
import './index.css' // 이 줄을 삭제

ReactDOM.createRoot(document.getElementById('root')).render(
  <React.StrictMode>
    <App />
  </React.StrictMode>,
)
```

07. 다음으로 MUI AppBar 컴포넌트를 이용하여 앱에 툴바를 만들어 보자. AppBar, ToolBar, Typography 컴포넌트를 App.tsx 파일로 가져온다. 또한 나중에 필요할 useState를 리액트에서 임포트한다. 코드는 다음과 같다.

```
import { useState } from 'react';
import Container from '@mui/material/Container';
import AppBar from '@mui/material/AppBar';
import Toolbar from '@mui/material/Toolbar';
import Typography from '@mui/material/Typography';
import './App.css'
```

08. 앱 컴포넌트의 return 상태에 다음 코드를 추가하여 AppBar를 렌더링한다. Typography 컴포넌트는 미리 정의된 텍스트 크기를 제공하며, 이를 툴바 텍스트에 이용할 것이다. 변형 프로퍼티를 이용하여 텍스트 크기를 정의할 수 있다.

```
function App() {
  return (
    <Container>
      <AppBar position="static">
        <Toolbar>
          <Typography variant="h6">
            Shopping List
          </Typography>
        </Toolbar>
```

```
      </AppBar>
    </Container>
  );
}
```

09. 앱을 시작한다. 이제 다음과 같은 화면이 표시된다.

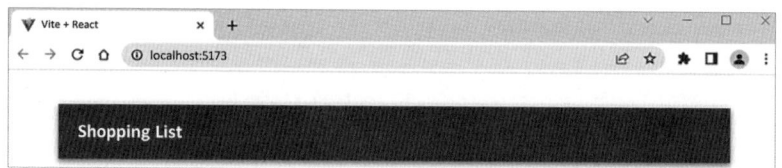

그림 11.9 AppBar 컴포넌트

10. App 컴포넌트에서 쇼핑 목록 항목을 저장하려면 배열 상태 한 개가 필요하다. 하나의 쇼핑 목록 항목에는 product와 amount라는 두 개의 필드가 포함된다. 나중에 다른 컴포넌트에서 필요하기 때문에 쇼핑 항목에 대한 타입인 Item을 생성해야 하며 이 타입도 내보낼 것이다.

```
// App.tsx
export type Item = {
  product: string;
  amount: string;
}
```

11. 다음으로 쇼핑 항목을 저장하는 상태를 만들어 보겠다. Item 유형의 배열 타입을 갖는 items라는 상태를 작성하라.

```
const [items, setItems] = useState<Item[]>([]);
```

12. 그런 다음 items 상태에 새 항목을 추가하는 함수를 만든다. addItem 함수에서는 스프레드 표기법(...)을 이용하여 기존 배열의 시작 부분에 새 항목을 추가한다.

```
const addItem = (item: Item) => {
  setItems([item, ...items]);
}
```

13. 쇼핑 항목을 추가하기 위한 새 컴포넌트를 추가해야 한다. 앱의 루트 폴더에 AddItem.tsx라는 새 파일을 생성하고 AddItem.tsx 파일에 다음 코드를 추가한다. AddItem 컴포넌트 함수는 상위 컴포넌트에서 프롭을 받는다. 코드는 다음과 같다. 프롭 타입은 나중에 정의할 것이다.

```
function AddItem(props) {
  return(
    <></>
  );
}

export default AddItem;
```

AddItem 컴포넌트는 MUI 모달 대화 상자를 이용하여 데이터를 수집한다. 폼에 product와 amount라는 두 개의 입력 필드와 App 컴포넌트에 addItem 함수를 호출하는 버튼을 추가할 것이다. App 컴포넌트에 있는 addItem 함수를 호출할 수 있으려면 addItem 컴포넌트를 렌더링할 때 프롭으로 전달해야 한다. 모달 Dialog 컴포넌트 외부에 사용자가 새 쇼핑 항목을 입력할 수 있는 모달 폼을 여는 버튼을 추가한다. 이 버튼은 컴포넌트가 처음 렌더링될 때 유일하게 보이는 요소다.

다음 단계에서는 모달 폼의 구현에 대해 설명할 것이다.

14. 모달 폼을 위해 Dialog, DialogActions, DialogContent, DialogTitle 등의 MUI 컴포넌트를 임포트해야 한다. 모달 폼의 UI에는 Button과 TextField 컴포넌트가 필요하다. 다음 임포트를 AddItem.tsx 파일에 추가한다.

```
import Button from '@mui/material/Button';
import TextField from '@mui/material/TextField';
import Dialog from '@mui/material/Dialog';
import DialogActions from '@mui/material/DialogActions';
import DialogContent from '@mui/material/DialogContent';
import DialogTitle from '@mui/material/DialogTitle';
```

15. Dialog 컴포넌트에는 open이라는 프롭이 있으며 값이 true이면 대화 상자가 표시된다. open 프롭의 기본값은 false이며 대화 상자가 숨겨진다. 모달 대화 상자를 열고 닫는 데는 open이라는 하나의 상태와 두 개의 함수를 선언하겠다. open 상태의 기본값은 false다. handleOpen 함수는 open 상태를 true로 설정하고, handleClose 함수는 이를 false로 설정한다. 코드는 다음과 같다.

```
// AddItem.tsx
// useState를 임포트
import { useState } from 'react';

// 상태, handleOpen, handleClose 함수를 추가
const [open, setOpen] = useState(false);
```

```
const handleOpen = () => {
  setOpen(true);
}

const handleClose = () => {
  setOpen(false);
}
```

16. return 문 안에 Dialog와 Button 컴포넌트를 추가하겠다. 컴포넌트가 처음 렌더링될 때 표시되는 버튼이 다이얼로그 외부에 하나 있다. 버튼을 누르면 handleOpen 함수를 호출하여 대화 상자를 연다. 대화 상자 안에는 취소 버튼과 새 항목 추가 버튼 총 2개가 있다. **Add** 버튼은 나중에 구현할 addItem 함수를 호출한다. 코드는 다음과 같다.

```
return(
    <>
        <Button onClick={handleOpen}>
            Add Item
        </Button>
        <Dialog open={open} onClose={handleClose}>
            <DialogTitle>New Item</DialogTitle>
            <DialogContent>
            </DialogContent>
            <DialogActions>
                <Button onClick={handleClose}>
                    Cancel
                </Button>
                <Button onClick={addItem}>
                    Add
                </Button>
            </DialogActions>
        </Dialog>
    </>
);
```

17. 사용자로부터 데이터를 수집하려면 상태를 하나 더 선언해야 한다. 이 상태는 사용자가 입력한 쇼핑 항목을 저장하는 데 이용되며 타입은 Item이다. 앱 컴포넌트에서 Item 타입을 가져올 수 있다.

```
// AddItem.tsx에 임포트 추가
import { Item } from './App';
```

18. AddItem 컴포넌트에 다음 상태를 추가한다. 상태의 타입은 Item이며 빈 항목 객체로 초기화한다.

```
// item 상태
const [item, setItem] = useState<Item>({
  product: '',
  amount: '',
});
```

19. DialogContent 컴포넌트 안에 사용자로부터 데이터를 수집하기 위해 두 개의 입력을 추가하겠다. 여기서는 이미 임포트한 TextField MUI 컴포넌트를 이용한다. margin 프롭은 텍스트 필드의 세로 간격을 설정하는 데 이용되며 fullwidth 프롭은 입력이 컨테이너의 전체 너비를 차지하게 하는 데 이용된다. 모든 프롭은 MUI 문서에서 찾을 수 있다. 텍스트 필드의 value 프롭은 입력한 값을 저장하려는 상태와 동일해야 한다. 사용자가 텍스트 필드에 무언가를 입력하면 onChange 이벤트 리스너는 입력한 값을 항목 상태에 저장한다. product 필드에서 값은 item.product 속성에 저장되고 amount 필드에서 값은 item.amount 속성에 저장된다. 코드는 다음과 같다.

```
<DialogContent>
  <TextField value={item.product} margin="dense"
    onChange={ e => setItem({...item,
      product: e.target.value}) }
    label="Product" fullWidth />
  <TextField value={item.amount} margin="dense"
    onChange={ e => setItem({...item,
      amount: e.target.value}) }
    label="Amount" fullWidth />
</DialogContent>
```

20. 마지막으로 프롭에서 받은 addItem 함수를 호출하는 함수를 만들어야 한다. 이 함수는 새 쇼핑 항목을 인수로 받는다. 먼저 프롭의 타입을 정의한다. App 컴포넌트에서 전달되는 addItem 함수는 Item 타입의 인수를 하나만 받으며 이 함수는 아무것도 반환하지 않는다. 타입 정의와 프롭 타입은 다음과 같다.

```
// AddItem.tsx
type AddItemProps = {
  addItem: (item: Item) => void;
}

function AddItem(props: AddItemProps) {
  const [open, setOpen] = useState(false);
  // (생략)
```

21. 이제 새 쇼핑 항목이 item 상태에 저장되고 사용자가 입력한 값이 포함된다. addItem 함수는 프롭에서 가져왔으므로 props 키워드를 이용하여 호출할 수 있다. 또한 모달 대화 상자를 닫는 handleClose 함수도 호출한다. 코드는 다음과 같다.

```
// addItem 함수를 호출하고 item 상태를 전달
const addItem = () => {
  props.addItem(item);
  // 텍스트 필드를 지우고 모달 대화 상자를 닫음
  setItem({ product: '', amount: '' });
  handleClose();
}
```

22. 이제 AddItem 컴포넌트가 준비되었으므로 이를 App.tsx 파일로 가져와서 렌더링해야 한다. App.tsx 파일에 다음 임포트를 추가한다.

```
import AddItem from './AddItem';
```

23. App.tsx 파일의 반환 문에 추가 항목 컴포넌트를 추가한다.

```
// App.tsx
return (
  <Container>
    <AppBar position="static">
      <Toolbar>
        <Typography variant="h6">
          Shopping List
        </Typography>
      </Toolbar>
    </AppBar>
    <AddItem addItem={addItem}/>
  </Container>
);
```

24. 이제 브라우저에서 앱을 실행시키고 ADD ITEM 버튼을 눌러보자. 다음 그림처럼 모달 폼이 열리면서 새로운 항목을 입력할 수 있는 상태가 될 것이다. ADD 버튼을 클릭하면 열려 있던 모달 폼이 닫히게 된다.

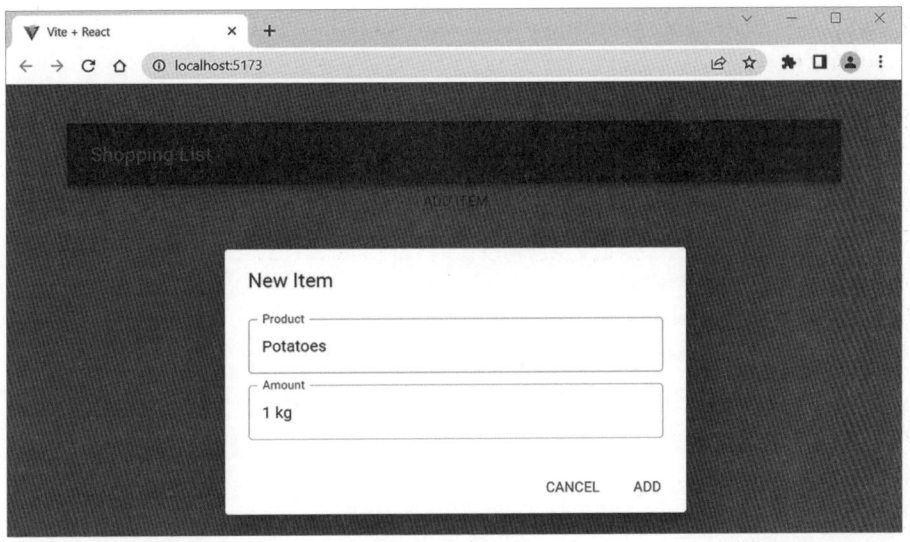

그림 11.10 모달 대화 상자

25. 다음으로 쇼핑 항목을 표시하는 목록을 App 컴포넌트에 추가하겠습니다. 이를 위해 MUI List, ListItem, ListItemText 컴포넌트를 이용하겠다. 컴포넌트를 App.tsx 파일로 임포트한다.

```
// App.tsx
import List from '@mui/material/List';
import ListItem from '@mui/material/ListItem';
import ListItemText from '@mui/material/ListItemText';
```

26. 그런 다음 List 컴포넌트를 렌더링한다. 그 안에서 map 함수를 이용해 ListItem 컴포넌트를 생성한다. 각 ListItem 컴포넌트에는 고유한 key 프롭이 있어야 하며 divider 프롭을 이용해 각 목록 항목의 끝에 구분선(divider)을 가져온다. 기본 텍스트에는 product를 표시하고 ListItemText 컴포넌트의 보조 텍스트에는 amount를 표시한다. 코드는 다음과 같다.

```
// App.tsx
return (
  <Container>
    <AppBar position="static">
      <Toolbar>
        <Typography variant="h6">
          Shopping List
        </Typography>
```

```
            </Toolbar>
          </AppBar>
          <AddItem addItem={addItem} />
          <List>
            {
              items.map((item, index) =>
                <ListItem key={index} divider>
                  <ListItemText
                    primary={item.product}
                    secondary={item.amount}/>
                </ListItem>
              )
            }
          </List>
        </Container>
  );
```

27. 이제 UI가 다음과 같이 표시된다.

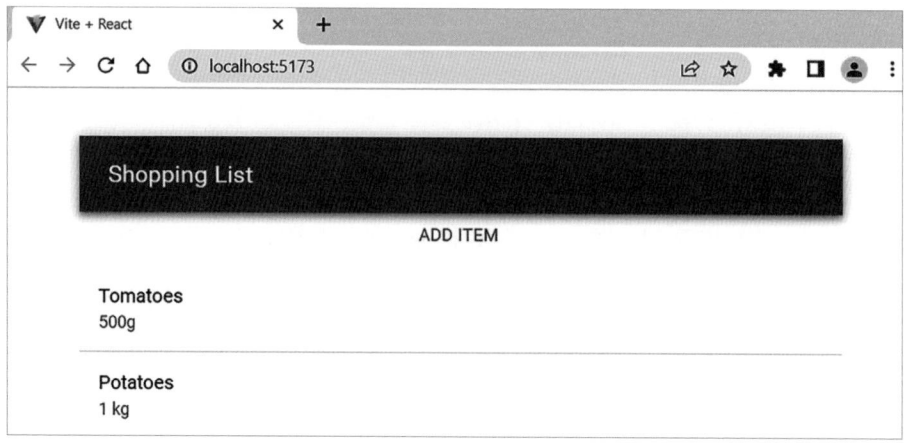

그림 11.11 쇼핑 목록

MUI 버튼 컴포넌트에는 text, contained, outlined의 세 가지 변형이 있다. text 변형이 기본값이며 variant 프로퍼티를 이용하여 변경할 수 있다. 예를 들어 윤곽선이 있는 ADD ITEM 버튼을 원한다면 AddItem.ts 파일에서 버튼의 variant 프로퍼티를 다음과 같이 변경할 수 있다.

```
<Button variant="outlined" onClick={handleOpen}>
    Add Item
</Button>
```

이번 절에서는 머티리얼 UI 라이브러리를 이용해 리액트 앱에서 일관되게 디자인하는 법을 배웠다. MUI를 이용하면 앱에 세련되고 전문적인 느낌을 쉽게 줄 수 있다. 다음으로 인기 라우팅 라이브러리인 리액트 라우터를 이용하는 방법을 배워보자.

리액트 라우터로 라우팅 관리

리액트에서 라우팅에 이용할 수 있는 여러 라이브러리가 있다. Next.js와 Remix와 같은 리액트 프레임워크는 라우팅 솔루션을 내장하고 있다. 가장 인기 있는 라이브러리는 **리액트 라우터**(https://github.com/ReactTraining/react-router)로, 이번에 이용할 것이다. 웹 애플리케이션의 경우 리액트 라우터는 react-router-dom이라는 패키지를 제공한다. 리액트 라우터는 URL을 기반으로 어떤 컴포넌트를 렌더링할지 정의할 수 있는 **URL 기반 라우팅**을 이용한다.

리액트 라우터를 시작하려면 다음 명령어를 이용하여 의존성을 설치해야 한다. 이 책에서는 리액트 라우터 버전 6을 쓸 것이다.

```
npm install react-router-dom@6
```

react-router-dom 라이브러리는 라우팅을 구현하는 데 이용되는 컴포넌트를 제공한다. BrowserRouter는 웹 기반 애플리케이션을 위한 라우터다. Route 컴포넌트는 주어진 위치가 일치하면 정의된 컴포넌트를 렌더링한다.

다음 코드는 Route 컴포넌트의 예시다. element 프롭은 사용자가 path 프롭에 정의된 contact 엔드포인트로 이동할 때 렌더링되는 컴포넌트를 정의한다. 경로는 현재 위치를 기준으로 한다.

```
<Route path="contact" element={<Contact />} />
```

다음과 같이 path 프롭 끝에 * 와일드카드를 이용할 수 있다.

```
<Route path="/contact/*" element={<Contact />} />
```

이제 contact 아래의 모든 엔드포인트(예: contact/mike, contact/john 등)가 일치한다.

Route 컴포넌트는 여러 Route 컴포넌트를 감쌀 수 있다. Link 컴포넌트는 애플리케이션에 대한 탐색 기능을 제공한다. 다음의 예시는 **Contact** 링크를 표시하며, 이 링크를 클릭했을 때 /contact 엔드포인트로 이동한다.

```
<Link to="/contact">Contact</Link>
```

이러한 컴포넌트를 실제로 어떻게 이용할 수 있는지 살펴보자.

01. 비트를 이용하여 **리액트**React 프레임워크와 **타입스크립트**TypeScript variant를 선택하여 routerapp이라는 새 리액트 앱을 생성한다. 프로젝트 폴더로 이동하여 의존성을 설치한다. 또한 react-router-dom 라이브러리를 설치한다.

```
npm create vite@latest
cd routerapp
npm install
npm install react-router-dom@6
```

02. VS Code로 src 폴더를 열고 에디터 보기에서 App.tsx 파일을 연다. react-router-dom 패키지에서 컴포넌트를 임포트하고 return 문에서 이용하지 않는 임포트와 함께 추가 코드를 제거한다. 이렇게 수정하고 나면 App.tsx 소스코드는 다음과 같아진다.

```
import { BrowserRouter, Routes, Route, Link } from 'react-
  router-dom';
import './App.css';

function App() {
  return (
    <>
    </>
  );
}

export default App;
```

03. 먼저 라우팅에 이용할 수 있는 간단한 컴포넌트 두 개를 만들어 보자. 애플리케이션 src 폴더에 Home.tsx와 Contact.tsx라는 두 개의 새 파일을 만든다. 그런 다음 반환 문에 헤더를 추가하여 컴포넌트의 이름을 표시한다. 컴포넌트의 코드는 다음과 같다.

```tsx
// Home.tsx
function Home() {
  return <h3>Home component</h3>;
}

export default Home;

// Contact.tsx
function Contact() {
  return <h3>Contact component</h3>;
}

export default Contact;
```

04. App.tsx 파일을 연 다음, 다음과 같이 컴포넌트 사이를 탐색할 수 있는 라우터를 추가한다.

```tsx
import { BrowserRouter, Routes, Route, Link } from 'react-router-dom';
import Home from './Home';
import Contact from './Contact';
import './App.css';

function App() {
  return (
    <>
      <BrowserRouter>
        <nav>
          <Link to="/">Home</Link>{' | '}
          <Link to="/contact">Contact</Link>
        </nav>
        <Routes>
          <Route path="/" element={<Home />} />
          <Route path="contact" element={<Contact />} />
        </Routes>
```

```
      </BrowserRouter>
    </>
  );
}

export default App;
```

05. 이제 앱을 시작하면 첫 번째 Route 컴포넌트에 정의된 대로 루트 엔드포인트(localhost:5173)에 다음 그림처럼 링크와 Home 컴포넌트가 표시된 것을 볼 수 있다.

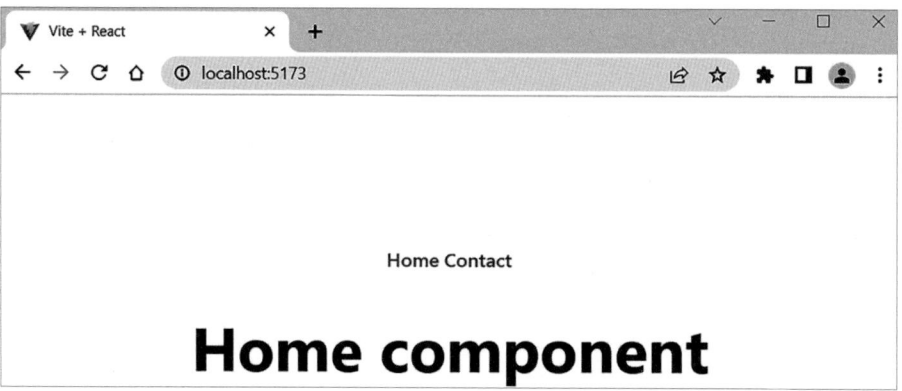

그림 11.12 리액트 라우터

06. Contact 링크를 클릭하면 다음 그림과 같이 Contact 컴포넌트가 렌더링된다.

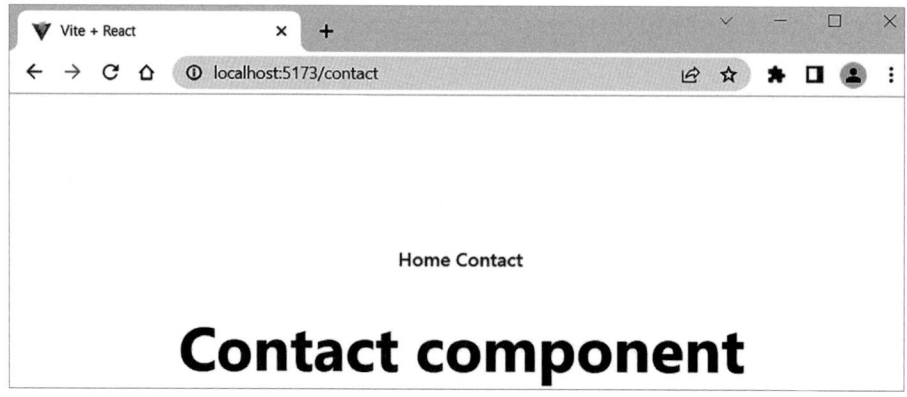

그림 11.13 리액트 라우터(계속)

07. path 프롭에 * 와일드카드를 이용하여 PageNotFound 경로를 만들 수 있다. 다음 예제에서는 다른 경로가 일치하지 않는 경우 마지막 경로가 이용되게 할 것이다. 먼저 페이지를 찾을 수 없을 때 표시할 컴포넌트를 만든다.

```
// PageNotFound 컴포넌트 생성
function PageNotFound() {
  return <h1>Page not found</h1>;
}

export default PageNotFound;
```

08. 그런 다음 PageNotFound 컴포넌트를 App 컴포넌트로 가져와서 새 경로를 만든다.

```
// PageNotFound 컴포넌트를 App.tsx에 임포트
import PageNotFound from './PageNotFound';

// 새 페이지를 찾을 수 없음 경로를 추가
<Routes>
  <Route path="/" element={<Home />} />
  <Route path="contact" element={<Contact />} />
  <Route path="*" element={<PageNotFound />} />
</Routes>
```

09. 다음 예제와 같이 중첩된 경로를 가질 수도 있다. 중첩 라우팅은 앱의 서로 다른 부분에 고유한 라우팅 구성을 가질 수 있음을 의미한다. 다음 예에서 Contact는 상위 경로이며 두 개의 하위 경로가 있다.

```
<Routes>
  <Route path="contact" element={<Contact />}>
    <Route path="london" element={<ContactLondon />} />
    <Route path="paris" element={<ContactParis />} />
  </Route>
</Routes>
```

> **참고**
> useRoutes() 훅을 이용해 리액트 요소 대신 자바스크립트 객체를 이용해 경로를 선언할 수 있지만 이 책에서는 다루지 않겠다. 훅에 대한 자세한 정보는 리액트 라우터 문서(https://reactrouter.com/en/main/start/overview)에서 확인할 수 있다.

지금까지 리액트로 다양한 서드파티 컴포넌트를 설치하고 이용하는 방법을 배웠다. 다음 장에서 프런트엔드 개발을 시작할 때 이러한 기술이 필요하다.

요약

이번 장에서는 서드파티 리액트 컴포넌트를 이용하는 방법을 배웠다. 프런트엔드에서 이용할 여러 컴포넌트에 다뤄봤다. ag-grid는 정렬, 페이징, 필터링과 같은 기능이 내장된 데이터 그리드 컴포넌트다. MUI는 구글의 머티리얼 디자인 언어를 구현하는 여러 UI 컴포넌트를 제공하는 컴포넌트 라이브러리다. 또한 리액트 애플리케이션에서 라우팅을 위해 리액트 라우터를 이용하는 방법도 배웠다.

다음 장에서는 기존 자동차 백엔드용 프런트엔드를 개발할 수 있는 환경을 만들어 보자.

문제

1. 리액트용 컴포넌트는 어떻게 찾을 수 있는가?
2. 컴포넌트는 어떻게 설치해야 하는가?
3. ag-grid 컴포넌트는 어떻게 이용하는가?
4. MUI 컴포넌트 라이브러리는 어떻게 이용하는가?
5. 리액트 애플리케이션에서 라우팅을 구현하려면 어떻게 해야 하는가?

참고자료

다음은 리액트에 대해 배우는 데 도움이 될 유용한 참고자료들이다.

- Awesome React, a great resource for finding React libraries and components (https://github.com/enaqx/awesome-react)

- The Top React Component Libraries that are Worth Trying, Technostacks (https://technostacks.com/blog/react-component-libraries/)

03부

풀스택 개발

12 _ 스프링 부트 RESTful 웹 서비스를 위한 프런트엔드 설정
13 _ CRUD 기능 추가하기
14 _ 리액트 MUI로 프런트엔드 꾸미기
15 _ 리액트 앱 테스트하기
16 _ 애플리케이션 보호하기
17 _ 애플리케이션 배포하기

12

스프링 부트 RESTful 웹 서비스를 위한 프런트엔드 설정

이번 장에서는 자동차 데이터베이스 애플리케이션의 프런트엔드 부분 개발을 시작하는 데 필요한 단계에 대해 설명한다. 먼저 개발할 기능을 정의할 것이다. 그런 다음 UI의 모형을 만든다. 백엔드로는 5장 '백엔드 보호'에서 만들었던 스프링 부트 애플리케이션을 이용할 것이다. 보안을 해제한 버전의 백엔드를 이용하여 개발을 시작한다. 마지막으로 프런트엔드 개발에 이용할 리액트 앱을 생성할 것이다.

이번 장에서는 다음 주제를 다룬다.

- UI 모형 제작
- 스프링 부트 백엔드 준비
- 프런트엔드용 리액트 프로젝트 생성

기술 요구 사항

5장 '백엔드 보호'에서 만든 스프링 부트 애플리케이션이 필요하다. 다음 깃허브 저장소(https://github.com/PacktPublishing/Full-Stack-Development-with-Spring-Boot-3-and-React-Fourth-Edition/tree/main/Chapter12)가 필요하다.

UI 모형 제작

이 책의 처음 1장에서 5장까지는 RESTful API를 제공하는 자동차 데이터베이스 백엔드를 만들었다. 이제 애플리케이션의 프런트엔드 개발을 시작할 차례다.

다음 사양으로 프런트엔드를 만들 것이다.

- 데이터베이스의 자동차를 테이블에 나열하고 **페이징, 정렬, 필터링** 기능을 제공한다.
- 데이터베이스에 새 차량을 추가할 수 있는 **모달 폼**을 여는 버튼이 있다.
- 차량 테이블의 각 행에는 자동차를 **편집**하거나 데이터베이스에서 **삭제**하는 버튼이 있다.
- 테이블의 데이터를 CSV 파일로 **내보내기**할 수 있는 링크 또는 버튼이 있다.

UI 모형은 프런트엔드 개발 초기에 고객에게 사용자 인터페이스가 어떻게 보일지 시각적으로 보여주기 위해 흔히 만들어진다. 모형은 디자이너가 만든 다음 개발자에게 제공하는 경우가 많다. 모형 제작에는 피그마Figma, 발사믹Balsamiq, 어도비Adobe XD 등 다양한 애플리케이션을 이용하거나 연필과 종이를 이용할 수도 있다. 인터랙티브 모형을 만들어 다양한 기능을 시연할 수도 있다.

모형을 만들면 실제 코드 작성을 시작하기 전에 클라이언트와 요구 사항을 논의하기가 훨씬 쉽다. 모형이 있으면 클라이언트가 프런트엔드의 생각에 대해 이해하고 수정 사항을 제안하는 것도 더 쉽다. 모형에 대한 변경 사항은 실제 프런트엔드 소스코드를 수정하는 것에 비해 매우 쉽고 빠르게 구현할 수 있다.

다음 그림은 자동차 목록 프런트엔드 모형의 예다.

Brand	Model	Color	Year	Price		
Tesla	Model X	White	2022	87900	✏	🗑
Toyota	Prius	Black	2019	29000	✏	🗑
Ford	Mustang	Black	2021	65000	✏	🗑

그림 12.1 프런트엔드 모형

사용자가 **+ CREATE** 버튼을 누르면 열리는 모달 폼은 다음과 같다.

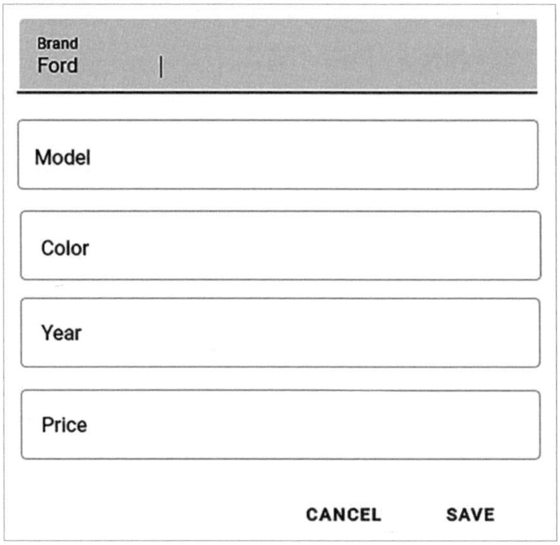

그림 12.2 모달 폼 모형

이제 UI의 모형이 준비되었으므로 스프링 부트 백엔드를 어떻게 준비해야 하는지 살펴보자.

스프링 부트 백엔드 준비

이번 장에서는 백엔드의 보안 해제 버전으로 프런트엔드 개발을 시작할 것이다.

- 그다음 13장 'CRUD 기능 추가하기'에서는 모든 CRUD 기능을 구현할 것이다.
- 14장 '리액트 MUI로 프런트엔드 꾸미기'에서는 MUI를 이용하여 UI를 계속 다듬을 예정이며 머티리얼 UI 컴포넌트를 이용할 것이다.
- 마지막으로 16장 '애플리케이션 보호하기'에서는 백엔드에서 보안을 활성화하고 필요한 몇 가지 사항을 수정하고 인증을 구현할 것이다.

이클립스에서 5장 '백엔드 보호'에서 생성한 스프링 부트 애플리케이션을 실행한다. 스프링 시큐리티 구성을 정의하는 `SecurityConfig.java` 파일을 연다. 현재 구성을 임시로 주석 처리하고 모든 사용자에게 모든 엔드포인트에 대한 접근 권한을 부여한다. 다음 코드의 수정사항을 참고하길 바란다.

```
@Bean
public SecurityFilterChain filterChain(HttpSecurity http) throws Exception
  {
    // 다음 코드를 추가
    http.csrf((csrf) -> csrf.disable()).cors(withDefaults())
        .authorizeHttpRequests((authorizeHttpRequests) ->
            authorizeHttpRequests.anyRequest().permitAll());

    /* 이 부분을 주석 처리
    http.csrf((csrf) -> csrf.disable())
        .cors(withDefaults())
        .sessionManagement((sessionManagement) ->
            sessionManagement.sessionCreationPolicy(\
                SessionCreationPolicy.STATELESS))
        .authorizeHttpRequests( (authorizeHttpRequests) ->
            authorizeHttpRequests
        .requestMatchers(HttpMethod.POST, "/login").permitAll()
        .anyRequest().authenticated())
        .addFilterBefore(authenticationFilter,
            UsernamePasswordAuthenticationFilter.class)
        .exceptionHandling((exceptionHandling) ->
            exceptionHandling.authenticationEntryPoint(
                exceptionHandler));
    */

    return http.build();
}
```

이제 MariaDB 데이터베이스를 시작하고 백엔드를 실행한 다음 http://localhost:8080/api/cars 엔드포인트로 GET 요청을 보내면 다음 그림과 같이 응답에 모든 자동차가 표시될 것이다.

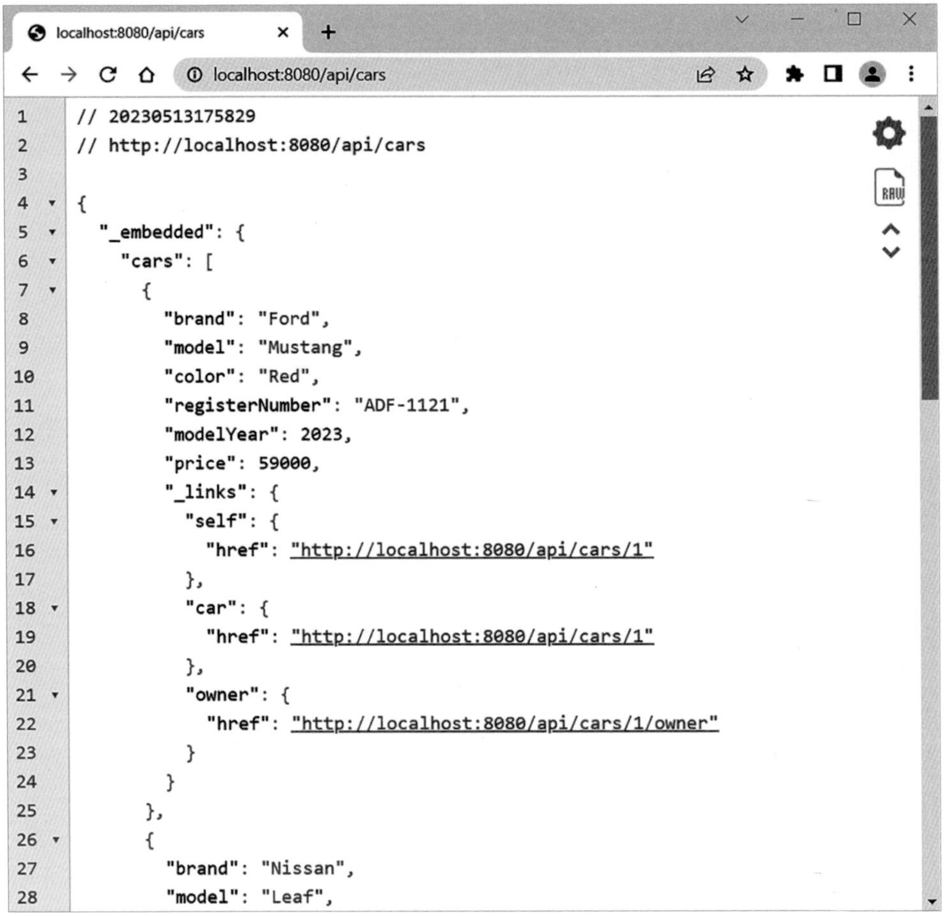

그림 12.3 GET 요청

이제 프런트엔드용 리액트 프로젝트를 만들 준비가 되었다.

프런트엔드용 리액트 프로젝트 생성하기

프런트엔드 코딩을 시작하기 전에 새로운 리액트 앱을 만들어야 한다. 리액트 프런트엔드에서 타입스크립트를 이용할 것이다.

01. PowerShell 또는 다른 적절한 터미널을 연다. 다음 명령을 입력하여 새 리액트 앱을 생성한다.

```
npm create vite@4
```

> **TIP**
> 이 책에서는 비트 버전 4.4를 이용한다. 최신 버전을 이용할 수도 있지만, 최신 버전을 이용할 경우 비트 문서에서 변경 사항을 확인해야 한다.

02. 프로젝트의 이름을 carfront로 지정하고 **리액트**React 프레임워크와 **타입스크립트**TypeScript variant를 선택한다.

```
PS C:\> npm create vite@4
√ Project name: ... carfront
√ Select a framework: » React
√ Select a variant: » TypeScript

Scaffolding project in C:\carfront...

Done. Now run:

  cd carfront
  npm install
  npm run dev
```

그림 12.4 프런트엔드 프로젝트

03. 프로젝트 폴더로 이동하여 다음 명령을 입력하여 의존성을 설치한다.

```
cd carfront
npm install
```

04. 다음 명령을 입력하여 MUI 컴포넌트 라이브러리를 설치하면 머티리얼 UI 코어 라이브러리와 두 개의 이모션 라이브러리가 설치된다. **이모션**Emotion은 자바스크립트로 CSS를 작성하기 위해 설계된 라이브러리다(https://emotion.sh/docs/introduction).

```
npm install @mui/material @emotion/react @emotion/styled
```

05. 또한 프런트엔드에서 네트워킹에 이용할 리액트 쿼리 v4와 Axios를 설치한다.

```
npm install @tanstack/react-query@4
npm install axios
```

06. 프로젝트의 루트 폴더에 다음 명령을 입력하여 앱을 실행한다.

```
npm run dev
```

07. VS Code로 src 폴더를 열고 App.tsx 파일에서 불필요한 코드를 제거한다. 타입스크립트를 이용하므로 파일 확장자는 .tsx다. 이어서 App.css 스타일 시트 파일 임포트를 제거한다. App.tsx 파일에서 MUI AppBar 컴포넌트를 이용하여 앱의 툴바를 생성한다.

> **TIP**
> 이미 11장 '유용한 리액트용 서드파티 컴포넌트'에서 MUI AppBar에 대해 살펴봤다.

다음 코드에서 볼 수 있듯이 앱 콘텐츠를 가로로 중앙에 배치하는 기본 레이아웃 컴포넌트인 MUI Container 컴포넌트 안에 AppBar 컴포넌트를 넣는다. position 프롭을 이용하여 앱 바가 어떻게 자리 잡을지 정의할 수 있다. static 값은 사용자가 스크롤할 때 앱 바가 상단에 고정되지 않음을 의미한다. position="fixed"로 지정하면 앱 바가 페이지 상단에 고정된다. 이어서 이용 중인 모든 MUI 컴포넌트를 임포트하자.

```tsx
import AppBar from '@mui/material/AppBar';
import Toolbar from '@mui/material/Toolbar';
import Typography from '@mui/material/Typography';
import Container from '@mui/material/Container';
import CssBaseline from '@mui/material/CssBaseline';

function App() {
  return (
    <Container maxWidth="xl">
    <CssBaseline />
      <AppBar position="static">
        <Toolbar>
          <Typography variant="h6">
            Car Shop
          </Typography>
        </Toolbar>
      </AppBar>
    </Container>
  );
}

export default App;
```

maxWidth 프롭은 앱의 최대 너비를 정의하며, 가장 큰 값을 이용했다. 또한 브라우저 간 불일치를 수정하는 데 이용되는 MUI CssBaseline 컴포넌트를 이용해 여러 브라우저에서 리액트 앱의 모양이 균일하게 유지되도록 했다. 이 컴포넌트는 일반적으로 애플리케이션의 최상위 레벨에 포함되어 스타일이 전역적으로 적용되게 한다.

08. 미리 정의된 모든 스타일을 제거하기 위해 main.tsx 파일에서 index.css 스타일 시트 임포트를 제거한다. 코드는 다음과 같다.

```
import React from 'react'
import ReactDOM from 'react-dom/client'
import App from './App.tsx'

ReactDOM.createRoot(document.getElementById('root') as HTMLElement).
  render(
    <React.StrictMode>
      <App />
    </React.StrictMode>,
  )
```

이제 프런트엔드 초기 화면이 다음과 같이 표시될 것이다.

그림 12.5 자동차 상점

지금까지 프런트엔드용 리액트 프로젝트를 생성했으며, 이것으로 앞으로의 개발을 위한 준비가 끝났다.

요약

이번 장에서는 5장 '백엔드 보호'에서 만든 백엔드를 이용하여 프런트엔드 개발을 시작했다. 프런트엔드의 기능을 정의하고 UI의 모형을 만들었다. 백엔드의 보안 해제 버전으로 프런트엔드 개발을 시작하기 위해 스프링 시큐리티 구성 클래스를 일부 수정했다. 또한 개발 중에 이용할 리액트 앱도 만들었다.

다음 장에서는 프런트엔드에 **생성, 읽기, 업데이트, 삭제(CRUD)** 기능을 추가할 것이다.

문제

1. UI 모형을 만들어야 하는 이유는 무엇인가?
2. 백엔드에서 스프링 시큐리티를 비활성화하려면 어떻게 하는가?

참고자료

다음은 UI 디자인과 MUI에 대해 배우는 데 도움이 될 유용한 참고자료들이다.

- 『(사용자를) 생각하게 하지 마』 (인사이트, 2021), 스티브 크룩 (https://ebook.insightbook.co.kr/book/96)
- MUI blog – the latest about MUI (https://mui.com/blog/)
- Material UI GitHub repository (https://github.com/mui/material-ui)

13

CRUD 기능 추가하기

이번 장에서는 프런트엔드에서 **CRUD(Create, Read, Update, Delete)** 기능을 구현하는 방법을 배운다. 11장 '유용한 리액트용 서드파티 컴포넌트'에서 배운 컴포넌트를 이용하기로 한다. 백엔드에서 데이터를 가져와서 테이블에 데이터를 표시할 예정이다. 그런 다음 삭제, 수정, 생성 기능을 구현하려고 한다. 이번 장의 마지막 부분에서는 데이터를 CSV 파일로 내보낼 수 있는 기능을 추가할 것이다.

이번 장에서는 다음 주제를 다룬다.

- 목록 페이지 만들기
- 삭제 기능 추가하기
- 생성 기능 추가하기
- 수정 기능 추가하기
- 데이터를 CSV로 내보내기

기술 요구 사항

12장 '스프링 부트 RESTful 웹 서비스를 위한 프런트엔드 설정'에서 만든 보안 해제된 스프링 부트 cardatabase 애플리케이션과, 같은 장에서 만든 carfront 리액트 앱이 필요하다.

다음 깃허브 저장소(https://github.com/PacktPublishing/Full-Stack-Development-with-Spring-Boot-3-and-React-Fourth-Edition/tree/main/Chapter13)가 필요하다.

목록 페이지 만들기

첫 번째 절에서는 페이징, 필터링, 정렬 기능이 있는 자동차를 표시하는 목록 페이지를 만들어 보자.

01. 보안 해제된 스프링 백엔드를 실행한다. 4장 '스프링 부트로 RESTful 웹 서비스 만들기'에서처럼 http://localhost:8080/api/cars URL로 GET 요청을 보내면 자동차를 가져올 수 있다. 이제 응답의 JSON 데이터를 살펴보자. 자동차 배열은 JSON 응답 데이터의 _embedded.cars 노드에서 찾을 수 있다.

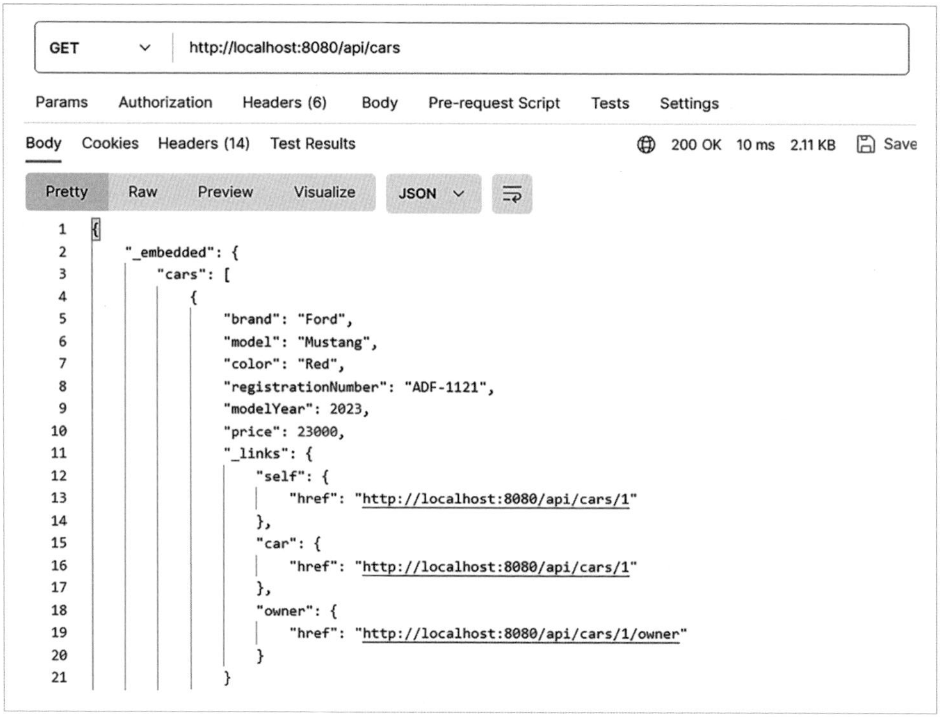

그림 13.1 자동차 가져오기

02. VS Code로 carfront 리액트 앱(이전 장에서 만든 리액트 앱)을 연다.

03. 리액트 쿼리를 이용하여 네트워킹을 구현하기 때문에 쿼리 프로바이더를 우선 초기화해야 한다.

> **TIP**
> 10장 '리액트로 REST API 이용하기'에서 리액트 쿼리의 기초를 학습했다.

QueryClientProvider 컴포넌트는 애플리케이션에 QueryClient를 연동하여 이용할 수 있게 한다. App.tsx 파일을 열고 강조 표시된 임포트와 컴포넌트를 App 컴포넌트에 추가한다.

```
import AppBar from '@mui/material/AppBar';
import Toolbar from '@mui/material/Toolbar';
import Typography from '@mui/material/Typography';
import Container from '@mui/material/Container';
import CssBaseline from '@mui/material/CssBaseline';
import { QueryClient, QueryClientProvider } from '@tanstack/react-query';

const queryClient = new QueryClient();

function App() {
  return (
    <Container maxWidth="xl">
      <CssBaseline />
      <AppBar position="static">
        <Toolbar>
          <Typography variant="h6">
          Car Shop
          </Typography>
        </Toolbar>
      </AppBar>
      <QueryClientProvider client={queryClient}>
      </QueryClientProvider>
    </Container>
  )
}

export default App;
```

이제 자동차 데이터를 가져와 보자.

백엔드에서 데이터 가져오기

백엔드에서 자동차를 가져오는 방법을 알게 되면 자동차를 보여줄 목록 페이지를 구현할 수 있다. 다음 내용을 통해 이를 실습해 보자.

01. 앱에 여러 컴포넌트가 있는 경우 컴포넌트를 위한 폴더를 만드는 것이 좋다. src 폴더에 components라는 새 폴더를 만든다. VS Code를 이용한다면 사이드바 파일 탐색기에서 폴더를 마우스 오른쪽 버튼으로 클릭하고 메뉴에서 New Folder…를 선택하여 폴더를 만들 수 있다.

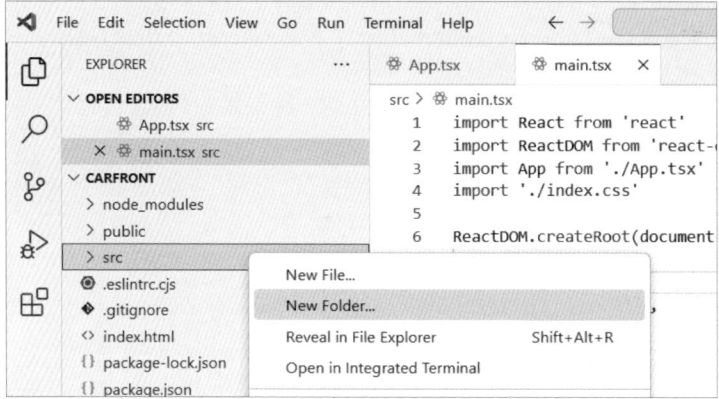

그림 13.2 새 폴더

02. components 폴더에 Carlist.tsx라는 새 파일을 만든다. 프로젝트 구조는 다음과 같다.

그림 13.3 프로젝트 구조

03. 편집기 뷰에서 Carlist.tsx 파일을 열고 컴포넌트의 기본 코드를 다음과 같이 작성한다.

```
function Carlist() {
  return(
    <></>
  );
}

export default Carlist;
```

04. 타입스크립트를 이용하고 있기 때문에 자동차 데이터의 타입을 정의해야 한다. 타입을 정의하는 새 파일을 만들어 보자. 프로젝트의 src 폴더에 types.ts라는 파일을 만든다. 자동차 객체는 다음 응답의 내용과 같이 생겼으며 모든 자동차 속성과 링크가 포함되어 있다.

```
{
    "brand": "Ford",
    "model": "Mustang",
    "color": "Red",
    "registrationNumber": "ADF-1121",
    "modelYear": 2023,
    "price": 59000,
    "_links": {
      "self": {
        "href": "http://localhost:8080/api/cars/1"
      },
      "car": {
        "href": "http://localhost:8080/api/cars/1"
      },
      "owner": {
        "href": "http://localhost:8080/api/cars/1/owner"
      }
    }
}
```

05. 필요한 파일에서 이용할 수 있도록 types.ts 파일에 다음 CarResponse 타입을 생성하고 내보낸다.

```
export type CarResponse = {
  brand: string;
  model: string;
  color: string;
  registrationNumber: string;
  modelYear: number;
  price: number;
  _links: {
    self: {
      href: string;
    }, car: {
      href: string;
    },
```

```
    owner: {
      href: string;
    }
  };
}
```

06. 이어서 http://localhost:8080/api/cars 엔드포인트로 GET 요청을 전송하여 백엔드에서 자동차를 가져오는 함수를 만들 것이다. 이 함수는 types.ts 파일에서 정의한 CarResponse 객체 배열을 포함한 **프로미스**를 반환한다. 여기서 Type은 프로미스의 확인된 값 타입을 나타내는 Promise<Type> 제네릭을 이용할 수 있다. Carlist.tsx 파일을 열고 다음 임포트와 함수를 추가한다.

```
import { CarResponse } from '../types';
import axios from 'axios';

function Carlist() {
  const getCars = async (): Promise<CarResponse[]> => {
    const response = await axios.get("http://localhost:8080/api/cars");

    return response.data._embedded.cars;
  }

  return(
    <></>
  );
}

export default Carlist;
```

07. 이어서 useQuery 훅을 이용해 자동차를 가져온다.

```
import { useQuery } from '@tanstack/react-query';
import { CarResponse } from '../types';
import axios from 'axios';

function Carlist() {
  const getCars = async (): Promise<CarResponse[]> => {
    const response = await axios.get("http://localhost:8080/api/cars");

    return response.data._embedded.cars;
  }
```

```
  const { data, error, isSuccess } = useQuery({
    queryKey: ["cars"],
    queryFn: getCars
  });

  return (
    <></>
  );
}

export default Carlist;
```

> **참고**
>
> useQuery 훅은 데이터를 가져오지도 않고 데이터의 타입 또한 모르기 때문에 타입스크립트 제네릭을 이용한다. 하지만 리액트는 데이터의 타입을 유추할 수 있으므로 여기서는 제네릭을 이용한 수동 처리가 필요 없는 상황이다. 제네릭을 명시적으로 지정하는 코드는 다음과 같다.
>
> `useQuery<CarResponse[], Error>`

08. 조건부 렌더링을 이용하여 가져오기가 성공했는지, 오류가 있는지 확인한다. isSuccess가 false이면 데이터 가져오기가 아직 진행 중임을 의미하며, 이 경우 로딩 메시지가 반환된다. 또한 error가 true면 오류가 있음을 나타내며 오류 메시지가 반환된다. 데이터를 이용할 수 있으면 map 함수를 이용하여 return 문에서 자동차 객체를 테이블 로우로 변환하고 table 요소를 추가한다.

```
// Carlist.tsx
if (!isSuccess) {
  return <span>Loading...</span>
}
else if (error) {
  return <span>Error when fetching cars...</span>
}
else {
  return (
    <table>
      <tbody>
        {
```

```
        data.map((car: CarResponse) =>
          <tr key={car._links.self.href}>
            <td>{car.brand}</td>
            <td>{car.model}</td>
            <td>{car.color}</td>
            <td>{car.registrationNumber}</td>
            <td>{car.modelYear}</td>
            <td>{car.price}</td>
          </tr>)
        }
      </tbody>
    </table>
  );
}
```

09. 마지막으로 App.tsx 파일에서 Carlist 컴포넌트를 임포트하고 렌더링해야 한다. App.tsx 파일에서 import 문을 추가한 다음, 강조 표시된 것처럼 QueryClientProvider 컴포넌트 안에 Carlist 컴포넌트를 렌더링한다. QueryClientProvider는 컴포넌트에 리액트 쿼리 컨텍스트를 제공하는 컴포넌트이며, REST API 요청을 하는 컴포넌트를 감싸는 역할을 해야 한다.

```
import AppBar from '@mui/material/AppBar';
import Toolbar from '@mui/material/Toolbar';
import Typography from '@mui/material/Typography';
import Container from '@mui/material/Container';
import CssBaseline from '@mui/material/CssBaseline';
import { QueryClient, QueryClientProvider } from '@tanstack/react-
  query';
import Carlist from './components/Carlist';

const queryClient = new QueryClient();

function App() {
  return (
    <Container maxWidth="xl">
      <CssBaseline />
      <AppBar position="static">
        <Toolbar>
          <Typography variant="h6">
```

```
            Car shop
          </Typography>
        </Toolbar>
      </AppBar>
      <QueryClientProvider client={queryClient}>
        <Carlist />
      </QueryClientProvider>
    </Container>
  )
}

export default App;
```

10. npm run dev 명령으로 리액트 앱을 시작하면 다음과 같은 목록 페이지가 표시된다. 페이지가 제대로 작동하려면 백엔드도 실행 중이어야 한다.

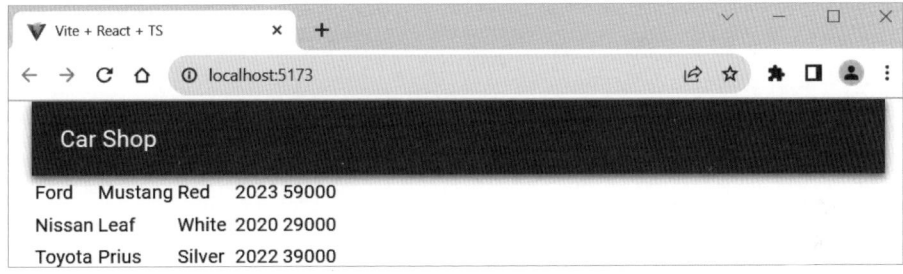

그림 13.4 자동차 프런트엔드

환경 변수 이용

계속 진행하기 전에 몇 가지 코드 리팩터링을 해 보자. 서버 URL은 더 많은 CRUD 기능을 만들 때 소스코드에서 여러 번 반복될 수 있으며 백엔드가 로컬 호스트가 아닌 다른 서버에 배포될 때 변경될 수 있기에 **환경 변수**로 정의하는 것이 좋다. 그러면 URL 값이 변경될 때 한 곳에서만 수정하면 된다.

비트를 이용한다면 환경 변수 이름은 VITE_로 시작해야 한다. 접두사가 VITE_인 변수만 소스코드에서 접근 가능하다.

01. 앱의 루트 폴더에 새 .env 파일을 만든다. 편집기에서 파일을 열고 파일에 다음 줄을 추가한다.

```
VITE_API_URL=http://localhost:8080
```

02. 또한 모든 API 호출 함수를 자체 모듈로 분리한다. 프로젝트의 src 폴더에 api라는 이름의 새 폴더를 만든다. api 폴더에 carapi.ts라는 새 파일을 생성하면 프로젝트 구조가 다음과 같아진다.

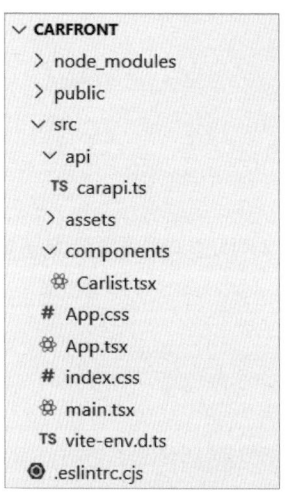

그림 13.5 프로젝트 구조

03. Carlist.tsx 파일에서 getCars 함수를 carapi.ts 파일로 복사한다. 다른 컴포넌트에서 이용할 수 있도록 함수 시작 부분에 export를 추가한다. 비트에서 환경 변수는 import.meta.env를 통해 앱 소스코드에 문자열로 접근 가능하다. 그런 다음 서버 URL 환경 변수를 getCars 함수로 가져와서 이용할 수 있다. axios와 CarResponse 타입 또한 carapi.ts 파일로 임포트해야 한다.

```ts
// carapi.ts
import { CarResponse } from '../types';
import axios from 'axios';

export const getCars = async (): Promise<CarResponse[]> => {
  const response = await axios.get(`${import.meta.env.VITE_API_URL}/api/cars`);
  return response.data._embedded.cars;
}
```

04. 이제 Carlist.tsx 파일에서 getCars 함수와 이용하지 않는 axios 임포트를 제거하고 carapi.ts 파일에서 임포트할 수 있다. 소스코드는 다음과 같다.

```tsx
// Carlist.tsx
// getCars 함수를 삭제하고 carapi.ts로부터 임포트
import { useQuery } from '@tanstack/react-query';
import { getCars } from '../api/carapi';

function Carlist() {
  const { data, error, isSuccess } = useQuery({
    queryKey: ["cars"],
    queryFn: getCars
  });

  if (isLoading) {
    return <span>Loading...</span>
  }
  else if (isError) {
    return <span>Error when fetching cars...</span>
  }
  else if (isSuccess) {
    return (
      <table>
        <tbody>
        {
        data.map((car: CarResponse) =>
          <tr key={car._links.self.href}>
            <td>{car.brand}</td>
            <td>{car.model}</td>
            <td>{car.color}</td>
            <td>{car.registrationNumber}</td>
            <td>{car.modelYear}</td>
            <td>{car.price}</td>
          </tr>) }
        </tbody>
      </table>
    );
  }
}

export default Carlist;
```

이상의 리팩터링 단계들을 적용한 후에는 앞서 확인했던 것과 같은 자동차 목록 페이지가 표시될 것이다.

페이징, 필터링, 정렬 추가하기

이미 ag-grid 컴포넌트를 이용하여 11장 '유용한 리액트용 서드파티 컴포넌트'에서 데이터 그리드를 구현한 바 있으며 여기에서도 이용할 수 있다. 하지만 이번에는 그 대신 새로운 MUI 데이터 그리드 컴포넌트를 이용하여 페이징, 필터링, 정렬 기능을 바로 이용할 것이다.

01. 터미널에서 Ctrl + C를 눌러 개발 서버를 중지한다.

02. MUI 데이터 그리드 커뮤니티 버전을 설치하겠다. 책을 작성하는 시점에서는 다음 명령어로 설치가 가능하지만 최신 설치 명령어 및 사용법은 MUI 문서에서 확인해야 한다.

```
npm install @mui/x-data-grid
```

03. 설치 후 앱을 다시 시작한다.

04. DataGrid 컴포넌트를 Carlist.tsx 파일로 임포트한다. 또한 MUI 데이터 그리드의 칼럼 정의를 위한 타입인 GridColDef 또한 임포트한다.

```
import { DataGrid, GridColDef } from '@mui/x-data-grid';
```

05. 그리드 칼럼은 GridColDef[] 타입이 있는 columns 변수에 정의된다. 칼럼 field 속성은 칼럼의 데이터 출처를 정의하며, 여기서는 자동차 객체 속성을 이용한다. headerName 프롭은 칼럼의 제목을 설정하는 데 이용할 수 있다. 칼럼의 너비도 설정할 수 있다. Carlist 컴포넌트 안에 칼럼을 정의하는 다음 코드를 추가한다.

```
const columns: GridColDef[] = [
  {field: 'brand', headerName: 'Brand', width: 200},
  {field: 'model', headerName: 'Model', width: 200},
  {field: 'color', headerName: 'Color', width: 200},
  {field: 'registrationNumber', headerName: 'Reg.nr.', width: 150},
  {field: 'modelYear', headerName: 'Model Year', width: 150},
  {field: 'price', headerName: 'Price', width: 150},
];
```

06. 그런 다음 컴포넌트의 return 문에서 테이블과 모든 하위 요소를 제거하고 DataGrid 컴포넌트를 추가한다. 또한 map 함수에서 이용했지만 이젠 이용하지 않는 CarResponse 임포트를 제거한다. 데이터 그리드의 데이터

소스는 백엔드로부터 가져온 자동차가 포함된 data이며 rows 프롭을 이용하여 정의된다. DataGrid 컴포넌트에는 모든 로우에 getRowId 프롭을 이용하여 정의된 고유 ID 속성이 있어야 한다. 자동차 객체의 링크 필드에는 고유한 자동차 ID(_links.self.href)가 포함되어 있으므로 이를 이용할 수 있다. 다음은 return 문의 소스코드다.

```
if (!isSuccess) {
  return <span>Loading...</span>
}
else if (error) {
  return <span>Error when fetching cars...</span>
}
else {
  return (
    <DataGrid
      rows={data}
      columns={columns}
      getRowId={row => row._links.self.href}
    />
  );
}
```

MUI DataGrid 컴포넌트를 이용하여 짧은 코딩만으로 테이블에 필요한 모든 기능을 구현했다. 이제 목록 페이지는 다음과 같다.

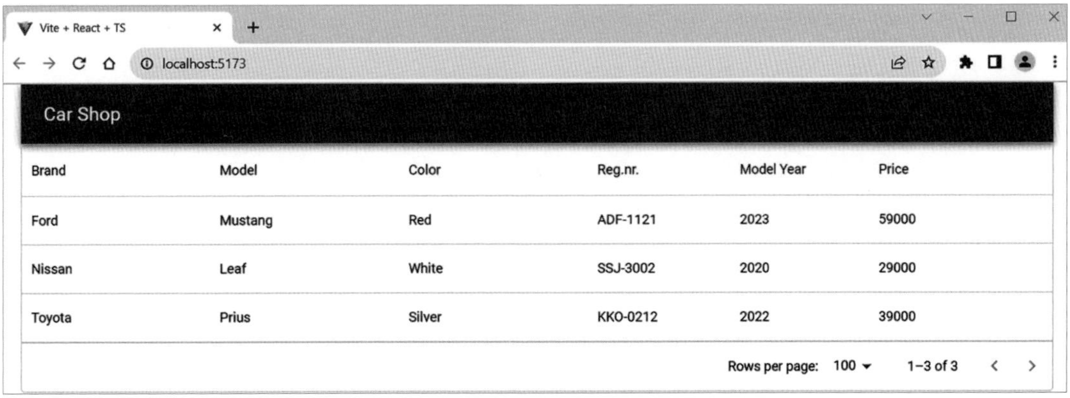

그림 13.6 자동차 프런트엔드

데이터 그리드 칼럼은 칼럼 메뉴를 누르고 Filter 메뉴 항목을 클릭하여 필터링할 수 있다. 칼럼 메뉴에서 칼럼의 표시 여부를 설정할 수도 있다.

다음으로 삭제 기능을 구현할 것이다.

그림 13.7 칼럼 메뉴

삭제 기능 추가하기

http://localhost:8080/api/cars/{carId} 엔드포인트로 DELETE 메서드 요청을 전송하여 데이터베이스에서 항목을 삭제할 수 있다. JSON 응답 데이터를 살펴보면 다음 그림과 같이 각 자동차에 _links.self.href 노드에서 접근할 수 있는 링크가 포함되어 있다.

그림 13.8 자동차 링크

이전 절에서 이미 link 필드를 이용하여 그리드의 모든 로우에 고유 ID를 설정했다. 이 로우 ID는 나중에 살펴보겠지만 삭제 시에도 이용할 수 있다.

다음으로 삭제 기능을 구현하는 방법을 알아보자.

01. 먼저 MUI DataGrid에서 각 로우에 대한 버튼을 만들어 보자. 더 복잡한 셀 콘텐츠가 필요한 경우 renderCell 칼럼 속성을 이용하여 셀의 콘텐츠가 렌더링되는 방식을 정의할 수 있다.

    renderCell을 이용하여 테이블에 새 칼럼을 추가하고 버튼 요소를 렌더링해 보자. 함수에 전달되는 params 인수는 로우의 모든 값을 포함하는 로우 객체다. params 타입은 MUI에서 제공하는 GridCellParams다. 이 경우 각 로우에 자동차에 대한 링크가 포함되어 있으며 링크는 자동차의 삭제에 필요하다. 링크는 로우의 _links.self.href 속성에 있으며 이 값을 삭제 함수에 전달한다. 먼저 버튼이 제대로 작동하는지 테스트하기 위해 버튼을 눌렀을 때 ID가 포함된 알림을 표시해 보겠다. 다음은 소스코드다.

```
// GridCellParams를 임포트
import { DataGrid, GridColDef, GridCellParams } from '@mui/x-data-
  grid';

// columns에 삭제 버튼 칼럼을 추가
const columns: GridColDef[] = [
  {field: 'brand', headerName: 'Brand', width: 200},
  {field: 'model', headerName: 'Model', width: 200},
  {field: 'color', headerName: 'Color', width: 200},
  {field: 'registrationNumber', headerName: 'Reg.nr.', width: 150},
  {field: 'modelYear', headerName: 'Model Year', width: 150},
  {field: 'price', headerName: 'Price', width: 150},
  {
    field: 'delete',
    headerName: '',
    width: 90,
    sortable: false,
    filterable: false,
    disableColumnMenu: true,
    renderCell: (params: GridCellParams) => (
      <button
        onClick={() => alert(params.row._links.car.href)}
      >
        Delete
```

```
        </button>
      ),
    },
];
```

button 칼럼에 정렬과 필터링을 활성화하지 않기 위해 `filterable`과 `sortable` 프롭을 `false`로 설정한다. 또한 이 칼럼의 메뉴를 비활성화하기 위해 `disableColumnMenu` 프롭을 `true`로 설정한다. 버튼을 눌렀을 때 `onDelClick` 함수를 호출하고 함수에 링크(row.id)를 인수로 전달하며 링크 값은 알림에 표시된다.

02. 이제 각 로우에 Delete 버튼이 표시된다. 버튼을 누르면 해당 차량의 링크가 포함된 경고가 표시된다. 자동차를 삭제하려면 해당 링크에 DELETE 요청을 보내야 한다.

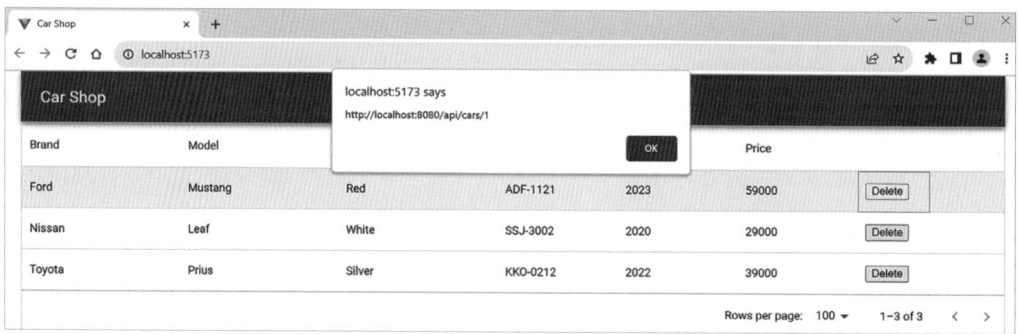

그림 13.9 삭제 버튼

03. 다음으로 Axios delete 메서드를 이용하여 DELETE 요청을 자동차 링크에 전송하는 `deleteCar` 함수를 구현할 것이다. 백엔드에 DELETE 요청을 보내면 삭제된 자동차 객체를 반환한다. `carapi.ts` 파일에서 `deleteCar` 함수를 구현하고 내보낼 것이다. `carapi.ts` 파일을 열고 다음 함수를 추가한다.

```ts
// carapi.ts
export const deleteCar = async (link: string): Promise<CarResponse> => {
  const response = await axios.delete(link);
  return response.data
}
```

04. 삭제 처리를 위해 리액트 쿼리 `useMutation` 훅을 이용한다. 10장에서 관련 예제를 살펴봤다. 먼저 Carlist.tsx 파일에 useMutation 임포트를 추가해야 한다. 이어서 `carapi.ts` 파일에서 `deleteCar` 함수를 가져온다.

```tsx
// Carlist.tsx
import { useQuery, useMutation } from '@tanstack/react-query';
import { getCars, deleteCar } from '../api/carapi';
```

05. deleteCar 함수를 호출하는 useMutation 훅을 추가한다.

```
// Carlist.tsx
const { mutate } = useMutation(deleteCar, {
  onSuccess: () => {
      // 자동차 삭제 이후 실행되는 로직
  },
  onError: (err) => {
    console.error(err);
  },
});
```

06. 그런 다음 삭제 버튼에서 mutate를 호출하고 자동차 링크를 인수로 전달한다.

```
// Carlist.tsx columns 변수 내부에 추가
{
    field: 'delete',
    headerName: '',
    width: 90,
    sortable: false,
      filterable: false,
    disableColumnMenu: true,
    renderCell: (params: GridCellParams) => (
      <button
        onClick={() => mutate(params.row._links.car.href)}
      >
        Delete
      </button>
    ),
  },
});
```

07. 이제 앱을 시작하고 **Delete** 버튼을 누르면 자동차가 데이터베이스에서 삭제되지만 프런트엔드에는 여전히 존재한다. 브라우저를 수동으로 새로고침하면 자동차가 테이블에서 사라진다.

08. 자동차가 삭제되면 프런트엔드를 자동으로 새로 고칠 수도 있다. 리액트 쿼리에서 가져온 데이터는 쿼리 클라이언트가 처리하는 캐시에 저장된다. 쿼리 클라이언트에는 데이터를 다시 가져오는 데 이용할 수 있는 **쿼리 무효화** 기능이 있다. 먼저 현재 쿼리 클라이언트를 반환하는 useQueryClient 훅 함수를 가져와서 호출해야 한다.

```
// Carlist.tsx
import { useQuery, useMutation, useQueryClient } from '@tanstack/ react-query';
import { deleteCar } from '../api/carapi';
import { DataGrid, GridColDef, GridCellParams } from '@mui/x-data-
  grid';

function Carlist() {
  const queryClient = useQueryClient();

  // (계속)
```

09. 쿼리 클라이언트에는 삭제에 성공한 후 데이터를 다시 가져오기 위해 호출할 수 있는 invalidateQueries 메서드가 있으며 이를 통해 다시 가져오려는 쿼리의 키를 전달할 수 있다. 자동차를 가져오기 위한 쿼리 키는 cars이며, 이는 useQuery 훅에서 정의한 바 있다.

```
// Carlist.tsx
const { mutate } = useMutation(deleteCar, {
    onSuccess: () => {
      queryClient.invalidateQueries({ queryKey: ['cars'] });
    },
    onError: (err) => {
      console.error(err);
    },
});
```

이제 자동차를 삭제할 때마다 모든 자동차를 다시 가져온다. Delete 버튼을 누르면 목록에서 차량이 사라진다. 삭제 후 백엔드를 다시 시작하여 데이터베이스를 다시 채울 수 있다.

그리드에서 로우를 클릭하면 해당 로우가 선택되는 것을 볼 수 있다. 그리드에서 disableRowSelectionOnClick 프롭을 true로 설정하면 이 기능을 비활성화할 수 있다.

```
<DataGrid
  rows={cars}
  columns={columns}
  disableRowSelectionOnClick={true}
  getRowId={row => row._links.self.href}
/>
```

토스트 메시지 표시

삭제에 성공했거나 오류가 있는 경우 사용자에게 피드백을 표시하면 좋을 것 같다. 삭제 상태를 표시하는 **토스트 메시지**^{toast message}를 구현해 보자. 이를 위해 MUI Snackbar 컴포넌트를 이용할 것이다.

01. 먼저 Carlist.tsx 파일에 다음과 같은 import 문을 추가하여 Snackbar 컴포넌트를 임포트해야 한다.

```
import Snackbar from '@mui/material/Snackbar';
```

02. Snackbar 컴포넌트의 open 프롭 값은 불 타입이며, 이 값이 true이면 컴포넌트가 표시되고 그렇지 않으면 숨겨진다. useState 훅을 임포트하고 Snackbar 컴포넌트의 가시성을 처리하기 위해 open이라는 상태를 정의해 보자. 삭제 후에만 메시지가 표시되므로 초깃값은 false다.

```
// Carlist.tsx
import { useState } from 'react';
import { useQuery, useMutation, useQueryClient } from '@tanstack/react-query';
import { deleteCar } from '../api/carapi';
import { DataGrid, GridColDef, GridCellParams } from '@mui/x-data-grid';
import Snackbar from '@mui/material/Snackbar';

function Carlist() {
  const [open, setOpen] = useState(false);

  const queryClient = useQueryClient();
  // (계속)
```

03. 다음으로 return 문의 MUI DataGrid 컴포넌트 뒤에 Snackbar 컴포넌트를 추가한다. autoHideDuration 프롭은 onClose 함수가 자동으로 호출되고 메시지가 사라지는 시간(밀리초)을 정의한다. message 프롭은 표시할 메시지를 정의한다. 또한 프래그먼트(<></>)로 DataGrid와 Snackbar 컴포넌트를 감싸야 한다.

```
// Carlist.tsx
if (!isSuccess) {
  return <span>Loading...</span>
}
else if (error) {
  return <span>Error when fetching cars...</span>
}
else {
  return (
```

```
  <>
    <DataGrid
      rows={data}
      columns={columns}
      disableRowSelectionOnClick={true}
      getRowId={row => row._links.self.href} />
    <Snackbar
      open={open}
      autoHideDuration={2000}
      onClose={() => setOpen(false)}
      message="Car deleted" />
  </>
);
```

04. 마지막으로 useMutation 훅에서 성공적으로 자동차를 삭제한 후 open 상태를 true로 설정한다.

```
// Carlist.tsx
const { mutate } = useMutation(deleteCar, {
  onSuccess: () => {
    setOpen(true);
    queryClient.invalidateQueries(["cars"]);
  },
  onError: (err) => {
    console.error(err);
  },
});
```

이제 차량이 삭제되면 다음 그림과 같이 토스트 메시지가 표시된다.

그림 13.10 토스트 메시지

확인 대화 상자 창 추가하기

실수로 자동차를 삭제하는 것을 방지하려면 Delete 버튼을 누른 후 확인 대화 상자를 표시하는 것이 유용할 것이다. window 객체의 confirm 메서드를 이용하여 이를 구현하겠다. 선택적 메시지가 있는 대화 상자를 열고 OK 버튼을 누르면 true를 반환한다. 삭제 버튼의 onClick 이벤트 핸들러에 confirm을 추가한다.

```
// Carlist.tsx columns 변수
  {
    field: 'delete',
    headerName: '',
    width: 90,
    sortable: false,
    filterable: false,
    disableColumnMenu: true,
    renderCell: (params: GridCellParams) => (
      <button
        onClick={() => {
          if (window.confirm(`Are you sure you want to delete ${params.row.
                          brand} ${params.row.model}?`)) {
            mutate(params.row._links.car.href);
          }
        }}
      >
        Delete
      </button>
    ),
  }
```

확인 메시지에는 백틱(`)을 이용한 ES6 문자열 보간을 통해 자동차의 브랜드와 모델을 표시했다.

이제 Delete 버튼을 누르면 확인 대화 상자가 열리고 OK 버튼을 눌러야만 차량이 삭제된다.

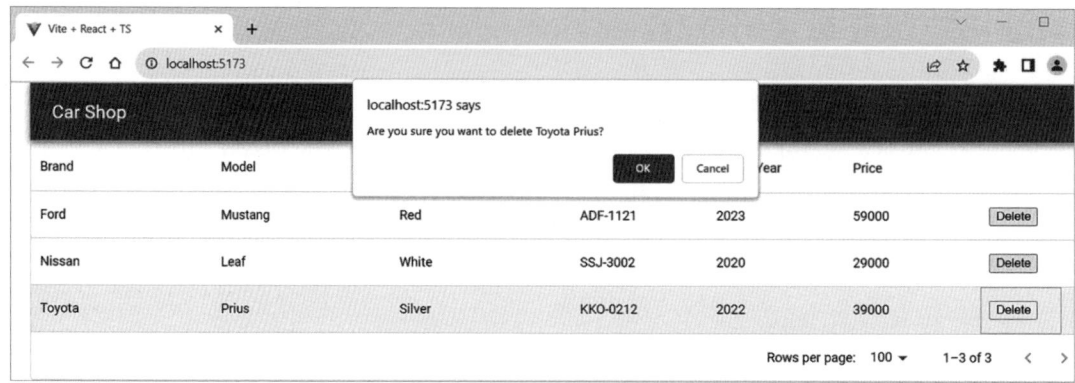

그림 13.11 확인 대화 상자

이어서 새로운 자동차 생성 기능을 구현하는 작업에 착수할 것이다.

생성 기능 추가하기

다음으로 프런트엔드에 생성 기능을 추가할 것이며 MUI 모달 대화 상자를 이용하여 구현할 것이다.

> **TIP**
>
> 11장 '유용한 리액트용 서드파티 컴포넌트'에서 MUI 모달 폼을 살펴봤다.

사용자 인터페이스에 **New Car** 버튼을 추가하여 이 버튼을 누르면 모달 폼이 열리게 할 것이다. 모달 폼에는 새 자동차를 추가하는 데 필요한 모든 필드와 저장 및 취소 버튼이 포함되어 있다.

모달 대화 상자 구성 요소를 이용하여 생성 기능을 만드는 방법을 배워보자.

01. components 폴더에 AddCar.tsx라는 새 파일을 만들고 다음과 같이 파일에 몇 가지 함수형 컴포넌트 기본 코드를 작성한다. MUI Dialog 컴포넌트에 대한 임포트도 추가한다.

```
import Dialog from '@mui/material/Dialog';
import DialogActions from '@mui/material/DialogActions';
import DialogContent from '@mui/material/DialogContent';
import DialogTitle from '@mui/material/DialogTitle';

function AddCar() {
  return(
```

```
    <></>
  );
}

export default AddCar;
```

02. 이미 Car 응답 데이터(링크가 있는 자동차 객체)에 대한 타입을 정의했다. 사용자가 폼에 링크를 입력하지 않기 때문에 링크를 포함하지 않는 자동차 객체에 대한 타입도 만들어 보겠다. 새 자동차를 저장할 상태에 대해 이 타입이 필요하다. types.ts 파일에 다음 자동차 타입을 추가한다.

```
export type Car = {
  brand: string;
  model: string;
  color: string;
  registrationNumber: string;
  modelYear: number;
  price: number;
}
```

03. useState 훅을 이용하여 모든 자동차 필드를 포함하는 Car 타입의 상태를 선언한다. 대화 상자의 경우 대화 상자 폼의 표시 여부를 정의하는 불 상태도 필요하다.

```
import { useState } from 'react';
import Dialog from '@mui/material/Dialog';
import DialogActions from '@mui/material/DialogActions';
import DialogContent from '@mui/material/DialogContent';
import DialogTitle from '@mui/material/DialogTitle';
import { Car } from '../types';

function AddCar() {
  const [open, setOpen] = useState(false);
  const [car, setCar] = useState<Car>({
    brand: '',
    model: '',
    color: '',
    registrationNumber: '',
    modelYear: 0,
    price: 0
```

```
    });

    return(
      <></>
    );
}
export default AddCar;
```

04. 다음으로 대화 상자를 닫고 여는 두 함수를 추가한다. handleClose와 handleOpen 함수는 모달 폼이 보일지 말지에 대해 영향을 미치는 open 상태의 값을 설정한다.

```
// AddCar.tsx
// 모달 폼 열기
const handleClickOpen = () => {
  setOpen(true);
};
// 모달 폼 닫기
const handleClose = () => {
  setOpen(false);
};
```

05. AddCar 컴포넌트의 return 문 안에 Dialog 컴포넌트를 추가한다. 폼에는 자동차 데이터를 수집하는 데 필요한 버튼과 입력 필드가 있는 MUI Dialog 컴포넌트가 포함된다. 자동차 목록 페이지에 표시될 모달 창을 여는 버튼은 Dialog 컴포넌트 외부에 있어야 한다. 모든 입력 필드에는 값이 저장될 상태의 이름과 동일한 값을 가진 name 속성이 있어야 한다. 입력 필드에는 handleChange 함수를 호출하여 값을 자동차 상태에 저장하는 onChange 프롭도 있다. handleChange 함수는 기존 상태 속성을 가진 새 객체를 생성하고 입력 요소의 이름과 사용자가 입력한 새 값을 기반으로 속성을 업데이트하여 자동차 상태를 동적으로 업데이트한다.

```
// AddCar.tsx
const handleChange = (event : React.ChangeEvent<HTMLInputElement>) =>
{
  setCar({...car, [event.target.name]:
      event.target.value});
}

return(
  <>
    <button onClick={handleClickOpen}>New Car</button>
```

```
      <Dialog open={open} onClose={handleClose}>
        <DialogTitle>New car</DialogTitle>
        <DialogContent>
          <input placeholder="Brand" name="brand"
            value={car.brand} onChange={handleChange}/><br/>
          <input placeholder="Model" name="model"
            value={car.model} onChange={handleChange}/><br/>
          <input placeholder="Color" name="color"
            value={car.color} onChange={handleChange}/><br/>
          <input placeholder="Year" name="modelYear"
            value={car.modelYear} onChange={handleChange}/><br/>
          <input placeholder="Reg.nr" name="registrationNumber"
            value={car.registrationNumber} onChange={handleChange}/><br/>
          <input placeholder="Price" name="price"
            value={car.price} onChange={handleChange}/><br/>
        </DialogContent>
        <DialogActions>
          <button onClick={handleClose}>Cancel</button>
          <button onClick={handleClose}>Save</button>
        </DialogActions>
      </Dialog>
    </>
  );
```

06. carapi.ts 파일에서 addCar 함수를 구현하면 백엔드 api/cars 엔드포인트로 POST 요청이 전송된다. Axios post 메서드를 이용하여 POST 요청을 전송한다. 요청에는 본문 내부에 새 자동차 객체와 'Content-Type':'application/json' 헤더가 포함된다. 또한 함수에 새 자동차 객체를 인수로 전달하기 때문에 Car 타입을 임포트해야 한다.

```
// carapi.ts
import { CarResponse, Car} from '../types';

// 새 자동차 추가
export const addCar = async (car: Car): Promise<CarResponse> => {
  const response = await axios.post(`${import.meta.env.VITE_API_
                URL}/api/cars`, car, {
    headers: {
      'Content-Type': 'application/json',
```

```
    },
  });

  return response.data;
}
```

07. 다음으로 삭제 기능에서 했던 것처럼 리액트 쿼리 useMutation 훅을 이용한다. 또한 자동차가 성공적으로 추가된 후에 자동차 쿼리를 무효화한다. useMutation 훅에서 이용하는 addCar 함수는 carapi.ts 파일에서 가져온다. 그런 다음 임포트와 useMutation 훅을 AddCar.tsx 파일에 추가한다. 그리고 useQueryClient 훅을 이용하여 컨텍스트에서 쿼리 클라이언트를 가져와야 한다. 컨텍스트는 컴포넌트 트리의 깊은 곳에 있는 컴포넌트에 쿼리 클라이언트에 대한 접근을 제공하는 데 이용된다는 점을 기억하자.

```
// AddCar.tsx
// 다음 임포트 추가
import { useMutation, useQueryClient } from '@tanstack/react-query';
import { addCar } from '../api/carapi';

// AddCar 컴포넌트 함수 안에 추가
const queryClient = useQueryClient();

// AddCar 컴포넌트 함수 안에 추가
const { mutate } = useMutation(addCar, {
  onSuccess: () => {
    queryClient.invalidateQueries(["cars"]);
  },
  onError: (err) => {
    console.error(err);
  },
});
```

08. AddCar 컴포넌트를 Carlist.tsx 파일에 임포트한다.

```
// Carlist.tsx
import AddCar from './AddCar';
```

09. Carlist.tsx 파일의 return 문에 AddCar 컴포넌트를 추가하고 AddCar 컴포넌트를 임포트해야 한다. 이제 Carlist.tsx 파일의 return 문은 다음과 같다.

```
// Carlist.tsx
// 다음 임포트를 추가
import AddCar from './AddCar';

// AddCar 컴포넌트를 렌더링
return (
  <>
    <AddCar />
    <DataGrid
      rows={data}
      columns={columns}
      disableRowSelectionOnClick={true}
      getRowId={row => row._links.self.href}/>
    <Snackbar
      open={open}
      autoHideDuration={2000}
      onClose={() => setOpen(false)}
      message="Car deleted"
    />
  </>
);
```

10. 자동차 상점 앱을 시작하면 이제 다음과 같은 화면이 표시된다.

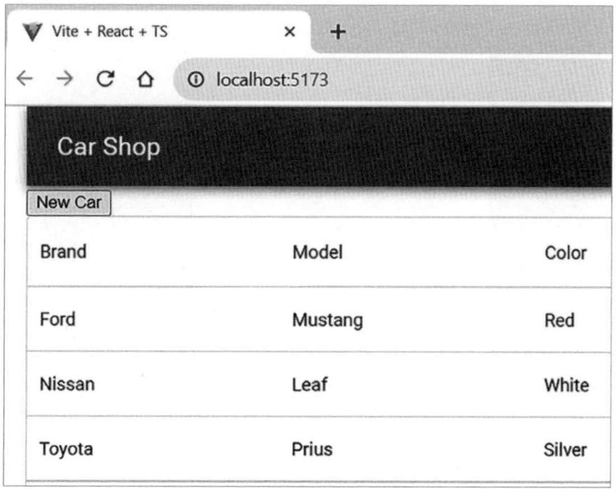

그림 13.12 자동차 상점

New Car 버튼을 누르면 모달 폼이 열린다.

11. 새 자동차를 저장하려면 AddCar.tsx 파일에 handleSave라는 함수를 생성해야 한다. handleSave 함수는 mutate를 호출한다. 그런 다음 자동차 상태를 초기 상태로 다시 설정하고 모달 폼을 닫는다.

```
// AddCar.tsx
// 자동차를 저장하고 모달 폼을 닫음
const handleSave = () => {
  mutate(car);
  setCar({ brand: '', model: '', color: '', registrationNumber:'',
          modelYear: 0, price: 0 });
  handleClose();
}
```

12. 마지막으로 AddCar 컴포넌트의 onClick 저장 버튼을 변경하여 handleSave 함수를 호출한다.

```
// AddCar.tsx
<DialogActions>
  <button onClick={handleClose}>Cancel</button>
  <button onClick={handleSave}>Save</button>
</DialogActions>
```

13. 이제 New Car 버튼을 눌러 모달 폼을 열 수 있다. 각 필드가 비어 있으면 자리 표시자 텍스트가 표시되는 것을 볼 수 있다. 폼을 데이터로 채우고 Save 버튼을 누르면 된다. 이 시점에는 폼의 모양이 멋지지 않지만 다음 장에서 스타일을 지정할 것이다.

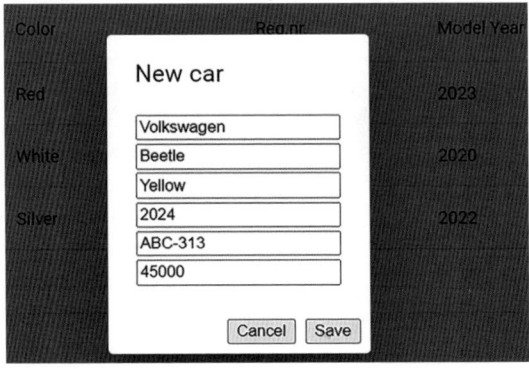

그림 13.13 새 자동차 추가

14. 저장 후 목록 페이지가 새로고침 되고 목록에서 새 차를 볼 수 있다.

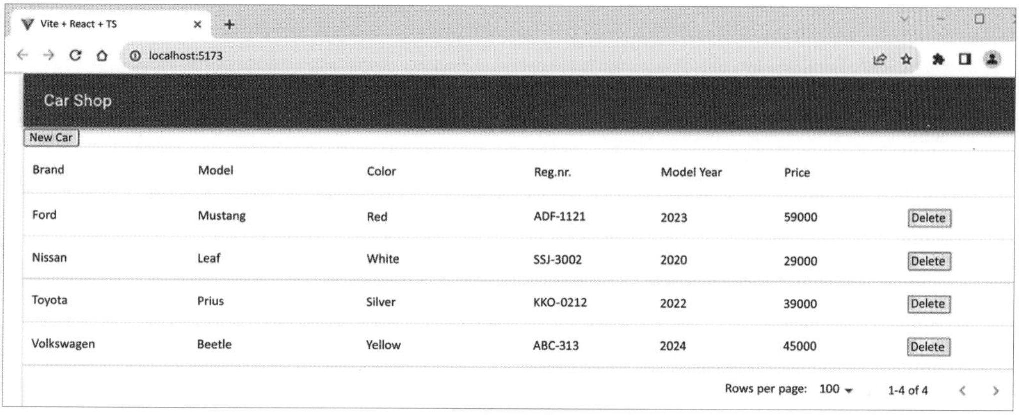

그림 13.14 자동차 상점

15. 이제 몇 가지 코드 리팩터링을 진행하자. 수정 기능을 구현하기 시작하면 실제로 New Car 폼과 동일한 필드가 Edit 폼에 필요하다. New Car 폼의 텍스트 필드를 렌더링하는 새 컴포넌트를 만들어 보자. 텍스트 필드를 자체 컴포넌트로 분할한 다음 New Car와 Edit 폼 모두에서 이용할 수 있게 하는 것이 목표다. 컴포넌트 폴더에 CarDialogContent.tsx라는 새 파일을 만든다. 프롭을 이용하여 컴포넌트에 car 객체와 handleChange 함수를 전달해야 하기 때문에 이를 위해 DialogFormProps라는 새 타입을 만든다. 이 타입은 다른 파일에는 필요하지 않으므로 동일한 파일에 정의해도 된다.

```
// CarDialogContent.tsx
import { Car } from '../types';

type DialogFormProps = {
  car: Car;
  handleChange: (event: React.ChangeEvent<HTMLInputElement>) =>
    void;
}

function CarDialogContent({ car, handleChange }: DialogFormProps) {
  return (
    <></>
  );
}

export default CarDialogContent;
```

16. 그런 다음 DialogContent 컴포넌트를 AddCar 컴포넌트에서 CarDialogContent 컴포넌트로 옮긴다. 코드는 다음과 같다.

```tsx
// CarDialogContent.tsx
import DialogContent from '@mui/material/DialogContent';
import { Car } from '../types';

type DialogFormProps = {
  car: Car;
  handleChange: (event: React.ChangeEvent<HTMLInputElement>) =>
    void;
}

function CarDialogContent({ car, handleChange}: DialogFormProps) {
  return (
    <DialogContent>
      <input placeholder="Brand" name="brand"
        value={car.brand} onChange={handleChange}/><br/>
      <input placeholder="Model" name="model"
        value={car.model} onChange={handleChange}/><br/>
      <input placeholder="Color" name="color"
        value={car.color} onChange={handleChange}/><br/>
      <input placeholder="Year" name="modelYear"
        value={car.modelYear} onChange={handleChange}/><br/>
      <input placeholder="Reg.nr." name="registrationNumber"
        value={car.registrationNumber} onChange={handleChange}/><br/>
      <input placeholder="Price" name="price"
        value={car.price} onChange={handleChange}/><br/>
    </DialogContent>
  );
}

export default CarDialogContent;
```

17. 이제 CarDialogContent를 AddCar 컴포넌트로 가져와서 Dialog 컴포넌트 내부에 렌더링할 수 있다. 프롭을 이용하여 컴포넌트에 car 상태와 handleChange 함수를 전달한다. 또한 이용하지 않는 MUI DialogContent 임포트를 AddCar 컴포넌트에서 제거한다.

```
// AddCar.tsx
// 다음 임포트를 추가하고 이용하지 않는 DialogContent 임포트를 제거
import CarDialogContent from './CarDialogContent';

// CarDialogContent를 렌더링하고 프롭을 전달
return(
  <div>
    <Button onClick={handleClickOpen}>New Car</Button>
    <Dialog open={open} onClose={handleClose}>
      <DialogTitle>New car</DialogTitle>
      <CarDialogContent car={car} handleChange={handleChange}/>
      <DialogActions>
        <Button onClick={handleClose}>Cancel</Button>
        <Button onClick={handleSave}>Save</Button>
      </DialogActions>
    </Dialog>
  </div>
);
```

18. 새 자동차를 추가하면 리팩터링 전과 큰 차이 없이 작동할 것이다. 다음으로 편집 기능을 구현해 보자.

수정 기능 추가하기

각 테이블 로우에 **Edit** 버튼을 추가하여 편집 기능을 구현한다. 로우 **Edit** 버튼을 누르면 사용자가 기존 자동차를 편집하고 변경 사항을 저장할 수 있는 모달 폼이 열린다. 그리드 로우의 자동차 데이터를 편집 폼으로 전달하고 폼이 열리면 폼 필드가 채워지게 하는 것이 목표다.

01. 먼저 컴포넌트 폴더에 EditCar.tsx라는 파일을 만든다. 프롭에 대한 FormProps 타입을 정의해야 하는데, 이 타입은 다른 곳에서는 필요하지 않으므로 컴포넌트 내부에서 정의해도 된다. EditCar 컴포넌트에 전달할 데이터 타입은 CarResponse 타입이다. 또한 생성 기능을 추가할 때 했던 것처럼 자동차 데이터에 대한 상태를 만들 것이다. EditCar.tsx 파일의 코드는 다음과 같다.

```
// EditCar.tsx
import { useState } from 'react';
import { Car, CarResponse } from '../types';

type FormProps = {
```

```
  cardata: CarResponse;
}

function EditCar({ cardata }: FormProps) {
  const [car, setCar] = useState<Car>({
    brand: '',
    model: '',
    color: '',
    registrationNumber: '',
    modelYear: 0,
    price: 0
  });

  return(
    <></>
  );
}

export default EditCar;
```

02. Edit 버튼을 눌렀을 때 열릴 대화 상자를 만들겠다. 대화 상자가 표시될지 숨겨질지를 정의하려면 open 상태가 필요하다. Dialog 컴포넌트를 열고 닫는 함수를 추가하고 업데이트를 저장한다.

```
// EditCar.tsx
import { useState } from 'react';
import Dialog from '@mui/material/Dialog';
import DialogActions from '@mui/material/DialogActions';
import DialogTitle from '@mui/material/DialogTitle';
import { Car, CarResponse } from '../types';

type FormProps = {
  cardata: CarResponse;
}

function EditCar({ cardata }: FormProps) {
  const [open, setOpen] = useState(false);
  const [car, setCar] = useState<Car>({
    brand: '',
    model: '',
```

```
    color: '',
    registrationNumber: '',
    modelYear: 0,
    price: 0
  });

  const handleClickOpen = () => {
    setOpen(true);
  };

  const handleClose = () => {
    setOpen(false);
  };

  const handleSave = () => {
    setOpen(false);
  }

  return(
    <>
      <button onClick={handleClickOpen}>
        Edit
      </button>
      <Dialog open={open} onClose={handleClose}>
        <DialogTitle>Edit car</DialogTitle>
        <DialogActions>
          <button onClick={handleClose}>Cancel</button>
          <button onClick={handleSave}>Save</button>
        </DialogActions>
      </Dialog>
    </>
  );
}
export default EditCar;
```

03. 다음으로 CarDialogContent 컴포넌트를 임포트하고 Dialog 컴포넌트 내부에서 렌더링한다. 또한 편집한 값을 자동차 상태에 저장하는 handleChange 함수를 추가해야 한다. 앞서 생성 기능을 구현할 때 했던 것처럼 프롭을 이용해 car 상태와 handleChange 함수를 전달한다.

```
// EditCar.tsx
// 다음 임포트를 추가
import CarDialogContent from './CarDialogContent';

// handleChange 함수 추가
const handleChange = (event : React.ChangeEvent<HTMLInputElement>) => {
  setCar({...car, [event.target.name]: event.target.value});
}

// CarDialogContent를 Dialog 내부에 렌더링
return(
  <>
    <button onClick={handleClickOpen}>
      Edit
    </button>
    <Dialog open={open} onClose={handleClose}>
      <DialogTitle>Edit car</DialogTitle>
      <CarDialogContent car={car} handleChange={handleChange}/>
      <DialogActions>
        <button onClick={handleClose}>Cancel</button>
        <button onClick={handleSave}>Save</button>
      </DialogActions>
    </Dialog>
  </>
);
```

04. 이제 handleClickOpen 함수 안의 프롭을 이용하여 car 상태의 값을 설정하자.

```
// EditCar.tsx
const handleClickOpen = () => {
  setCar({
    brand: cardata.brand,
    model: cardata.model,
    color: cardata.color,
    registrationNumber: cardata.registrationNumber,
    modelYear: cardata.modelYear,
    price: cardata.price
  });

  setOpen(true);
};
```

프롭의 컴포넌트에 전달된 자동차 객체의 값으로 폼이 채워진다.

05. 이 단계에서 Carlist 컴포넌트의 데이터 그리드에 편집 기능을 추가한다. Carlist.tsx 파일을 열고 EditCar 컴포넌트를 가져온다. 삭제 기능을 구현할 때 했던 것처럼 renderCell 칼럼 속성을 이용하여 EditCar 컴포넌트를 렌더링하는 새 칼럼을 만든다. 로우 객체를 EditCar 컴포넌트에 전달하면 해당 객체에는 자동차 객체가 포함된다.

```tsx
// Carlist.tsx
// 다음 임포트를 추가
import EditCar from './EditCar';

// 새로운 칼럼 추가
const columns: GridColDef[] = [
  {field: 'brand', headerName: 'Brand', width: 200},
  {field: 'model', headerName: 'Model', width: 200},
  {field: 'color', headerName: 'Color', width: 200},
  {field: 'registrationNumber', headerName: 'Reg.nr.', width: 150},
  {field: 'modelYear', headerName: 'Model Year', width: 150},
  {field: 'price', headerName: 'Price', width: 150},
  {
    field: 'edit',
    headerName: '',
    width: 90,
    sortable: false,
    filterable: false,
    disableColumnMenu: true,
    renderCell: (params: GridCellParams) =>
      <EditCar cardata={params.row} />
  },
  {
    field: 'delete',
    headerName: '',
    width: 90,
    sortable: false,
    filterable: false,
    disableColumnMenu: true,
    renderCell: (params: GridCellParams) => (
      <button
        onClick={() => {
```

```
        if (window.confirm(`Are you sure you want to delete
          ${params.row.brand} ${params.row.model}?`))
            mutate(params.row._links.car.href)
      }}>
        Delete
      </button>
    ),
  },
];
```

06. 이제 자동차 목록의 각 표 로우에 Edit 버튼이 표시된다. Edit 버튼을 누르면 자동차 폼이 열리고 버튼을 누른 행의 자동차를 이용하여 필드가 채워진다.

그림 13.15 Edit 버튼

07. 다음으로 수정된 자동차를 백엔드로 전송하는 수정 요청을 구현해야 한다. 자동차 데이터를 수정하려면 http://localhost:8080/api/cars/[carid] URL로 PUT 요청을 보내야 한다. 링크는 삭제 기능의 링크와 동일하다. 요청 본문에는 수정된 자동차 객체와 생성 기능에 대해서도 설정한 'Content-Type':'application/json' 헤더가 포함된다. 수정 기능을 위해서는 새로운 타입이 필요하다. 리액트 쿼리에서 변형 함수는 하나의 매개변수만 받을 수 있지만 이번 경우 자동차 객체(Car 타입)와 링크를 보내야 한다.

두 값을 모두 포함하는 객체를 전달하면 이 문제를 해결할 수 있다. types.ts 파일을 열고 CarEntry 타입을 만든다.

```
export type CarEntry = {
  car: Car;
  url: string;
}
```

08. 그런 다음 carapi.ts 파일을 열고 다음 함수를 생성한 후 내보낸다. 이 함수는 CarEntry 유형 객체를 인수로 가져오고 요청에 필요한 값을 가져오는 car와 url 속성을 가지고 있다.

```ts
// carapi.ts
// CarEntry를 임포트에 추가
import { CarResponse, Car, CarEntry } from '../types';

// updateCar 함수를 추가
export const updateCar = async (carEntry: CarEntry):
  Promise<CarResponse> => {
  const response = await axios.put(carEntry.url, carEntry.car, {
    headers: {
      'Content-Type': 'application/json'
    },
  });
  return response.data;
}
```

09. 다음으로 updateCar 함수를 EditCar 컴포넌트로 가져와서 useMutation 훅을 이용해 요청을 보낸다. 수정에 성공한 후 목록을 다시 가져오기 위해 자동차 쿼리를 무효화해야 하므로 쿼리 클라이언트도 가져와야 한다.

```tsx
// EditCar.tsx
// 다음 임포트를 추가
import { updateCar } from '../api/carapi';
import { useMutation, useQueryClient } from '@tanstack/react-query';

// 쿼리 클라이언트 가져오기
const queryClient = useQueryClient();
// useMutation 훅 이용
const { mutate } = useMutation(updateCar, {
  onSuccess: () => {
    queryClient.invalidateQueries(["cars"]);
  },
  onError: (err) => {
    console.error(err);
  }
});
```

10. 그런 다음 handleSave 함수에서 mutate를 호출한다. 이미 언급했듯이 mutate는 하나의 매개변수만 허용하며 자동차 객체와 URL을 전달해야 하므로 두 값을 모두 포함하는 객체를 생성하고 그 객체를 전달하기 위해 이용할 CarEntry 타입을 임포트해야 한다.

```
// EditCar.tsx
// CarEntry 임포트를 추가
import { Car, CarResponse, CarEntry } from '../types';

// handleSave 함수를 수정
const handleSave = () => {
  const url = cardata._links.self.href;
  const carEntry: CarEntry = {car, url};
  mutate(carEntry);
  setCar({ brand: '', model: '', color: '', registrationNumber:'',
          modelYear: 0, price: 0 });
  setOpen(false);
}
```

11. 마지막으로 표에서 Edit 버튼을 누르면 모달 폼이 열리고 해당 로우의 자동차가 표시된다. Save 버튼을 누르면 수정된 값이 데이터베이스에 저장된다.

마찬가지로 New Car 버튼을 누르면 빈 양식이 열리고 양식을 채운 뒤 Save 버튼을 누르면 새 자동차가 데이터베이스에 저장된다. 컴포넌트 프롭을 이용하여 하나의 컴포넌트로 두 가지 기능을 모두 처리했다.

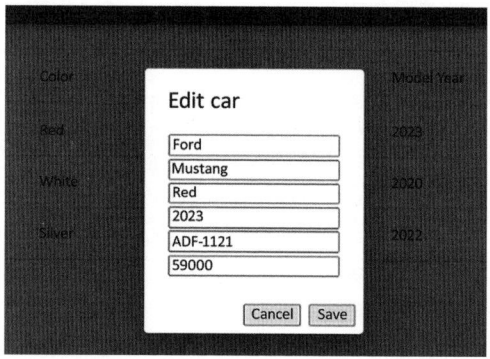

그림 13.16 자동차 수정

12. 자동차를 수정할 때 백엔드에서 어떤 일이 발생하는지 확인할 수 있다. 수정이 성공적으로 완료된 후 이클립스 Console을 보면 데이터베이스를 수정하는 update SQL 문이 있는 것을 확인할 수 있다.

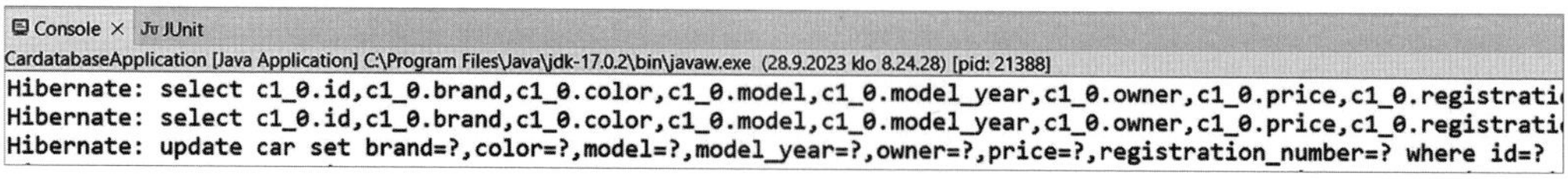

그림 13.17 자동차 수정 SQL문

이제 모든 CRUD 기능을 구현했다.

CSV로 데이터 내보내기

이번에 구현할 기능은 CSV$^{\text{comma-separated values}}$ 데이터 내보내기다. MUI 데이터 그리드가 이 기능을 제공하기 때문에 내보내기를 위한 추가 라이브러리가 필요 없다. 멋진 기능이 많이 포함된 데이터 그리드 툴바를 활성화해 보자.

01. Carlist.tsx 파일에 다음 임포트를 추가한다. GridToolbar 컴포넌트는 내보내기와 같은 멋진 기능을 포함하는 MUI 데이터 그리드용 툴바다.

```
import {
  DataGrid,
  GridColDef,
  GridCellParams,
  GridToolbar
} from '@mui/x-data-grid';
```

02. Export 버튼과 다른 버튼이 포함된 툴바를 활성화해야 한다. MUI 데이터 그리드에서 툴바를 활성화하려면 slots 프롭을 이용하고 값을 toolbar: GridToolbar로 설정해야 한다. slots 프롭은 데이터 그리드의 내부 구성 요소를 재정의하는 데 이용할 수 있다.

```
return( <>
    <AddCar />
    <DataGrid
      rows={cars}
      columns={columns}
      disableRowSelectionOnClick={true}
      getRowId={row => row._links.self.href}
      slots={{ toolbar: GridToolbar }}
    />
    <Snackbar
      open={open}
      autoHideDuration={2000}
      onClose={() => setOpen(false)}
      message="Car deleted"
    />
  </>
);
```

03. 이제 그리드에 EXPORT 버튼이 표시된다. 버튼을 누르고 Download as CSV를 선택하면 그리드 데이터가 CSV 파일로 내보내진다. EXPORT 버튼을 이용하여 그리드를 Print하면 인쇄하기 좋은 버전의 페이지가 표시된다. 또한 도구 모음을 이용하여 칼럼을 숨기거나 필터링하고 로우의 세로 폭을 설정할 수도 있다.

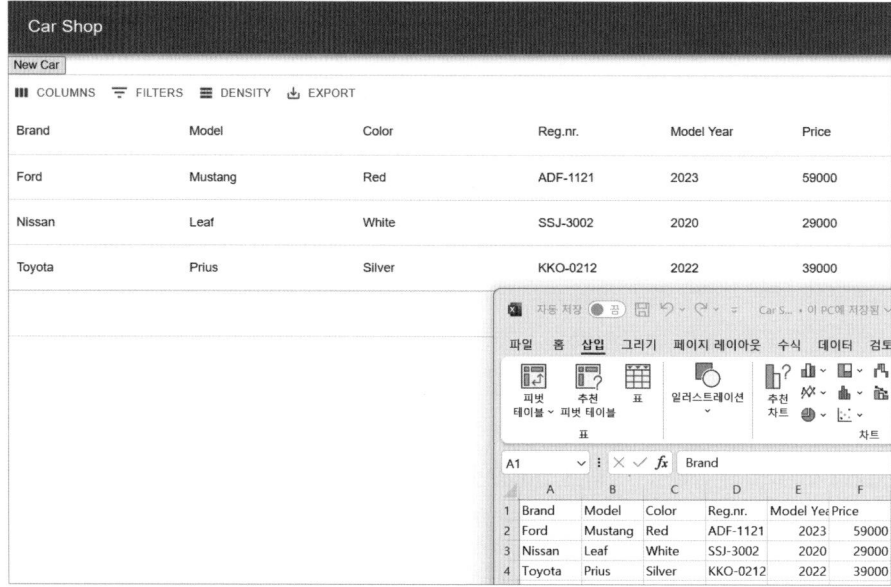

그림 13.18 CSV 내보내기

04. 다음 코드와 같이 index.html 페이지를 편집하여 페이지 제목과 아이콘을 변경할 수 있다. 아이콘은 프로젝트의 public 폴더에서 찾을 수 있으며 비트의 기본 아이콘 대신 자신만의 아이콘을 이용할 수 있다.

```html
<!DOCTYPE html>
<html lang="en">
<head>
  <meta charset="UTF-8" />
  <link rel="icon" type="image/svg+xml" href="/vite.svg" />
  <meta name="viewport" content="width=device-width, initial-scale=1.0" />
  <title>Car Shop</title>
</head>
<body>
  <div id="root"></div>
  <script type="module" src="/src/main.tsx"></script>
</body>
</html>
```

이제 모든 기능이 구현되었다. 14장 '리액트 MUI로 프런트엔드 꾸미기'에서는 프런트엔드 꾸미기에 집중할 것이다.

요약

이번 장에서는 앱의 모든 기능을 구현했다. 먼저 백엔드에서 자동차를 가져온 다음 페이징, 정렬, 필터링 기능을 제공하는 MUI DataGrid에 표시하는 것부터 시작했다. 이후 삭제 기능을 구현하고 Snackbar 컴포넌트를 이용해 사용자에게 피드백을 제공했다.

생성과 수정 기능은 MUI 모달 dialog 컴포넌트를 이용하여 구현했다. 마지막으로 데이터를 CSV 파일로 내보내는 기능을 구현했다.

다음 장에서는 리액트 머티리얼 UI 컴포넌트 라이브러리를 이용해 프런트엔드의 나머지 부분을 꾸며보겠다.

문제

1. 리액트에서 REST API를 이용하여 데이터를 가져오고 표시하려면 어떻게 해야 하는가?
2. 리액트에서 REST API를 이용하여 데이터를 삭제하려면 어떻게 해야 하는가?
3. 리액트와 MUI로 토스트 메시지를 어떻게 표시하는가?
4. 리액트에서 REST API를 이용하여 데이터를 생성하려면 어떻게 해야 하는가?
5. 리액트에서 REST API를 이용하여 데이터를 어떻게 수정하는가?
6. 리액트로 데이터를 CSV 파일로 내보내려면 어떻게 해야 하는가?

참고자료

다음은 UI 디자인과 MUI에 대해 배우는 데 도움이 될 유용한 참고자료들이다.

- Practical React Query – TkDoDo's blog, 도미닉 도르프마이스터 (https://tkdodo.eu/blog/practical-react-query)
- Material Design Blog, 구글 (https://material.io/blog/)

14

리액트 MUI로 프런트엔드 꾸미기

이번 장에서는 프런트엔드에서 MUI^{Material UI} 컴포넌트를 이용하는 방법을 배운다. Button 컴포넌트를 이용해 버튼에 스타일을 지정할 것이다. 또한 MUI 아이콘과 IconButton 컴포넌트를 이용할 것이다. 모달 폼의 입력 필드는 TextField 컴포넌트로 대체된다.

이번 장에서는 다음 주제를 다룬다.

- MUI Button 컴포넌트 이용하기
- MUI Icon과 IconButton 컴포넌트 이용하기
- MUI TextField 컴포넌트 이용하기

이번 장을 마치고 나면 리액트 프런트엔드에서 최소한의 코드 변경만으로 전문적이고 세련된 사용자 인터페이스를 갖추게 될 것이다.

기술 요구 사항

5장 '백엔드 보호'에서 만든 스프링 부트 애플리케이션과 12장 '스프링 부트 RESTful 웹 서비스를 위한 프런트엔드 설정'에서 만든 보안 해제된 스프링 부트 애플리케이션이 필요하다.

또한 13장 'CRUD 기능 추가하기'에서 이용했던 리액트 앱이 필요하다.

다음 깃허브 저장소(https://github.com/PacktPublishing/Full-Stack-Development-with-Spring-Boot-3-and-React-Fourth-Edition/tree/main/Chapter14)가 필요하다.

MUI Button 컴포넌트 이용하기

프런트엔드에서 이미 `AppBar`, `Dialog`와 같은 일부 머티리얼 UI 컴포넌트를 쓰고 있지만 여전히 스타일링 없이 많은 HTML 요소를 이용하고 있다. 먼저 HTML 버튼 요소를 머티리얼 UI Button 컴포넌트로 대체해 보자.

다음 단계를 통해 New car와 Edit car 모달 폼에서 Button 컴포넌트를 구현하자.

01. MUI Button 컴포넌트를 AddCar.tsx와 EditCar.tsx 파일로 임포트한다.

```
// AddCar.tsx & EditCar.tsx
import Button from '@mui/material/Button';
```

02. AddCar 컴포넌트에서 Button 컴포넌트를 이용하도록 버튼을 변경한다. 기본 Button 타입인 text 버튼을 선택한다.

> **참고**
>
> 'outline'과 같은 다른 버튼 타입을 이용하려면 variant 프롭(https://mui.com/material-ui/api/button/#Button-prop-variant)을 통해 변경할 수 있다.

다음 코드는 변경된 AddCar 컴포넌트의 return 문이다.

```
// AddCar.tsx
return(
  <>
    <Button onClick={handleClickOpen}>New Car</Button>
    <Dialog open={open} onClose={handleClose}>
      <DialogTitle>New car</DialogTitle>
      <CarDialogContent car={car} handleChange={handleChange}/>
      <DialogActions>
        <Button onClick={handleClose}>Cancel</Button>
        <Button onClick={handleSave}>Save</Button>
      </DialogActions>
    </Dialog>
  </>
);
```

03. EditCar 컴포넌트의 버튼을 Button 컴포넌트로 변경한다. 버튼이 자동차 그리드 내에 표시되므로 Edit 버튼의 크기를 "small"로 설정한다. 다음 코드는 변경된 EditCar 컴포넌트의 return 문이다.

```tsx
// EditCar.tsx
return(
  <>
    <Button size="small" onClick={handleClickOpen}>
      Edit
    </Button>
    <Dialog open={open} onClose={handleClose}>
      <DialogTitle>Edit car</DialogTitle>
      <CarDialogContent car={car} handleChange={handleChange}/>
      <DialogActions>
        <Button onClick={handleClose}>Cancel</Button>
        <Button onClick={handleSave}>Save</Button>
      </DialogActions>
    </Dialog>
  </>
);
```

04. 이제 자동차 목록은 다음 그림과 같이 표시된다.

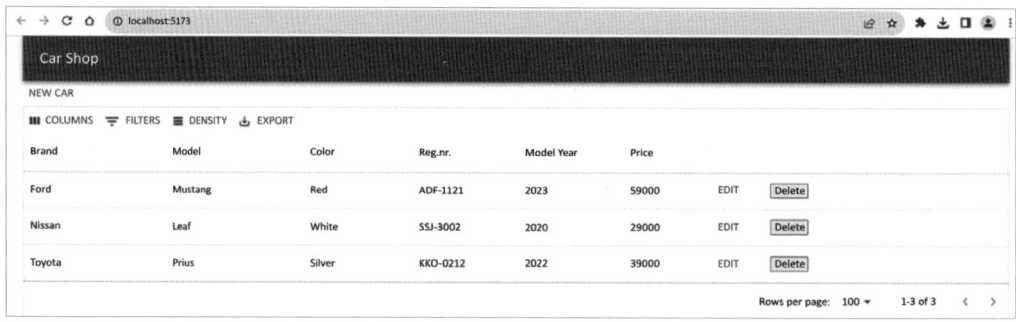

그림 14.1 Carlist 버튼

모달 버튼 폼은 다음과 같이 표시된다.

그림 14.2 폼 버튼

이제 생성 및 수정 폼의 버튼이 MUI Button 컴포넌트를 이용해 구현되었다.

MUI 아이콘과 IconButton 컴포넌트 이용하기

이번에는 그리드의 EDIT, DELETE 버튼에 IconButton 컴포넌트를 적용해볼 것이다. MUI는 터미널에서 다음 명령을 이용하여 사전 빌드된 SVG 아이콘을 설치할 수 있다.

```
npm install @mui/icons-material
```

먼저 그리드에 삭제 버튼을 구현해 보자. MUI IconButton 컴포넌트는 아이콘 버튼을 렌더링하는 데 이용할 수 있다. 방금 설치한 @mui/icons-material 패키지에는 MUI와 함께 이용할 수 있는 많은 아이콘이 포함되어 있다.

이용 가능한 아이콘 목록은 MUI 설명서(https://mui.com/material-ui/material-icons/)에서 찾을 수 있다. 검색 기능이 있으며 목록의 아이콘 중 하나를 클릭하면 특정 아이콘에 맞는 임포트 문을 찾을 수 있다.

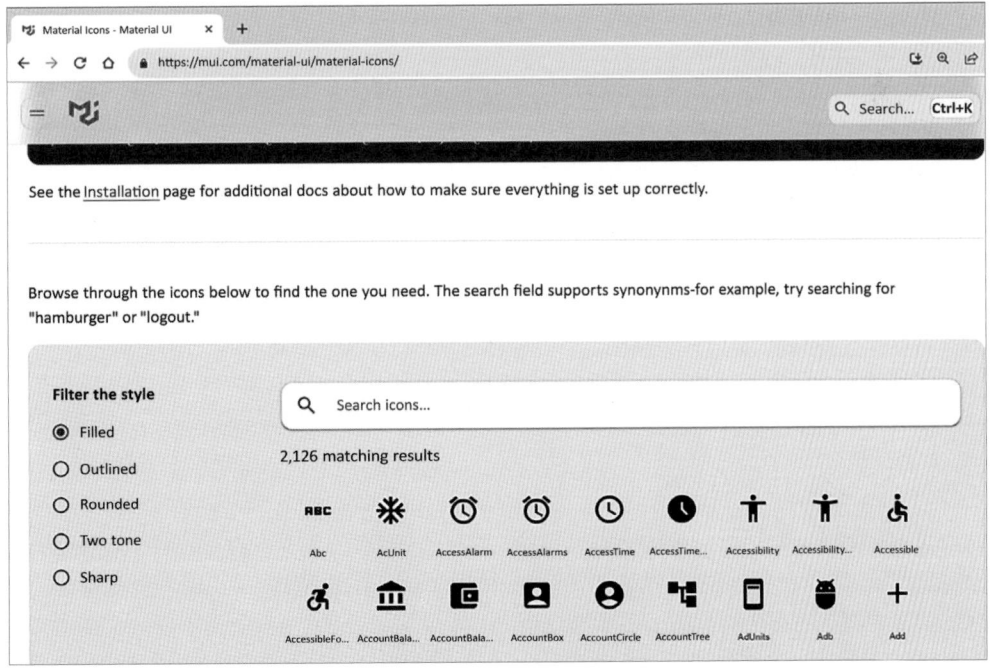

그림 14.3 머티리얼 아이콘

DELETE 버튼에 아이콘이 필요하므로 DeleteIcon이라는 아이콘을 이용할 것이다.

01. Carlist.tsx 파일을 열고 다음 임포트를 추가한다.

```
// Carlist.tsx
import IconButton from '@mui/material/IconButton';
import DeleteIcon from '@mui/icons-material/Delete';
```

02. 다음으로 그리드에 IconButton 컴포넌트를 렌더링해 보자. 그리드 칼럼을 정의하는 코드에서 DELETE 버튼을 수정한다. 버튼 요소를 IconButton 컴포넌트로 변경하고 IconButton 컴포넌트 안에 DeleteIcon을 렌더링한다. 버튼과 아이콘 크기를 모두 작게 설정한다. 아이콘 버튼에는 접근 가능한 이름이 없으므로 aria-label을 이용하여 삭제 아이콘 버튼에 레이블을 지정하는 문자열을 정의한다. aria-label 속성은 스크린 리더 같은 보조 기술에서만 표시된다.

```
// Carlist.tsx
const columns: GridColDef[] = [
  {field: 'brand', headerName: 'Brand', width: 200},
  {field: 'model', headerName: 'Model', width: 200},
  {field: 'color', headerName: 'Color', width: 200},
  {field: 'registrationNumber', headerName: 'Reg.nr.', width: 150},
  {field: 'modelYear', headerName: 'Model Year', width: 150},
  {field: 'price', headerName: 'Price', width: 150},
  {
    field: 'edit',
    headerName: '',
    width: 90,
    sortable: false,
    filterable: false,
    disableColumnMenu: true,
    renderCell: (params: GridCellParams) =>
      <CarForm mode="Edit" cardata={params.row} />
  },
  {
    field: 'delete',
    headerName: '',
    width: 90,
    sortable: false,
    filterable: false,
    disableColumnMenu: true,
```

```
    renderCell: (params: GridCellParams) => (
      <IconButton aria-label="delete" size="small"
        onClick={() => {
          if (window.confirm(`Are you sure you want to delete
            ${params.row.brand} ${params.row.model}?`))
            mutate(params.row._links.car.href)
        }}>
        <DeleteIcon fontSize="small" />
      </IconButton>
    ),
  },
];
```

03. 이제 그리드의 DELETE 버튼이 다음 그림과 같이 표시된다.

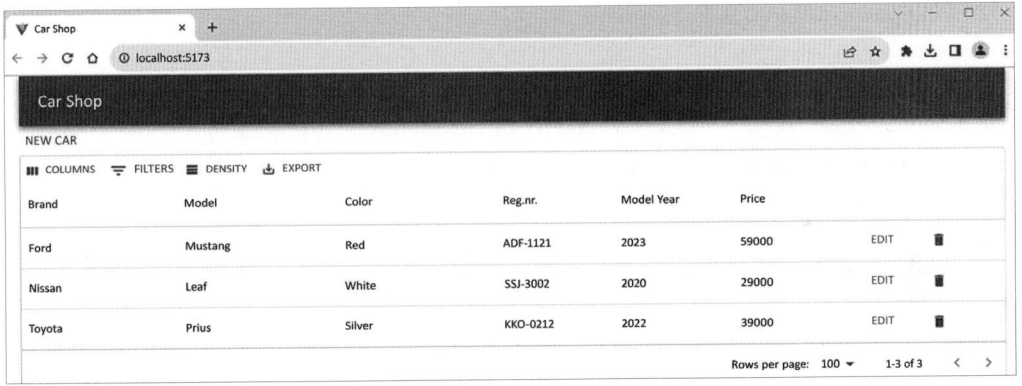

그림 14.4 삭제 아이콘 버튼

04. 다음으로 IconButton 컴포넌트를 이용하여 EDIT 버튼을 구현할 것이다. EditCar.tsx 파일을 열고 IconButton 컴포넌트와 EditIcon 아이콘을 임포트한다.

```
// EditCar.tsx
import IconButton from '@mui/material/IconButton';
import EditIcon from '@mui/icons-material/Edit';
```

05. 그런 다음 return 문에서 IconButton과 EditIcon을 렌더링한다. 버튼과 아이콘 크기는 삭제 버튼과 마찬가지로 작게 설정한다.

```
// EditCar.tsx
return (
  <>
    <IconButton aria-label="edit" size="small"
      onClick={handleClickOpen}>
      <EditIcon fontSize= "small" />
    </IconButton>
    <Dialog open={open} onClose={handleClose}>
      <DialogTitle>Edit car</DialogTitle>
      <CarDialogContent car={car} handleChange={handleChange}/>
      <DialogActions>
        <Button onClick={handleClose}>Cancel</Button>
        <Button onClick={handleSave}>Save</Button>
      </DialogActions>
    </Dialog>
  </>
);
```

06. 마지막으로 다음 그림과 같이 두 버튼이 모두 아이콘으로 렌더링되는 것을 볼 수 있다.

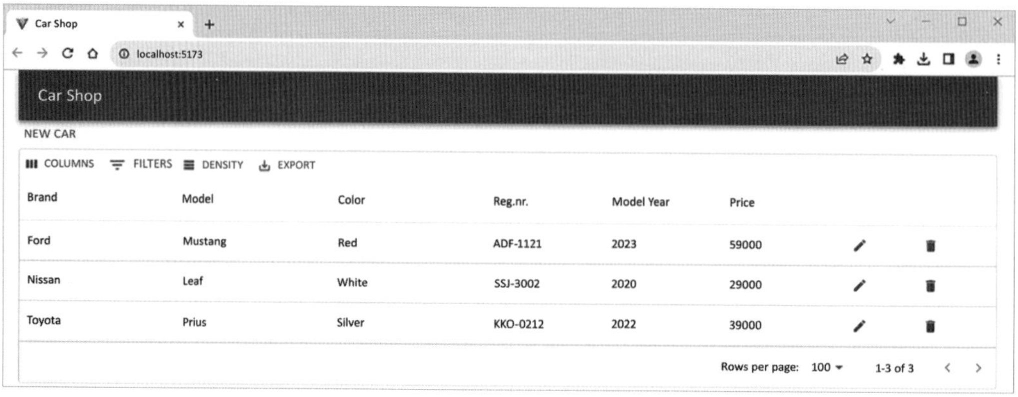

그림 14.5 아이콘 버튼

Tooltip 컴포넌트를 이용하여 아이콘 편집, 삭제 버튼에 **툴팁**을 추가할 수도 있다. Tooltip 컴포넌트는 툴팁을 첨부할 컴포넌트를 감싸는 역할을 한다. 다음 예제는 수정 버튼에 툴팁을 추가하는 방법이다.

01. 컴포넌트를 임포트하기 위해 다음과 같이 임포트를 EditCar 컴포넌트에 추가한다.

```
import Tooltip from '@mui/material/Tooltip';
```

02. 그런 다음 Tooltip 컴포넌트를 이용해 IconButton 컴포넌트를 감싼다. title 프롭은 툴팁에 표시되는 텍스트를 정의하는 데 이용된다.

```
// EditCar.tsx
<Tooltip title="Edit car">
  <IconButton aria-label="edit" size="small"
    onClick={handleClickOpen}>
    <EditIcon fontSize= "small" />
  </IconButton>
</Tooltip>
```

03. 이제 수정 버튼 위로 마우스를 가져가면 다음 그림처럼 툴팁이 표시된다.

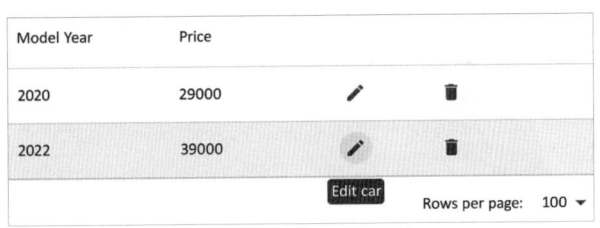

그림 14.6 툴팁

다음으로 MUI TextField 컴포넌트를 이용하여 텍스트 필드를 구현해 보자.

MUI TextField 컴포넌트 이용

이번에는 모달 폼의 텍스트 입력 필드를 MUI TextField와 Stack 컴포넌트로 바꿔볼 것이다.

01. CarDialogContent.tsx 파일에 다음 임포트 문을 추가한다. Stack은 텍스트 필드 사이에 공백을 설정하는 데 이용할 수 있는 1차원 MUI 레이아웃 컴포넌트다.

```
import TextField from '@mui/material/TextField';
import Stack from '@mui/material/Stack';
```

02. 그런 다음 생성과 수정 폼에서 입력 요소를 TextField 컴포넌트로 변경한다. label 프롭을 이용하여 TextField 컴포넌트의 레이블을 설정한다. 텍스트 입력에는 시각적 스타일의 세 가지 변형을 이용할 수 있으며, 여기서는 기본 변형인 outlined를 이용하고 있다. 다른 변형으로는 standard와 filled가 있다. variant 프롭을 이용하여 값을 변경할 수 있다. 텍스트 필드는 Stack 컴포넌트로 감싸져 컴포넌트 사이에 약간의 간격을 확보하고 상단 여백을 설정한다.

```
// CarDialogContent.tsx
  return (
    <DialogContent>
      <Stack spacing={2} mt={1}>
        <TextField label="Brand" name="brand"
          value={car.brand} onChange={handleChange}/>
        <TextField label="Model" name="model"
          value={car.model} onChange={handleChange}/>
        <TextField label="Color" name="color"
          value={car.color} onChange={handleChange}/>
        <TextField label="Year" name="modelYear"
          value={car.modelYear} onChange={handleChange}/>
        <TextField label="Reg.nr." name="registrationNumber"
          value={car.registrationNumber} onChange={handleChange}/>
        <TextField label="Price" name="price"
          value={car.price} onChange={handleChange}/>
      </Stack>
    </DialogContent>
  );
```

> **참고**
>
> 간격과 이용되는 단위에 대한 자세한 내용은 https://mui.com/system/spacing/에서 확인할 수 있다.

03. 수정 후 두 폼 모두에서 CarDialogContent 컴포넌트를 이용하기 때문에 생성과 수정 모달 폼은 모두 다음과 같이 표시된다.

그림 14.7 텍스트 필드

이제 MUI 컴포넌트를 이용하여 프런트엔드 꾸미기를 완료했다.

요약

이번 장에서는 구글의 머티리얼 디자인을 구현하는 리액트 컴포넌트 라이브러리인 MUI를 이용해 프런트엔드를 완성했다. 버튼을 MUI `Button`과 `IconButton` 컴포넌트로 대체했다. 모달 폼은 MUI `TextField` 컴포넌트를 이용해 새로운 디자인으로 바꿨다. 이런 수정을 통해 프런트엔드가 더 전문적이고 균일해 보이게 되었다.

다음 장에서는 프런트엔드 테스트에 초점을 맞출 것이다.

문제

1. MUI란 무엇인가?
2. 다양한 머티리얼 UI 컴포넌트를 어떻게 이용할 수 있는가?
3. MUI 아이콘은 어떻게 이용하는가?

참고자료

다음은 머티리얼 UI에 대해 배우는 데 도움이 될 유용한 참고자료들이다.

- MUI Design Resources (https://mui.com/material-ui/getting-started/design-resources/)

15

리액트 앱 테스트하기

이번 장에서는 리액트 앱 테스트의 기초에 대해 설명한다. 자바스크립트 테스트 프레임워크인 Jest를 어떻게 이용하는지에 대한 개요를 제공한다. 새로운 테스트 스위트와 테스트를 생성하고 실행하는 방법을 살펴본다. 리액트 비트 프로젝트를 테스트하기 위해 Vitest와 함께 리액트 테스팅 라이브러리를 이용하는 방법도 배운다.

이번 장에서는 다음 주제를 다룬다.

- Jest 이용하기
- 리액트 테스팅 라이브러리 이용하기
- Vitest 이용하기
- 테스트에서 이벤트 실행하기
- 엔드투엔드 테스트하기

기술 요구 사항

5장 '백엔드 보호'에서 만든 스프링 부트 애플리케이션과 14장 '리액트 MUI로 프런트엔드 꾸미기'에서 만든 리액트 앱이 필요하다.

다음 깃허브 저장소(https://github.com/PacktPublishing/Full-Stack-Development-with-Spring-Boot-3-and-React-Fourth-Edition/tree/main/Chapter15)가 필요하다.

Jest 이용하기

Jest(https://jestjs.io/)는 메타에서 개발한 자바스크립트용 테스트 프레임워크다. 리액트와 함께 널리 이용되며 테스트에 유용한 다수의 기능을 제공한다. 예를 들어 **스냅숏** 테스트를 생성하여 리액트 트리에서 스냅숏을 생성하고 상태가 어떻게 변화하는지 확인할 수 있다. 이외에도 Jest에는 비동기 REST API 호출을 테스트하는 데 이용할 수 있는 모킹 기능이 있다. 또한 테스트 케이스의 어설션에 필요한 함수도 제공한다.

구문을 시연하기 위해 간단한 계산을 수행하는 기초 타입스크립트 함수에 대한 테스트 케이스를 만드는 방법을 살펴보겠다. 다음 함수는 두 개의 숫자를 인수로 받아 숫자의 곱을 반환한다.

```
// multi.ts
export const calcMulti = (x: number, y: number): number => {
  return x * y;
}
```

다음 코드는 위의 함수에 대한 Jest 테스트다.

```
// multi.test.ts
import { calcMulti } from './multi';

test("2 * 3 equals 6", () => {
  expect(calcMulti(2, 3)).toBe(6);
});
```

테스트 케이스는 테스트 케이스를 실행하는 test() 메서드로 시작된다. test() 메서드에는 테스트 이름(설명 문자열)과 테스트 코드를 포함하는 익명 함수라는 두 가지 필수 인수가 필요하다. expect() 함수는 값을 테스트할 때 이용되며 여러 **매처**Matcher를 이용할 수 있다. toBe() 함수는 함수의 결과가 매처의 값과 동일한지 여부를 확인하는 매처 중 하나다.

> 📑 참고
>
> Jest에서 이용할 수 있는 다양한 매처는 관련 문서(https://jestjs.io/docs/using-matchers)에서 확인할 수 있다.

describe()는 테스트 스위트test suite에서 관련 테스트 케이스를 함께 그룹화하는 데 이용되는 함수다. 이 함수는 테스트의 기능에 따라 테스트를 구성하거나 테스트 중인 컴포넌트에 따라 리액트에서 테스트를 구성하는 데 도움이 된다. 다음 예제는 App 컴포넌트에 대한 두 개의 테스트 케이스가 포함된 테스트 스위트를 보여준다.

```
describe("App component", () => {
  test("App component renders", () => {
    // 첫 번째 테스트 케이스
  })
  test("Header text", () => {
    // 두 번째 테스트 케이스
  }) });
```

리액트 테스팅 라이브러리 이용하기

리액트 테스팅 라이브러리(https://testing-library.com/)는 리액트 컴포넌트를 테스트하기 위한 툴과 API다. DOM 테스트와 쿼리에 이용할 수 있다. 리액트 테스팅 라이브러리는 텍스트 콘텐츠, 레이블 등을 기반으로 요소를 검색하는 데 도움이 되는 쿼리 함수들을 제공한다. 또한 버튼을 클릭하고 입력 필드에 입력하는 등의 사용자 작동을 시뮬레이션하는 도구도 제공한다.

리액트 테스팅 라이브러리의 몇 가지 중요한 개념을 살펴보자. 테스팅 라이브러리는 리액트 요소를 DOM에 렌더링하고 테스트에 이용할 수 있게 하는 render() 메서드를 제공한다.

```
import { render } from '@testing-library/react'

render(<MyComponent />)
```

쿼리는 페이지에서 요소를 찾는 데 이용할 수 있다. screen 객체는 렌더링된 컴포넌트를 쿼리로 탐색할 수 있게 하기 위한 유틸리티로 페이지에서 요소를 찾는 데 이용할 수 있는 쿼리 메서드들을 제공한다. getBy, findBy, queryBy 등 다양한 키워드로 시작하는 여러 타입의 쿼리가 있다. getBy와 findBy 쿼리는 요소를 찾을 수 없는 경우 오류를 발생시킨다. queryBy 쿼리는 요소를 찾을 수 없는 경우에 null을 반환한다.

TIP

> 상황에 따라 이용해야 하는 적절한 쿼리는 다르며 쿼리별 차이점에 대한 자세한 내용은 https://testing-library.com/docs/dom-testing-library/cheatsheet/에서 확인할 수 있다.

예를 들어 getByText() 메서드는 문서에서 지정된 텍스트가 포함된 요소를 찾는다.

```
import { render, screen } from '@testing-library/react'

render(<MyComponent />);
// 대소문자를 구분하지 않고 Hello World 텍스트 찾기
screen.getByText(/Hello World/i);
```

/Hello World/i의 슬래시(/)는 정규식 패턴을 정의하는 데 이용되며 끝에 있는 i-플래그는 대소문자를 구분하지 않음을 나타낸다. 즉, 대소문자를 구분하지 않고 "Hello World" 텍스트가 포함된 렌더링된 콘텐츠를 찾고 있다는 의미다. 문자열을 인수로 전달하여 대소문자를 구분하는 전체 문자열 일치 여부를 기준으로 찾을 수도 있다.

```
screen.getByText("Hello World");
```

그런 다음 expect를 이용해 어설션을 만들 수 있다. jest-dom은 리액트 테스팅 라이브러리의 컴패니언 라이브러리로, 리액트 컴포넌트를 테스트할 때 유용한 사용자 정의 매처를 제공한다. 예를 들어 toBeInTheDocument() 매처는 요소가 문서에 존재하는지 여부를 확인한다. 다음 어설션이 통과하면 테스트 케이스가 통과하고 그렇지 않으면 실패한다.

```
import { render, screen } from '@testing-library/react'
import matchers from '@testing-library/jest-dom/matchers ';

render(<MyComponent />);
expect(screen.getByText(/Hello World/i)).toBeInTheDocument();
```

TIP

> 모든 매처는 jest-dom 문서에서 찾을 수 있다(https://github.com/testing-library/jest-dom).

지금까지 Jest와 리액트 테스팅 라이브러리의 기초를 배웠다. 두 라이브러리 모두 리액트 애플리케이션을 테스트하는 데 필요하다. Jest는 테스트 환경과 어설션 라이브러리를 제공하는 테스트 프레임워크다. 리액트 테스팅 라이브러리는 리액트 컴포넌트를 테스트하기 위해 설계된 유틸리티 라이브러리다. 다음으로 비트 프로젝트에서 테스트를 시작하는 방법을 알아보겠다.

Vitest 이용하기

Vitest(https://vitest.dev/)는 비트 프로젝트를 위한 테스트 프레임워크다. 비트 프로젝트에서 Jest를 이용할 수도 있으며 Jest를 위한 비트 통합을 제공하는 라이브러리도 있다(예: https://github.com/sodatea/vite-jest). 이 책에서는 비트와 함께 이용하기가 더 쉬운 Vitest를 이용하겠다. Vitest는 Jest와 유사하며 Jest를 알아볼 때 배운 test, describe, expect 기능을 제공한다.

이번 절에서는 14장 '리액트 MUI로 프런트엔드 꾸미기'에서 이용했던 프런트엔드 프로젝트에 대해 Vitest와 리액트 테스팅 라이브러리를 이용하여 테스트를 생성해 볼 것이다.

설치와 구성

첫 번째 단계는 프로젝트에 Vitest와 리액트 테스팅 라이브러리를 설치하는 것이다.

01. VS Code에서 프로젝트를 연다. 터미널에서 프로젝트 폴더로 이동하고 프로젝트 폴더 내에서 다음 npm 명령을 실행한다.

```
npm install -D vitest@0.34.3 @testing-library/react
@testing-library/jest-dom jsdom
```

npm 명령의 -D 플래그는 패키지를 package.json 파일의 devDependencies 섹션에 개발 의존성 요소로 저장해야 함을 의미한다. 이러한 패키지는 개발과 테스트에 필요하지만 애플리케이션의 프로덕션 런타임에는 필요하지 않다.

02. 다음으로 비트 구성 파일인 vite.config.ts를 이용하여 Vitest를 구성해야 한다. 파일을 열고 다음과 같이 변경하여 새 test 속성을 추가한다.

```
import { defineConfig } from 'vite'
import react from '@vitejs/plugin-react'

// https://vitejs.dev/config/
export default defineConfig({
```

```
  plugins: [react()],
  test: {
    globals: true,
    environment: 'jsdom',
  },
})
```

기본적으로 Vitest는 전역 API를 제공하지 않는다. `globals: true` 설정을 이용하면 Jest처럼 전역적으로 API를 참조할 수 있다(test, expect 등). `environment: 'jsdom'` 설정은 Node.js 대신 브라우저 환경을 이용하도록 정의한다.

03. 현재 테스트 타입이 비트의 구성에 존재하지 않기 때문에 test 속성에서 타입스크립트 타입 오류를 볼 수 있다. Vitest에서 확장된 비트 구성을 임포트하여 오류를 제거할 수 있다. 다음 코드와 같이 defineConfig 임포트를 수정한다.

```
// defineConfig 임포트 수정
import { defineConfig } from 'vitest/config'
```

04. 다음으로 package.json 파일에 테스트 스크립트를 추가한다.

```
"scripts": {
    "dev": "vite",
    "build": "tsc && vite build",
    "lint": "eslint src --ext ts,tsx --report-unused-disable-
            directives --max-warnings 0",
    "preview": "vite preview",
    "test":"vitest"
},
```

05. 이제 다음 npm 명령을 이용하여 테스트를 실행할 수 있다. 이 단계에서는 아직 테스트가 없기 때문에 오류가 발생한다.

```
npm run test
```

 TIP

VS Code IDE에서 테스트를 실행하려는 경우 Vitest용 VS Code 확장 프로그램을 찾을 수도 있다(https://marketplace.visualstudio.com/items?itemName=ZixuanChen.vitest-explorer).

기본적으로 테스트 실행에 포함할 파일은 다음과 같은 글롭 패턴(https://vitest.dev/config/#include)을 이용하여 정의된다.

```
['**/*.{test,spec}.?(c|m)[jt]s?(x)']
```

앞으로는 component.test.tsx 명명 규칙을 이용하여 테스트 파일의 이름을 지정할 것이다.

첫 번째 테스트 실행하기

이제 App 컴포넌트가 렌더링되고 앱 헤더 텍스트를 찾을 수 있는지 확인하기 위한 첫 번째 테스트 케이스를 만들어 볼 것이다.

01. 리액트 앱의 src 폴더에 App.test.tsx라는 새 파일을 만들고 새 테스트 케이스를 생성한다. 여기서는 Vitest를 이용하므로 describe과 test를 vitest에서 가져온다.

```
import { describe, test } from 'vitest';

describe("App tests", () => {
  test("component renders", () => {
  // 테스트 케이스 코드
  })
});
```

02. 그런 다음 리액트 테스팅 라이브러리의 render 메서드를 이용하여 App 컴포넌트를 렌더링할 수 있다.

```
import { describe, test } from 'vitest';
import { render } from '@testing-library/react';
import App from './App';

describe("App tests", () => {
  test("component renders", () => {
    render(<App />);
  })
});
```

03. 다음으로 screen 객체와 이와 관련한 쿼리 API를 이용하여 앱 헤더 텍스트가 렌더링되었는지 확인한다.

```
import { describe, test, expect } from 'vitest';
import { render, screen } from '@testing-library/react';
import App from './App';

describe("App tests", () => {
  test("component renders", () => {
    render(<App />);
    expect(screen.getByText(/Car Shop/i)).toBeDefined();
  })
});
```

04. 앞서 이용한 toBeInTheDocument()와 같은 jest-dom 라이브러리 매처를 이용하려면 매처를 확장하는 jest-dom/vitest 패키지를 임포트해야 한다.

```
import { describe, test, expect } from 'vitest';
import { render, screen } from '@testing-library/react';
import App from './App';
import '@testing-library/jest-dom/vitest';

describe("App tests", () => {
  test("component renders", () => {
    render(<App />);
    expect(screen.getByText(/Car Shop/i
        )).toBeInTheDocument();
  })
});
```

05. 마지막으로 터미널에 다음 명령을 입력하여 테스트를 실행할 수 있다.

```
npm run test
```

다음과 같이 테스트가 통과된 것을 확인할 수 있다.

```
√ src/App.test.tsx (1)
  √ App tests (1)
    √ component renders

Test Files  1 passed (1)
     Tests  1 passed (1)
  Start at  00:43:23
  Duration  1.58s (transform 88ms, setup 0ms, collect 392ms,

PASS Waiting for file changes...
     press h to show help, press q to quit
```

그림 15.1 테스트 실행

테스트는 **감시 모드**^{watch mode}에서 실행되므로 소스코드를 변경할 때마다 코드 변경과 관련된 테스트가 다시 실행된다. 그림에서 보듯이 q를 눌러 감시 모드를 종료할 수 있다. r을 눌러 수동으로 테스트 재실행을 호출할 수도 있다.

> **참고**
>
> 필요한 경우 테스트 실행에 필요한 환경 및 구성을 설정하는 데 이용할 수 있는 테스트 설정 파일을 만들 수 있다. 설정 파일은 각 테스트 파일 전에 실행된다.
>
> test 노드 내부의 vite.config.ts 파일에 테스트 설정 파일의 경로를 지정해야 한다.
>
> ```
> // vite.config.ts
> test: {
>   setupFiles: ['./src/testSetup.ts'],
>   globals: true,
>   environment: 'jsdom',
> },
> ```
>
> 테스트 케이스 전후에 필요한 작업을 수행할 수도 있다. Vitest는 테스트 케이스 전후에 코드를 호출하는 데 이용할 수 있는 beforeEach와 afterEach 함수를 제공한다. 예를 들어 각 테스트 케이스가 끝난 후 리액트 테스팅 라이브러리의 cleanup 함수를 실행하여 마운트된 리액트 컴포넌트를 마운트 해제할 수 있다. 테스트 케이스 전후에 일부 코드를 한 번만 호출하려는 경우 beforeAll 또는 afterAll 함수를 이용하면 된다.

Carlist 컴포넌트 테스트하기

이제 Carlist 컴포넌트에 대한 테스트를 만들어 보자. 여기서는 백엔드 REST API를 이용하며 이번 절에서는 이전 장에서 이용했던 백엔드를 실행해야 한다. 테스트에 실제 API를 이용하면 실제 시나리오에 더 가깝고 엔드투엔드^{end-to-end} 통합 테스트가 가능하다. 그런데 실제 API에는 항상 약간의 지연 시간이 있으며 이로 인해 테스트 실행 속도가 느려지게 된다.

> **TIP**
>
> 또는 **모형 API**를 이용할 수도 있다. 이는 개발자가 실제 API에 접근할 수 없는 경우 일반적으로 이용된다. 모형 API를 이용하려면 모형 API 구현을 생성하고 유지 관리해야 한다. 이를 위해 리액트에서 이용할 수 있는 몇 가지 라이브러리가 있는데, msw^{Mock Service Worker}, nock 등이 있다.

이제 시작해 보자.

01. src 폴더에 Carlist.test.tsx라는 새 파일을 만든다. Carlist 컴포넌트를 가져와서 렌더링한다. 이 컴포넌트는 백엔드의 데이터를 아직 이용할 수 없을 때 'Loading...' 텍스트를 렌더링한다. 시작 코드는 다음과 같다.

```
import { describe, expect, test } from 'vitest';
import { render, screen } from '@testing-library/react';
import '@testing-library/jest-dom/vitest';
import Carlist from './components/Carlist';

describe("Carlist tests", () => {
  test("component renders", () => {
    render(<Carlist />);
    expect(screen.getByText(/Loading/i)).toBeInTheDocument();
  })
});
```

02. 이제 테스트 케이스를 실행하면 다음과 같은 오류(No QueryClient set, use QueryClientProvider to set one.)가 발생한다. Carlist 컴포넌트에서 네트워킹을 위해 리액트 쿼리를 이용했기 때문에 컴포넌트에는 QueryClientProvider가 필요하다. 다음 소스코드는 해당 오류를 고치는 방법을 보여준다. 새로운 QueryClient를 생성하고 재시도를 false로 설정해야 한다. 기본적으로 리액트 쿼리는 쿼리를 세 번 재시도하므로 오류 케이스를 테스트하려는 경우 테스트 케이스에서 시간 초과가 발생할 수 있다.

```
import { QueryClient, QueryClientProvider } from
  '@tanstack/react-query';
import { describe, expect, test } from 'vitest';
import { render, screen } from '@testing-library/react';
import '@testing-library/jest-dom/vitest';
import Carlist from './components/Carlist';

const queryClient = new QueryClient({
  defaultOptions: {
    queries: {
      retry: false,
```

```
    },
  },
});

const wrapper = (({
  children } : { children: React.ReactNode }) => (
    <QueryClientProvider client = {
      queryClient}>{children}
    </QueryClientProvider>);

describe("Carlist tests", () => {
  test("component renders", () => {
    render(<Carlist />, { wrapper });
    expect(screen.getByText(/Loading/i)).toBeInTheDocument();
  })
});
```

QueryClientProvider 컴포넌트를 반환하는 래퍼^{wrapper}까지 만들었다. 그런 다음 render 함수의 두 번째 인수를 이용하고 리액트 컴포넌트인 wrapper를 전달하여 래퍼가 Carlist 컴포넌트를 감싸도록 했다. wrapper는 컴포넌트를 추가 래퍼로 감싸고 싶을 때 유용한 함수형 컴포넌트다. 최종 결과는 Carlist 컴포넌트가 QueryClientProvider 안에 감싸져 들어간 것이다.

03. 이제 테스트를 다시 실행하면 오류가 발생하지 않고 새 테스트 케이스가 통과된다. 현재 테스트 실행에 두 개의 테스트 파일과 두 개의 테스트가 포함되어 있다.

```
√ src/App.test.tsx (1)
√ src/Carlist.test.tsx (1)

Test Files  2 passed (2)
     Tests  2 passed (2)
  Start at  01:24:47
  Duration  3.67s (transform 173ms, setup 0ms,

 PASS  Waiting for file changes...
       press h to show help, press q to quit
```

그림 15.2 테스트 실행

04. 다음으로 getCars 가져오기가 호출된 다음 데이터 그리드에 자동차가 렌더링되는지 테스트해 보겠다. NEW CAR 버튼이 화면에 그려질 때까지 기다리면 네트워크 요청이 문제없이 이뤄졌음을 파악할 수 있으므로 그때까지 기다리기 위해 리액트 테스팅 라이브러리에서 제공하는 waitFor 함수를 쓸 계획이다. 이 함수를 사용하면 조건이 충족되었을 때 테스트가 진행된다.

마지막으로 매처를 이용하여 문서에서 Ford 텍스트를 찾을 수 있는지 확인한다. 다음 임포트를 Carlist.test.tsx 파일에 추가한다.

```
import { render, screen, waitFor } from '@testing-library/react';
```

05. 테스트 코드는 다음과 같다.

```
describe("Carlist tests", () => {
  test("component renders", () => {
    render(<Carlist />, { wrapper });
    expect(screen.getByText(/Loading/i)
      ).toBeInTheDocument();
  })

  test("Cars are fetched", async () => {
    render(<Carlist />, { wrapper });

    await waitFor(() => screen.getByText(/New Car/i));
    expect(screen.getByText(/Ford/i)).toBeInTheDocument();
  })
});
```

06. 테스트를 다시 시작하면 이제 3개의 테스트를 통과한 것을 확인할 수 있다.

```
✓ src/App.test.tsx (1)
✓ src/Carlist.test.tsx (2) 610ms

Test Files  2 passed (2)
     Tests  3 passed (3)
  Start at  01:45:26
  Duration  4.23s (transform 168ms, setup 0ms,

PASS  Waiting for file changes...
      press h to show help, press q to quit
```

그림 15.3 테스트 실행

지금까지 Vitest의 기본 사항과 비트 리액트 앱에서 테스트 케이스를 생성하고 실행하는 방법에 대해 배웠다. 다음으로 테스트 케이스에서 사용자 작동을 시뮬레이션하는 방법을 배워보겠다.

테스트에서 이벤트 실행

리액트 테스팅 라이브러리는 테스트 케이스에서 DOM 이벤트를 실행하는 데 이용할 수 있는 fireEvent() 메서드를 제공한다. fireEvent() 메서드는 다음과 같은 방식으로 이용된다. 먼저 리액트 테스팅 라이브러리로부터 메서드를 임포트해야 한다.

```
import { render, screen, fireEvent } from '@testing-library/react';
```

다음으로 요소를 찾아서 해당 이벤트를 트리거해야 한다. 다음 예제는 입력 요소의 변경 이벤트와 버튼의 클릭 이벤트를 트리거하는 방법을 보여준다.

```
// 자리 표시자 텍스트로 입력 요소 찾기
const input = screen.getByPlaceholderText('Name');

// 입력 요소의 값 설정
fireEvent.change(input, {target: {value: 'John'}});

// 텍스트로 버튼 요소 찾기
const btn = screen.getByText('Submit');

// 버튼 클릭
fireEvent.click(btn);
```

이벤트가 트리거된 후에는 예상되는 작동을 어설트할 수 있다.

user-event라는 테스트 라이브러리의 컴패니언 라이브러리도 있다. fireEvent 함수는 요소 이벤트를 트리거하지만 브라우저는 하나의 이벤트를 트리거하는 것 이상의 기능을 수행한다. 예를 들어 사용자가 입력 요소에 텍스트를 입력하면 먼저 포커스가 지정된 다음 키보드 및 입력 이벤트가 발생한다. user-event는 이러한 전체 사용자 상호작용을 시뮬레이션한다.

user-event 라이브러리를 이용하려면 다음 npm 명령을 이용하여 프로젝트에 라이브러리를 설치해야 한다.

```
npm install -D @testing-library/user-event
```

다음으로 테스트 파일에서 userEvent를 임포트해야 한다.

```
import userEvent from '@testing-library/user-event';
```

그런 다음 userEvent.setup() 함수를 이용하여 userEvent의 인스턴스를 생성할 수 있다. API를 직접 호출하여 내부적으로 userEvent.setup()을 호출할 수도 있으며, 다음 예제에서는 이 방법을 이용할 것이다. userEvent는 click()과 type()과 같이 UI와 상호작용할 수 있는 여러 함수를 제공한다.

```
// 버튼 클릭
await userEvent.click(element);

// 입력 요소에 값을 타이핑
await userEvent.type(element, value);
```

예를 들어 **NEW CAR** 버튼 누르기를 시뮬레이션하는 새로운 테스트 케이스를 만들어 보겠다. Carlist 컴포넌트를 클릭한 다음 모달 폼이 열렸는지 확인한다.

01. Carlist.test.tsx 파일을 열고 userEvent를 가져온다.

    ```
    import userEvent from '@testing-library/user-event';
    ```

02. describe() 함수 안에 Carlist 컴포넌트 테스트가 있는 새 테스트를 생성한다. 테스트에서는 Carlist 컴포넌트를 렌더링하고 NEW CAR 버튼이 렌더링될 때까지 기다린다.

    ```
    test("Open new car modal", async () => {
      render(<Carlist />, { wrapper });

      await waitFor(() => screen.getByText(/New Car/i));
    })
    ```

03. 그런 다음 getByText 쿼리를 통해 버튼을 찾고 userEvent.click() 함수를 이용하여 버튼을 누른다. 매처를 이용하여 문서에서 SAVE 버튼을 찾을 수 있는지 확인한다.

    ```
    test("Open new car modal", async () => {
      render(<Carlist />, { wrapper });

      await waitFor(() => screen.getByText(/New Car/i));
      await userEvent.click(screen.getByText(/New Car/i));
      expect(screen.getByText(/Save/i)).toBeInTheDocument();
    })
    ```

04. 이제 테스트를 다시 실행하고 4개의 테스트 케이스가 통과하는지 확인한다.

```
√ src/App.test.tsx (1)
√ src/Carlist.test.tsx (3) 990ms

Test Files  2 passed (2)
     Tests  4 passed (4)
  Start at  01:47:22
  Duration  4.60s (transform 104ms, setup 0ms,

PASS Waiting for file changes...
     press h to show help, press q to quit
```

그림 15.4 테스트 실행

getByRole 쿼리를 이용하여 버튼, 링크 등 역할에 따라 요소를 찾을 수 있다. 다음은 getByRole 쿼리를 이용하여 저장이라는 텍스트가 포함된 버튼을 찾는 예제다. 첫 번째 인수는 역할을 정의하고 두 번째 인수의 이름 옵션은 버튼 텍스트를 정의한다.

```
screen.getByRole('button', { name: 'Save' });
```

05. 또한 테스트 매처에서 텍스트를 변경하여 실패한 테스트가 어떻게 보이는지 테스트할 수도 있다.

```
expect(screen.getByText(/Saving/i)).toBeInTheDocument();
```

이제 테스트를 다시 실행하면 하나의 테스트가 실패한 것을 실패 이유와 함께 확인할 수 있다.

```
> src/Carlist.test.tsx (3) 1010ms
   > Carlist tests (3) 1010ms
      √ component renders
      √ Cars are fetched 504ms
      × Open new car modal 435ms
─────────────────── Failed Tests 1 ───────────────────
FAIL src/Carlist.test.tsx > Carlist tests > Open new car modal
TestingLibraryElementError: Unable to find an element with the text: /Saving/i. This could be because the text is broken up by multiple elements. In this case, you can provide a function for your text matcher to make your matcher more flexible.
```

그림 15.5 실패한 테스트

이제 리액트 컴포넌트에서 사용자 상호작용을 테스트하는 기초적인 방법을 배웠다.

엔드투엔드 테스트

엔드투엔드^{End-to-end, E2E} 테스트는 전체 애플리케이션의 워크플로를 테스트하는 데 중점을 둔 방법론이다. 이 책에서 자세히 다루지는 않겠지만 이에 대한 아이디어를 제공하고 이용할 수 있는 몇 가지 도구를 다룰 것이다.

엔드투엔드의 목표는 사용자 시나리오와 애플리케이션과의 상호작용을 시뮬레이션하여 모든 컴포넌트가 올바르게 함께 작동하는지 확인하는 것이다. E2E 테스트는 프런트엔드, 백엔드, 테스트 중인 소프트웨어의 모든 인터페이스 또는 외부 의존성을 다룬다. E2E 테스트 범위는 여러 다른 웹 브라우저 또는 모바일 디바이스를 이용하여 애플리케이션을 테스트하는 크로스 브라우저^{cross-browser} 또는 크로스 플랫폼^{cross-platform}이 될 수도 있다.

엔드투엔드 테스트에 이용할 수 있는 다음과 같은 여러 툴이 있다.

- **Cypress**(https://www.cypress.io/): 웹 애플리케이션에 대한 E2E 테스트를 생성하는 데 이용할 수 있는 툴이다. Cypress 테스트는 쓰기와 읽기가 간단하다. 브라우저에서 테스트 실행 중 애플리케이션의 작동을 확인할 수 있으며 오류가 있을 경우 디버깅하는 데 도움이 된다. Cypress는 몇 가지 제한 사항이 있지만 무료로 이용할 수 있다.
- **Playwright**(https://playwright.dev/): E2E 테스트를 위해 설계된 테스트 자동화 프레임워크로 마이크로소프트에서 개발했다. 플레이라이트용 비주얼 스튜디오 코드 확장 프로그램을 다운로드하여 프로젝트에서 이용할 수 있다. Playwright로 테스트를 작성하는 기본 언어는 타입스크립트이지만 자바스크립트를 이용할 수도 있다.

E2E 테스트는 애플리케이션이 기능 요구 사항을 충족하는지 확인하는 데 도움이 된다.

요약

이번 장에서는 리액트 앱을 테스트하는 방법에 대한 기본적인 개요를 배웠다. 자바스크립트 테스트 프레임워크인 Jest와 리액트 컴포넌트를 테스트하는 데 이용할 수 있는 리액트 테스팅 라이브러리를 소개했다. 또한 Vitest를 이용하여 비트 리액트 앱에서 테스트를 생성하고 실행하는 방법을 배웠으며 E2E 테스트에 대한 간략한 논의로 마무리했다.

다음 장에서는 애플리케이션을 보호하고 프런트엔드에 로그인 기능을 추가하겠다.

문제

1. Jest란 무엇인가?
2. 리액트 테스팅 라이브러리란 무엇인가?
3. Vitest란 무엇인가?
4. 테스트 케이스에서 이벤트를 어떻게 실행할 수 있는가?
5. E2E 테스트의 목적은 무엇인가?

참고자료

다음은 리액트와 테스트에 대해 배우는 데 도움이 될 유용한 참고자료들이다.

- 『Simplify Testing with React Testing Library』 (packt, 2021), 스코티 크럼프 (https://www.packtpub.com/product/simplify-testing-with-react-testing-library/9781800564459)
- React Testing Library Tutorial, 로빈 위루흐 (https://www.robinwieruch.de/react-testing-library/)

16

애플리케이션 보호하기

이번 장에서는 애플리케이션을 보호하는 방법을 배울 것이다. 백엔드에서 JWT$^{\text{JSON Web Token}}$ 인증을 이용할 때 프런트엔드에서 인증을 구현하는 방법을 설명한다. 먼저 백엔드에서 보안을 활성화해서 JWT 인증을 이용하도록 설정한다. 그런 다음 로그인 기능을 위한 컴포넌트를 생성한다. 마지막으로 요청의 인증 헤더에 있는 토큰을 백엔드로 전송하고 로그아웃 기능을 구현하기 위해 CRUD 기능을 수정한다.

이번 장에서는 다음 주제를 다룬다.

- 백엔드 보호하기
- 프런트엔드 보호하기

기술 요구 사항

5장 '백엔드 보호'에서 만든 스프링 부트 애플리케이션(https://github.com/PacktPublishing/Full-Stack-Development-with-Spring-Boot-3-and-React-Fourth-Edition/tree/main/Chapter05)과 14장 '리액트 MUI로 프런트엔드 꾸미기'에서 만든 리액트 앱(https://github.com/PacktPublishing/Full-Stack-Development-with-Spring-Boot-3-and-React-Fourth-Edition/tree/main/Chapter14)이 필요하다.

다음 깃허브 저장소(https://github.com/PacktPublishing/Full-Stack-Development-with-Spring-Boot-3-and-React-Fourth-Edition/tree/main/Chapter15)가 필요하다.

백엔드 보호하기

13장에서는 보안이 해제된 백엔드를 이용하여 프런트엔드에 CRUD 기능을 구현했다. 이제 백엔드에 대한 보안을 활성화하고 5장 '백엔드 보호'에서 만든 버전으로 돌아가서 이용할 차례다.

01. 이클립스 IDE로 백엔드 프로젝트를 열고 에디터 뷰에서 `SecurityConfig.java` 파일을 연다. 앞서 13장에서는 보안을 활성화하는 부분을 주석 처리하고 모든 사람이 모든 엔드포인트에 접근할 수 있도록 허용했다. 이제 해당 줄을 제거하고 원래 버전에 달린 주석 표시도 제거할 수 있다. 이제 `SecurityConfig.java` 파일의 `filterChain()` 메서드는 다음과 같아진다.

```
@Bean
public SecurityFilterChain filterChain(HttpSecurity http) throws
Exception {
  http.csrf((csrf) -> csrf.disable()) .cors(withDefaults())
    .sessionManagement((sessionManagement) ->
      sessionManagement.sessionCreationPolicy(
      SessionCreationPolicy.STATELESS))
    .authorizeHttpRequests( (authorizeHttpRequests) ->
      authorizeHttpRequests.requestMatchers(HttpMethod.POST, "/
      login").permitAll().anyRequest().authenticated())
    .addFilterBefore(authenticationFilter,
      UsernamePasswordAuthenticationFilter.class)
    .exceptionHandling((exceptionHandling) ->
      exceptionHandling.authenticationEntryPoint(exceptionHandler));

  return http.build();
}
```

02. 백엔드에 다시 보안이 적용되면 어떤 일이 발생하는지 테스트해 보겠다. 이클립스에서 **Run** 버튼을 눌러 백엔드를 실행하고 Console 뷰에서 애플리케이션이 올바르게 시작되었는지 확인한다. 터미널에 `npm run dev` 명령을 입력하여 프런트엔드를 실행하면 브라우저가 `localhost:5173` 주소로 열린다.

03. 이제 목록 페이지와 자동차 목록이 로드되는 것을 확인할 수 있다. 개발자 도구를 열고 **Network** 탭을 열면 응답 상태가 **401 Unauthorized**로 표시되는 것을 확인할 수 있다. 이는 프런트엔드와 관련하여 아직 인증을 실행하지 않았기 때문에 의도된 상태다.

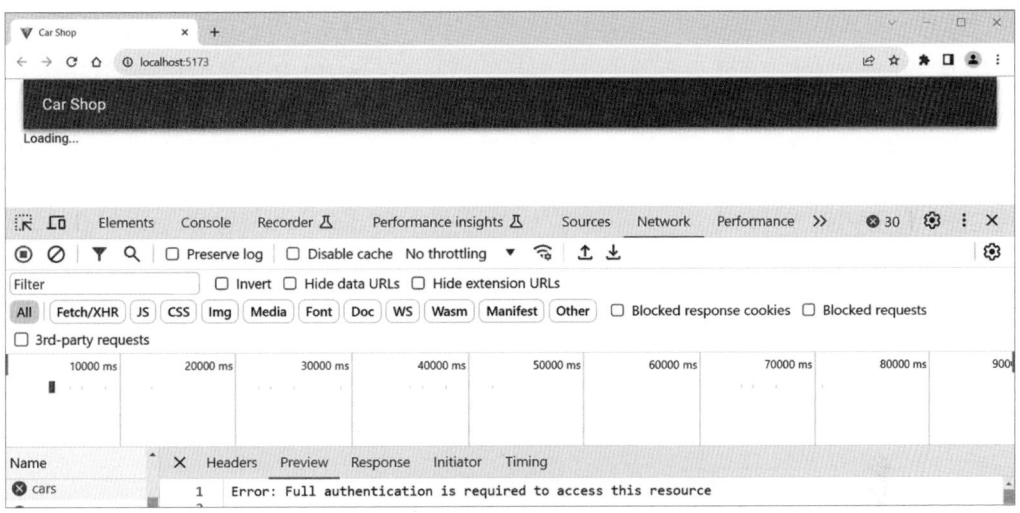

그림 16.1 401 Unauthorized

이제 프런트엔드에서 작업할 준비가 되었다.

프런트엔드 보호하기

5장 '백엔드 보호'에서는 JWT 인증을 생성했고 모든 사용자가 인증 없이 /login 엔드포인트에 접근할 수 있도록 했다. 이제 프런트엔드 로그인 페이지에서 토큰을 받기 위해 사용자 자격 증명을 이용하여 /login 엔드포인트에 POST 요청을 보내야 한다. 그리고 나면 다음 그림과 같이 백엔드로 보내는 모든 요청에 토큰이 포함된다.

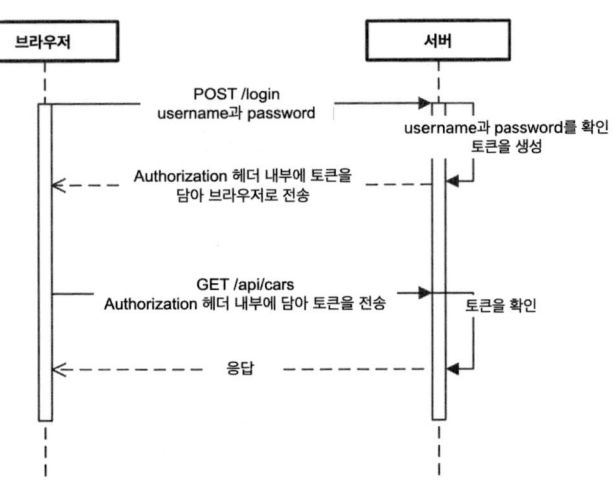

그림 16.2 보호된 애플리케이션

이 전제를 바탕으로 프런트엔드에서 로그인 기능을 구현하기 시작할 것이다. 사용자가 자격 증명을 입력하는 로그인 페이지를 구현한 다음 서버에서 토큰을 가져오는 로그인 요청을 전송할 것이다. 서버에 보내는 요청에 저장된 토큰을 이용할 것이다.

로그인 컴포넌트 만들기

먼저 백엔드에서 토큰을 얻기 위해 사용자에게 자격 증명을 요청하는 로그인 컴포넌트를 만들어 보겠다.

01. 컴포넌트 폴더에 Login.tsx라는 새 파일을 만든다. 이제 프런트엔드의 파일 구조는 다음과 같다.

그림 16.3 프로젝트 구조

02. VS Code 에디터 뷰에서 파일을 열고 Login 컴포넌트에 다음 기본 코드를 추가한다. /login 엔드포인트에 POST 요청을 보내려면 axios가 필요하다.

```
import { useState } from 'react';
import axios from 'axios';

function Login() {
  return(
    <></>
  );
}

export default Login;
```

03. 인증에는 두 가지 상태가 필요하다. 하나는 자격 증명(사용자 이름과 비밀번호)을 위한 것이고 다른 하나는 인증 상태를 나타내는 불 값이다. 또한 사용자 상태에 대한 타입도 만든다. 인증 상태의 초깃값은 `false`다.

```
import { useState } from 'react';
import axios from 'axios';

type User = {
  username: string;
  password: string;
}

function Login() {
  const [user, setUser] = useState<User>({
    username: '',
    password: ''
  });
  const [isAuthenticated, setAuth] = useState(false);

  return(
    <></>
  );
}

export default Login;
```

04. 사용자 인터페이스에서는 이전에 살펴본 다른 사용자 인터페이스에서와 마찬가지로 **머티리얼 UI**[MUI] 컴포넌트 라이브러리를 이용하겠다. 자격 증명을 위한 TextField 컴포넌트, 로그인 함수를 호출하기 위한 Button 컴포넌트, 레이아웃을 위한 Stack 컴포넌트가 필요하다. Login.tsx 파일에 컴포넌트에 대한 임포트를 추가한다.

```
import Button from '@mui/material/Button';
import TextField from '@mui/material/TextField';
import Stack from '@mui/material/Stack';
```

> **참고**
> 14장 '리액트 MUI로 프런트엔드 꾸미기'에서 이미 이 세 가지 컴포넌트 유형을 모두 이용하여 UI 스타일을 지정해 보았다.

05. 가져온 컴포넌트를 return 문에 추가한다. 사용자 이름과 비밀번호를 위한 두 개의 TextField 컴포넌트가 필요하다. 이 절의 뒷부분에서 구현할 로그인 함수를 호출하려면 Button 컴포넌트 하나가 필요하다. Stack 컴포넌트를 이용해 TextField 컴포넌트를 중앙에 정렬하고 그 사이의 간격을 확보한다.

```
return(
    <Stack spacing={2} alignItems="center" mt={2}>
      <TextField
        name="username"
        label="Username"
        onChange={handleChange} />
      <TextField
        type="password"
        name="password"
        label="Password"
        onChange={handleChange}/>
      <Button
        variant="outlined"
        color="primary"
        onClick={handleLogin}>
          Login
      </Button>
    </Stack>
);
```

06. 입력한 값을 상태에 저장하기 위해 TextField 구성 요소에 대한 변경 핸들러 함수를 구현한다. 스프레드 구문을 이용해야 이 업데이트에서 수정되지 않은 사용자 개체의 다른 모든 속성을 유지할 수 있다.

```
const handleChange = (event: React.ChangeEvent<HTMLInputElement>) =>
  {
  setUser({...user,
    [event.target.name] : event.target.value
  });
}
```

07. 5장 '백엔드 보호'에서 했던 것처럼 POST 메서드를 이용하여 /login 엔드포인트를 호출하고 본문 내부의 사용자 객체를 전송하여 로그인을 수행한다. 인증에 성공하면 응답 Authorization 헤더에 토큰을 받는다. 그런 다음 토큰을 세션 저장소에 저장하고 isAuthenticated 상태 값을 true로 설정한다.

> **TIP**
> 세션 저장소^{Session Storage}는 로컬 저장소와 비슷하지만 페이지 세션이 종료되면(페이지가 닫힐 때) 지워진다. localStorage와 sessionStorage는 Window 인터페이스의 속성이다.

isAuthenticated 상태 값이 변경되면 사용자 인터페이스가 재렌더링된다.

```
const handleLogin = () => {
  axios.post(import.meta.env.VITE_API_URL + "/login", user, {
    headers: { 'Content-Type': 'application/json' }
  })
  .then(res => {
    const jwtToken = res.headers.authorization;
    if (jwtToken !== null) {
      sessionStorage.setItem("jwt", jwtToken);
      setAuth(true);
    }
  })
  .catch(err => console.error(err));
}
```

08. isAuthenticated 상태가 false면 Login 컴포넌트를 렌더링하고 isAuthenticated 상태가 true이면 Carlist 컴포넌트를 렌더링하는 몇 가지 조건부 렌더링을 구현하겠다. 먼저 Login.tsx 파일로 Carlist 컴포넌트를 가져온다.

```
import Carlist from './Carlist';
```

그런 다음 return 문에 다음과 같은 변경 사항을 구현한다.

```
if (isAuthenticated) {
  return <Carlist />;
}
else {
  return(
    <Stack spacing={2} alignItems="center" mt={2} >
      <TextField
        name="username"
        label="Username"
        onChange={handleChange} />
```

```
      <TextField
        type="password"
        name="password"
        label="Password"
        onChange={handleChange}/>
      <Button
        variant="outlined"
        color="primary"
        onClick={handleLogin}>
          Login
      </Button>
    </Stack>
  );
}
```

09. 로그인 폼을 표시하려면 App.tsx 파일에서 Carlist 컴포넌트 대신 Login 컴포넌트를 렌더링해야 한다. Login 컴포넌트를 임포트한 후 렌더링하고 이용하지 않는 Carlist 임포트를 제거한다.

```
// App.tsx
import AppBar from '@mui/material/AppBar';
import Toolbar from '@mui/material/Toolbar';
import Typography from '@mui/material/Typography';
import Container from '@mui/material/Container';
import CssBaseline from '@mui/material/CssBaseline';
import Login from './components/Login';
import { QueryClient, QueryClientProvider } from '@tanstack/react-query';

const queryClient = new QueryClient();

function App() {
  return (
    <Container maxWidth="xl">
      <CssBaseline />
      <AppBar position="static">
        <Toolbar>
          <Typography variant="h6">
            Carshop
          </Typography>
        </Toolbar>
```

```
        </AppBar>
        <QueryClientProvider client={queryClient}>
          <Login />
        </QueryClientProvider>
      </Container>
    )
  }

export default App;
```

이제 프런트엔드와 백엔드가 실행 중이면 프런트엔드는 다음 그림과 같아진다.

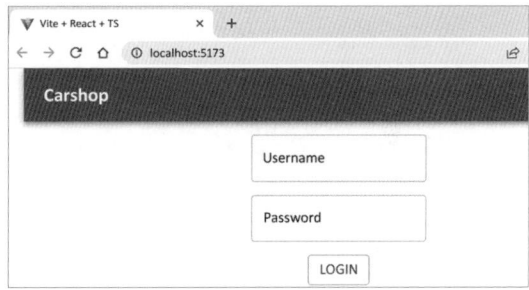

그림 16.4 로그인 페이지

데이터베이스에 삽입한 user/user 또는 admin/admin 자격 증명을 이용하여 로그인하면 자동차 목록 페이지가 표시된다. 개발자 도구의 **Application** 탭을 열면 현재 토큰이 세션 저장소에 저장된 것을 확인할 수 있다.

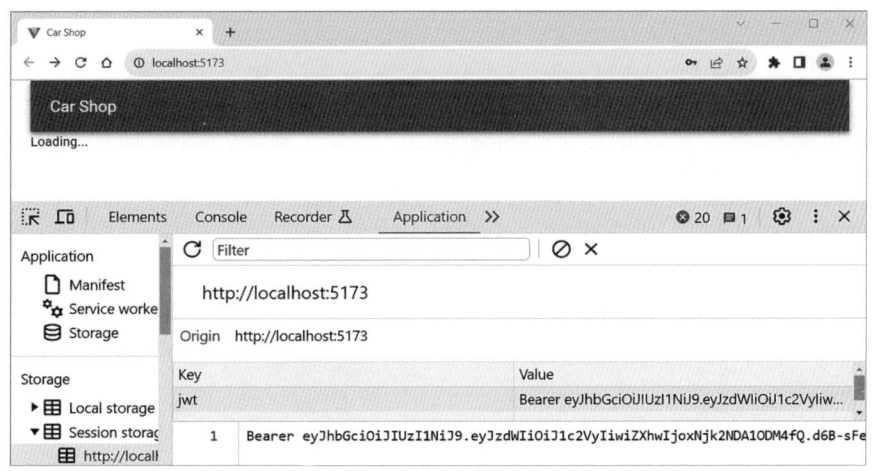

그림 16.5 세션 저장소

REST API 호출 구현하기

이전 절의 마지막 부분에서 자동차 목록이 여전히 로드 중이며 자동차를 가져오지 못한다. 이렇게 작동하는 이유는 아직 요청에 토큰을 포함하지 않았기 때문이다. 토큰은 다음 단계에서 구현할 JWT 인증에 필요하다.

01. VS Code 에디터 뷰에서 carapi.ts 파일을 연다. 자동차를 가져오려면 먼저 세션 저장소에서 토큰을 읽은 다음 토큰 값이 포함된 Authorization 헤더를 GET 요청에 추가해야 한다. getCars 함수의 소스코드는 다음과 같다.

```
// carapi.ts
export const getCars = async (): Promise<CarResponse[]> => {
  const token = sessionStorage.getItem("jwt");
  const response = await axios.get(`${import.meta.env.VITE_API_URL}/
              api/cars`, {
    headers: { 'Authorization' : token }
  });
  return response.data._embedded.cars;
}
```

02. 프런트엔드에 로그인하면 데이터베이스에 있는 차량으로 채워진 자동차 목록을 볼 수 있다.

03. 개발자 도구에서 요청 내용을 확인하면 토큰 값이 포함된 Authorization 헤더를 확인할 수 있다.

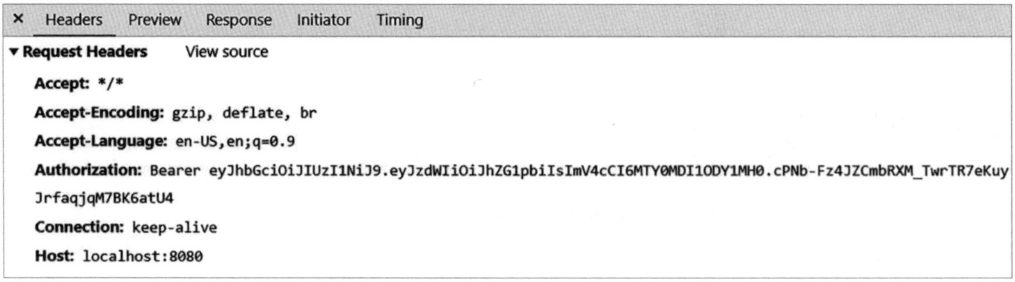

그림 16.6 요청 헤더

04. 다른 CRUD 함수도 같은 방식으로 수정하여 올바르게 작동하도록 한다. 수정 후 deleteCar 함수의 소스코드는 다음과 같다.

```
// carapi.ts
export const deleteCar = async (link: string): Promise<CarResponse> => {
  const token = sessionStorage.getItem("jwt");
  const response = await axios.delete(link, {
    headers: { 'Authorization': token }
  })
  return response.data
}
```

수정 후 addCar, editCar 함수의 소스코드는 다음과 같다.

```
// carapi.ts
export const addCar = async (car: Car): Promise<CarResponse> => {
  const token = sessionStorage.getItem("jwt");
  const response = await axios.post(`${import.meta.env.VITE_API_URL}/api/cars`, car, {
    headers: {
      'Content-Type': 'application/json',
      'Authorization': token
    },
  });

  return response.data;
}

export const updateCar = async (carEntry: CarEntry):
Promise<CarResponse> => {
  const token = sessionStorage.getItem("jwt");
  const response = await axios.put(carEntry.url, carEntry.car, {
    headers: {
      'Content-Type': 'application/json',
      'Authorization': token
    },
  });

  return response.data;
}
```

중복 코드 리팩터링하기

이제 애플리케이션에 로그인하면 모든 CRUD 기능이 작동한다. 하지만 보다시피 세션 저장소에서 토큰을 검색하는 줄과 같이 중복되는 코드가 꽤 많이 있다. 리팩터링을 통해 동일한 코드의 반복을 피하고 코드를 유지 관리하기 쉽게 만들 수 있다.

01. 먼저 세션 저장소에서 토큰을 검색하고 토큰이 포함된 헤더를 포함하는 Axios 요청에 대한 구성 객체를 생성하는 함수를 만들겠다. Axios는 Axios를 이용하여 전송하는 요청을 구성하는 데 이용할 수 있는 `AxiosRequestConfig` 인터페이스를 제공한다. 또한 content-type 헤더 값을 application/json으로 설정한다.

```ts
// carapi.ts
import axios, { AxiosRequestConfig } from 'axios';
import { CarResponse, Car, CarEntry } from '../types';

const getAxiosConfig = (): AxiosRequestConfig => {
  const token = sessionStorage.getItem("jwt");

  return {
    headers: {
      'Authorization': token,
      'Content-Type': 'application/json',
    },
  };
};
```

02. 이후 다음 코드와 같이 각 함수에서 구성 객체를 제거하여 토큰을 검색하지 않고 대신 getAxiosConfig() 함수를 호출할 수 있다.

```ts
// carapi.ts
export const getCars = async (): Promise<CarResponse[]> => {
  const response = await axios.get(`${import.meta.env.VITE_API_URL}/
                  api/cars`, getAxiosConfig());
  return response.data._embedded.cars;
}

export const deleteCar = async (link: string): Promise<CarResponse> =>
{
  const response = await axios.delete(link, getAxiosConfig())
```

```
    return response.data
}

export const addCar = async (car: Car): Promise<CarResponse> => {
  const response = await axios.post(`${import.meta.env.VITE_API_
                    URL}/api/cars`, car, getAxiosConfig());

  return response.data;
}

export const updateCar = async (carEntry: CarEntry):
  Promise<CarResponse> => {
  const response = await axios.put(carEntry.url, carEntry.car,
                               getAxiosConfig());

  return response.data;
}
```

> **TIP**
>
> Axios는 요청과 응답이 처리되기 전에 가로채서 수정하거나 예외 처리하는 데 이용할 수 있는 인터셉터^{interceptor}도 제공한다. 인터셉터에 대한 자세한 내용은 Axios 문서(https://axios-http.com/docs/interceptors)에서 확인할 수 있다.

오류 메시지 표시하기

이 단계에서는 인증에 실패할 경우 사용자에게 표시되는 오류 메시지를 구현해 보겠다. Snackbar MUI 컴포넌트를 이용하여 메시지를 표시하겠다.

01. Login.tsx 파일에 다음 임포트를 추가한다.

```
import Snackbar from '@mui/material/Snackbar';
```

02. open이라는 새 상태를 추가하여 Snackbar의 표시 여부를 제어한다.

```
const [open, setOpen] = useState(false);
```

03. Button 컴포넌트 바로 아래 스택 내부의 return 문에 Snackbar 컴포넌트를 추가한다. Snackbar 컴포넌트는 토스트 메시지를 표시하는 데 이용된다. 컴포넌트는 open 프롭 값이 true이면 표시된다. autoHideDuration 은 onClose 함수가 호출되기 전에 대기할 시간(밀리초)을 정의한다.

```
<Snackbar
  open={open}
  autoHideDuration={3000}
  onClose={() => setOpen(false)}
  message="Login failed: Check your username and password"
/>
```

04. 인증에 실패한 경우 open 상태 값을 true로 만들어 Snackbar 컴포넌트를 연다.

```
const handleLogin = () => {
  axios.post(import.meta.env.VITE_API_URL + "/login", user, {
    headers: { 'Content-Type': 'application/json' }
  })
  .then(res => {
    const jwtToken = res.headers.authorization;
    if (jwtToken !== null) {
      sessionStorage.setItem("jwt", jwtToken);
      setAuth(true);
    }
  })
  .catch(() => setOpen(true));
}
```

05. 이제 잘못된 자격 증명으로 로그인을 시도하면 화면 왼쪽 하단에 다음과 같은 메시지가 표시된다.

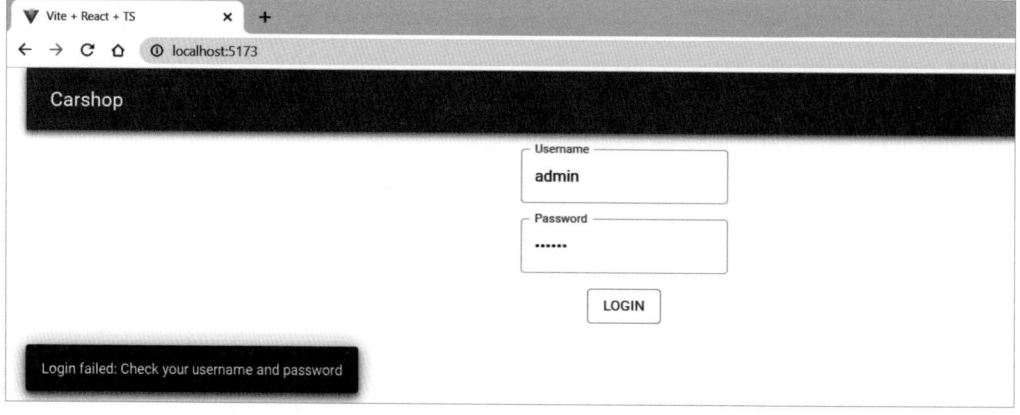

그림 16.7 로그인 실패

로그아웃

마지막 절에서는 Login 컴포넌트에서 로그아웃 기능을 구현하겠다. 로그아웃 버튼은 자동차 목록 페이지에 렌더링된다. Carlist 컴포넌트는 Login 컴포넌트의 하위 컴포넌트이므로 프롭을 이용하여 로그아웃 함수를 차량 목록에 전달할 수 있다. 다음 단계를 따라해 보자.

01. 먼저 Login 컴포넌트에 대한 handleLogout() 함수를 생성하여 isAuthenticated 상태를 false로 설정하고 세션 저장소에서 토큰을 지운다.

```
// Login.tsx
const handleLogout = () => {
  setAuth(false);
  sessionStorage.setItem("jwt", "");
}
```

02. 다음으로 아래 코드의 강조 표시된 부분과 같이 프롭을 이용하여 handleLogout 함수를 Carlist 컴포넌트에 전달한다.

```
// Login.tsx
if (isAuthenticated) {
  return <Carlist logOut={handleLogout}/>;
}
else {
  return(
  ...
```

03. Carlist 컴포넌트에서 수신하는 프롭에 대해 새로운 타입을 만들어야 한다. 프롭 이름은 인수를 받지 않는 함수인 logOut이며 이 프롭은 선택 사항으로 표시한다. Carlist 컴포넌트에 다음 타입을 추가하고 함수 인자로 logOut 프롭을 받는다.

```
//Carlist.tsx
type CarlistProps = {
  logOut?: () => void;
}

function Carlist({ logOut }: CarlistProps) {
  const [open, setOpen] = useState(false);
  ...
```

04. 이제 로그아웃 함수를 호출하고 로그아웃 버튼을 추가할 수 있다. 머티리얼 UI Stack 컴포넌트를 이용하여 NEW CAR 버튼이 화면 왼쪽에, LOG OUT 버튼이 화면 오른쪽에 오도록 버튼을 정렬한다.

```
// Carlist.tsx
// 다음 임포트를 추가
import Button from '@mui/material/Button';
import Stack from '@mui/material/Stack';

// Stack과 Button 렌더링
if (!isSuccess) {
    return <span>Loading...</span>
}
else if (error) {
  return <span>Error when fetching cars...</span>
}
else {
  return (
    <>
      <Stack direction="row" alignItems="center"
        justifyContent="space-between">
        <AddCar />
        <Button onClick={logOut}>Log out</Button>
      </Stack>
      <DataGrid
        rows={data}
        columns={columns}
        disableRowSelectionOnClick={true}
        slots={{ toolbar: GridToolbar }}
        getRowId={row => row._links.self.href} />
      <Snackbar
        open={open}
        autoHideDuration={2000}
        onClose={() => setOpen(false)}
        message="Car deleted" />
    </>
  );
}
```

05. 이제 프런트엔드에 로그인하면 다음 그림처럼 자동차 목록 페이지에 **LOG OUT** 버튼이 표시된다. 버튼을 클릭하면 isAuthenticated 상태가 false로 설정되고 세션 저장소에서 토큰이 지워지기 때문에 로그인 페이지가 다시 표시된다.

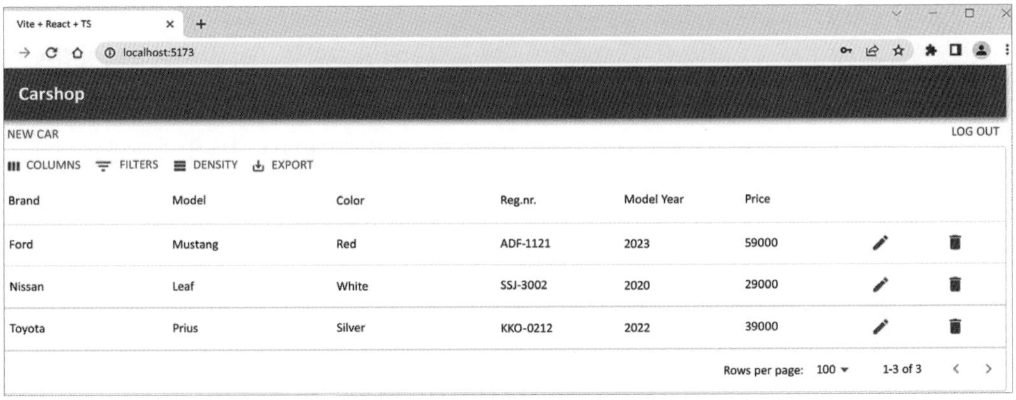

그림 16.8 로그아웃

여러 페이지로 구성된 더 복잡한 프런트엔드가 있는 경우 앱 바에 로그아웃 버튼을 렌더링하여 각 페이지에 표시되게 하는 것이 현명하다. 그런 다음 상태 관리 기법을 이용하여 앱의 전체 컴포넌트 트리와 상태를 공유할 수 있다. 한 가지 해결책은 8장 '리액트 시작하기'에서 소개한 **리액트 컨텍스트 API**를 이용하는 것이다. 이 방식으로 컨텍스트를 이용하여 애플리케이션의 컴포넌트 트리에서 isAuthenticated 상태를 공유할 수 있다.

애플리케이션이 복잡해짐에 따라 컴포넌트가 데이터에 효율적으로 접근하고 업데이트할 수 있게 하기 위한 상태 관리가 중요해진다. 상태 관리를 목적으로 리액트 컨텍스트 API를 대체할 수 있는 다른 대안도 있다. 가장 일반적인 상태 관리 라이브러리는 **React Redux**(https://react-redux.js.org)와 MobX(https://github.com/mobxjs/mobx)다.

> 📋 **TIP**
>
> 이전 장에서 CarList 컴포넌트에 대한 테스트 케이스를 만들었는데, 당시에는 앱이 보안 해제된 상태였다. 이제는 CarList 컴포넌트 테스트 케이스가 실패할 것이므로 리팩터링해야 한다. 로그인 프로세스를 시뮬레이션한 다음 백엔드 REST API에서 데이터를 가져오는지 테스트하는 리액트 테스트를 생성하려면 axios-mock-adapter(https://github.com/ctimmerm/axios-mock-adapter)와 같은 라이브러리를 이용하면 된다. Mocking Axios를 이용하면 실제 네트워크 요청을 하지 않고도 로그인 프로세스 및 데이터 가져오기를 할 수 있다. 이와 관련하여 자세한 내용까지 다루지는 않겠지만, 나중에 이 영역까지 학습하는 것을 추천한다.

이제 자동차 애플리케이션이 완성됐다.

요약

이번 장에서는 JWT 인증을 이용할 때 프런트엔드에 로그인과 로그아웃 기능을 구현하는 방법을 배웠다. 인증에 성공한 후 세션 저장소를 이용하여 백엔드에서 받은 토큰을 저장했다. 그런 다음 이 토큰을 백엔드로 보내는 모든 요청에 이용해야 하므로 인증이 제대로 작동하도록 CRUD 기능을 수정해야 했다.

마지막 장에서는 백엔드와 프런트엔드를 배포하고 도커 컨테이너를 생성하는 방법을 보여줄 것이다.

문제

1. 로그인 폼은 어떻게 만드는가?
2. JWT를 이용하여 백엔드에 로그인하려면 어떻게 해야 하는가?
3. 세션 저장소란 무엇인가?
4. CRUD 함수에서 토큰을 백엔드로 전송하려면 어떻게 해야 하는가?

참고자료

다음은 리액트와 상태 관리에 대해 배우는 데 도움이 될 유용한 참고자료들이다.

- 『State Management with React Query』 (packt, 2023), 다니엘 아폰소 (https://www.packtpub.com/product/state-management-with-react-query/9781803231341)
- 『MobX Quick Start Guide』 (packt, 2018), 파반 포딜라, 미셸 웨스트라테 (https://www.packtpub.com/product/mobx-quick-start-guide/9781789344837)

17

애플리케이션 배포하기

이번 장에서는 백엔드와 프런트엔드를 서버에 배포하는 방법을 설명한다. 성공적인 배포는 소프트웨어 개발 프로세스의 핵심이며, 최신 배포 프로세스의 작동 방식을 배우는 것이 중요하다. AWS$^{\text{Amazon Web Services}}$, DigitalOcean, Microsoft Azure, Railway, Heroku 등 다양한 클라우드 서버 또는 PaaS$^{\text{Platform-as-a-Service}}$ 제공업체를 이용할 수 있다.

이 책에서는 웹 개발에 이용되는 여러 프로그래밍 언어를 지원하는 AWS와 Netlify를 배포에 이용한다. 또한 도커^{Docker} 컨테이너를 이용해 배포하는 방법도 배운다.

이번 장에서는 다음 주제를 다룬다.

- AWS로 백엔드 배포하기
- Netlify로 프런트엔드 배포하기
- 도커 컨테이너 이용

기술 요구 사항

5장 '백엔드 보호'에서 만든 스프링 부트 애플리케이션(https://github.com/PacktPublishing/Full-Stack-Development-with-Spring-Boot-3-and-React-Fourth-Edition/tree/main/Chapter05)과 16장 '애플리케이션 보호하기'에서 만든 리액트 앱(https://github.com/PacktPublishing/Full-Stack-Development-with-Spring-Boot-3-and-React-Fourth-Edition/tree/main/Chapter16)이 필요하다.

이번 장의 마지막 절에서는 도커 설치가 필요하다.

AWS로 백엔드 배포하기

자체 서버를 이용하려는 경우 스프링 부트 애플리케이션을 배포하는 가장 쉬운 방법은 실행 가능한 JAR$^{\text{Java ARchive}}$ 파일을 이용하는 것이다. 그레이들을 이용하면 스프링 부트 그레이들 래퍼를 이용하여 실행 가능한 JAR 파일을 생성할 수 있다. 프로젝트 폴더에서 다음 그레이들 래퍼 명령을 이용하여 프로젝트를 빌드할 수 있다.

```
./gradlew build
```

또는 Project Explorer에서 **프로젝트**를 마우스 오른쪽 버튼으로 클릭하거나 Window | Show View | Other로 이동한 다음 목록에서 Gradle | Gradle Tasks를 선택하여 이클립스에서 그레이들 작업을 실행할 수 있다. 그러면 그레이들 작업 목록이 열리고 다음 스크린 숏과 같이 build 작업을 더블 클릭하여 빌드 프로세스를 시작할 수 있다. 그레이들 작업 창이 비어 있으면 이클립스에서 프로젝트의 루트 폴더를 클릭한다.

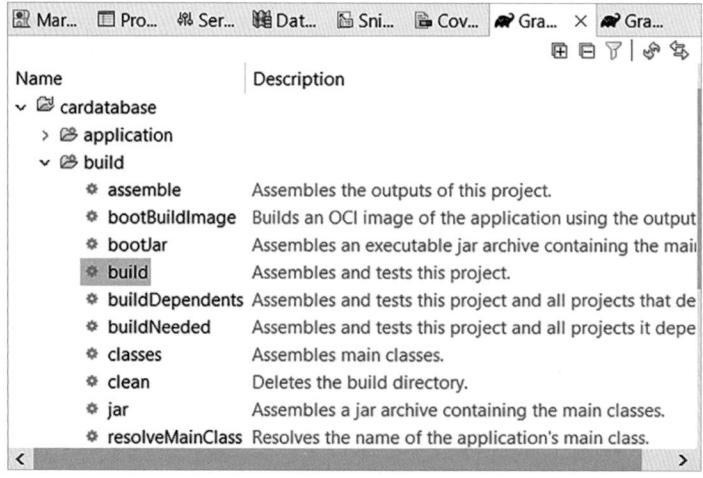

그림 17.1 그레이들 작업

이렇게 하면 프로젝트에 `build/libs` 폴더가 새로 생성되며 이 폴더에서 JAR 파일을 찾을 수 있다. 기본적으로 두 개의 JAR 파일이 생성된다.

- 확장자가 `.plain.jar`인 파일에는 자바 바이트코드 및 기타 리소스가 포함되어 있지만 애플리케이션 프레임워크나 의존성은 포함되어 있지 않다.

- 다른 .jar 파일은 다음 그림에 표시된 것처럼 java -jar your_appfile.jar 자바 명령을 이용하여 실행 가능한 완전한 아카이브다.

```
PS C:\cardatabase\build\libs> java -jar .\cardatabase-0.0.1-SNAPSHOT.jar

  .   ____          _            __ _ _
 /\\ / ___'_ __ _ _(_)_ __  __ _ \ \ \ \
( ( )\___ | '_ | '_| | '_ \/ _` | \ \ \ \
 \\/  ___)| |_)| | | | | || (_| |  ) ) ) )
  '  |____| .__|_| |_|_| |_\__, | / / / /
 =========|_|==============|___/=/_/_/_/
 :: Spring Boot ::                (v3.1.4)

2024-04-27T02:36:39.507+09:00  INFO 2152 --- [           main] c.p.cardatabase.CardatabaseApplication   : Starting Carda
tabaseApplication v0.0.1-SNAPSHOT using Java 17.0.11 with PID 2152 (C:\cardatabase\build\libs\cardatabase-0.0.1-SNAPSHOT
.jar started by brill in C:\cardatabase\build\libs)
2024-04-27T02:36:39.524+09:00  INFO 2152 --- [           main] c.p.cardatabase.CardatabaseApplication   : No active prof
ile set, falling back to 1 default profile: "default"
2024-04-27T02:36:40.691+09:00  INFO 2152 --- [           main] .s.d.r.c.RepositoryConfigurationDelegate : Bootstrapping
```

그림 17.2 실행 가능한 JAR 파일 구동

오늘날 클라우드 서버는 최종 사용자에게 애플리케이션을 제공하는 주요 수단이다. 그러므로 백엔드를 **아마존 웹 서비스**^{AWS}(https://aws.amazon.com/)에 배포해 볼 것이다. AWS 무료 티어는 사용자에게 제품을 무료로 체험할 수 있는 기회를 제공한다.

무료 티어 계정을 생성하고 AWS에 로그인한다. 연락 가능한 휴대폰 번호를 포함한 연락처 정보를 입력해야 한다. AWS에서 계정 확인을 위한 SMS 확인 메시지를 보낸다. AWS 무료 티어가 적용되는 계정에 유효한 신용카드, 체크 카드, 기타 결제 수단 중 하나를 추가해야 한다.

> **TIP**
>
> 결제 수단이 필요한 이유에 대한 자세한 내용은 https://repost.aws/knowledge-center/free-tier-payment-method에서 확인할 수 있다.

MariaDB 데이터베이스 배포하기

이번 실습에서는 MariaDB 데이터베이스를 AWS에 배포할 것이다. 관계형 데이터베이스를 설정하고 운영하는 데 **Amazon RDS**^{Relational Database Service}를 이용할 수 있다. Amazon RDS는 MariaDB를 비롯한 여러 인기 데이터베이스를 지원한다. 다음 단계에서는 RDS에서 데이터베이스를 생성하는 프로세스를 안내한다.

01. AWS에서 무료 티어 계정을 생성한 후 AWS 웹사이트에 로그인한다. AWS 대시보드에는 다양한 서비스를 찾는 데 이용할 수 있는 검색 창이 있다. 다음 그림과 같이 검색창에 RDS를 입력하고 RDS를 찾는다. **서비스** 목록에서 **RDS**를 클릭한다.

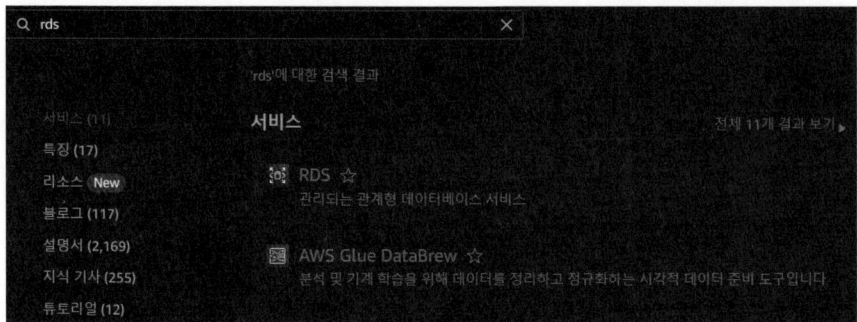

그림 17.3 RDS

02. **데이터베이스 생성** 버튼을 클릭하여 데이터베이스 생성 프로세스를 시작한다.

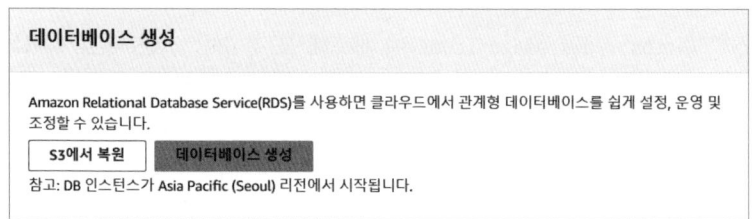

그림 17.4 데이터베이스 생성

03. 데이터베이스 엔진 옵션에서 MariaDB를 선택한다.

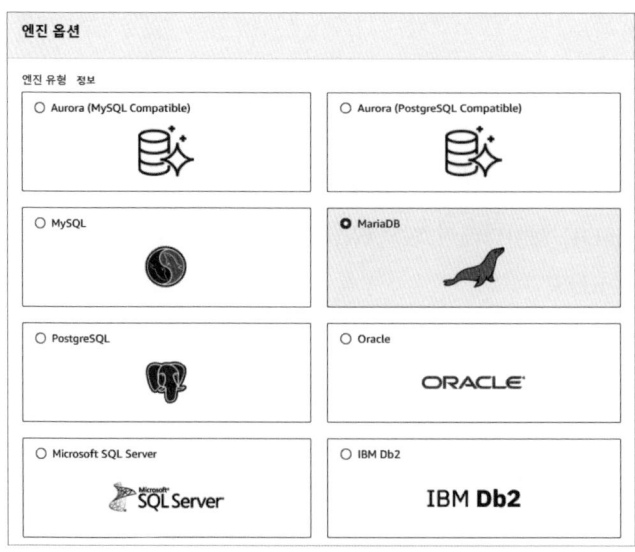

그림 17.5 엔진 옵션

04. 템플릿에서 **프리 티어**를 선택한다.

05. 데이터베이스 인스턴스의 이름과 데이터베이스 마스터 사용자의 비밀번호를 입력한다. 기본 사용자 이름(admin)을 이용할 수 있다.

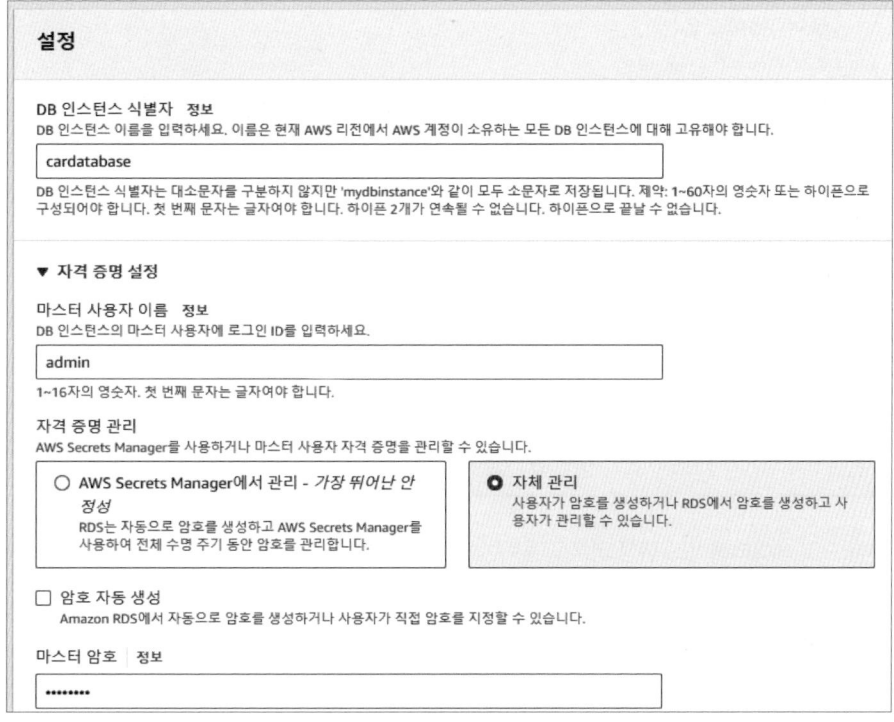

그림 17.6 데이터베이스 인스턴스 이름

06. **퍼블릭 액세스** 섹션에서 **예**를 선택하여 데이터베이스에 대한 공개 접속을 허용한다.

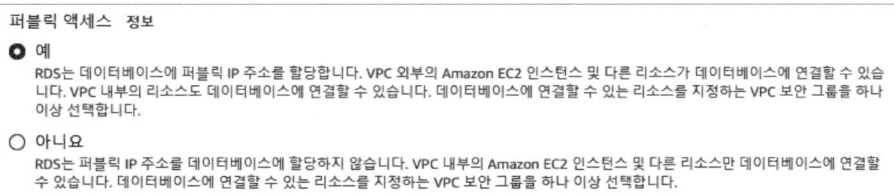

그림 17.7 퍼블릭 액세스

07. 페이지 하단의 **추가 구성** 섹션에서 데이터베이스의 이름을 cardb로 지정한다.

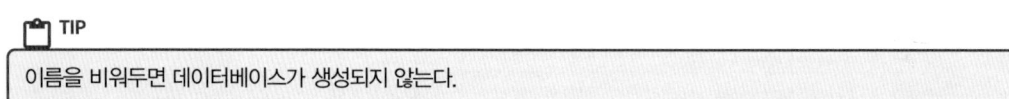

그림 17.8 추가 구성

> **TIP**
> 이름을 비워두면 데이터베이스가 생성되지 않는다.

08. 마지막으로 **데이터베이스 생성** 버튼을 클릭한다. RDS가 데이터베이스 인스턴스를 생성하는 데 몇 분 정도 걸린다.

09. 데이터베이스가 성공적으로 생성되면 **연결 세부 정보 보기** 버튼을 눌러 데이터베이스에 대한 연결 세부 정보를 표시하는 창을 열 수 있다. **엔드포인트**는 데이터베이스의 주소다. 나중에 이용할 수 있도록 연결 세부 정보를 복사한다.

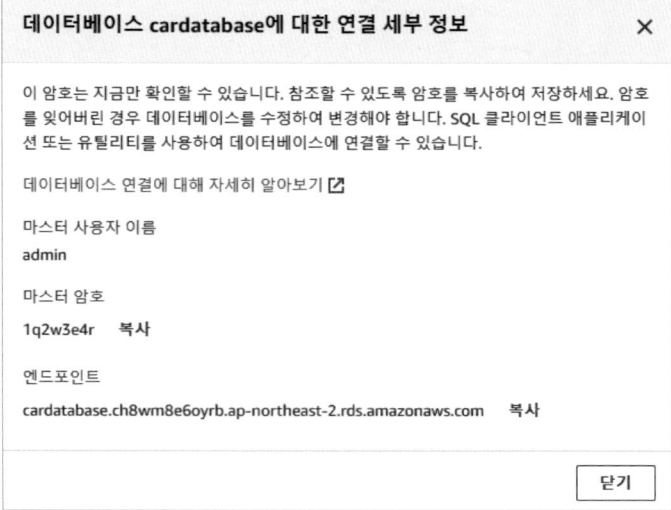

그림 17.9 연결 세부 정보

10. 이제 데이터베이스를 테스트할 준비가 되었다. 이 단계에서는 로컬 스프링 부트 애플리케이션을 이용한다. 이를 위해서는 외부에서 데이터베이스에 대한 접속을 허용해야 한다. 이를 변경하려면 RDS 데이터베이스 목록에서 데이터베이스를 클릭한다. 그후 다음 스크린 숏과 같이 **VPC 보안 그룹**을 클릭한다.

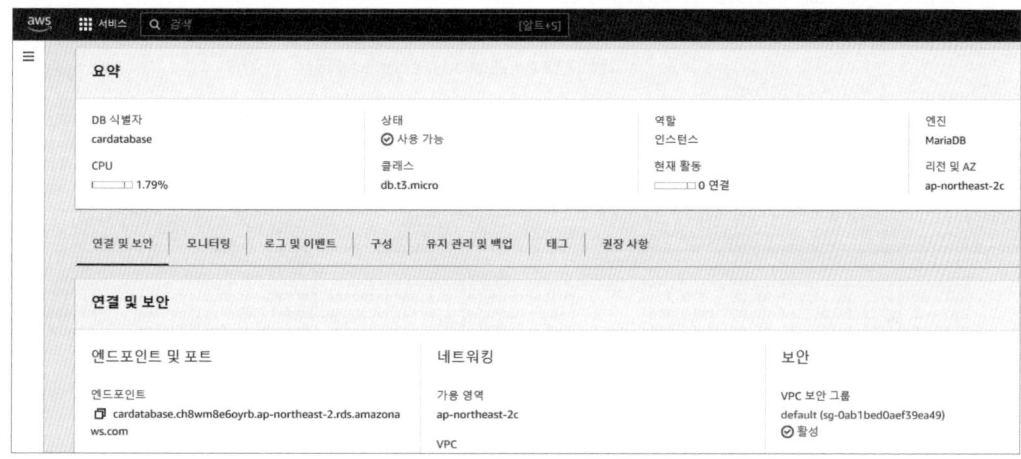

그림 17.10 연결 및 보안

11. 시작 페이지의 **인바운드 규칙** 탭에서 **인바운드 규칙 편집** 버튼을 클릭한다. 새 규칙을 추가하려면 **규칙 추가** 버튼을 클릭한다. 새 규칙의 경우 **소스** 칼럼에서 MySQL/Aurora 타입과 **내 IP** 대상을 선택한다. **내 IP** 대상은 로컬 컴퓨터의 현재 IP 주소를 허용 대상에 자동으로 추가한다.

그림 17.11 인바운드 규칙

12. 새 규칙을 추가한 후 **규칙 저장** 버튼을 누른다.

13. 5장 '백엔드 보호'에서 생성했던 스프링 부트 애플리케이션을 연다. application.properties 파일의 url, username, password 등 데이터베이스 설정을 Amazon RDS 데이터베이스와 일치하도록 변경한다. 다음 그림에 표시된 것처럼 spring.datasource.url 속성 값의 형식은 jdbc:mariadb://your_rds_db_domain:3306/your_db_name이다.

```
application.properties
1 spring.jpa.show-sql=true
2 spring.datasource.url=jdbc:mariadb://cardatabase.cp83gwbanblh.eu-central-1.rds.amazonaws.com:3306/cardb
3 spring.datasource.username=admin
4 spring.datasource.password=q{4{4%Xs]RI+RZhzIbs0}+!y6b;po77s
5 spring.datasource.driver-class-name=org.mariadb.jdbc.Driver
6 spring.jpa.generate-ddl=true
7 spring.jpa.hibernate.ddl-auto=create-drop
8 spring.data.rest.basePath=/api
```

그림 17.12 application.properties 파일

14. 이제 애플리케이션을 실행하면 콘솔에서 데이터베이스 테이블이 생성되고 시연 데이터가 Amazon RDS 데이터베이스에 삽입된 것을 확인할 수 있다.

```
Console  JUnit
CardatabaseApplication [Java Application] C:\Program Files\Java\jdk-17.0.2\bin\javaw.exe  (16.8.2023 klo 12.21.39) [pid: 9644]
2023-08-16T12:21:46.584+03:00  INFO 9644 --- [  restartedMain] c.p.cardatabase.CardatabaseApplication   : Ford Mustang
2023-08-16T12:21:46.584+03:00  INFO 9644 --- [  restartedMain] c.p.cardatabase.CardatabaseApplication   : Nissan Leaf
2023-08-16T12:21:46.585+03:00  INFO 9644 --- [  restartedMain] c.p.cardatabase.CardatabaseApplication   : Toyota Prius
Hibernate: select next value for app_user_seq
Hibernate: insert into app_user (password,role,username,id) values (?,?,?,?)
Hibernate: select next value for app_user_seq
Hibernate: insert into app_user (password,role,username,id) values (?,?,?,?)
```

그림 17.13 Console

15. 이 단계에서는 스프링 부트 애플리케이션을 빌드해야 한다. Project Explorer에서 **프로젝트**를 마우스 오른쪽 버튼으로 클릭하거나 Window | Show View | Other로 이동한 다음 목록에서 Gradle | Gradle Tasks를 선택하여 이클립스에서 그레이들 빌드 작업을 실행한다. 그러면 그레이들 작업 목록이 열리고 **build**를 두 번 클릭하여 빌드 프로세스를 시작할 수 있다. `build/libs` 폴더에 새 JAR 파일이 생성된다.

이제 적절한 데이터베이스 설정이 완료되었으며 AWS에 애플리케이션을 배포할 때 새로 구축한 애플리케이션을 이용할 수 있다.

스프링 부트 애플리케이션 배포하기

데이터베이스를 Amazon RDS에 배포하고 나면 스프링 부트 애플리케이션 배포를 시작할 수 있다. 이번에 이용할 아마존 서비스는 AWS에서 웹 애플리케이션을 실행하고 관리하는 데 이용할 수 있는 **Elastic Beanstalk**이다. AWS Amplify와 같은 다른 대안도 이용할 수 있다. Elastic Beanstalk는 무료 티어에서 이용할 수 있으며 다양한 프로그래밍 언어(예: 자바, 파이썬, Node.js, PHP)도 지원한다.

다음 단계는 스프링 부트 애플리케이션을 Elastic Beanstalk에 배포하는 과정이다.

01. 먼저, 애플리케이션 배포를 위한 새 **역할**을 생성해야 한다. 역할은 Elastic Beanstalk이 사용자 환경을 생성하고 관리할 수 있도록 허용하는 데 필요하다. Amazon IAM$^{\text{Identity and Access Management}}$ 서비스를 이용하여 역할을 생성할 수 있다. AWS 검색 창을 이용하여 IAM 서비스로 이동한다. IAM 서비스에서 **역할**을 선택하고 **역할 생성** 버튼을 누른다. 다음 그림과 같이 **AWS 서비스**와 **EC2**를 선택하고 **다음** 버튼을 누른다.

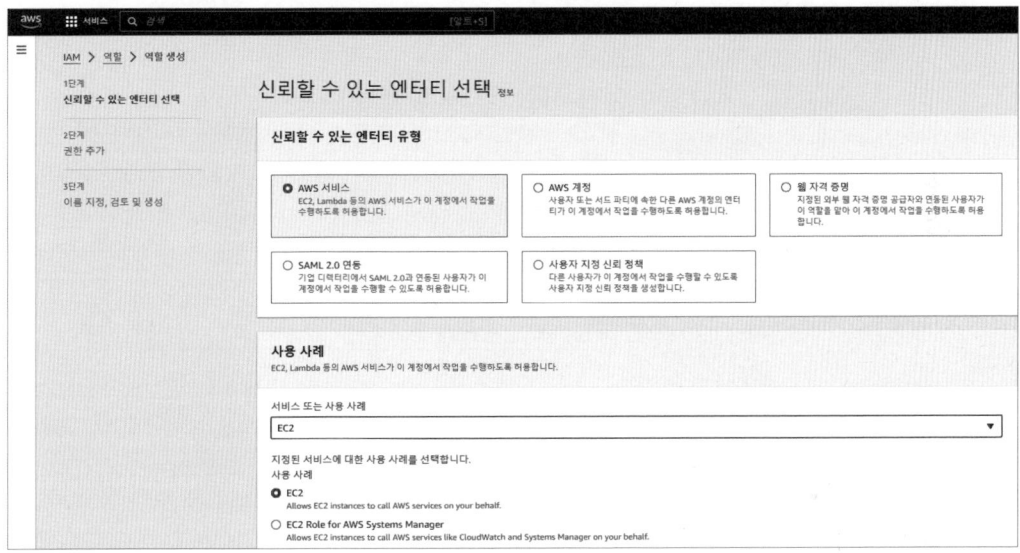

그림 17.14 역할 생성

02. **권한 추가** 단계에서 AWSElasticBeanstalkWorkerTier, AWSElasticBeanstalkWebTier, AWSElasticBeanstalkMulticontainerDocker를 선택한 후 **다음** 버튼을 누른다. 검색창을 이용하여 해당하는 정책을 찾을 수 있다.

그림 17.15 권한 추가

> **참고**
>
> Elastic Beanstalk 인스턴스 프로필 및 정책 관리에 대한 자세한 내용은 https://docs.aws.amazon.com/ko_kr/elasticbeanstalk/latest/dg/iam-instanceprofile.html에서 확인할 수 있다.

03. 다음 그림과 같이 역할 이름을 입력하고 마지막으로 **역할 생성** 버튼을 클릭한다.

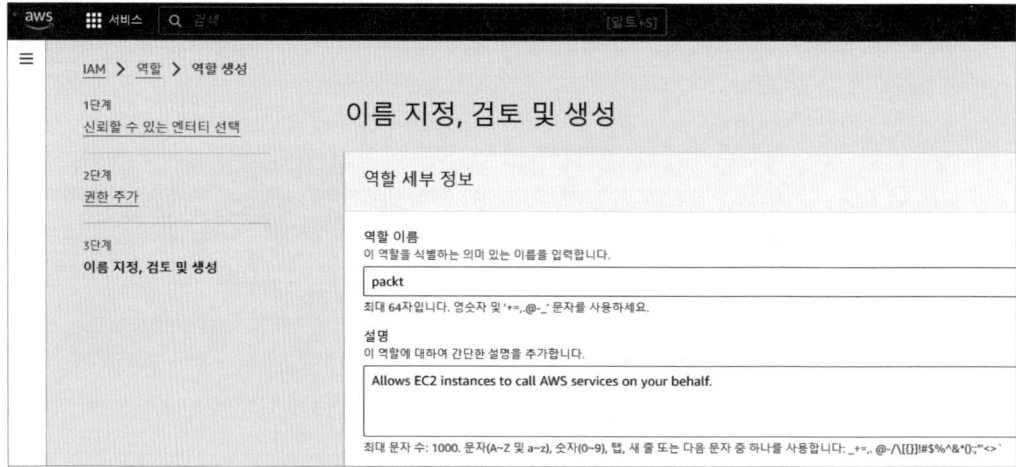

그림 17.16 역할 이름

방금 생성한 새로운 역할을 통해 Elastic Beanstalk이 환경을 생성하고 관리할 수 있다. 이제 스프링 부트 애플리케이션 배포를 시작할 수 있다.

04. AWS 대시보드 검색 창을 이용하여 Elastic Beanstalk 서비스를 찾는다. 서비스를 클릭하여 Elastic Beanstalk 페이지로 이동한다.

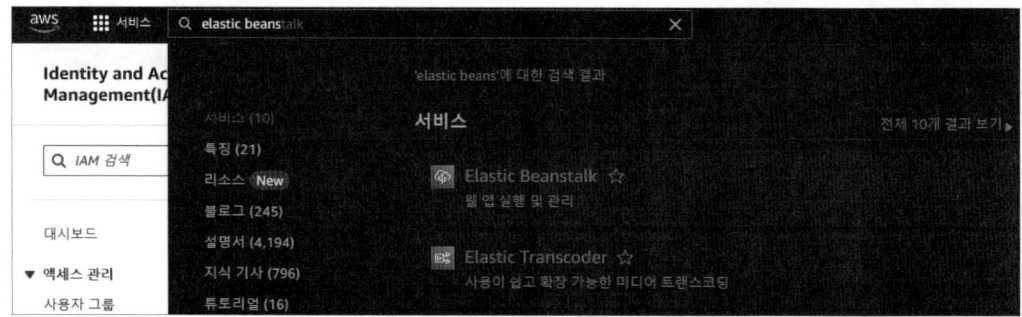

그림 17.17 Elastic Beanstalk 서비스

05. 왼쪽 메뉴에서 **애플리케이션**을 클릭하고 **애플리케이션 생성** 버튼을 눌러 새 애플리케이션을 만든다. 다음 그림과 같이 애플리케이션의 이름을 입력하고 **생성** 버튼을 누른다.

그림 17.18 애플리케이션 생성

06. 다음으로 애플리케이션을 위한 **환경**을 생성해야 한다. 환경은 애플리케이션 버전을 실행하는 AWS 리소스의 모음이다. 하나의 애플리케이션에 대해 개발 환경, 프로덕션 환경, 테스트 환경 등 여러 환경을 가질 수 있다. **환경 생성** 버튼을 클릭하여 새 환경을 구성한다.

그림 17.19 환경 생성

07. 환경 구성에서 먼저 플랫폼을 설정해야 한다. 다음 그림과 같이 **플랫폼** 섹션에서 Java를 선택하고 브랜치로는 첫 번째 17 버전을 고른다. **플랫폼 버전**은 운영 체제, 런타임, 웹 서버, 애플리케이션 서버 및 Elastic Beanstalk 구성 요소의 특정 버전 조합이다. 권장 플랫폼 버전을 이용한다.

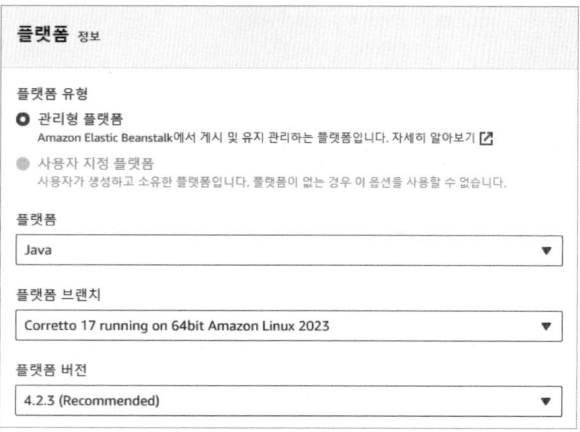

그림 17.20 플랫폼 유형

08. 다음으로 구성 페이지의 **애플리케이션 코드** 섹션으로 이동한다. **코드 업로드**와 **로컬 파일**을 선택한다. **파일 선택** 버튼을 클릭하고 앞서 빌드한 스프링 부트 .jar 파일을 선택한다. 또한 고유한 **버전 레이블**을 입력해야 한다. 마지막으로 **다음** 버튼을 누른다.

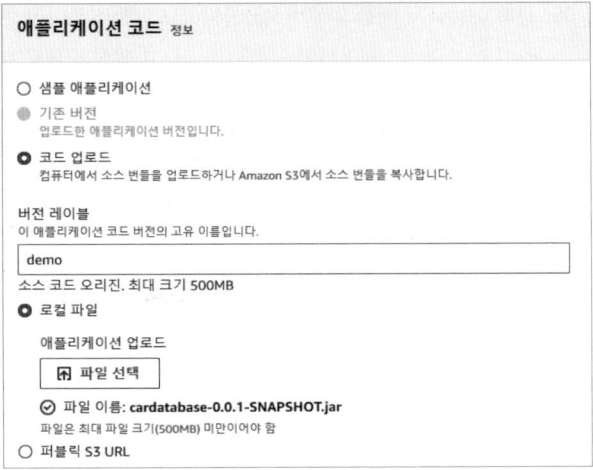

그림 17.21 애플리케이션 코드

09. **서비스 액세스 구성** 단계에서 다음 그림과 같이 **EC2 인스턴스 프로파일** 드롭다운 목록에서 이전에 생성한 역할을 선택한다. 선택을 완료했으면 **다음** 버튼을 누른다.

그림 17.22 서비스 액세스

10. 선택 사항인 **네트워킹, 데이터베이스 및 태그 설정, 인스턴스 트래픽 및 크기 조정 구성** 단계는 건너뛸 수 있다.

11. 다음으로 **업데이트, 모니터링 및 로깅 구성** 단계로 이동한다. **환경 속성** 섹션에서 다음과 같은 환경 속성을 추가해야 한다. 페이지 하단의 **환경 속성 추가** 버튼을 눌러 새 속성을 추가할 수 있다. 수정할 필요가 없는 몇 가지 사전 정의된 속성(GRADLE_HOME, M2, M2_HOME)이 이미 있다.

    - SERVER_PORT: 5000(Elastic Beans에는 들어오는 요청을 내부 포트 5000으로 전달하는 Nginx 리버스 프락시가 있다.)
    - SPRING_DATASOURCE_URL: 여기서 이용해야 하는 데이터베이스 URL은 AWS 데이터베이스 연동을 처음 테스트할 때 'application.properties' 파일에서 이전에 구성한 데이터베이스 URL 값과 동일하다.
    - SPRING_DATASOURCE_USERNAME: 데이터베이스의 사용자 이름이다.
    - SPRING_DATASOURCE_PASSWORD: 데이터베이스의 비밀번호다.

다음 그림은 새 속성을 보여준다.

그림 17.23 환경 속성

12. 마지막으로 **검토** 단계에서 **제출** 버튼을 누르면 배포가 시작된다. 다음 그림과 같이 환경이 성공적으로 시작될 때까지 기다려야 한다. **환경 개요**의 **도메인**은 배포된 REST API의 URL이다.

그림 17.24 성공적으로 시작된 환경

13. 스프링 부트 애플리케이션을 배포했지만 애플리케이션이 아직 AWS 데이터베이스에 액세스할 수 없다. 이를 가능하게 하기 위해서는 배포된 애플리케이션에서 데이터베이스에 대한 접속을 허용해야 한다. 이를 위해 Amazon RDS로 이동하여 RDS 데이터베이스 목록에서 데이터베이스를 선택한다. 그런 다음 앞서 한 것처럼 **VPC 보안 그룹**을 클릭하고 **인바운드 규칙 편집** 버튼을 클릭한다. 그다음 로컬 IP 주소에서 접속을 허용하는 규칙을 삭제한다.

14. **유형**이 MySQL/Aurora인 새 규칙을 추가한다. 대상 필드에 **sg**를 입력한다. 그러면 다음 그림과 같이 환경 목록이 열린다. 스프링 부트 애플리케이션이 실행 중인 환경("awseb" 텍스트로 시작하고 환경 이름이 표시된 자막이 있음)을 선택하고 **규칙 저장** 버튼을 누른다.

그림 17.25 인바운드 규칙

15. 이제 애플리케이션이 제대로 배포되었으며 포스트맨과 12번 단계의 도메인에서 가져온 URL을 이용하여 배포된 REST API에 로그인할 수 있다. 다음 그림은 `aws_domain_url/login` 엔드포인트로 전송되는 POST 요청이다.

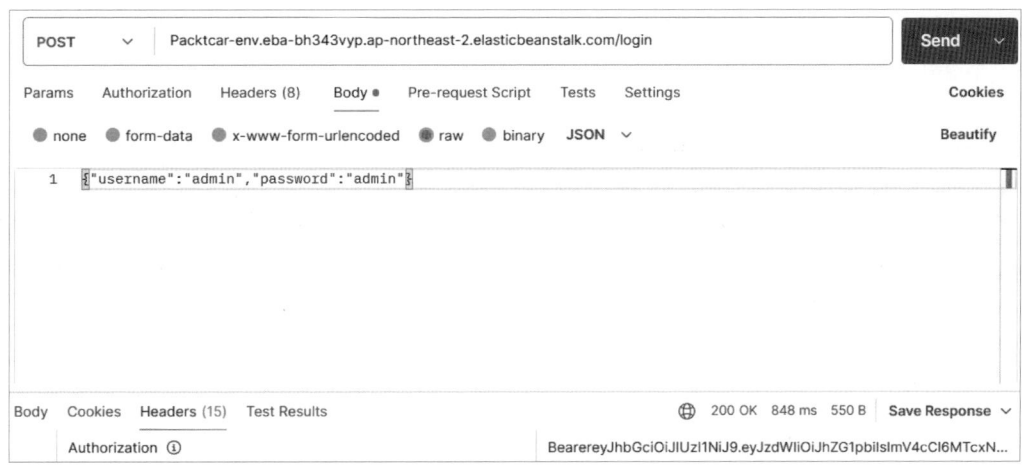

그림 17.26 포스트맨 인증

또한 사용자 정의 도메인 이름을 Elastic Beanstalk 환경에 맞게 구성한 다음 HTTPS를 이용하여 사용자가 웹사이트에 안전하게 연결되게 할 수 있다. 도메인 이름을 소유하지 않은 경우에도 개발 및 테스트 목적으로 자체 서명된 인증서와 함께 HTTPS를 이용할 수 있다. 구성 지침은 AWS 설명서(https://docs.aws.amazon.com/elasticbeanstalk/latest/dg/configuring-https.html)에서 확인할 수 있다.

> TIP
>
> 예기치 않은 요금이 청구되지 않도록 생성한 AWS 리소스를 삭제해야 한다. 무료 티어 기간이 끝나기 전에 리소스를 삭제하라는 알림 이메일을 AWS로부터 받게 된다.

이제 프런트엔드를 배포할 준비가 되었다.

Netlify로 프런트엔드 배포하기

Netlify로 배포하기 전에 로컬에서 리액트 프로젝트를 빌드하는 방법을 배워보겠다. 프런트엔드 프로젝트 폴더로 이동하여 다음 npm 명령을 실행한다.

```
npm run build
```

기본적으로 프로젝트는 /dist 폴더에 빌드된다. 폴더를 변경하려면 비트 구성 파일 내에 build.outDir 속성을 설정한다.

먼저 빌드 프로세스에서 타입스크립트 코드를 컴파일하므로 타입스크립트 오류나 경고가 있는 경우 모두 수정해야 한다. 다음 예시에서 볼 수 있듯이 이용하지 않는 임포트를 제거하는 것을 잊어버렸을 때 흔히 오류가 발생한다.

```
src/components/AddCar.tsx:10:1 - error TS6133: 'Snackbar' is declared but
its value is never read.
10 import Snackbar from '@mui/material/Snackbar';
```

이는 `AddCar.tsx` 파일이 스낵바 컴포넌트를 가져오지만 해당 컴포넌트가 실제로 이용되지 않음을 나타낸다. 따라서 이 이용되지 않는 임포트를 제거해야 한다. 모든 오류가 해결되면 프로젝트를 다시 빌드할 수 있다.

비트는 **롤업**(https://rollupjs.org/)을 이용하여 코드를 번들로 제공한다. 테스트 파일과 개발 툴은 프로덕션 빌드에 포함되어 있지 않다. 앱을 빌드한 후 다음 npm 명령을 이용하여 로컬 빌드를 테스트할 수 있다.

```
npm run preview
```

이 명령은 빌드한 앱을 제공하는 로컬 정적 웹 서버를 시작한다. 터미널에 표시되는 URL을 이용하여 브라우저에서 앱을 테스트할 수 있다.

프런트엔드를 AWS에 배포할 수도 있지만 여기서는 **Netlify**(https://www.netlify.com/)를 프런트엔드 배포에 이용할 것이다. Netlify는 이용하기 쉬운 최신 웹 개발 플랫폼이다. Netlify CLI[command-line interface] 또는 깃허브를 이용하여 프로젝트를 배포할 수 있다. 이번 실습에서는 Netlify의 깃허브 통합을 이용하여 프런트엔드를 배포하겠다.

01. 먼저 REST API URL을 변경해야 한다. VS Code로 프런트엔드 프로젝트를 열고 에디터에서 `.env` 파일을 연다. 다음과 같이 백엔드의 URL과 일치하도록 `VITE_API_URL` 변수를 변경하고 변경 사항을 저장한다.

```
VITE_API_URL=https://carpackt-env.eba-whufxac5.eu-central-2.
   elasticbeanstalk.com
```

02. 프런트엔드 프로젝트를 위한 깃허브 리포지터리를 만든다. 명령줄을 이용하여 프로젝트 폴더에서 다음 깃(Git) 명령을 실행한다. 아래 깃 명령은 새 깃 리포지터리를 만들고 초기 커밋을 등록하고 깃허브에 원격 리포지터리를 설정하고 코드를 원격 리포지터리에 푸시한다.

```
git init
git add .
git commit -m "first commit"
git branch -M main
git remote add origin <깃허브 리포지터리 URL>
git push -u origin main
```

03. Netlify에 가입하고 로그인한다. 기능이 제한된 무료 Starter 계정을 이용한다. 이 계정을 이용하면 한 번에 하나의 빌드를 무료로 진행할 수 있으나 대역폭에 약간의 제약이 있다.

> 참고
>
> Netlify 무료 계정 기능에 대한 자세한 내용은 https://www.netlify.com/pricing/에서 확인할 수 있다.

04. 왼쪽 메뉴에서 Sites를 열면 Import an existing project 패널이 다음 그림처럼 표시된다.

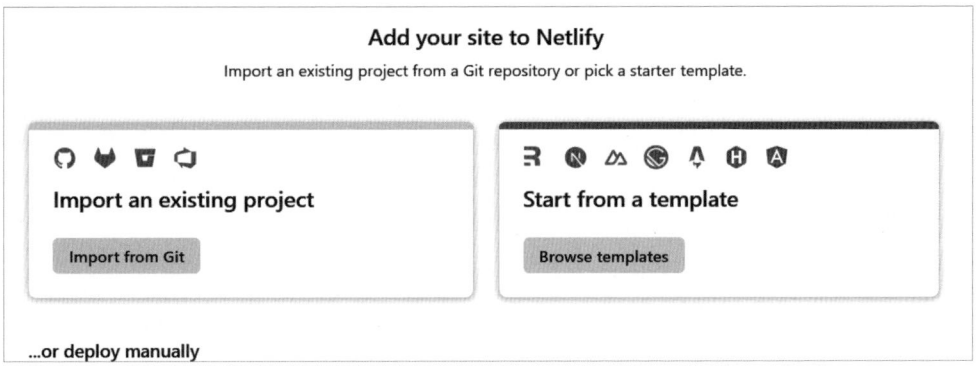

그림 17.27 기존 프로젝트를 임포트

05. Import from Git 버튼을 클릭하고 Deploy with GitHub를 선택한다. 이 단계에서는 리포지터리에 접속할 수 있도록 깃허브에 권한을 부여해야 한다. 인증이 성공적으로 완료되면 다음 그림과 같이 깃허브 사용자 이름과 리포지터리 검색 필드가 표시된다.

그림 17.28 깃허브 리포지터리

06. 프런트엔드 리포지터리를 검색하여 클릭한다.

07. 다음으로 배포 설정이 표시된다. Deploy <리포지터리 이름> 버튼을 눌러 기본 설정으로 계속 진행한다.

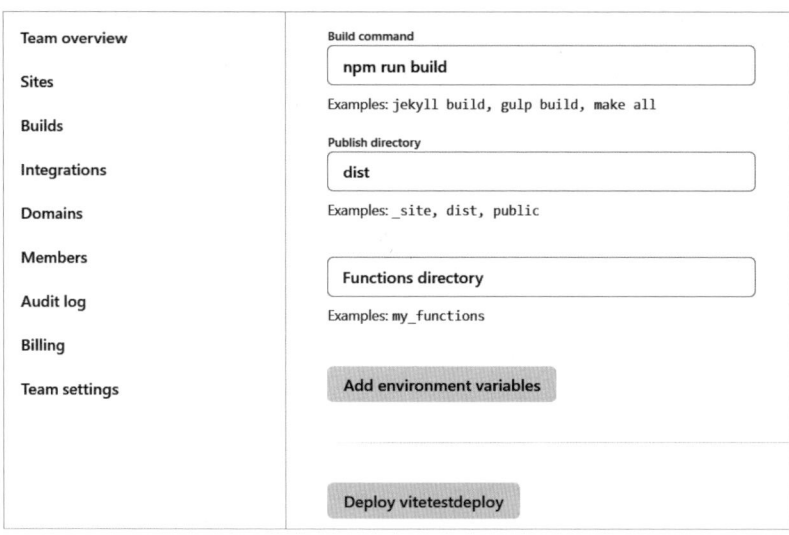

그림 17.29 배포 설정

08. 배포가 완료되면 다음 대화 상자가 표시된다. 다음 그림과 같이 View site deploy 버튼을 누르면 배포 페이지로 리디렉션된다. Netlify는 임의의 사이트 이름을 생성하지만 고유한 도메인을 이용할 수도 있다.

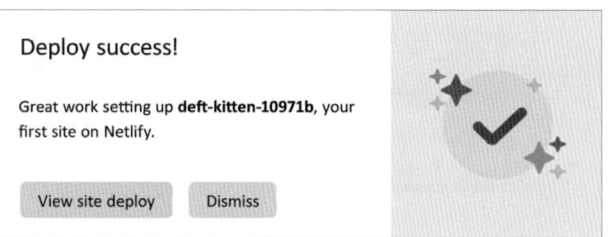

그림 17.30 배포 성공

09. Deploys 페이지에 배포된 사이트가 표시되며 Open production deploy 버튼을 클릭하여 프런트엔드에 접속할 수 있다.

그림 17.31 배포된 목록

10. 이제 다음과 같은 로그인 폼이 표시된다.

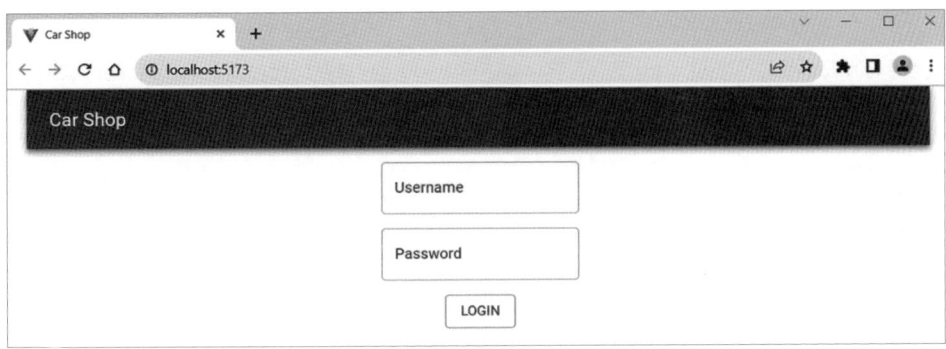

그림 17.32 로그인 화면

> **TIP**
> 왼쪽 메뉴의 Site configuration에서 Netlify 배포를 삭제할 수 있다.

프런트엔드를 배포했으니 이제 컨테이너에 대해 알아볼 차례다.

도커 컨테이너 이용

도커(https://www.docker.com/)는 소프트웨어 개발, 배포, 전달을 더 쉽게 해주는 컨테이너 플랫폼이다. 컨테이너는 소프트웨어를 실행하는 데 필요한 모든 것을 포함하는 가볍고 실행 가능한 소프트웨어 패키지다. 컨테이너는 AWS, Azure, Netlify와 같은 클라우드 서비스에 배포할 수 있으며 애플리케이션을 배포하는 데 많은 이점을 제공한다.

- 각 컨테이너는 격리되어 있어 호스트 시스템 및 다른 컨테이너와 독립적으로 실행된다.
- 컨테이너는 애플리케이션을 실행하는 데 필요한 모든 것을 포함하므로 휴대성이 뛰어나다.
- 컨테이너는 개발 환경과 프로덕션 환경 간의 일관성을 보장하는 데도 이용할 수 있다.

> **TIP**
> 윈도우에서 도커 컨테이너를 실행하려면 윈도우 10 또는 11 프로페셔널, 엔터프라이즈, 홈 버전이 필요하다. 이에 대한 자세한 내용은 Docker 설치 설명서(https://docs.docker.com/desktop/install/windows-install/)에서 확인할 수 있다.

이번 절에서는 다음과 같이 MariaDB 데이터베이스와 스프링 부트 애플리케이션을 위한 컨테이너를 생성하겠다.

01. 컴퓨터에 도커를 설치한다. 여러 플랫폼 각각에 대한 설치 패키지는 https://www.docker.com/get-docker 에서 찾을 수 있다. 윈도우 운영 체제를 이용하는 경우 기본 설정을 이용하여 설치 마법사를 진행할 수 있다.

    > **참고**
    > 설치에 문제가 있는 경우 https://docs.docker.com/desktop/troubleshoot/topics에서 Docker 문제 해결 설명서를 참조하라.

    설치 후 터미널에 다음 명령을 입력하면 현재 버전을 확인할 수 있다. 도커 명령을 실행할 때 도커 엔진이 실행 중이 아니라면 도커를 시작해야 한다(윈도우와 macOS에서는 Docker Desktop을 시작).

    ```
    docker –version
    ```

02. 먼저 MariaDB 데이터베이스용 컨테이너를 생성한다. 다음 명령을 이용하여 도커 허브에서 최신 MariaDB 데이터베이스 이미지 버전을 가져올 수 있다.

    ```
    docker pull mariadb:latest
    ```

03. pull 명령이 완료된 후 `docker image ls` 명령을 입력하여 새 MariaDB 이미지가 존재하는지 확인할 수 있으며 출력은 다음과 같다. 도커 이미지는 컨테이너를 생성하기 위한 지침이 포함된 템플릿이다.

    ```
    PS C:\cardatabase\build\libs> docker image ls
    REPOSITORY   TAG      IMAGE ID       CREATED       SIZE
    mariadb      latest   8bafc7c9f197   2 months ago  405MB
    ```

    그림 17.33 도커 이미지

04. 다음으로 MariaDB 컨테이너를 실행한다. `docker run` 명령은 주어진 이미지를 기반으로 컨테이너를 생성하고 실행한다. 다음 명령은 루트 사용자 비밀번호를 설정하고 스프링 부트 애플리케이션에 필요한 cardb라는 새 데이터베이스를 생성한다. 스프링 부트 애플리케이션에서 이용 중인 고유한 MariaDB 루트 사용자 비밀번호를 이용해야 한다.

    ```
    docker run --name cardb -e MYSQL_ROOT_PASSWORD=your_pwd -e MYSQL_
        DATABASE=cardb mariadb
    ```

05. 이제 데이터베이스 컨테이너를 만들었으므로 스프링 부트 애플리케이션을 위한 컨테이너를 만들 수 있다. 먼저 스프링 부트 애플리케이션의 데이터 소스 URL을 변경해야 한다. 애플리케이션의 application.properties 파일을 열고 spring.datasource.url 값을 다음과 같이 변경한다.

```
spring.datasource.url=jdbc:mariadb://mariadb:3306/cardb
```

데이터베이스가 이제 cardb 컨테이너에서 실행 중이고 포트가 3306이기 때문에 이렇게 설정한다.

06. 그런 다음 이번 장의 시작 부분에서 했던 것처럼 스프링 부트 애플리케이션에서 실행 가능한 JAR 파일을 만들어야 한다. Project Explorer에서 **프로젝트**를 마우스 오른쪽 버튼으로 클릭하거나 Window | Show View | Gradle을 선택한 다음 목록에서 Gradle Tasks를 선택하여 이클립스에서 그레이들 작업을 실행할 수도 있다. 그러면 그레이들 작업 목록이 열리고 build 작업을 두 번 클릭하여 빌드 프로세스를 시작할 수 있다. 빌드가 완료되면 프로젝트 폴더 내 build/libs 폴더에서 실행 가능한 JAR 파일을 찾을 수 있다.

07. 컨테이너는 Dockerfile을 이용하여 정의한다. 프로젝트의 루트 폴더(카드 데이터베이스)에 Eclipse를 이용하여 새 Dockerfile을 만들고 이름을 Dockerfile로 지정한다. 다음은 DockerFile의 내부 코드다.

```
FROM eclipse-temurin:17-jdk-alpine
VOLUME /tmp
EXPOSE 8080
COPY build/libs/cardatabase-0.0.1-SNAPSHOT.jar app.jar
ENTRYPOINT ["java","-jar","/app.jar"]
```

각 줄을 살펴보겠다.

- **FROM**은 JDK(Java Development Kit) 버전을 정의하며 JAR 파일을 빌드할 때 이용한 것과 동일한 버전을 이용해야 한다. 이 책에서는 오픈 소스 JDK인 Eclipse Temurin과 스프링 부트 애플리케이션을 개발할 때 이용한 버전 17을 이용한다.
- **VOLUME**은 도커 컨테이너에서 생성하고 이용하는 영구 데이터에 이용된다.
- **EXPOSE**는 컨테이너 외부에 열어 놓아야 하는 포트를 정의한다.
- **COPY**는 JAR 파일을 컨테이너의 파일 시스템에 복사하고 이름을 app.jar로 바꾼다.
- 마지막으로 **ENTRYPOINT**는 도커 컨테이너가 실행하는 명령줄 인수를 정의한다.

> **TIP**
>
> Dockerfile 구문에 대한 자세한 내용은 https://docs.docker.com/engine/reference/builder/에서 확인할 수 있다.

08. Docker파일이 있는 폴더에 다음 명령어를 이용하여 이미지를 빌드한다. -t 인수를 이용하면 컨테이너에 친근한 이름을 지정할 수 있다.

```
docker build -t carbackend .
```

09. 빌드가 끝나면 다음 그림과 같이 Building [...] FINISHED 메시지가 표시된다.

```
PS C:\cardatabase> docker build -t carbackend .
[+] Building 0.0s (0/0)  docker:default
2024/04/27 15:08:52 http2: server: error reading preface from client //./pipe/docker_engine: file has already been close
[+] Building 0.0s (0/0)  docker:default
2024/04/27 15:08:53 http2: server: error reading preface from client //./pipe/docker_engine: file has already been close
[+] Building 1.3s (7/7) FINISHED                                                                                docker:default
 => [internal] load build definition from Dockerfile                                                                      0.1s
 => => transferring dockerfile: 194B                                                                                      0.1s
 => [internal] load metadata for docker.io/library/eclipse-temurin:17-jdk-alpine                                          1.0s
 => [internal] load .dockerignore                                                                                         0.0s
 => => transferring context: 2B                                                                                           0.0s
 => [internal] load build context                                                                                         0.0s
 => => transferring context: 120B                                                                                         0.0s
 => [1/2] FROM docker.io/library/eclipse-temurin:17-jdk-alpine@sha256:2be4813fc9cecaa6054abc518b2ed75a8d4c6db449a          0.0s
 => CACHED [2/2] COPY build/libs/cardatabase-0.0.1-SNAPSHOT.jar app.jar                                                   0.0s
 => exporting to image                                                                                                    0.0s
 => => exporting layers                                                                                                   0.0s
 => => writing image sha256:f9620747856161bc5b992f32dafe83b1f3d0ed3731481c55775e97820aca0da0                              0.0s
 => => naming to docker.io/library/carbackend                                                                             0.0s
```

그림 17.34 도커 빌드

10. docker image ls 명령을 이용하여 이미지 목록을 확인한다. 이제 다음 그림과 같이 두 개의 이미지가 표시되어야 한다.

```
PS C:\cardatabase> docker image ls
REPOSITORY    TAG       IMAGE ID       CREATED            SIZE
carbackend    latest    f96207478561   About a minute ago 375MB
mariadb       latest    8bafc7c9f197   2 months ago       405MB
```

그림 17.35 도커 이미지

11. 이제 스프링 부트 컨테이너를 실행하고 다음 명령을 이용하여 MariaDB 컨테이너를 연결할 수 있다. 이 명령은 스프링 부트 컨테이너가 MariaDB 컨테이너에 mariadb 이름을 이용하여 접속할 수 있도록 지정한다.

```
docker run -p 8080:8080 --name carapp --link cardb:mariadb -d carbackend
```

12. 애플리케이션과 데이터베이스가 실행 중일 때 다음 명령을 이용하여 스프링 부트 애플리케이션 로그에 접속할 수 있다.

```
docker logs carapp
```

다음과 같이 애플리케이션이 실행되고 있음을 확인할 수 있다.

```
Hibernate: select next value for owner_seq
Hibernate: select next value for owner_seq
Hibernate: insert into owner (firstname,lastname,ownerid) values (?,?,?)
Hibernate: insert into owner (firstname,lastname,ownerid) values (?,?,?)
Hibernate: select next value for car_seq
Hibernate: insert into car (brand,color,model,model_year,owner,price,registration_number,id) values (?,?,?,?,?,?,?,?)
Hibernate: select next value for car_seq
Hibernate: insert into car (brand,color,model,model_year,owner,price,registration_number,id) values (?,?,?,?,?,?,?,?)
Hibernate: select next value for app_user_seq
Hibernate: insert into app_user (password,role,username,id) values (?,?,?,?)
Hibernate: select next value for app_user_seq
Hibernate: insert into app_user (password,role,username,id) values (?,?,?,?)
```

그림 17.36 애플리케이션 로그

애플리케이션이 성공적으로 시작되었고 시연 데이터가 MariaDB 컨테이너에 있는 데이터베이스에 삽입되었다. 이제 다음 그림과 같이 백엔드를 이용할 수 있다.

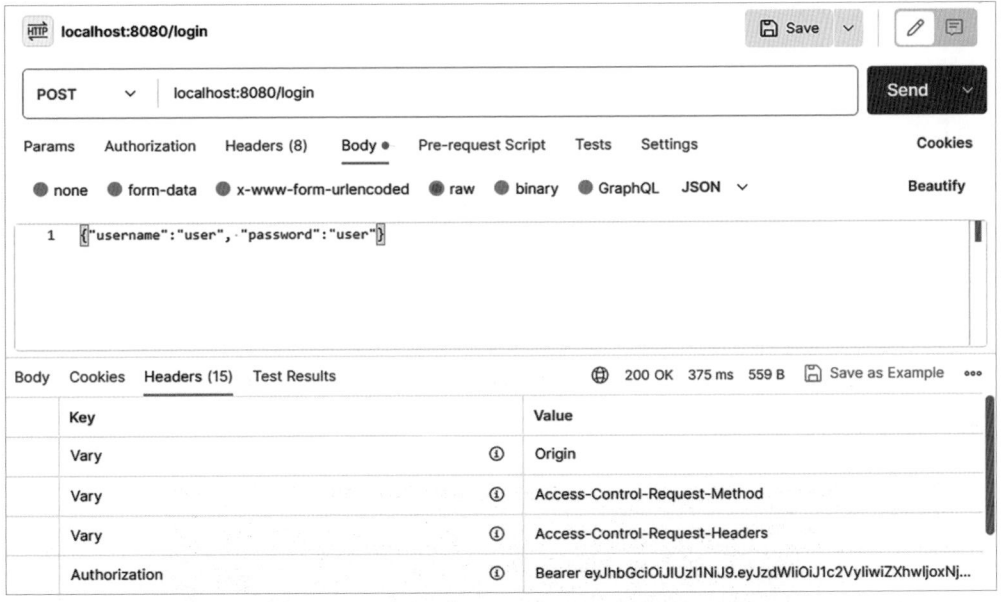

그림 17.37 애플리케이션 로그인

지금까지 풀스택 애플리케이션을 배포하는 여러 방법과 스프링 부트 애플리케이션을 컨테이너화하는 방법에 대해 알아봤다. 다음 단계로 도커 컨테이너를 배포하는 방법을 공부할 수 있다. 예를 들어 AWS에는 Amazon ECS에 컨테이너를 배포하기 위한 가이드가 있다(https://aws.amazon.com/getting-started/hands-on/deploy-docker-containers/).

요약

이번 장에서는 애플리케이션을 배포하는 방법을 배웠다. 스프링 부트 애플리케이션을 AWS Elastic Beanstalk에 배포했다. 다음으로 Netlify를 이용해 리액트 프런트엔드를 배포했다. 마지막으로 도커를 이용해 스프링 부트 애플리케이션과 MariaDB 데이터베이스를 위한 컨테이너를 생성했다.

이 책의 마지막 페이지까지 넘기면서 스프링 부트와 리액트를 통해 풀스택 개발의 세계를 흥미진진하게 여행했기를 바란다. 풀스택 개발 여정을 계속해 나가면서 기술은 항상 진화하고 있다는 사실을 기억하라. 개발자의 삶은 끊임없는 학습과 혁신이므로 호기심을 갖고 계속 구축해 나가야 한다.

문제

1. 스프링 부트 실행 JAR 파일은 어떻게 생성하는가?
2. 데이터베이스와 스프링 부트 애플리케이션을 AWS에 배포하는 데 이용할 수 있는 AWS 서비스는 무엇인가?
3. 비트 리액트 프로젝트를 빌드하는 데 어떤 명령을 이용할 수 있는가?
4. 도커란 무엇인가?
5. 스프링 부트 애플리케이션 컨테이너는 어떻게 생성해야 하는가?
6. MariaDB 컨테이너는 어떻게 생성해야 하는가?

참고자료

다음은 리액트와 스프링 부트 도커에 대해 배우는 데 도움이 될 유용한 참고자료들이다.

- Docker Fundamentals for Beginners [Video], Coding Gears | Train Your Brain (https://www.packtpub.com/product/docker-fundamentals-for-beginners-video/9781803237428)
- 『Docker for Developers』 (packt, 2020), 리차드 벌링턴 맥과이어, 마이클 슈워츠, 앤드류 K. 데니스 (https://www.packtpub.com/product/docker-for-developers/9781789536058)
- AWS, JavaScript, React – Deploy Web Apps on the Cloud [Video], YouAccel Training (https://www.packtpub.com/product/aws-javascript-react-deploy-web-apps-on-the-cloud-video/9781837635801)

기호

@Autowired	23
@Column	33
@Configuration	82
@EnableMethodSecurity	111
@EnableWebSecurity	82
@Entity	27
@GeneratedValue	33
@JoinTable	51
@JsonIgnore	62
@ManyToOne	47
@OneToMany	47
@Query	42
@RepositoryRestResource	92
@RequestMapping	61
@RestController	61
@SpringBootApplication	12
@SpringBootTest	118

A – B

AG Grid	242
Amazon ECS	383
Amazon IAM	369
Amazon RDS	363
application.properties	34
AssertJ	117
async/await	209
AuthenticationEntryPoint	106
axios	211
Babel	154
bcrypt	91
BCryptPasswordEncoder	88
BrowserRouter	259
build.gradle	5

C – D

cacheTime	233
CommandLineRunner 인터페이스	38
comma-separated values	313
const	150
CORS	108
CorsConfigurationSource	108
Create, Read, Update, Delete	36
CRUD	36
CrudRepository 인터페이스	36
CSV	313
Cypress	341
DataGrid	286
DBeaver	18
document object model	144
DOM	144

E – G

Elastic Beanstalk	368
ES6	150
esbuild	204
ESLint	134
FC	197
fetch API	209
Function Component	197
GitHub API	219
GridToolbar	313

H – J

H2 데이터베이스	28
H2 Console	35
HATEOAS	59
HeidiSQL	17
Hook	162
Hypermedia as the Engine of Application State	59
IDE	2
InMemoryUserDetailsManager	82

Jackson 라이브러리	61		PagingAndSortingRepository	43
Jakarta Persistence API	27		PasswordEncoder	82
JAR	362		perspective	4
Java ARchive	362		Playwright	341
JavaScript XML	155		preventDefault()	178
JDK	3			
Jest	327		**Q – S**	
jjwt	94		QueryClient	228
JPA	25, 27		QueryClientProvider	228
JSON Viewer	63		Reactjs code snippets	133
JSX	155		React.memo()	161
JUnit	117		React.StrictMode	147
JWT	93		Representational State Transfer	58
			REST	58
L – N			Route	259
Lambda	101		SecurityConfig	81
let	151		SecurityContextHolder	102
Link	260		SecurityFilterChain	101
MariaDB	16		SLF4	13
Mockito	117		Stack	323
MockMvc	123		staleTime	233
MUI Dialog	296			
MUI IconButton	319		**T – V**	
MUI Snackbar	293		Tanstack Query	228
MUI TextField	323		Tooltip	322
Netlify	376		tsconfig.json	202
Node.js	130		UML	44
npm	131		Unified Modeling Language	44
			URL 기반 라우팅	259
O – P			useEffect	166
OAuth	113		useMutation	233
Object Relational Mapping	27		useQuery	229
OncePerRequestFilter	102		useRef	169
OpenAPI	74		useState	158
OpenWeather	213		VDOM	144
Optional 클래스	37		virtual document object model	144
ORM	27		Vitest	330

찾아보기

ㄱ - ㄷ

객체 구조 분해	153
경쟁 조건	226
고유 키	175
그레이들	5
단위 테스트	118
도커	379

ㄹ

람다	101
로그백	13
롤업	376
리액트	143
리액트 개발자 툴	140
리액트 라우터	259
리액트 쿼리	228
리액트 테스팅 라이브러리	328

ㅁ - ㅂ

매처	327
머티리얼 UI	248
메서드 수준 보안	111
바벨	154
비주얼 스튜디오 코드	132
비트	135

ㅅ

사용자 정의 훅	170
상태	158
상태 비저장 컴포넌트	160
생성자 주입	23
선택적 체이닝 연산자	191
세션 저장소	349
세터 주입	24
순수 컴포넌트	161
스프레드 연산자	160
스프링 데이터 REST	64
스프링 부트	2
스프링 시큐리티	79
스프링 이니셜라이저	6

ㅇ - ㅈ

아마존 웹 서비스	363
아파치 톰캣	15
어설션	119
엔드투엔드 테스트	341
유니언 타입	192
의존성 주입	21
이모션	271
이클립스	2
익명 함수	152
일괄 처리	165
자바 SDK	3
제어 컴포넌트	179
조건부 렌더링	161
조인 테이블	51

ㅋ - ㅌ

컨테이너	379
컨텍스트 API	172
컨트롤러 클래스	59
컴포넌트	143
콜백 함수	207
쿼리 무효화	291
클래스 컴포넌트	144
타입스크립트	187
타입 추론	188
테스트 주도 개발	126
템플릿 리터럴	153
토스트 메시지	293
통합 테스트	118

ㅍ — ㅎ

퍼스펙티브	4
포스트맨	66
프래그먼트	146
프로미스	207
프롭	156
필드 주입	24
하이버네이트	27
함수 컴포넌트	144
화살표 함수	151
환경 변수	283
회귀 테스트	127
훅	162